GULYGA
DIE KLASSISCHE DEUTSCHE PHILOSOPHIE

PHILOSOPHIE
GESCHICHTE · KULTURGESCHICHTE

Arseni Gulyga

DIE KLASSISCHE DEUTSCHE PHILOSOPHIE

Ein Abriß

1990

Reclam-Verlag Leipzig

Aus dem Russischen
Übersetzung von Wladislaw Hedeler unter Verwendung von Übersetzungen von Günter Arnold, Sigrun Bielfeldt und Waldemar Seidel
Redaktion von Karin Gurst

ISBN 3-379-00484-7

© Reclam-Verlag Leipzig 1990 (für diese Ausgabe)

Reclam-Bibliothek Band 1313
1. Auflage
Reihengestaltung: Lothar Reher
Printed in Germany
Dresdner Druck- und Verlagshaus GmbH
Gesetzt aus Garamond-Antiqua
LSV 0115
Bestellnummer: 661 473 7
9,–

Vorwort

Mit diesem Buch wird der Versuch gemacht, die Geschichte der klassischen deutschen Philosophie als Geschichte ihrer Probleme zu behandeln und nicht, wie es in den meisten philosophie-historischen Darstellungen geschieht, als Geschichte der einzelnen Denker, die einer nach dem anderen abgehandelt werden. Ein solches Herangehen hat seine Vor- und Nachteile. Behandelt man die einzelnen Denker getrennt voneinander, so kann man zwar alle Wesenszüge einer herausragenden Individualität, die unwiederholbare Eigenart ihrer Suche nach Wahrheit, auf einen Blick erfassen; doch das Verständnis der Theoriegeschichte, eines Prozesses, der in sich sowohl entgegengesetzte als auch sich bedingende Standpunkte einschließt, wird dadurch erschwert. Wie kann man etwa den späten Fichte verstehen, ohne den frühen Schelling zu kennen – wie den späten Schelling, ohne sich eingehend mit Hegel beschäftigt zu haben? Das gilt auch, was Kant betrifft: Zwischen der „kritischen" und der „vorkritischen" Periode Kants lag die Bewegung des „Sturm und Drang", die auf den Philosophen nicht ohne Einfluß blieb.

In jedem Fall war der Autor bestrebt, die Darstellungsmethode zu wählen, die das Material selbst vorschreibt. Denn das Material ist verblüffend reich und aktuell. Die klassische deutsche Philosophie ist nicht nur ein Fundament unseres heutigen Wissens, sondern selbst ein erhabenes Gebäude. Sie ist einmalig wie die antike Plastik, wie die Malerei der Renaissance oder die russische Literatur des 19. Jahrhunderts.

Dabei sehen wir uns einer Art „Stufenleiter" des theoretischen Denkens gegenüber, aber auch einem „Fächer" von Konzeptionen, und es geht nicht linear bergauf. Vielmehr ist die allgemeine Vorwärtsbewegung nicht selten mit Verlusten von schon Erreichtem verbunden. Fichte hat im Vergleich zu Kant nicht nur einen Schritt vorwärts getan, sondern auch manchen wertvollen Gedanken seines Vorgängers fallengelassen, ebenso Schelling, Hegel und Feuerbach – sie haben oft, indem sie Neues formulierten, Wichtiges, das vor ihnen gesagt wurde, außer acht gelassen.

Auch Denker, die als Philosophen geringeren Einfluß hatten, dürfen nicht vergessen werden. Ohne Lessing und Herder, ohne Goethe und Schiller, ohne die Brüder Humboldt, ohne Forster kann man die Suche und die Leistungen der Großen der Philosophie nicht verstehen. Das gilt um so mehr, als man sich, wenn man einen großen Kreis von Problemen erfassen will, nicht nur auf Ontologie und Erkenntnistheorie beschränken kann, sondern auch Ethik, Ästhetik, Philosophie der Geschichte und Philosophie der Religion einbeziehen muß.

Von besonderer Bedeutung ist dabei die Ästhetik, die ganz eng mit dem künstlerischen Schaffen verbunden ist. In der von uns untersuchten Periode waren Literatur und Theater eng mit der Philosophie verflochten. Deshalb wird nicht nur von der Theorie, sondern von Fall zu Fall auch von der Kunstpraxis die Rede sein.

Das vorliegende Buch ist das Ergebnis einer über dreißigjährigen Arbeit des Autors. Ihm liegen bereits veröffentlichte Arbeiten zugrunde, vor allem eine Kant- und eine Hegel-Biographie[1], aus denen Passagen übernommen wurden. Einige Auffassungen wurden präzisiert, korrigiert, vieles neu geschrieben.

KAPITEL 1
Am Vorabend

1. Die erste Bresche

1755 vollzogen sich in Deutschland zwei Ereignisse, die eine neue Epoche im Geistesleben des Landes einleiteten: Der philosophische Traktat „Allgemeine Naturgeschichte und Theorie des Himmels" wurde veröffentlicht, und es fand die Uraufführung des Stückes „Miss Sara Sampson" statt.
Das Buch erschien zur Ostermesse in Königsberg, anonym, obwohl der Sattlersohn Immanuel Kant kein Hehl daraus machte, daß er der Autor war. Er begründete die Hypothese vom natürlichen Ursprung des Sonnensystems, äußerte mutige Gedanken über die Entwicklung und den Untergang von Sternenwelten. Bis Kant galt die Vorstellung, daß die Natur keine Geschichte in der Zeit habe. „In diese" – schrieb Engels – „ganz der metaphysischen Denkweise entsprechende Vorstellung legte Kant die erste Bresche."[2]
Das Stück „Miss Sara Sampson" wurde im Sommer des gleichen Jahres in Frankfurt an der Oder aufgeführt. Erstmalig erschienen auf der Bühne des deutschen Theaters neue Helden – einfache Menschen. Bis dahin war es üblich gewesen, ausgedachte Personen in den Tragödien sterben zu lassen, mythologische oder historische Persönlichkeiten, die Großen der Welt. Lessing erschütterte die Zuschauer durch den Tod eines einfachen Mädchens, einer Bürgertochter, die von einem Adligen verführt wurde und Selbstmord beging.
Philosophie und Literatur waren also sozusagen Altersgenossen. Bemerkenswert ist, daß sich beide Vorfälle in Preußen ereigneten. Das Königreich war zu einem Militärstaat sondergleichen geworden, der seine Grenzen durch Waffengewalt ständig weiter ausdehnte; die preußische Armee war zahlenmäßig die viertstärkste in Europa (obwohl Preußen der Bevölkerungszahl nach erst den 13. Platz einnahm). Trotzdem wäre es ungerechtfertigt, Preußen als reine Kaserne zu sehen. Friedrich Wilhelm I. selbst freilich sah sein Land so; doch schon sein Sohn, Friedrich II., führte eine

Wendung herbei: das Militär blieb, doch auch die Wissenschaften erlebten eine Blüte.
Friedrich Engels bemerkte im Zusammenhang mit der Rückständigkeit Deutschlands im 18. Jahrhundert, „dieses schändliche politische und soziale Jahrhundert war zugleich die große Epoche der deutschen Literatur. Um das Jahr 1750 herum wurden alle großen Geister Deutschlands geboren ..."[3] Im Jahre 1700 noch Barbarei, 1750 Lessing und Kant.
Lessing und Kant sind die bedeutendsten Vertreter der Epoche der Aufklärung in Deutschland. Mit diesem Terminus wird eine bestimmte Phase in der kulturellen Entwicklung jedes Landes bezeichnet, die Phase, in der man sich von der feudalen Lebensweise löst. Die Aufklärung ist an keinen einheitlichen Zeitraum gebunden. Der Zerfall der feudalen Verhältnisse vollzog sich in den verschiedenen Ländern zu verschiedenen Zeiten; Holland und England gingen den anderen Ländern Europas voran, dann folgte Frankreich. Für Deutschland war die Epoche der Aufklärung das 18. Jahrhundert.
Die Aufklärer führten einen unversöhnlichen Kampf gegen Aberglauben, Fanatismus, Intoleranz, Tyrannei und Volksverdummung. Sie sahen sich als Missionare der Vernunft, die berufen seien, den Menschen über ihr Wesen und ihre Bestimmung die Augen zu öffnen und sie auf den Weg zur Wahrheit zu führen. Das Renaissance-Ideal der freien Persönlichkeit wird aufgenommen, aber es gilt für alle Menschen und beinhaltet die Verantwortung, nicht nur an sich, sondern auch an die Gemeinschaft zu denken. Die Idee der Gesellschaftlichkeit des Menschen wird begründet; eine zentrale Frage ist die nach der vollkommensten Gesellschaftsordnung.
Als erreichbar gilt diese durch die Verbreitung von Wissen. Wissen ist Macht, es zu erlangen und zum Gemeingut zu machen bedeutet, den Schlüssel zu allen Geheimnissen des menschlichen Seins in die Hand zu bekommen. Ein Umdrehen des Schlüssels, und Sesam öffnet sich, das glückliche Leben ist erreicht. Die Möglichkeit, das Wissen zu mißbrauchen, wird dabei ausgeschlossen. Die Frühaufklärung ist rationalistisch, sie ist das Zeitalter des Verstandesdenkens. Die Enttäuschung kommt relativ schnell, die Rettung

wird im „unmittelbaren Wissen", in den Gefühlen, in der Intuition gesucht; irgendwo schimmert schon aus dieser Richtung das Leuchtfeuer der dialektischen Vernunft. Doch solange jeder Zuwachs an Wissen ungebrochen als Heil verstanden wird, bleiben die Ideale der Aufklärung unangefochten.
Das dritte Merkmal der Aufklärung ist schließlich ihr historischer Optimismus. Die Idee des Fortschritts ist eine Errungenschaft dieser Epoche. In den vorausgegangenen Epochen hatte man keine Selbstrechtfertigung gebraucht: Die Antike hatte nach ihren Vorgängern nicht gefragt, die christliche Welt führte ihr Entstehen auf ein höheres Wesen zurück, und selbst die Renaissance, der die Rolle eines Schiedsrichters zwischen beiden vorausgegangenen Kulturen zukam, bekannte sich nicht zur Vorwärtsbewegung, sondern zur Rückkehr zu den Quellen. Die Aufklärung war die erste Epoche, die sich als neue Epoche bewußt wurde. Von hier aus war die historische Denkmethode schon mit Händen zu greifen. Und obwohl nicht alle Aufklärer zur historischen Auffassung der Dinge vordrangen, liegen doch deren Wurzeln in dieser Epoche.
In der deutschen Philosophie verbindet sich der Beginn der Aufklärung mit dem Namen Christian Wolff (1679–1754), dem Systematisierer und Popularisierer der Leibnizschen Theorie. Wolff schuf als erster in Deutschland ein System, das alle gundlegenden Bereiche des philosophischen Wissens umfaßte, und begründete eine philosophische Schule. Die Wolffianer setzten sich für die Verbreitung des wissenschaftlichen Wissens ein. Ihre Lehren erhielten in der Folge die Bezeichnung „Popularphilosophie", da sie zur weiten Verbreitung in den Kreisen des lesenden Publikums bestimmt waren. Die Wolffianer waren davon überzeugt, daß Ausbreitung von Bildung unverzüglich zur Lösung aller brennenden Fragen der Gegenwart führen würde. Dabei verband sich der Kult der Vernunft bei ihnen mit dem christlichen Glauben, den sie rational zu interpretieren suchten. Zentrum der „Popularphilosophie" war Berlin. Es gab sogar den Terminus „Berliner Aufklärung".
Und noch eine weitere Besonderheit des deutschen Geisteslebens darf nicht vergessen werden – der Pietismus. Diese Bewegung entstand am Ausgang des 17. Jahrhunderts

als Ausdruck des Protestes gegen den geistigen Stillstand und die Entartung der lutherischen Kirche. Die Pietisten verwarfen Zeremonie und Ritual und verlagerten das Schwergewicht der Religion auf die innere Überzeugung, die Kenntnis der Texte der Heiligen Schrift und das persönliche Verhalten. Später bewirkte der Pietismus eine neue Intoleranz, die in Fanatismus und überspannte Askese ausartete. Doch damals kam ihm eine belebende Rolle zu; viele Aufklärer wuchsen auf seinem geistigen Boden heran und entwickelten seine radikalen, antidogmatischen und antiklerikalen Tendenzen. Preußen war geradezu eine Pflanzstätte des Pietismus – vor allem Halle und Königsberg.
Immanuel Kant (1724–1804) war im Geiste des Pietismus erzogen worden. Er war noch Student an der Königsberger Universität, als er sein erstes Werk schrieb, „Gedanken von der wahren Schätzung der lebendigen Kräfte", das 1749 erschien.
Der junge Autor versuchte hier als Schiedsrichter zwischen Cartesianern und Leibnizianern aufzutreten im Streit, wie die Größe der bewegenden Kraft zu messen sei. Nach Descartes ist sie ein Produkt der Masse mit der einfachen Geschwindigkeit, nach Leibniz mit der Geschwindigkeit im Quadrat. Kant beschloß, die Streithähne zu trennen: in manchen Fällen sei die Formel Descartes' anzuwenden, in anderen die von Leibniz. Inzwischen hatte schon sechs Jahre zuvor, 1743, d'Alembert die Lösung des Problems in der Formel $F = \frac{mv^2}{2}$ gegeben. Kant wußte davon offensichtlich nichts.
Das erste Werk Kants ist ein Dokument einer Epoche, die entschlossen war, alle angehäuften Vorurteile dem Urteil der Ratio zu unterwerfen. Die Autoritäten gelten nicht mehr, eine neue Zeit bricht an. Nunmehr, sagt Kant, kann man es kühn wagen, die Autoritäten Newtons und Leibniz' für nichts zu achten, wenn sie sich der Entdeckung der Wahrheit in den Weg stellen sollten, und keinen anderen Überredungen als dem Geheiß des Verstandes zu gehorchen. Niemand ist gefeit vor Irrtümern, und das Recht, solche zu bemerken, steht jedermann zu.
Ein Zwerg-Gelehrter übertrifft nicht selten auf manchen Wissensgebieten einen anderen, der, gemessen am allge-

meinen Umfang seiner Kenntnisse, weit höher steht als jener. Damit meint er sich selbst: „Die Wahrheit, um die sich die größten Meister der menschlichen Erkenntnis vergeblich beworben haben, hat sich meinem Verstand zuerst dargestellt." Bei diesen Worten besinnt sich der junge Gelehrte: Ist dies nicht zu vermessen? Der Satz sagt ihm zu, er läßt ihn stehen, versieht ihn jedoch mit einer Einschränkung: „Ich wage es nicht diesen Gedanken zu rechtfertigen, allein ich wollte ihm auch nicht gerne absagen."[4] Daraus erwächst eine Art Kompromiß.

Dieses Detail ist bezeichnend. Schon in seiner ersten Arbeit bewies Kant nicht nur ein kompromißloses Streben nach Wahrheit, sondern auch eine merkliche Neigung zu vernünftigen Kompromissen, auch zwischen scheinbar unvereinbaren Gegensätzen. In dieser Schrift versucht er, Descartes und Leibniz zu „vereinen", im reifen Alter tut er dies mit den philosophischen Hauptrichtungen. Widersprüche aufzuweisen, doch sie gleichzeitig zu dulden, Einseitigkeit zu überwinden und eine prinzipiell neue Lösung anzubieten, indem alle Lösungen in die jetzt erweiterte Erfahrung hineingenommen werden, nicht zu siegen, doch zu versöhnen – dies ist eine der zentralen Bestrebungen der künftigen kritischen Philosophie.

Im Juni 1754 erschien in zwei Ausgaben des Königsberger Wochenblatts ein Artikel Kants, geschrieben als Antwort auf die Preisfrage der Königlichen Akademie der Wissenschaften: „Untersuchung der Frage, ob die Erde in ihrer Umdrehung um die Achse, wodurch sie die Abwechslung des Tages und der Nacht hervorbringt, einige Veränderung seit den ersten Zeiten ihres Ursprungs erlitten habe." Kant entschloß sich jedoch, nicht am Wettbewerb teilzunehmen, und der Preis wurde jemandem verliehen, der auf die gestellte Frage eine negative Antwort gab. Indessen kam Kant im Gegensatz zu dem unverdientermaßen Geehrten zum richtigen Ergebnis, daß die Erde bei ihrer Umdrehung eine Verlangsamung erfährt, hervorgerufen durch den Gezeitenwechsel der Weltmeere. Die Berechnungen Kants sind falsch, aber die Grundidee ist richtig.

Das Problem liegt darin, daß durch Einfluß der Anziehungskraft des Mondes die Meeresgezeiten von Osten nach Westen fortrücken, das heißt in einer Richtung, die der

Umdrehung der Erde entgegengesetzt ist, und diese somit schwächt und vermindert. Es ist wahr, sagt Kant, wenn man die Langsamkeit dieser Bewegung mit der Schnelligkeit der Erde, die geringe Quantität des Wassers mit den riesigen Ausmaßen der Erdkugel zusammenbringt, so könnte es scheinen, daß die Wirkung einer solchen Bewegung gleich Null gesetzt werden müsse. Wenn man aber dagegen erwägt, daß dieser Prozeß sich unablässig und ewig vollzieht, daß die Drehung der Erde eine freie Bewegung ist, deren geringste Einbuße unersetzlich verloren bleibt, so wäre es für einen Philosophen ein ungebührliches Vorurteil, diesen geringen Effekt für bedeutungslos zu erklären.[5]

Ende Sommer 1754 veröffentlicht Kant noch einen Aufsatz – „Die Frage, ob die Erde veralte, physikalisch erwogen". Kant zweifelt nicht daran, daß auch die Erde dem Prozeß des Alterns unterliegt. Alles Seiende entsteht, vollendet sich, verfällt dem Untergang. Die Erde macht da natürlich keine Ausnahme. Zu konkreten geologischen Prozessen äußert sich Kant vorsichtig: er kritisiert voreilige Schlüsse. Einige erinnern ihn an Klagen alter Leute, daß die Welt heute nicht mehr die gleiche sei wie früher; die alten Tugenden sind erloschen, an ihre Stelle sind neue Laster getreten, Falschheit und Betrug haben die alte Redlichkeit abgelöst; diese Greise sind so eitel, sich zu überreden, der Himmel habe Vorsorge getragen, sie in Zeiten höchsten Wohlstandes hineinzugebären; und sie können sich nicht vorstellen, daß es nach ihrem Tode in der Welt noch ebenso gut zugehen solle, als es zuging, ehe sie geboren waren.

Diese beiden Aufsätze waren eigenartige Präludien zum Traktat über die Kosmogonie. Der endgültige Titel lautete: „Allgemeine Naturgeschichte und Theorie des Himmels oder Versuch von der Verfassung und dem mechanischen Ursprunge des ganzen Weltgebäudes, nach Newtonischen Grundsätzen abgehandelt". Der Traktat erschien anonym im Frühling 1755 mit einer Widmung an König Friedrich II.

Mit dem Buch hatte er kein Glück: Der Herausgeber machte Bankrott, sein Lager wurde versiegelt, und die Auflage erschien nicht zur Frühjahrsmesse. Aber darin kann man nicht, wie es einige Autoren tun, den Grund dafür sehen, daß der Name Kants als Schöpfer einer neuen kosmo-

gonischen Hypothese keine allgemeineuropäische Verbreitung fand. Das Buch kam schließlich in den Handel, die anonyme Autorenschaft wurde aufgedeckt, und in einem Hamburger Blatt erschien eine zustimmende Rezension.
Im Jahre 1761 wiederholte Johann Heinrich Lambert in seinen „Kosmologischen Briefen" die Thesen Kants zur Struktur des Weltalls; im Jahre 1796 formulierte der französische Astronom Laplace eine Hypothese zur Kosmogonie, die der Kants analog war; beide, Lambert und Laplace, wußten nichts von ihrem Vorgänger. Das entsprach dem Geist der Zeit: Kant war die Arbeit d'Alemberts über die kinetische Energie unbekannt, im Westen hatte man nichts von seiner Schrift gehört.
Ein Umstand beunruhigt Kant bei der Erörterung seines kosmogonischen Systems: Wie läßt es sich mit dem Glauben an Gott vereinen? Der Denker behauptet, daß zwischen den Forderungen der Religion und seiner Hypothese kein Widerspruch herrsche. Indessen kann er doch eine gewisse Übereinstimmung seiner Ansichten mit der Lehre der antiken Materialisten Demokrit und Epikur nicht leugnen. So wie diese Philosophen ist Kant der Meinung, daß der ursprüngliche Zustand der Natur in einer allgemeinen Zerstreuung des Urstoffs Materie, den Atomen, bestand. Epikur setzte eine Schwere an, die die Atome sinken ließ; dieser Gedanke ist der Newtonschen Theorie der Schwerkraft nahe, auf die sich Kant stützt. Der Pietistenzögling ist gezwungen, sich zu rechtfertigen: „Auch in den allerunsinnigsten Meinungen, welche sich bei den Menschen haben Beifall erwerben können, wird man jederzeit etwas Wahres bemerken."[6]
Im 17. Jahrhundert waren die Naturforscher – und unter ihnen Newton und Galilei – von der göttlichen Herkunft der Himmelskörper überzeugt. Obgleich sich Kant von den alten Materialisten distanziert, verbreitet er faktisch (nach Descartes) die Prinzipien des naturwissenschaftlichen Materialismus zur Weltentstehung: „Gebt mir Materie, ich will eine Welt daraus bauen! das ist, gebt mir Materie, ich will euch zeigen, wie eine Welt draus entstehen soll."[7] Die Formel Kants klingt wie ein Aphorismus. In ihm spricht sich der Grundgedanke des Buches aus; Kant zeigte tatsächlich, wie sich unter der Einwirkung rein mechanischer Ursachen

aus dem ursprünglichen Chaos der Elementarteilchen unser Sonnensystem bilden konnte.
Ließ Kant auch Gott als Baumeister des Universums nicht gelten, so sah er doch in ihm den Schöpfer dieser chaotischen Materie, aus der nach den Gesetzen der Mechanik das bestehende Weltgebäude entstanden war. Das andere Problem, die Entstehung der organischen Natur, wollte Kant nicht auf naturwissenschaftlichem Wege lösen. Er stellt die Frage, ob wir sagen dürfen: Gebt mir Materie, ich will euch zeigen wie eine Raupe erzeugt werden könne. Hier kann man schon beim ersten Schritt straucheln, insofern die mannigfaltige Beschaffenheit des Objekts so umfangreich und verwickelt ist. Die Gesetze der Mechanik reichen nicht hin, das Wesen des Lebens zu verstehen. Ein wahrer Gedanke; der junge Kant äußert ihn, suchte jedoch nicht nach anderen natürlichen Wegen bei der Lösung der Frage nach dem organischen Leben. Erst als er im Alter über die Arbeit des Gehirns nachdachte, stößt er auf das Vorhandensein einer komplizierteren Struktur der Wechselwirkungen im Organismus.
Der Traktat über die Kosmogonie ist ebenso emotional geschrieben wie die „Gedanken von der wahren Schätzung der lebendigen Kräfte". Der Autor ist hingerissen von der gewaltigen Größe des Weltgebäudes und sucht den angemessenen Ausdruck für das sich ihm offenbarende poetische Bild; immer wieder zitiert er seine Lieblingsdichter – Pope, Haller, Addison. Selbst seine Prosa ist bereit, mit Versen zu wetteifern.
Die Schönheit des Stils lenkt jedoch nicht von der Hauptsache ab – dem Problem der Weltentstehung. Der Traktat besteht aus drei Teilen. Der erste ist als Einführung gedacht. Hier bringt Kant seine Überlegungen zum systematischen Aufbau des Weltgebäudes. Die Milchstraße darf man nicht als ungeordnetes, zerstreutes Gewimmel von Sternen ansehen; sie ist nach Gesetzen aufgebaut, die mit denen des ganzen Sonnensystems übereinstimmen. Die Galaxis ist als Fläche zu denken, und die Sonne ist nahe der größten Dichte gelagert. Ähnliche Sternensysteme gibt es viele; und auch das unendliche Universum im ganzen hat diesen Systemcharakter, wobei die einzelnen Teilsysteme miteinander in wechselseitiger Verbindung stehen.

Der zweite Teil des Traktats ist dem Problem der Bildung der Himmelskörper und der Sternenwelten gewidmet. Für die Genesis des Kosmos sind nach Kant folgende Bedingungen notwendig: die unterschiedliche spezifische Dichtigkeit der Teilchen des Urstoffes und die Wirkung zweier Kräfte – der Anziehung und Abstoßung. Der Unterschied in der Dichte ruft eine Verklumpung der Materie hervor; somit entstehen attrahierende Zentralkörper, denen die leichteren Teilchen zustreben. Wenn die Teilchen in den Zentralkörper sinken, erwärmen sie sich allmählich bis zum Endzustand flammender Glut. So ist die Sonne entstanden.

Die Repulsionskraft, die der Attraktionskraft entgegenwirkt, verhindert die Ansammlung aller Partikel an einem einzigen Ort. Ein Teil von ihnen gerät – als Resultat des Widerstreits der zwei entgegengesetzten Kräfte – in eine Zirkelbewegung; auf diese Weise schaffen sie weitere Mittelpunkte der Attraktion – die die Samen der Planeten bilden. Analog entstanden auch ihre Trabanten. Und auch in anderen Sternenwelten wirken dieselben Kräfte, dieselben Gesetzmäßigkeiten.

Die Schöpfung ist nicht das Werk eines Augenblicks, sondern einer Ewigkeit. So hat sie zwar einmal angefangen, wird jedoch niemals aufhören. Es sind vielleicht Millionen Jahre und Jahrhunderte vergangen, ehe die Natur, in der wir uns befinden, ihre zugemessene Vollkommenheit erreicht hat. Es werden noch Millionen und „ganze Gebirge von Millionen Jahrhunderten" verfließen, in deren Verlauf sich immer neue Welten bilden und vervollkommnen werden. Und alte werden zugrunde gehen, wie täglich vor unseren Augen eine Unzahl lebender Organismen zugrunde geht. Die Natur ist reich und verschwenderisch: gleicherweise unerschöpflich, die nichtigsten wie die kompliziertesten Gebilde zu zeugen als auch zu vernichten.

Das Universum Kants ist in ständiger Ausdehnung begriffen. Die Himmelkörper, die dem Zentrum des Universums am nächsten sind, bilden sich schneller heraus, gehen aber auch schneller zugrunde. Am Rande des Universums entstehen indessen neue Welten. Kant sagt den Untergang auch unseres Planetensystems voraus. Die Glut der Sonne nimmt immer mehr zu und versengt schließlich die Erde und die anderen Trabanten; sie löst den Stoff der Massen wieder in einfachere Elemente auf, die sich im Raum zerstreuen, um damit wieder Materialien zu neuen Weltbildungen herzugeben: „Wenn wir denn diesem Phönix der Natur, der sich nur darum verbrennt, um aus seiner Asche wiederum verjüngt aufzuleben, durch alle Unendlichkeit der Zeiten und Räume hindurch folgen."[8]

Der dritte Teil des Buches enthält einen „Versuch einer Vergleichung zwischen den Einwohnern verschiedener Planeten". Die Gebildeten des 18. Jahrhunderts zweifelten nicht daran, daß die Himmelskörper bewohnt seien. (Newton hielt sogar die Sonne für bevölkert.) Kant ist von der Existenz vernünftigen Lebens im Kosmos überzeugt; er macht eine einzige Einschränkung – nicht überall: Wie es auf der Erde für das Leben ungeeignete Wüsten gebe, so befinden sich im Universum auch unbewohnbare Planeten.

Ihn beschäftigt das Problem, in welchem Maße die Entfernung von der Sonne die Denkfähigkeit von Lebewesen beeinflußt. Die Bewohner der Erde und der Venus können ihre Wohnplätze nicht miteinander vertauschen, ohne zu verderben: Der Erdbewohner ist aus einem Stoff gemacht, der an eine bestimmte Temperatur angepaßt ist: bei Hitze trocknet sein Organismus aus und verdampft. Der Einwohner der Venus würde in einer kühleren Himmelsgegend in Leblosigkeit erstarren. Der Körper des Jupiterbewohners muß aus leichteren und flüchtigeren Materien als die des Erdbewohners bestehen, damit die schwache Wirkkraft der Sonne bei diesem geringen Abstand die Körper ebenso kräftig bewegen könne, wie sie es mit den Organismen auf anderen Planeten tut. Und Kant formuliert ein allgemeines Gesetz: Der Stoff, woraus die Einwohner verschiedener Planeten gebildet sind, muß um so leichter und feiner sein, je weiter die Planeten von der Sonne entfernt sind.

Und auch die Seelenkräfte hingen von der Beschaffenheit der Materie ab. Wenn sich im Körper die Säfte nur zähflüssig bewegen, wenn das Gewebe grob geartet ist, dann sind auch die geistigen Fähigkeiten reduziert. Und schon haben wir ein neues Gesetz: Die Lebewesen sind um so trefflicher und vollkommener, je weiter der Himmelskörper, den sie bewohnen, von der Sonne entfernt ist. Die menschliche Natur, die in der Stufenfolge der Lebewesen gleichsam die mittelste Sprosse innehat, sieht sich zwischen den zwei äußeren Grenzen der Vollkommenheit. Wenn die Vorstellung von Vernunftwesen auf Jupiter und Saturn unseren Neid hervorruft, dann kann der Anblick der niedrigeren Stufen, auf denen sich Venus- und Merkurbewohner befinden, die Seelenruhe wiederherstellen. Welch ein verwunderliches Schauspiel – ruft der Philosoph aus. Von der einen Seite sahen wir denkende Wesen, für die irgendein Grönländer oder Hottentotte ein Newton sein würde, und von der anderen Seite Geschöpfe, die selbst auf Newton mit einer Verwunderung blicken würden wie wir auf einen Affen.

Heute erscheint vieles in der „Allgemeinen Naturgeschichte" (auch solches, worüber man nicht lächeln muß) veraltet. Die moderne Wissenschaft vertritt nicht mehr Kants Grundhypothese, daß das Sonnensystem sich aus zerstreuten, kalten Partikeln der Materie gebildet habe, oder andere Thesen, die Kant zu begründen suchte. Aber der philosophische Hauptgedanke – die Vorstellung von einer allgemeinen Geschichtlichkeit, der Idee der Entwicklung – bleibt erhalten.

Die Beschäftigung mit naturwissenschaftlicher Materie dominiert noch über Jahre in Kants Denken. Doch gleichzeitig erscheint etwas Neues – das Interesse an der Philosophie. Die erste rein philosophische Arbeit Kants war seine für die Habilitation verfaßte Dissertation „Neue Erhellung der ersten Grundsätze metaphysischer Erkenntnis". Kant untersucht hier das von Leibniz aufgestellte „Prinzip vom zureichenden Grunde" (principium rationis sufficientis). Er unterscheidet den Grund für die Existenz eines Objektes von dem Grund seiner Erkenntnis, also den realen vom logischen Grund. Realer Grund für eine bestimmte Geschwindigkeit des Lichts ist zum Beispiel die Beschaffenheit des Äthers. Die Erkenntnis dieser Erscheinung wurde aufgrund von Beobachtungen der Trabanten Jupiters gemacht. Es ließ sich feststellen, daß eine zuvor errechnete Finsternis dieser Himmelskörper dann später eintrat, wenn der Jupiter den größten Abstand zur Erde aufwies. Daraus wurde gefolgert, daß die Ausbreitung des Lichts in der Zeit verläuft, und die Lichtgeschwindigkeit wurde errechnet. In solchen Erwägungen war schon der Keim zum künftigen

Dualismus angelegt: Die Welt der Erscheinung und die Welt unserer Erkenntnis sind nicht identisch.
Im ganzen gesehen vertritt Kant noch den Standpunkt von Leibniz und Wolff; obwohl er auch schon in wesentlichen Einzelfragen von ihnen abzurücken beginnt. Kant sucht wiederum einen Kompromiß, diesmal zwischen der Leibniz-Wolffschen Metaphysik und der Physik Newtons. Ihn befriedigt nicht die Vorstellung Leibniz' von der prästabilierten Harmonie, dem Wirken zweier ursprünglich gegebener, gleichzeitig bestehender und doch voneinander unabhängiger Substanzen – des Körpers und der Seele.
Seinen nächsten Aufsatz, „Über die Vereinigung von Metaphysik und Geometrie in ihrer Anwendung auf die Naturphilosophie" (1756), leitet Kant mit der Darstellung jener methodologischen Wegscheide, an der er sich befindet, ein. Er teilt die Meinung der Naturforscher, daß in die Naturwissenschaft nichts „ohne die Stütze der Erfahrung" eingeführt werden dürfe. Er ist aber damit unzufrieden, wenn diesem Rat folgend nichts zugelassen wird, was sich nicht unmittelbar aus dem Zeugnis der Erfahrung ergibt. „Denn wer nur bei den Erscheinungen der Natur stehenbleibt, dem bleibt die Erkenntnis der ersten Ursachen immer verschlossen, und er gelangt so wenig zur Erkenntnis des Wesens der Körper wie die, welche den Berg immer höher und höher hinansteigen, sich aber dennoch überreden wollten, daß sie den Himmel noch einmal mit ihren Händen berühren werden."[9] Den Erfahrungstatsachen kommt, Kant gemäß, insofern Bedeutung zu, als sie uns eine Vorstellung von den Gesetzen der empirischen Realität zu geben vermögen, doch sie können nicht zur Erkenntnis des Ursprungs und der Ursachen der Gesetze führen. Hieraus leitet Kant folgende Schlußfolgerung ab: „Wenn daher auch die meisten glauben, bei der Naturforschung der Metaphysik entbehren zu können, so bleibt sie doch hier allein die Helferin, welche das Licht anzündet."[10]
Hierbei ist zu berücksichtigen, daß Kant mit der Metaphysik der Wolffschen Schule konfrontiert war, die alles, was Leibniz' Philosophie an lebendigem Inhalt aufwies, daraus entfernt hatte. Gegenüber der vorangegangenen Periode, als die Metaphysik noch einen positiven Inhalt hatte und mit Entdeckungen in der Mathematik und Physik verbun-

den war, war sie im 18. Jahrhundert, um mit Marx zu sprechen, fad geworden. „Der ganze metaphysische Reichtum bestand nur noch in Gedankenwesen und himmlischen Dingen, gerade als die realen Wesen und die irdischen Dinge alles Interesse in sich zu konzentrieren begannen."[11] Das reale Weltbild simplifizierend und schematisierend, hielt die Wolffsche Metaphysik an ihrem Ausgangspunkt fest – an der Identifizierung von Sein und Denken, sah die Welt durch die Brille der formalen Logik. Es herrschte die Meinung vor, logischer und realer Grund seien identisch, das heißt, das logische Verhältnis von Grund und Folge sei gleich dem von Ursache und Wirkung, die Dinge seien ebenso untereinander verbunden wie die Begriffe. Kant hatte bereits darauf hingewiesen, daß das nicht der Fall ist.

Jetzt stellt er in dem Aufsatz „Die falsche Spitzfindigkeit der vier syllogistischen Figuren" erwiesen (1762) einige Aussagen der formalen Logik in Frage. Er nennt sie einen „Koloß auf tönernen Füßen"; er wiegt sich nicht in der Hoffnung, diesen Koloß zu stürzen, wenn er auch zum Schlag gegen ihn ausholt. Für Kant muß die Logik auch den Anspruch geltend machen, Entstehung und Bildung von Begriffen zu untersuchen. Begriffe gehen aus den Urteilen hervor. Aber worin besteht die geheimnisvolle Kraft, die Urteile ermöglicht? Die Antwort Kants lautet: Urteile sind möglich dank der Fähigkeit, sinnliche Vorstellungen zu einem Gegenstand des Denkens machen zu können. Die Antwort ist bezeichnend: sie zeugt von einem ersten, zunächst noch begrenzten Bemühen, eine neue Erkenntnistheorie zu schaffen. Bis zu diesem Zeitpunkt teilte er die Wolffsche Verehrung der Deduktion, war sodann überzeugt, daß es unbegrenzt möglich sei, die einen Begriffe aus den andern abzuleiten (obgleich seine eigenen naturwissenschaftlichen Untersuchungen sich auf experimentell gewonnene Daten stützten). Jetzt sinnt er, wie man Erfahrungswissen in die Philosophie einführen könne.

Kants Aufsatz blieb nicht unbemerkt. Er fand positiven Widerhall, ein anonymer Rezensent (es handelt sich wahrscheinlich um Moses Mendelssohn) nannte den Autor einen kühnen Menschen, der die deutschen Akademien mit einer gewaltigen Revolution bedrohe.

Eine künftige philosophische Revolution künden auch die Ideen an, die Kant im „Versuch, den Begriff der negativen Größen in die Weltweisheit einzuführen" (1763) ausspricht. Kant klagt, daß die Durchsicht des Problems ihm noch nicht hinreichend deutlich sei; er veröffentlichte aber dennoch seine Arbeit in der festen Überzeugung, daß jene Größen bedeutsam seien und daß auch unvollkommene philosophische Versuche ihren Nutzen haben, denn häufiger findet ein anderer die Lösung einer Frage als der, der sie gestellt hat. Kants Aufmerksamkeit ist vom Problem der Einheit von Gegensätzen gefesselt. Ausgangspunkt der Abhandlung ist der schon in der Habilitationsschrift aufgestellte Unterschied zwischen dem logischen und dem realen Grund. Was in der Logik für wahr gelte, kann nicht denselben Wahrheitswert in der Realität beanspruchen. Der logische Gegensatz besteht darin, daß von ebendemselben Ding etwas zugleich bejaht und verneint wird. Die Logik verbietet, beide Prädikationen zugleich als wahr anzunehmen. Bezüglich seines Körpers kann man nicht gleichzeitig behaupten, daß er sich bewege und sich in Ruhe befinde. Eines hebt das andere auf, und man erhält schließlich nichts.

Ein anderes ist der reale Gegensatz, der in der Gegenstrebigkeit der Kräfte besteht. Hier hebt ebenfalls eines das andere auf, allein die Folge ist nicht Nichts, sondern Etwas. Zwei gleichwertige Kräfte können auf einen Körper wirken in entgegengesetzten Richtungen: die Folge davon ist die Ruhe des Körpers, die auch etwas wirklich Existierendes ist.

Von solchen realen Gegensätzen ist die uns umgebende Welt voll. Die mathematische Lehre über die negativen Größen operiert schon lange mit dem Begriff der realen Entgegensetzung. Die Philosophie muß von der Mathematik einige Prinzipien übernehmen, deren Wahrheit von der Natur selbst belegt werde. Insbesondere bezieht sich dies auf den Begriff der realen Entgegensetzung, den man nicht nur in der Natur, sondern auch im menschlichen Verhalten aufdecken kann.

1762 schrieb die Berliner Akademie der Wissenschaften eine öffentliche Preisfrage aus, um zu klären, ob philosophische Wahrheiten, besonders die Grundsätze von Theologie und Moral, ebensolche Möglichkeiten der Beweiskraft besäßen wie geometrische Wahrheiten; wenn solche Möglichkeiten aber nicht existierten, wie sollte dann die Beweisnatur derartiger Grundsätze aussehen, bis zu welchem Grad seien sie gewiß, oder seien sie etwa ganz und gar überzeugend?

Das Thema schien Kant, der gerade aus dem „dogmatischen Schlummer" erwachte, wie auf den Leib geschrieben. Kant vergleicht die Philosophie mit der Mathematik und stellt die qualitative Vielfalt der Objekte der ersteren in Gegensatz zur Mathematik. Vergleicht doch den Begriff der Trillion mit dem Begriff der Freiheit! Das Verhältnis der Trillion zur Eins ist jedem deutlich; aber den Begriff der Freiheit verständlich zu machen, wie er sich aus seinen Einheiten, das heißt aus einfachen und bekannten Begriffen, zusammensetzt, das ist bisher noch keinem gelungen. Selbstverständlich halten viele Leute die Philosophie für eine leichtere Wissenschaft als die Mathematik; nur heißen diese Leute Philosophie all das, was in Büchern so bezeichnet wird. Indessen ist originale Philosophie noch nicht geschrieben. Die Philosophie muß sich die Methode aneignen, die Newton in die Naturwissenschaft einführte und die dort so viele fruchtbare Ergebnisse einbrachte. Man muß, auf sichere Erfahrungsdaten gestützt, allgemeine Gesetze ermitteln.

Wie verhält es sich aber mit der Theologie? Mit welcher Erfahrung kann man das Dasein Gottes beweisen? Die Erfahrung, auf die sich die Philosophie stützen muß, sind nicht nur Sinnesdaten, sondern auch die „innere Erfahrung", das unmittelbar evidente Bewußtsein. Dank des letzteren wird die Erkenntnis Gottes zur Gewißheit.

Die Preisschrift forderte auch Antwort auf die Frage nach den Grundsätzen der Moral. Hier ist nach Meinung Kants noch keine Stufe notwendiger Gewißheit erreicht; die Dinge liegen schlechter als bei der Theologie. Gleichwohl ist auch hier eine verbindliche Begründung der Moral durchaus möglich. Und Kant spricht den für seine weitere philosophische Entwicklung wichtigen Gedanken aus: Man darf Wahrheit und Glückseligkeit, Wissen und moralisches Gefühl nicht vermischen.

Hierbei beruft sich Kant auf Hutcheson sowie auf Shaftesbury als auf Denker, die mehr als andere zur Aufdeckung der Grundlagen der Moral beigetragen haben.

Doch die Hauptrolle, um Kants Interesse am Problem des Menschen zu wecken, spielte Rousseau. Rousseau war für Kant, wie er es selbst eingestand, ein „zweiter Newton". Hatte der Königsberger Philosoph durch das Prisma der Newtonschen Gleichungen die unendliche Sternenwelt betrachtet, so halfen ihm die Paradoxa Rousseaus, in die verborgenen Winkel der menschlichen Seele zu schauen. Nach Kants Worten sah Newton als erster Ordnung und Regelmäßigkeit dort, wo andere bisher nur regellose Vielfalt gefunden hatten: Rousseau aber entdeckte in der Vielfalt der Menschen die Eine menschliche Natur. Rousseaus Büchern war Kant vor allem deshalb verpflichtet, weil sie ihn von einer Reihe typischer Vorurteile des Stubengelehrten befreiten und zu einer eigentümlichen Demokratisierung des Denkens führten. „Ich fühle den gantzen Durst nach Erkenntnis ... Es war eine Zeit da ich glaubte dieses allein könnte die Ehre der Menschheit machen u. ich verachtete den Pöbel der von nichts weis. Rousseau hat mich zurecht gebracht. Dieser verblendende Vorzug verschwindet, ich lerne die Menschen ehren ..."[12] Das war nicht nur ein Wandel in den Ansichten, sondern auch eine sittliche Erneuerung, eine Revolution aller Lebensziele.

Neben Rousseau nannte Kant noch David Hume als den Denker, der ihm aus dem „dogmatischen Schlummer" zu erwachen half. Der enthusiastische Franzose und der skeptische Engländer sind wiederum zwei Gegensätze, die sich in der widersprüchlichen Natur Kants in eins zusammenschließen. Rousseau hat Kant als Menschen und Moralisten „zurecht gebracht", Hume übte Einfluß auf seine erkenntnistheoretischen Fragestellungen und drängte ihn somit zu einem Überdenken der metaphysischen Dogmata.

Unter dem Einfluß Rousseaus und der englischen Sensualisten schreibt Kant die „Beobachtungen über das Gefühl des Schönen und Erhabenen" (1764), ein Traktat, das sich mit acht Auflagen zu Lebzeiten Kants einer großen Popularität erfreute. Wir haben einen neuen literarischen Versuch vor uns. Der Philosoph bewegt sich in einem für ihn ungewöhnlichen Genre – dem Essay. Das begeisterte Pathos der ersten Arbeiten ist verschwunden, Humor und Ironie sind

an seine Stelle getreten, der Stil ist elegant und aphoristisch. Kant schreibt über das Reich der menschlichen Gefühle und sondert sie nach zwei Kategorien – dem Schönen und dem Erhabenen. Dabei ist in dem Traktat von Ästhetik eigentlich nicht die Rede. Es finden sich auch keine strengen Definitionen. Alles ist nur eben angedeutet, bilderreich und amüsant dargelegt.
Die Nacht ist erhaben, der Tag ist schön, räsoniert Kant. Das Erhabene rührt, das Schöne reizt. Das Erhabene muß jederzeit groß, das Schöne kann auch klein sein. Zur Schönheit der Handlung gehört vor allen Dingen, daß sie leicht und gleichsam ohne Anstrengung vollzogen wird; überwundene Schwierigkeiten rufen Bewunderung hervor und rechnen zum Erhabenen. Der Verstand der Frau ist schön, der des Mannes tief, wobei Tiefe nur eine andere Bezeichnung für das Erhabene meint. Die Frauen meiden das Böse, nicht weil es unrecht, sondern weil es häßlich ist. Nichts von Sollen, nichts von Zwang und Schuldigkeit mögen sie ertragen, sie tun etwas nur deshalb, weil es ihnen gefällt. Das schöne Geschlecht läßt sich nicht von Grundsätzen leiten. Dafür hat aber die Vorsehung gütige und wohlwollende Empfindungen ins Herz der Frauen gepflanzt; auch gab sie ihnen ein feines Gefühl für Anstand und Gunstbezeigung; man darf nicht Aufopferung und Selbstbeherrschung von ihnen fordern. In einer englischen Zeitung hat Kant gelesen, daß für einen Mann nichts kränkender sei, als wenn er für einen Lügner, und für eine Frau nichts bitterer, als wenn sie für unkeusch gehalten werde; doch er selbst sieht die Sache anders: Für einen Mann ist nichts beleidigender, denn als Narr zu gelten, während man einer Frau nicht sagen dürfe, daß sie ekelhaft sei.
Kant stellt in diesem Traktat auch einige Überlegungen zu den unterschiedlichen menschlichen Temperamenten an. Er hält sich wiederum nicht ganz an das Thema; das Schöne und Erhabene dient ihm nur als Ausgangspunkt, woran er seine unterhaltsamen Betrachtungen knüpfen kann. In der Sphäre des Erhabenen herrscht das melancholische Temperament, dem Kant offensichtlich den Vorzug gibt, wenn er auch einige schwache Seiten desselben nicht übersieht.
Den letzten Abschnitt seiner „Beobachtungen" hat Kant den Besonderheiten der Nationalcharaktere gewidmet. Das

ist ein erster Schritt zu einer Sozialpsychologie – einer Wissenschaft, die erst in unseren Tagen eine strengere empirische Basis gefunden hat. Kant gibt sich mit eigenen Beobachtungen zufrieden; in der Folge kommt er wiederholt darauf zurück: jedesmal, wenn er über Anthropologie liest. Seine Gedanken sind nicht immer exakt, zeitweilig strittig, größtenteils doch sehr originell.

Hinter seinen markanten, manchmal wohl willkürlichen Passagen verbirgt sich ein tiefer Sinn: sie kündigen eine Veränderung im geistigen Leben des Landes an – die bevorstehende Wende vom Verstand zum Gefühl, das lebhafte Interesse an einzigartigen Gemütszuständen der Einzelpersönlichkeit. Hier spürt man das Nahen des „Sturm und Drang". Kant ist seiner Zeit voraus. In den Kreis seiner philosophischen Interessen tritt der Mensch.

Indessen gingen die markantesten Passagen des Traktats in den Originaltext nicht ein; sie blieben Bruchstücke und wurden erst viele Jahre nach des Philosophen Tod gedruckt. Es sei hier angemerkt, daß Kant seit früher Jugend die Gewohnheit hatte, eine jede Eingebung sofort zu Papier zu bringen. Manchmal benutzte er eigens bereitgelegtes Konzeptpapier, in der Regel griff er jedoch zu Zetteln, die ihm zufällig gerade in die Hände fielen: ein soeben eingetroffener Brief, eine Kaufmannsrechnung und anderes mehr. Oft sind es nur Gedächtnisstützen ohne wissenschaftliche oder literarische Bedeutung. Dann wieder zeigen die Notizen verblüffende Tiefe der Einsicht, wobei sie sozusagen dem gleichmäßig und systematisch arbeitenden Verstand schon um vieles voraus sind. Es lassen sich Satzfragmente finden, auch geschliffene Aphorismen, Entwürfe künftiger Arbeiten. Diese Reflexionen sind eine äußerst wichtige Ergänzung zu den abgeschlossenen Werken.

In den Notizen aus der Periode der Arbeit an den „Beobachtungen" nähert sich Kant (Rousseau folgend) dem Problem der Entfremdung. Der Terminus ist ihm unbekannt, der Sachverhalt aber ist richtig erfaßt. Es geht darum, daß antagonistische Gesellschaftsverhältnisse die Ergebnisse der menschlichen Tätigkeit in etwas dem Menschen Fremdes, ja Feindseliges verkehren. Wie Gutes sich in Böses verwandeln kann, zeigt Kant am Beispiel der Wissenschaft. „Das übel passende der Wissenschaft vor die Menschen ist vornehmlich dieses daß der allergrößte Theil derer die sich damit zieren wollen gar keine Verbesserung des Verstandes sondern nur eine Verkehrtheit desselben erwirbt nicht zu erwehnen daß sie den mehresten nur zu Werkzeugen der Eitelkeit dienet."[13]

Nach Kants Überzeugung ist die Wissenschaft seiner Zeit von zwei Übeln befallen. Der Name des einen – geistige Beschränktheit, Einseitigkeit des Denkens; der Name des zweiten – der Mangel eines würdigen Ziels. Darauf kommt Kant immer wieder zurück. Da gibt es noch weitere bezeichnende Bruchstücke aus anderen Heften: „barbarische Gelehrsamkeit kan viel Fleiß enthalten, aber ohne Zwek, ohne idee vornemlich zum Besten des Menschlichen Geschlechts". Die Wissenschaft bedürfe der „Oberaufsicht der philosophie". Der Gelehrte wird eine Art einäugiges Ungeheuer, wenn ihm „ein Auge fehlt, vornemlich philosophie". Das ist eine gefährliche Mißgestalt, wenn der Mensch sich in die Vorurteile irgendeines Wissensgebietes einschließt. „Ich nenne einen solchen Gelehrten einen Cyclopen. Er ist ein egoist der Wissenschaft, und es ist ihm noch ein Auge nöthig, welches macht, daß er seinen Gegenstand noch aus dem Gesichtspunkte anderer Menschen ansieht. Hierauf gründet sich die humanitaet der Wissenschaften, d. i. die Leutseeligkeit des Urtheils ... Das zweyte Auge ist also das der Selbsterkentnis der Menschlichen Vernunft, ohne welches wir kein Augenmaas der Größe unserer Erkenntnis haben."[14] Kant macht sich zur Aufgabe, die Mängel der Wissenschaft seiner Zeit zu überwinden. „Wen es irgend eine Wissenschaft giebt deren der Mensch bedarf so ist es die so ihn lehrt die Stelle geziemend zu erfüllen welche ihm in der Schöpfung angewiesen ist und aus der er lernen kan was man seyn muß um ein Mensch zu seyn."[15]

Dieses Eingeständnis ist für Kant von großer Bedeutung. Er trennt sich ein für allemal von dem überlegenen Hochmut des Aufklärers, der sein enzyklopädisches Wissen genießt, nachdem er die Wissenschaft mit gottähnlicher Allmacht versehen hat. Der Wert der Wissenschaft bestimmt sich jetzt nach der ethischen Ausrichtung; Kant wünscht sich, sich in Zukunft einer Wissenschaft für den Menschen zu widmen. Von nun an ist der Mensch Mittelpunkt seiner philosophischen Interessen. Alles kulminiert in einer Frage:

Wessen bedarf der Mensch wirklich, wie kann man ihm helfen?
Eines steht fest: man darf dem Menschen nicht den Kopf verdrehen. Gegen die, die das versuchen, ist Kants Arbeit „Träume eines Geistersehers, erläutert durch Träume der Metaphysik" (1766) gerichtet. Das ist wiederum kein Traktat, eher ein Essay, der Tätigkeit eines ungewöhnlichen Mannes, Emanuel Swedenborg, gewidmet. Der schwedische Philosoph und Mathematiker war früh durch seine Arbeiten zu Mechanik, Mineralogie, Bergbau berühmt und in die Petersburger Akademie der Wissenschaften gewählt worden. Der alternde Swedenborg entpuppte sich plötzlich als Hellseher, dem Gott selbst aufgetragen hatte, eine neue Kirche zu gründen. Er versicherte, daß er in engem Austausch mit den Seelen Verstorbener stehe, das heißt durch sie Nachrichten aus der anderen Welt erhalte und ihnen seinerseits vom Diesseits berichte. Über ihn waren unwahrscheinliche Geschichten in Umlauf: So wandte sich die Witwe eines holländischen Gesandten am schwedischen Hofe, von der die Bezahlung eines Silberservices, das noch im Auftrag ihres Ehemannes angefertigt wurde, gefordert wurde, an Swedenborg um Hilfe. Die Dame, welche die Ordnungsliebe ihres verstorbenen Gemahls kannte, war überzeugt, die Rechnung sei bezahlt, allein sie hatte keine Beweise. Swedenborg plauderte mit dem Geist des Toten und teilte der Witwe bald darauf mit, wo die Quittung aufbewahrt wurde.
Kant gibt diese Erzählung in ironischem Ton wieder, er sieht in ihr wie in anderen vergleichbaren Geschichten das wundersame Spiel der Einbildungskraft. „Daher verdenke ich es dem Leser keineswegs, wenn er, anstatt die Geisterseher vor Halbbürger der andern Welt anzusehen, sie kurz und gut als Kandidaten des Hospitals abfertigt."[16]
Es geht aber nicht nur um Swedenborg und seine Nachfolger. Auf eine Ebene mit den Geistersehern stellt Kant die Adepten der spekulativen Metaphysik. Sind die ersten Geisterseher des Gefühls, so die anderen Geisterseher der Vernunft. Auch die Metaphysiker träumen: ihre Ideen nehmen sie als die ursprüngliche Ordnung der Dinge. Der Philosoph mißgönnt ihnen keine ihrer „Entdeckungen", nur fürchtet er, daß irgendein Mann von gesundem Menschen-

verstand und wenig Höflichkeit ihnen das zu verstehen geben könnte, was der Kutscher dem Tycho Brahe antwortete, als dieser meinte, bei Nacht und Sternenlicht fahren zu müssen: „Guter Herr, auf den Himmel mögt Ihr Euch wohl verstehen, hier aber auf der Erde seid Ihr ein Narr!"
Das ist sozusagen Kants letztes Wort zur Wolffianischen Metaphysik. Er macht sich nicht nur über das Visionärstum, sondern auch über das spekulative Denken lustig; er ruft dazu auf, die Wissenschaft auf die Erfahrung zu gründen und ausschließlich auf die Erfahrung, die das Alpha und Omega der Erkenntnis ausmache.
Kant sagt der Metaphysik Lebewohl, doch kann er sich nicht von ihr trennen. Sein Bekenntnis: Er habe nun einmal das Schicksal, in die Metaphysik verliebt zu sein, „ob ich mich gleich von ihr nur selten einiger Gunstbezeugungen rühmen kann"[17]. Diese unglückliche Liebesgeschichte dauert lange Jahre. Während seiner ganzen akademischen Tätigkeit las Kant Metaphysik („nach Baumgarten"), ihn quälten die „verfluchten" metaphysischen Fragen – nach dem Wesen der Welt, Gottes, der Seele. Aber je länger er sich quälte, um so deutlicher wurde es, daß die Fragen nicht auf spekulativem Wege lösbar waren. Daher sinnt Kant auf die Umerziehung seiner Geliebten: er will in ihr nur eine Gefährtin der Weisheit sehen, nachdem die durch die Natur gesetzten Grenzen der menschlichen Vernunft eingesehen sind.
Die Erzieherin ist die Zeit. Kant veröffentlicht immer weniger, denkt dafür intensiver über sein „Hauptwerk" nach. Er erwähnte es in einem seiner Briefe Ende 1766. Der Hinweis auf die „Kritik der reinen Vernunft" ist erfolgt. Das Buch wird 15 Jahre später erscheinen. In diese Jahre fallen viele wichtige Ereignisse im Geistesleben Deutschlands. Wenden wir uns ihnen zu, um dann erneut zu Kant zurückzukehren, ausgerüstet mit dem Wissen, was um ihn herum geschieht und seine geistige Entwicklung beeinflußt.

2. Lessing und die literarische Revolution

Kant war nicht der einzige, der einer allgemeinen Entwicklungstheorie den Weg ebnete und die Pfeiler der dogmatischen Metaphysik ins Wanken brachte. „Es war bezeichnend", schrieb Friedrich Engels, „daß fast gleichzeitig mit Kants Angriff auf die Ewigkeit des Sonnensystems C. F. Wolff 1759 den ersten Angriff auf die Beständigkeit der Arten erließ."[18] Caspar Friedrich Wolff (1734–1794), ein deutscher Arzt und Biologe, der viele Jahre in Petersburg wirkte, begründete in seiner Dissertation „Theoria generationis" (und darauf bezieht sich Friedrich Engels) die Theorie der Epigenese, das heißt der Entwicklung des Organismus durch Neubildungen statt durch bloßes quantitatives Wachstum vorhandener Teile. Wolffs Ideen über die Ontogenese (Entwicklung des Individuums) wurden später auf die Phylogenese (Entwicklung der Gattung) übertragen. Herder hat Wolffs Werke aufmerksam studiert.

Im 18. Jahrhundert wurden auch in den gesellschaftlichen Disziplinen die ersten Schritte zur historischen Denkmethode gemacht. Es erschienen verallgemeinernde Werke über die politische Geschichte und die Geschichte der Philosophie. Johann Joachim Winckelmann legte den Grund für die moderne Archäologie und Kunstgeschichte. Er nahm an den Ausgrabungen in Herculaneum und Pompeji teil und lehrte, die aufgefundenen Denkmäler zu systematisieren, die Originale von Nachahmungen zu unterscheiden, und rief zum Studium vergangener Kulturen auf.

Doch die entscheidenden Impulse gingen von der Literatur aus. Wir erwähnten bereits Lessing als jenen Neuerer, der einen prägenden Einfluß auf Denkart und Geschmack seiner Zeitgenossen hatte.

N. G. Tschernyschewski war es, der auf Lessings Rolle bei der Vorbereitung der klassischen deutschen Philosophie aufmerksam machte. Obwohl Lessing kaum philosophische Arbeiten im eigentlichen Sinne hinterlassen hat, „legte er", wie Tschernyschewski schrieb, „mit seinen Werken den Grundstein der ganzen neuen deutschen Philosophie"[19].

Gotthold Ephraim Lessing (1729–1781), gebürtig aus dem sächsischen Kamenz, Sohn eines Pastors, studierte zunächst Theologie an der Universität Leipzig, wechselte dann zur

Medizin. 1748 – er war gerade 18 Jahre alt – wurde sein Stück „Der junge Gelehrte" auf der damals führenden Bühne Deutschlands, dem Leipziger Theater der Neuberin, aufgeführt. Das war ein vielversprechendes Debüt.
„Der junge Gelehrte" ist eine Satire auf die Pseudogelehrtheit. Das Stück ist nach den Regeln der klassischen Komödie aufgebaut, seine Helden tragen griechische Namen, obgleich die Handlung in Deutschland spielt und von der deutschen Wissenschaft die Rede ist. Der Held des Stückes, Damis, ein eitler und maßlos eingebildeter Tor, wird lächerlich gemacht: er hält sich für genial, obwohl seine Schreiberei so stümperhaft ist, daß man sie nicht ernst nehmen kann. Ganz in Molières Manier gestaltet Lessing ein negatives Bild, formuliert er eine eindeutige Idee.
Lessing bestimmte bereits in diesem Stück sein bleibendes theoretisches Interesse – die nationale Einheit Deutschlands. Das nationale Thema wird ihn sein ganzes schöpferisches Leben lang nicht loslassen, er behandelt es in Prosa und Lyrik, in Stücken und theoretischen Abhandlungen. Deutschland ist in eine Vielzahl von Kleinstaaten zerrissen, er ruft zur Einheit auf. Deutschland leidet unter den überlebten Feudalverhältnissen, er propagiert bürgerliche Ideale. Deutschland ist bar einer Nationalkultur, er widmet seine Kräfte ihrer Entstehung.
Im Kunstleben Deutschlands herrscht der französische Einfluß vor. Lessing, der ihm in seinen frühen literarischen Versuchen auch unterlegen war, erhebt, zum Manne geworden, seine Stimme für eine nationale deutsche Eigenständigkeit. Er polemisiert gegen Gottsched, der die Regeln des französischen Klassizismus auf deutschen Boden verpflanzen will. Mit Gottsched stritten auch die Züricher Schriftsteller Bodmer und Breitinger. Die Schweizer bewunderten das puritanische England als Modell. Doch sollte lediglich das eine ausländische Vorbild durch ein anderes ersetzt werden? Statt Corneille Milton? Das war nicht in Lessings Sinn. Gibt es eine deutsche Nationalsprache, muß es auch eine deutsche Nationalliteratur geben. Nicht nachäffen!
Dies ist u. a. der Sinn der Fabel „Der Affe und der Fuchs".
„Nenne mir ein so geschicktes Tier, dem ich nicht nachahmen könnte! so prahlte der Affe gegen den Fuchs. Der Fuchs aber erwiderte: Und du, nenne mir ein so gering-

schätziges Tier, dem es einfallen könnte, dir nachzuahmen. Schriftsteller meiner Nation! – – Muß ich mich noch deutlicher erklären?"[20]
Nationales Selbstbewußtsein bedeutet jedoch nicht nationalistische Beschränktheit für Lessing; er verfällt nicht in Extreme. Er ist gegen Nachahmung, aber nicht dagegen, vom Ausland zu lernen. Nur es muß jemanden geben, von dem man lernen kann. Und Lessing findet ein würdiges Muster. In Berlin veröffentlicht er seine berühmten „Briefe, die neueste Literatur betreffend", durch die er zum ersten Literaturkritiker Deutschlands wurde. Der 17. „Brief", der mit einer Kritik an Gottsched einsetzt, endet mit einer Shakespeare-Apologie: Shakespeare ist „ein weit größerer tragischer Dichter als Corneille ... Corneille kömmt ihnen in der mechanischen Einrichtung, und Shakespeare in dem Wesentlichen näher ... Nach dem ‚Ödipus' des Sophokles muß in der Welt kein Stück mehr Gewalt über unsere Leidenschaften haben, als ‚Othello', als ‚König Lear', als ‚Hamlet' etc."[21] Vorerst bleibt dies nur Feststellung. Eine Theorie des Dramas wird erst in der „Hamburgischen Dramaturgie" dargelegt.
Eine Theorie der Poesie enthält der „Laokoon" (1766), hier wird die Grenze zwischen Literatur und bildender Kunst gezogen. Vorerst entsteht „Pope, ein Metaphysiker!" (1755), ein dem „Laokoon" vorgreifender Artikel, in dem der Unterschied zwischen Poesie und Philosophie untersucht wird.
Läßt sich Poesie mit einem System metaphysischer Wahrheiten vergleichen? Der Philosoph bedient sich einer präzisen und eindeutigen Terminologie. Der Dichter dagegen wählt synonymische Worte, strebt nie danach, „die strenge, konsequente Wahrheit" auszusprechen, sagt bald zuviel, bald zuwenig. Nur einem Philosophen wie Jakob Böhme kann man nachsehen, daß er nie bei der strengen Wahrheit blieb. Strenge Ordnung der Darlegung und Poesie sind unvereinbar.
„Der Philosoph, welcher auf den Parnaß hinaufsteigt, und der Dichter, welcher sich in die Tiefe der ernsthaften und ruhigen Weisheit hinabbegeben will, treffen einander gleich auf dem halben Wege, wo sie, so zu reden, ihre Klei-

dung verwechseln, und wieder zurückgehen. Jeder bringt des andren Gestalt in seine Wohnungen mit sich; weiter aber auch nichts, als die Gestalt. Der Dichter ist ein philosophischer Dichter, und der Weltweise ein poetischer Weltweise geworden. Allein ein philosophischer Dichter ist darum noch kein Philosoph, und ein poetischer Weltweise ist darum noch kein Poet."[22]
Die Grenzlinie zwischen Kunst und Philosophie zu ziehen ist äußerst wichtig. Zu Lessings Zeiten war für die Kunst der Ausdruck „schöne Wissenschaft" gebräuchlich. Über den Unterschied zwischen beiden Arten der geistigen Tätigkeit war man sich noch nicht klar. Lessing sah sich selbst als den Dichter, der auf halbem Wege stehengeblieben und dort auf den Theoretiker gestoßen war, der sich wiederum auf halbem Wege zur Literatur befand – Moses Mendelssohn (1729–1786). Ergebnis der Begegnung war die gemeinsam mit Mendelssohn verfaßte Arbeit „Pope, ein Metaphysiker!". Lessing bedurfte des Mitautors, eines professionellen Philosophen, weil er selbst noch nicht in das Tal der Weisheit hinabgestiegen war und im Grunde auch gar nicht dorthin wollte.
Lessing galt als begabter Journalist, Kritiker, Dichter, Verfasser von Fabeln und Dramatiker; eine erste sechsbändige Ausgabe seiner Schriften erschien schon 1753 bis 1755. Im letzten Band wurde sein damals letztes Werk – „Miss Sara Sampson" veröffentlicht.
Lessing nennt sein Stück ein „bürgerliches Trauerspiel". Das Interesse an der Individualität war jenes Neue, das die bürgerliche Epoche mit sich brachte, die den Feudalismus ablöste, die Ständehierarchie zerstörte und neue, bürgerliche Prinzipien in der Ökonomie und im Geistesleben durchsetzte. Der Bürger – das ist ein Citoyen, ein Vertreter des „dritten Standes". Aber nicht nur. Der Bürger ist auch Städtebürger, Träger einer neuen Rechtsordnung, und schließlich Eigentümer und Bourgeois.
Deutlicher noch als in „Miss Sara Sampson" ist das bürgerliche Ideal der unabhängigen, unter den Bedingungen einer Rechtsordnung lebenden Persönlichkeit in „Minna von Barnhelm" ausgesprochen – im prägnantesten der drei großen Dramen Lessings. Lessing begann in Breslau daran zu arbeiten, wohin er 1760, der journalistischen Arbeit in der

preußischen Hauptstadt überdrüssig, im wahrsten Sinne des Wortes geflohen war und wo er fünf Jahre als Sekretär bei einem Zollinspektor im Dienst war. Lessing versenkte sich förmlich in das militärische Milieu, vom Schicksal eines Offiziers handelt auch sein Stück. Der Siebenjährige Krieg ist zu Ende, der mutige Major von Tellheim erhält, statt Orden, den Abschied vom aktiven Dienst: er, die Redlichkeit in Person, wird der Bestechung beschuldigt. Erst gegen Ende des Stücks trifft die frohe Botschaft, ein königliches Handschreiben, ein: die Angelegenheit ist aufgeklärt, der König ruft von Tellheim wieder in seine Dienste, und der Major kann seine geliebte Minna heiraten. Der gebürtige Kurländer von Tellheim dient in der preußischen Armee, heiratet ein Fräulein aus dem „feindlichen Sachsen". Der Appell zur Einheit der Nation ist klar ausgedrückt.

Das Verhältnis zwischen von Tellheim und seinem König gestaltet sich nicht nach feudalem, sondern nach bürgerlichem Muster. Von Tellheim war Soldat aus Parteilichkeit „für politische Grundsätze". Nach seiner Überzeugung mußte man „Soldat sein, für sein Land; oder aus Liebe zu der Sache, für die gefochten wird". Es ist nicht von Verpflichtungen gegenüber dem Souverän die Rede.

„Minna von Barnhelm" lieferte den Vorwand für die Entstehung der „Lessinglegende" – Lessing sei ein überzeugter Barde des Preußentums gewesen. Franz Mehring widerlegte diese Legende, er sah in „Minna von Barnhelm" nicht die Apologie, sondern die Kritik an der von Friedrich II. eingeführten Ordnung.

1766 veröffentlichte Lessing den „Laokoon"-Traktat, der die Grenzen zwischen Malerei und Poesie klären will. In der Antike war ein Unterschied zwischen beiden Kunstarten nicht gemacht worden, erst im 18. Jahrhundert trat er ins Bewußtsein.

Der „Laokoon" ist eine polemische Schrift. Ihr Verfasser trat gegen Winckelmanns Konzeption auf, die dieser in seiner Arbeit „Gedanken über die Nachahmung der griechischen Werke" ausgeführt hatte. Winckelmanns „Geschichte der Kunst des Altertums" erschien erst zum Zeitpunkt der Fertigstellung des „Laokoon". Hinweise darauf finden sich am Schluß des „Laokoon". Anlaß für den Streit war eigent-

lich ein Detailproblem. Warum seufzt der sterbende Priester Laokoon, statt schrecklich zu schreien? Winckelmann sah hierin einen Ausdruck des Nationalcharakters der Griechen, ihrer stoischen Geisteshaltung. Lessing war anderer Meinung: Das Wesen der Sache liegt in der Spezifik der Skulptur. Die Tragödie „Philoktet" von Sophokles ist auch ein griechisches Kunstwerk – aber hier schreit der an seinen Wunden leidende Held. Das, was die Wortkunst narrativ ausdrücken kann, kann die Plastik nicht wiedergeben. Der Dichter verfügt über eine breitere Palette an Ausdrucksmitteln. Das heißt nicht, daß die Dichtkunst höher stehe als Malerei und Bildhauerei. Es gibt Unterschiede im Gegenstand und in der Methode der Darstellung. Manche poetische Bilder taugen nicht für den Maler, und umkehrt verlieren gemalte Bilder an Ausstrahlungskraft, wenn man sie als Gedicht oder in Prosa wiedergeben will.
Lessing sucht nach den Ursachen. Die Kunst ahmt die Wirklichkeit nach. Diese existiert in Raum und Zeit. Hieraus leiten sich zwei Kunstformen ab. Der Raum ist mit Körpern angefüllt. Die Körper mit ihren sichtbaren Eigenschaften bilden den Gegenstand der Malerei. Die Zeit ist dagegen die Abfolge von Handlungen. Diese bilden den Gegenstand der Dichtkunst. Allerdings ist der Unterschied, so präzisiert Lessing, relativ: Auch die Malerei kann Handlungen abbilden, wenn auch vermittelt, mit Hilfe von Körpern, und umgekehrt kann die Poesie mit Hilfe von Handlungen Körper darstellen.
Somit steht dem bildenden Künstler (egal, ob Maler oder Bildhauer) nicht ein Zeitabschnitt, sondern nur ein Moment daraus, ein Augenblick zur Verfügung. Auswählen muß man folglich den fruchtbarsten Augenblick. „Dasjenige aber nur allein ist fruchtbar, was der Einbildungskraft freies Spiel läßt. Je mehr wir sehen, desto mehr müssen wir hinzu denken können. Je mehr wir dazu denken, desto mehr müssen wir zu sehen glauben. In dem ganzen Verfolge eines Affekts ist aber kein Augenblick, der diesen Vorteil weniger hat, als die höchste Staffel desselben. Über ihr ist weiter nichts, und dem Auge das Äußerste zu zeigen, heißt der Phantasie die Flügel zu binden."[23]
Deshalb seufzt Laokoon, die Einbildungskraft kann ihn schreien hören; würde er aber schreien, so könnte die Phan-

tasie weder eine Stufe höher noch eine Stufe tiefer steigen.
Mit dieser treffenden Beobachtung, hier auf die Plastik bezogen, ist die wichtigste Besonderheit der Kunst überhaupt erfaßt. Den „fruchtbarsten Augenblick" sucht jeder Künstler (auch der Schriftsteller). Das Unausgesprochene, das Verschweigen, die absichtliche Unvollendetheit eines Bildes – das sind beliebte Methoden der Literatur. Oft wirkt ein Fingerzeig, eine Andeutung stärker als eine ausführliche Beschreibung. Jeder Künstler (auch ein Schriftsteller) gibt das Leben wieder, doch nicht in der Fülle der Details, sondern verallgemeinernd, indem er Platz für die Phantasie des Betrachters (oder Lesers) läßt. Die Einbildungskraft wirkt im Ergebnis der „Erkenntnis" der Wirklichkeit und auch bedingt durch die Notwendigkeit, das vom Künstler geschaffene Bild „zu Ende zu denken". Zu dieser Schlußfolgerung gelangt man im Ergebnis der Lektüre des „Laokoon". Diese Schlußfolgerung ist von Bedeutung: Das Problem der Einbildungskraft wird einen wichtigen Platz in der Philosophie Kants einnehmen.
1767 beginnt eine neue Etappe im Leben und Schaffen Lessings. In Hamburg entstand ein deutsches Nationaltheater, ein Sammelpunkt der besten Schauspieler. Das neue Theater bot Lessing den Posten des Dramaturgen an. So erklärt sich der Titel eines neuen, von Lessing initiierten, theaterwissenschaftlichen Journals – „Hamburgische Dramaturgie". In der „Ankündigung" hieß es: „Diese Dramaturgie soll ein kritisches Register von allen aufzuführenden Stücken halten, und jeden Schritt begleiten, den die Kunst, sowohl des Dichters, als auch des Schauspielers, hier tun wird."[24] Ein Jahr lang erschienen regelmäßig, zweimal wöchentlich, dünne Heftchen mit Stückanalysen und allgemeinen Erörterungen über die darstellende Kunst. Gesammelt ergeben sie einen grundlegenden Traktat, der auch heute noch als Eckpfeiler der Theaterästhetik gilt. In der Regel enthält ein Buch das vom Autor gefundene Resultat. In diesem Fall haben wir die Suche des Verfassers vor Augen. Wir können Lessings Gedankengang verfolgen, erkennen, wie eine Fragestellung herausgearbeitet wird, daß es nicht sofort eine Antwort gibt.
In einem der ersten Stücke wurde unzweideutig das Pro-

gramm formuliert, daß „das Theater die Schule der moralischen Welt sein soll"[25]. Doch wie ist das zu realisieren? Wie soll ein Akteur äußerlich auftreten, um eine Moral glaubhaft vorzubringen? „Jede Moral ist ein allgemeiner Satz, der als solcher einen Grad von Sammlung der Seele und ruhiger Überlegung verlangt. Er will also mit Gelassenheit und einer gewissen Kälte gesagt sein. Allein dieser allgemeine Satz ist zugleich das Resultat von Eindrücken, welche individuelle Umstände auf die handelnden Personen machen; er ist kein bloßer symbolischer Schluß; er ist eine generalisierte Empfindung, und als diese will er mit Feuer und einer gewissen Begeisterung gesprochen sein. Folglich mit Begeisterung und Gelassenheit, mit Feuer und Kälte? – nicht anders."[26]

Seit Aristoteles ist bekannt, daß die Übereinstimmung von Allgemeinem und Einzelnem ein Gesetz des Theaters wie der Kunst im allgemeinen ist.[27] Das betrifft die Sprache, die Mimik und die Gestik der Akteure. Der Gestus muß „bedeutend" und „individualisierend" zugleich sein. Lessing ruft dem Leser die Worte Hamlets in Erinnerung, die dieser an die Komödianten richtete: Die Rede muß flüssig sein, Heftigkeit in der Stimme ist zu vermeiden. Der Schauspieler muß sich mäßigen. Es gibt kaum Stimmen, die bei äußerster Anstrengung nicht widerwärtig würden, und es dürfen doch, wie die Augen, so auch die Ohren des Publikums nicht beleidigt werden.

Sich an die Grenzen erinnernd, die er im „Laokoon" für die Darstellung des Häßlichen gezogen hatte, bemerkt Lessing, die Schauspielkunst habe ihren Platz zwischen bildender Kunst und Dichtkunst. Auf der Bühne könne man sich zwar mehr erlauben als auf der Leinwand, doch auch hier gebe es besondere Grenzen.

Auf der Bühne bewegen sich lebendige Menschen, daß heiße nicht, daß sich das Leben selbst auf der Bühne abspielt. Die Wahrhaftigkeit darf nicht „bis zur äußersten Illusion" reichen. Man darf vom Stück auch nicht völlige Übereinstimmung mit historischen Fakten fordern. Die Tragödie ist keine in Form von Dialogen aufgearbeitete Geschichte.

Mit diesen Einschätzungen bekennt sich Lessing zu dem auf Aristoteles zurückgehenden Grundsatz von der Kunst als Nachahmung der Natur. In der Natur ist alles mit allem

verbunden; alles durchkreuzt sich, alles wechselt miteinander, alles verändert sich eins in das andere. Doch aufgrund dieser unendlichen Mannigfaltigkeit ist sie nur ein Schauspiel für einen unendlichen Geist. Um endliche Geister an dem Genusse desselben Anteil nehmen zu lassen, mußten diese das Vermögen erhalten, zu abstrahieren und ihre Aufmerksamkeit nach eigenem Gutdünken zu richten. Die Bestimmung der Kunst ist, uns die Fixierung unserer Aufmerksamkeit zu erleichtern.
Einwände hat Lessing auch gegen die These von der Einheit von Allgemeinem und Einzelnem. Es galt geradezu als Kodex des Dramas, daß die Kunst auf die Erhöhung der Einzelerscheinung zum Allgemeinen ziele. Doch Corneille verstieß gegen diesen Kodex. Lessing mochte Corneille schon von Jugend an nicht; nun weist er die Unvereinbarkeit der Prinzipien des französischen Dramatikers mit den von Aristoteles aufgestellten Regeln nach. Die Franzosen stellen kontrastierte Charaktere dar, die weniger natürlich sind, sie „vermehren den romantischen Anstrich, an dem es den dramatischen Begebenheiten so schon selten fehlt"[28]. Der Autor der „Hamburgischen Dramaturgie" lehnt dies ab. Corneille, nun gut, nun behauptet aber Diderot, daß in der Komödie ein solcher Grad der Individualisierung wie in der Tragödie nicht möglich sei. Im Leben läßt sich kaum ein Dutzend komischer Charaktere finden, folglich stellt der Komödiendichter nicht Individuen, sondern Typen, ganze Arten dar. Diderot sprach vom „idealen Charakter".
Lessing geht es mehr darum, das genannte Problem zu lösen, als mit Diderot zu streiten. Warum will Diderot nicht in Widerspruch zu Aristoteles gelangen, wo doch der Widerspruch auf der Hand liegt? Lessing findet schließlich eine Lösung. Er spricht von zwei Bedeutungen von „allgemein" bei der künstlerischen Verallgemeinerung. Hier seine Worte: „In der ersten Bedeutung heißt ein *allgemeiner* Charakter ein solcher, in welchem man das, was man an mehrern oder allen Individuis bemerkt hat, zusammen nimmt; es heißt mit einem Worte, ein *überladener* Charakter; es ist mehr die personifizierte Idee eines Charakters, als eine charakterisierte Person. In der andern Bedeutung aber heißt ein *allgemeiner* Charakter ein solcher, in welchem man

von dem, was an mehrern oder allen Individuis bemerkt worden, einen gewissen Durchschnitt, eine mittlere Proportion angenommen; es heißt mit einem Worte, ein *gewöhnlicher* Charakter, nicht zwar in so fern der Charakter selbst, sondern nur in so fern der Grad, das Maß desselben gewöhnlich ist."[29]

In dieser Passage aus dem fünfundneunzigsten Stück der „Hamburgischen Dramaturgie" findet sich, nach Lessings Zeugnis, die Quintessenz des Traktats, die „fermenta cogitionis". Dies ist auch Ausgangspunkt der Brechtschen Konzeption des „nichtaristotelischen Theaters". Lessing selbst war der Auffassung, daß Aristoteles nur die Allgemeinheit im zweiten Sinne meint. Was den erstgenannten Sinn betrifft: „überladene Charaktere" und „personifizierte Ideen" sind viel ungewöhnlicher, als jene Allgemeinheit des Aristoteles es zuläßt. Das Problem der zwei Arten künstlerischer Verallgemeinerung wird später zu einem Zentralproblem der deutschen Ästhetik. Wir werden darauf zurückkommen.

Vorerst wenden wir uns noch einem weiteren bedeutsamen Zitat aus der „Hamburgischen Dramaturgie" zu. Lessing schreibt: „Und nicht die Verfasser allein sind es, die sie" [die berechtigte Kritik an ihrem Schaffen; d. Übers.] „mit Unwillen hören. Wir haben, dem Himmel sei Dank, itzt ein Geschlecht selbst von Kritikern, deren beste Kritik darin besteht, – alle Kritik verdächtig zu machen. ‚Genie! Genie!' schreien sie. ‚Das Genie setzt sich über alle Regeln hinweg! Was das Genie macht, ist Regel!'"[30]

Wer ist damit gemeint? Wir erwähnten bereits die Bewegung des „Sturm und Drang". Lessing war sowohl ein Vorläufer als auch ein Kritiker dieser „literarischen Revolution". Er zeigte lebhaftes Interesse an der Individualität, die Vertreter des „Sturm und Drang" übersteigerten dieses Interesse bis zur Explosion des Individualismus und zu generellem Mißtrauen gegenüber rationaler Welterkenntnis. Die Krise des Vernunftglaubens der Frühaufklärung trieb die Stürmer und Dränger an die Seite des Irrationalismus. Plötzlich eröffneten sich die Kompliziertheit, der Reichtum und die geheimnisvollen Abgründe im Geistesleben des Menschen. Viele sahen hierin eine Entdeckung, die die Entdeckung Amerikas übertraf: In jedem Menschen existie-

ren unerforschte Kontinente der Leidenschaften, der Gefühle und Empfindungen.
Neben Lessing war es Kant, der mit seinen „Beobachtungen über das Gefühl des Schönen und Erhabenen" zur Geburt des „Sturm und Drang" beitrug. Doch den stärksten Impuls erhielt die Bewegung von Johann Georg Hamann (1730–1788).
Hamann, ein den Naturwissenschaften völlig fremd gegenüberstehender, tief religiöser Mensch, der sich durch Sprachkenntnis, durch eine außergewöhnliche Persönlichkeit und glänzende Belesenheit auszeichnete, schrieb einen schwerfälligen Stil, der voller Anspielungen und Auslassungen war. Sein Büchlein „Sokratische Denkwürdigkeiten" (1759) erschien mit der Widmung „An Niemand und Zween". – „Niemand" ist das Leserpublikum, einer von den „Zween" ist Kant. Offensichtlich ist von Kant die Rede, wenn es heißt, dieser habe Newton ähnlich und ein „guter Münzwaradein" der Philosophie werden wollen. (Der Münzwardein übte die Aufsicht über den Münzmeister aus; er mußte metallurgische Kenntnisse haben, um Feingehaltsprüfungen durchführen zu können.) Nun herrsche im deutschen Münzwesen weit mehr Ordnung als in den Lehrbüchern der Metaphysik. Die Weisen hätten noch nicht den Prüfstein gefunden, um den Wahrheitsgehalt in ihren Ideen ebenso wie den Edelmetallgehalt in den Münzen feststellen zu können.
Wenn Hamann über den Weisen aus Athen spricht, meint er sich selber und seine eigene Suche nach Wahrheit. Ähnlich wie sein großer Vorgänger sich gegen die Aufklärer Athens gewendet hatte, entsagt Hamann den Postulaten der Aufklärer. „Wir denken viel zu abstrakt – das ist die Crux".[31] Unsere Logik verbietet den Widerspruch, während doch gerade in ihm die Wahrheit liegt. Das Verbot des Widerspruchs – das ist „Vatermord" am Denken. Das Delphische Orakel hat Sokrates deshalb den Weisen genannt, weil er bekannte, nichts zu wissen. Wer von beiden hat gelogen – Sokrates oder das Orakel? Beide hatten recht.
Selbsterkenntnis ist für Hamann das Wichtigste; hier ist seiner Meinung nach die Vernunft machtlos, Wissen nur ein Hindernis; helfen kann nur der Glauben, der sich auf das innere Gefühl gründet. Unter seiner Feder verwandelt sich

Sokrates in einen Irrationalisten, einen Künder des Christentums: Der Athener Philosoph wollte seine Mitbürger aus dem Labyrinth gelehrter Sophistik zur Wahrheit führen, einer Wahrheit, die im „Verborgenen" liegt, zur Verehrung des „unbekannten Gottes". So sieht Hamann auch seine eigene Mission.
Ein weiteres Buch Hamanns, das Aufmerksamkeit erweckt, trug den Titel „Kreuzzüge eines Philologen" (1762); es handelt sich um einen Sammelband, in dem an auffälliger Stelle ein Essay mit dem ungewöhnlichen Titel „Aesthetica in nuce" steht. Ungewöhnlich war vor allem der Terminus „Ästhetik". Alexander Gottlieb Baumgarten hatte ihn vor kurzem wieder eingeführt, als Bezeichnung der Lehre vom Schönen, die für ihn Theorie der sinnlichen Erkenntnis war. Baumgarten, Nachfolger von Leibniz und Wolff, nannte das Ästhetische, nämlich die Sphäre der Sinne, eine niedere Stufe der Erkenntnis. Hamann behauptet auf der ersten Seite seines Essays entschieden das Gegenteil: Der ganze Reichtum menschlicher Erkenntnis bestehe in sinnlichen Bildern, etwas Höheres als das Bild könne es nicht geben.[32] Die Dichtung sei die Muttersprache der Menschheit.
Hamann beschuldigte die Wolffianer der Scholastik, der Abkehr vom Leben, von der Natur. Eure tödlich falsche Philosophie räumte die Natur aus dem Wege.[33] Die Wolffianer wollen über die Natur gebieten; doch fesseln sie sich selbst dabei an Händen und Füßen. Wer sich als Herr dünkt, wird sich schließlich als Sklave erweisen.
Begeisterte Aufnahme fanden Hamanns Ansichten bei Johann Gottfried Herder (1744–1803). Der hatte sich als Student Kants in Königsberg dessen Kosmogonie-Hypothese angeeignet und versuchte, sie auf andere Gebiete des Seins zu übertragen, wobei er sich gleichermaßen an Kant wie an dessen Antipoden Hamann orientierte. Herders erste Arbeit, „Fragmente über die neuere Deutsche Litteratur" (1766–1768), und die „Kritischen Wälder" (1769) kündeten von einer glänzenden literarischen Begabung, der Neigung, Extreme zu vermeiden, und vom Interesse am Entwicklungsgedanken. Nachdem Herder Königsberg verlassen hatte, ging er für kurze Zeit nach Riga, wo er Lehrer an der Domschule war, danach weilte er in Paris, dem Zentrum

der europäischen Freigeisterei. Nach Deutschland zurückgekehrt, verbrachte er zwei Wochen in Hamburg, wo Lessing lebte. Das war die erste und einzige Begegnung Herders mit dem Menschen, der einen noch stärkeren Einfluß auf seine geistige Entwicklung ausübte als Kant und Hamann. Im Herbst 1770 traf Herder in Straßburg ein. Hier kam es zu der Begegnung mit Goethe, die für beide Wegbereiter des „Sturm und Drang" eine bedeutende Rolle spielte. Hier schrieb Herder seinen berühmten Traktat „Abhandlung über den Ursprung der Sprache" (1772), der den ersten Preis im Preisausschreiben der Preußischen Akademie der Wissenschaften erhielt.

Herder knüpfte die Entstehung der Sprache an die Entwicklung der Kultur. Der Hauptinhalt des Traktats war eine Untersuchung der Naturgesetze, die die Entstehung der Sprache bewirkten. Wenn man den Menschen nur als ein Tier betrachtet, erscheint er in einem sehr hilflosen und beklagenswerten Zustand. Jedoch die Schwäche des Menschen wird zur Quelle seiner Stärke. Ohne alle Instinkte, entwickelt er eine andere ihm von der Natur verliehene Fähigkeit – die „Besonnenheit", das heißt das intellektuelle Vermögen. Die stetige Vervollkommnung ist die charakteristische Besonderheit des Menschen. Diese Entwicklung, die kein einziges Tier erfährt, kennt keine Grenze. Der Mensch ist niemals in sich vollendet. Die Entstehung des Intellekts wirkt auf die Entwicklung der Sprache (und umgekehrt): die Kette von Wörtern wird zur Kette der Gedanken. Die Geschichte der Sprache ist von der des Denkens nicht zu trennen.[34]

Die Schwäche des Menschen wird auch deshalb zur Ursache seiner Stärke, weil sie ihn zwingt, sich mit anderen Menschen zusammenzuschließen. Verwandtschaftliche Bande, die im Tierreich ganz fehlen, sind die elementaren gesellschaftlichen Beziehungen. Ohne die Gesellschaft würde der Mensch verwildern, verwelken wie eine Blüte welkt, die von Stengel und Wurzeln der Pflanze abgerissen ist. Indem sich die Gesellschaft entwickelt, vervollkommnet sie auch die Sprache. Der Fortschritt der Sprache ist ebenso unbegrenzt wie die Entwicklung der Gesellschaft selbst. Hier stellt Herder auch zum erstenmal die Frage nach der Kontinuität in der Entwicklung der Kultur. Indem sich das

Individuum entwickelt, eignet es sich die vor ihm gesammelte Erfahrung an. Ebenso eignen sich die Völker die Errungenschaften vergangener Generationen an und entwickeln sie weiter. Die kulturelle Tradition geht von Volk zu Volk, wobei sie ständig vertieft wird.

Herder wendet sich der Untersuchung der Quellen der Kultur zu. Nach seiner Rückkehr aus Paris tritt Herder in Bückeburg das Amt eines Konsistorialrats an. Er befaßt sich mit Volksdichtung, studiert die Bibel, sieht in ihr ein Werk göttlicher Offenbarung und zugleich die älteste Urkunde des Menschengeschlechts.

Außer Herder und Hamann gehörten Johann Kaspar Lavater (1741–1801) und der junge Philosoph Friedrich Heinrich Jacobi (1743–1819) zum religiös orientierten Kreis des „Sturm und Drang". Das andere Haupt dieser Bewegung, Goethe, teilte nicht die frommen Neigungen seines Freundes und Lehrers Herder. Er schmäht Gott und schreibt rebellische Verse: „Ich kenne nichts Ärmeres unter der Sonn als Euch, Götter! Ich Euch ehren? Wofür?" Diese Worte sind Goethes „Prometheus" entnommen, einem Gedicht, das eine Art poetisches Manifest des „linken" Flügels des „Sturm und Drang" darstellt. Unter den radikalen „Stürmern und Drängern" finden wir den ehemaligen Kantschüler Jakob Michael Reinhold Lenz (1751–1792), die künftigen Kantianer Friedrich Maximilian Klinger (1752–1831) und Gottfried August Bürger (1747–1794).

Die Bewegung war in sich widersprüchlich und nicht homogen: Aufruhr vereinigte sich mit politischer Indifferenz und Konservatismus, Sympathie gegenüber dem Volk mit extremem Individualismus, kritische Einstellung zur Religion mit religiöser Überspanntheit. Aber alle einte das Interesse am Menschen, seiner unikalen Geisteswelt. Alle dachten und sprachen eines aus: die Befreiung der Persönlichkeit.

Wir stellten uns nicht die Aufgabe, den „Sturm und Drang" als literarische Strömung zu charakterisieren. Wir beschränken uns lediglich auf den weltanschaulichen Aspekt, der für die Herausbildung der Theorie von Bedeutung ist. Dabei soll die Entwicklung des Faustthemas verfolgt werden, weil es die Entwicklung der deutschen Philosophie begleitete.

Im 16. Jahrhundert lebte der berühmte Schwarzkünstler Doktor Faust, der eine unauslöschliche Spur im deutschen

Denken hinterließ. Bereits zu seinen Lebzeiten waren Legenden über ihn im Umlauf, und bald nach seinem Tode erschien eine „Historia von D. Johann Fausten dem weitbeschreiten Zauberer und Schwartzkünstler, wie er sich gegen den Teufel auf eine benannte Zeit verschrieben. Was er hierzwischen für seltsame Abenteuer gesehen, selbst angerichtet und getrieben, bis er endlich seinen wohlverdienten Lohn empfangen. Mehrerteils aus seinen eigenen hinterlassenen Schriften allen hochtragenden fürwitzigen und Gottlosen Menschen zum schrecklichen Beispiel, abscheulichen Exempel und treuhertziger Warnung zusammengezogen und in den Druck ferfertigt." Dieses „Volksbuch" erfuhr mehrere Auflagen, inspirierte Künstler und Dichter, diente als Materialvorlage für zahlreiche Bearbeitungen, doch die Idee des Stoffes blieb unangetastet: Faust wird für den verwegnen Versuch, das menschliche Maß an Erkenntnis und Genuß zu überschreiten, mit ewiger Plage bestraft.

Als erster durchbrach Lessing diese Tradition. Im 17. Literaturbrief veröffentlichte er ein Dramenfragment „D. Faust"; was er damit wollte, ist aber nur aus den Erinnerungen zweier Freunde zu entnehmen, die beide bestätigen, daß Lessing die Legende im Geiste der Aufklärung bearbeitet hatte: Der alles überwindende Wissensdurst richtet Faust nicht zugrunde, sondern rettet ihn. Im 5. Akt des Stückes frohlocken die höllischen Heerscharen ob ihres Erfolges, dem Wißbegierigen die Seele geraubt zu haben. Aber der Engel der Vorsehung unterbricht sie und ruft ihnen zu: „Triumphiert nicht, Ihr habt nicht über Menschheit und Wissenschaft gesiegt; die Gottheit hat dem Menschen nicht den edelsten der Triebe gegeben, um ihn ewig unglücklich zu machen."[35]

Goethes „Urfaust" (der in den siebziger Jahren entstand und zu Lebzeiten Goethes nicht veröffentlicht wurde) atmet Geist und Gefühl des „Sturm und Drang". Hier ist Faust ein typischer Held seiner Zeit, ein Individualist, der nur an sich denkt und wie viele andere Helden der „Stürmer und Dränger" zugrunde geht.

Als neue handelnde Person führt Goethe das reizende, treuherzige und gutgläubige, aufrichtig und rein in Faust verliebte Gretchen ein. Im ersten Entwurf ist „Faust" die Tragödie einer betrogenen Liebe. Über den tiefen philoso-

phischen Gehalt dachte Goethe damals noch nicht nach.
Lessing war weiser als die „Stürmer und Dränger". Weiser sowohl als jene, die die Wahrheit in der Bibel suchten, weiser auch als jene, die gegen Gott rebellierten. Er mied Extreme, und so wird ihm Anerkennung und Erfolg zuteil.
Im Mittelpunkt der Theoriedebatten der Epoche stand die Religion. Der Zustand der Kirche befriedigte Lessing keineswegs, doch war er weit entfernt von den „neumodischen" Rationalisten unter den Theologen, die bestrebt waren, das Luthertum „aufzupolieren". An seinen Bruder schrieb er: „Darin sind wir einig, daß unser altes Religionssystem falsch ist; aber das möchte ich nicht mit Dir sagen, daß es ein Flickwerk von Stümpern und Halbphilosophen sei. Ich weiß kein Ding in der Welt, an welchem sich der menschliche Scharfsinn mehr gezeigt und geübt hätte als an ihm. Flickwerk von Stümpern und Halbphilosophen ist das Religionssystem, welches man jetzt an die Stelle des alten setzen will."[36]
Im Jahre 1774 begann Lessing mit der Veröffentlichung von Auszügen aus der von Hermann Samuel Reimarus (1694–1768) verfaßten „Apologie oder Schutzschrift für die vernünftigen Verehrer Gottes". Reimarus bestritt in seinem Werk die Möglichkeit einer Offenbarung Gottes, leugnete die Bedeutung der Bibel für die Erkenntnis der Wahrheit. Die Bibel sei voll von Widersprüchen, viele ihrer Helden seien Mörder, Wüstlinge und Betrüger. Reimarus suchte eine wahre „Naturreligion", die nicht auf der Offenbarung gründet, sondern aus dem Wesen der Menschen abgeleitet wird; er ist Deist und fordert Duldung der Deisten. Der Name des Verfassers blieb ungenannt. Die Fragmente, die als unbekanntes Werk aus der Wolfenbütteler Bibliothek herausgegeben wurden, erschienen in einer Reihe, in der alte Handschriften veröffentlicht wurden. Lessing teilte Reimarus' Anschauungen über die geoffenbarte Religion als Resultat von Irrtümern und Fehlern nicht. Einzelne Stellen versah er mit seinem Kommentar.
Wie zu erwarten war, löste die Veröffentlichung der Wolfenbütteler Fragmente heftige Debatten in der Öffentlichkeit aus. Angriffe auf Lessing setzten ein. Bei seiner Verteidigung bestand Lessing in einer glänzenden Artikelserie auf dem Recht, jegliches Wissensgebiet zu untersuchen,

eingeschlossen die Religionsgeschichte, wobei er seinen wichtigsten Kontrahenten, Pastor Goeze, ob dessen Ignoranz verspottete und überhaupt mutige Gedanken aussprach. Erst die Einmischung der Obrigkeit zwang Lessing zum Schweigen. Dennoch behielt er in diesem Streit das letzte Wort. Es kann in seinem Werk „Die Erziehung des Menschengeschlechts" (1780) und in dem dramatischen Gedicht „Nathan der Weise" nachgelesen werden.

„Die Erziehung des Menschengeschlechts" – das sind hundert Paragraphen über den moralischen Fortschritt der Menschheit. Die unterschiedlichen Religionen sind jeweils Produkte bestimmter historischer Epochen. Die Gattung durchläuft, wie das Individuum, drei Zeitalter: Der Kindheit der Menschheit entspricht das Alte Testament, dem Jugendalter das Neue Testament. Die Zeit der Reife, die Zeit eines neuen Evangeliums, steht noch bevor; die höchste Stufe an Vollkommenheit und moralischer Reinheit ist dann erreicht, wenn die Moral zu einem allgemeinverbindlichen Verhaltensprinzip wird. Die Offenbarung des Alten Testaments zeugt von einem noch rohen Geisteszustand der Welt, in dem moralische Erziehung nur durch direkte physische Bestrafung und Belohnung möglich war. Im Jugendalter sind ein besserer Erzieher und andere Methoden vonnöten. Das Christentum verlangt eine höhere Motivation des Handelns, es repräsentiert eine höhere, wenn auch nicht die höchste Stufe der geistig-sittlichen Entwicklung des Menschengeschlechts auf dem Wege zum Ideal der Humanität. Lessing war davon überzeugt, daß das Menschengeschlecht Vollkommenheit, Aufklärung und Sittenreinheit erlangen wird, wenn eines Tages die Moral keiner religiösen Begründung mehr bedarf.

„Nein, sie wird kommen, sie wird gewiß kommen, die Zeit der Vollendung, da der Mensch, je überzeugter sein Verstand einer immer bessern Zukunft sich fühlet, von dieser Zukunft gleichwohl Bewegungsgründe zu seinen Handlungen zu erborgen nicht nötig haben wird; da er das Gute tun wird, weil es das Gute ist, nicht weil willkürliche Belohnung darauf gesetzt sind."[37]

Vorläufig schlägt Lessing vor, zwischen der christlichen Religion als Inbegriff moralischer Prinzipien und der Religion als Ehrbezeigung an einen allmächtigen Gott zu unterschei-

den. Ob Christus mehr als ein Mensch war, ist für Lessing problematisch. Daß er ein wirklicher Mensch war, sofern er überhaupt lebte, bezweifelt er nicht. Lessings religionskritische Überlegungen kommen Kants in seiner „Religion innerhalb der Grenzen der bloßen Vernunft" (1793) und denen des jungen Hegel in seinen theologischen Aufsätzen, der Wiege der Dialektik, nahe.
Unduldsamkeit und religiöser Fanatismus waren Lessing verhaßt. Hiervon handelt „Nathan der Weise", der ohne die „Erziehung des Menschengeschlechts" unverständlich bleibt (wie auch diese ohne „Nathan" unvollständig bleiben, die „Erziehung des Menschengeschlechts" und „Nathan" ergänzen einander).
Lessing starb Anfang 1781. Im Mai wurde die „Kritik der reinen Vernunft" veröffentlicht. Sie wurde von der philosophischen Öffentlichkeit nicht verstanden. So blieb Kants Hauptwerk lange Zeit unbeachtet, und um Lessings Person entbrannte plötzlich eine philosophische Polemik, die das intellektuelle Deutschland von den Problemen ablenkte, die Kant aufgeworfen hatte. Gemeint ist der berühmte „Pantheismusstreit".

3. Der „Pantheismusstreit". Herder

Ein halbes Jahr vor Lessings Tod kam es zu einer Begegnung zwischen ihm und Friedrich Heinrich Jacobi, während der Lessing Jacobi sein philosophisches Credo darlegte. Diese Unterhaltung über Spinoza war durch eine Diskussion über Goethes Gedicht „Prometheus" ausgelöst worden, von dem Lessing sagte, der Gesichtspunkt des Verfassers sei auch sein eigener. „Die orthodoxen Begriffe von der Gottheit sind nicht mehr für mich; ich kann sie nicht genießen."
Der erstaunte Jacobi, der eine solche Erklärung nicht erwartet hatte, fragte bestürzt: „Da wären Sie ja mit Spinoza ziemlich einverstanden. Lessing: Wenn ich mich nach jemanden nennen soll, so weiß ich keinen andern." Und am folgenden Morgen sagte Lessing erneut: „Es giebt keine andre Philosophie, als die Philosophie des Spinoza."[38]
Als Jacobi erfuhr, daß Mendelssohn einen Artikel über sei-

nen verstorbenen Freund Lessing schreiben wollte, teilte er ihm den Inhalt seiner Gespräche mit diesem mit.
Mendelssohn schenkte dem Bericht Jacobis keinen Glauben. Zwischen beiden begann ein Briefwechsel, den Jacobi im Jahre 1785 unter dem Titel „Über die Lehre des Spinoza, in Briefen an Moses Mendelssohn" veröffentlichte, nachdem Mendelssohn im gleichen Jahr in seinem Buch „Morgenstunden oder Vorlesungen über das Daseyn Gottes" über Spinoza und Lessing geschrieben hatte. Mendelssohn antwortete wiederum mit einem Buch, „An die Freunde Lessings" (1786), auf das in dem gleichen Jahr Jacobis Werk „Wider Mendelssohns Beschuldigungen" (1786) folgte.
Jacobi griff den Spinozismus an, weil er für ihn synonym mit Atheismus war; und er verwahrte sich gegen jede Art rationalistischer Philosophie. Jacobi hob u. a. hervor, daß der Mensch sich mit den Kategorien des Verstandesdenkens nicht über die mechanische Weltauffassung erheben könne. Dieser Gedanke förderte zweifellos eine dialektische Fragestellung, brachte aber nicht ihre Lösung, denn Jacobi hielt den Glauben für die Grundlage der Erkenntnis; später bezeichnete er die Vernunft als Fähigkeit unmittelbarer Erkenntnis der übersinnlichen Realität.
Auch Mendelssohn teilte Spinozas Auffassung nicht, die er übrigens nur vom Hörensagen kannte. In der Polemik gegen Jacobi verteidigte er nicht den Spinozismus, sondern den Rationalismus Wolffs. Seine Hauptsorge war, den verstorbenen Lessing, den er für einen gläubigen Menschen und Anhänger einer Vernunftreligion hielt, von der Anschuldigung einer odiosen Gottlosigkeit reinzuwaschen.[39]
Die Auseinandersetzung zwischen Jacobi und Mendelssohn, zwei Gegnern Spinozas, hätte überhaupt kein Aufsehen erregt, wenn es nicht damals in Deutschland unter der Oberfläche manche Kenner und Anhänger des holländischen Pantheisten gegeben hätte, so daß das Erscheinen der antispinozistischen Aufsätze von Jacobi und Mendelssohn Entgegnungen hervorrufen mußte. Waren die Schriften Spinozas bisher insgeheim gelesen worden, so begann man jetzt offen über den Spinozismus zu reden.
Noch vor einigen Jahrzehnten waren spinozistische Bücher verbrannt, ihre Autoren verfolgt worden. In die vierziger

Jahre des 18. Jahrhunderts fällt das Wirken Johann Christian Edelmanns (1698–1767), dessen Werke damals weite Verbreitung und Widerhall in der Öffentlichkeit fanden. Edelmann nennt Spinoza seinen Lehrer. Einen tiefen Eindruck hinterließ bei ihm der „Theologisch-Politische Traktat" (1670 erschienen). Das Spinoza-Studium überzeugte Edelmann davon, daß kein von der Welt unabhängiger Gott existiere. „Er und die Materie gehören unzertrennlich zusammen / und ohne die Materie würde GOTT nimmermehr eine materialische Welt haben hervorbringen können."[40] Gott, das ist Alles in Allem. Edelmann erlitt das gleiche Schicksal wie andere Spinoza-Anhänger vor ihm: Seine Bücher wurden verbrannt, er selbst verfolgt. So war es nicht verwunderlich, daß man seine Anhängerschaft an Spinoza möglichst verbarg. Nur so ist zu erklären, daß Lessings pantheistische Überzeugung erst nach seinem Tode bekannt wurde. Von vielen wurde das als überraschende Bestätigung der Annahme verstanden, daß Lessing nicht an Gott geglaubt hatte. Einer von ihnen war Pastor Johann Heinrich Schulz, „Zopf-Schulz", wie er wegen seiner Weigerung, bei seiner Predigt eine Perücke zu tragen, genannt wurde. 1786 veröffentlichte Schulz anonym das Buch „Der entlarvte Moses Mendelssohn oder völlige Aufklärung des räthselhaften Todverdrusses des M. Mendelssohn über die Bekanntmachung des Lessingschen Atheismus von Jacobi".
Zopf-Schulz kritisierte Mendelssohn, weil er sich weigerte, Lessing für einen Spinozisten zu halten. Die Anhänger Spinozas gelten als Atheisten, na und? Es sei eine verbreitete Meinung, daß Atheisten gefährliche, unmoralische Menschen seien, die weder zum Familienvater noch zum Staatsbürger taugen. Doch es gebe nichts Unsinnigeres als derartige Behauptungen. Moral und Religion seien verschiedene Dinge.
Einen Angriff auf Mendelssohns Lehre von der Unsterblichkeit der Seele unternahm Karl Spazier. Zwar wurde in seinem Buch „Antiphädon" (1785) Spinoza nicht erwähnt, aber dennoch hängt dieses Werk mit der damals geführten Diskussion zusammen. Bei der Gegenüberstellung von Idealismus und Materialismus schrieb Spazier: „Das System des Spiritualismus ist noch nicht so fest gegründet, daß es nicht noch immer wankend gemacht und an seinen Grund-

säulen, zu seinem großen Nachteil, angegriffen werden könnte. – Der feinere Materialismus scheint, wo nicht mehr, doch wenigstens ebensoviel Gründe für sich zu haben als der Spiritualismus, der auf sehr unbestimmten Grundbegriffen beruht und von der Analogie der Natur zu weit abgeht."[41]

Spazier behauptete, es gäbe mehr verborgene Anhänger des Materialismus, als man denke.

Der Pantheismusstreit drehte sich anfänglich um ein erkenntnistheoretisches Problem (die Glaubensphilosophie Jacobis gegen den Rationalismus Mendelssohns). Nach dem Tode Mendelssohns (1786), als sich die Spinozisten in den Streit eingeschaltet hatten, verlagerte sich die Diskussion auf philosophische Grundprobleme: Existiert die Welt ewig, oder ist sie das Ergebnis eines Schöpfungsaktes? Ist die Seele sterblich oder unsterblich? Was ist Gott – eine überirdische, übernatürliche Kraft oder die Natur selbst, ja, vielleicht gibt es gar keinen Gott? Diese Fragen standen im Mittelpunkt vieler Bücher, Artikel, Gespräche und des Briefwechsels jener Zeit. Ein solches Gespräch beschreibt Georg Christoph Lichtenberg (1742–1799) in einem Brief an seinen Freund Johann Daniel Ramberg: „Kaum hatte sich Herr Lavater niedergesezt (Leß war mit dabey), so kamen wir von ohngefehr auf Mendelssohn, Leßing, Jacobi und *Spinotzismus* zu sprechen. Da ich nun (offenhertzig) den Spinoza seit der Zeit, da ich ihn verstund, für einen gantz ausserordentlichen Kopf hielt, so nahm ich mir, zwischen diesen beyden Theologen, vor, mich seiner anzunehmen. Ich sagte also, daß ich glaubte, tieferes Studium der Natur, noch Jahrtausende fortgesezt, werde endlich auf Spinozismus führen, welches dieser große Mann vorausgesehen. So wie unsere Kenntnis der Körper-Welt zunehme, so verengerten sich die Gräntzen des Geisterreichs. Gespenster, Dryaden, Najaden, Jupiter mit dem Bart über den Wolcken pp seyen nun fort. Das eintzige Gespenst, was wir noch erkennten, sey das, was in unserm Körper spücke und Würckungen verrichte, die wir eben durch ein Gespenst erklärten, so wie der Bauer das Poltern in seiner Kammer; weil er hier, so wie wir dort die Ursachen nicht erkennten. Träge Materie sey ein bloses menschliches Geschöpf und etwa blos ein abstrakter Begriff; wir eigneten nemlich den

Kräfften eine träge Basis zu und nennten sie Materie, da wir doch offenbar von Materie nichts kennten, als eben diese Kräffte. Die *träge* Basis sey blos Hirngespinst. Daher rühre das infame *Zwey* in der Welt. *Leib und Seele, Gott und Welt.* Das sey aber nicht nöthig. Wer habe den *Gott* erschaffen? Der feine Organismus im Thierischen und Pflantzen Körper rechtfertige nur hier Bewegung dependent von der Materie anzunehmen. Mit einem Wort alles was sey, das sey Eins, und weiter nichts! Ἕν καὶ πᾶν. Unum et omne."[42]
Lichtenberg wollte eine Erklärung für die geistigen Eigenschaften der Materie finden, die er sich als aktiv wirkend, untrennbar mit der Bewegung verbunden und entstanden vorstellte. Lichtenberg befreite den Spinozismus von der theologischen Terminologie.
Georg Forster (1754–1794), damals bekannt als Naturforscher, der eine vielgelesene Beschreibung einer Weltreise verfaßt hatte, stellte sich folgendes Problem: „entweder consequenter Theismus, oder consequenter Spinozismus! ...
Das Dilemma bleibt unantastbar: entweder büßen wir alles ein, was die Idee der Gottheit für uns Interessantes hat, indem wir sie auf Substantialität einschränken, oder wir modifizieren sie nach Einschränkungen der Zeit und des Raumes (des Fließenden und des Ausgedehnten) zu einem widersprechenden, anthropopathischen Hirngespinste."[43]
Forsters Haltung wird bereits aus der Fragestellung ersichtlich. Diese Haltung bildete sich als Reaktion auf den widersprüchlichen und inkonsequenten Standpunkt Herders, der die Philosophie Spinozas mit der Religion versöhnen wollte, heraus. Doch meistens half Herder Forster auf den richtigen Weg, den Weg der Erkenntnis der Natur. Darauf fortschreitend, gelangte Forster bald zu materialistischen Überzeugungen.
Im Artikel „Über Leckereien" (1788) gelangte Forster aufgrund botanischer, physiologischer und ethnographischer Erkenntnisse zu der Schlußfolgerung, daß zwischen Physiologie und geistiger Tätigkeit des Menschen ein Zusammenhang besteht. Gehirn und Nervensystem hängen auf das engste mit den Organen des Stoffwechsels zusammen. Das gesamte Wissen, unterstreicht der Philosoph, hat seinen Ursprung in den Sinnesorganen und in erster Linie im Geschmack. An Jacobi schrieb Forster 1788 in bezug auf sei-

nen Artikel: „Den etwaigen Materialismus darin will ich gern auf meine Hörner nehmen."[44] Später neigte Forster zum Entwicklungsdenken in bezug auf die Natur. Davon zeugt ein zu den ausgereifteren philosophischen Arbeiten zählender Aufsatz „Leitfaden zu einer künftigen Geschichte der Menschheit".
Forster spricht hier von einer relativen Übereinstimmung der individuellen Entwicklung des Menschen und der Entwicklung der Gattung. Ein Vergleich der Lebenstätigkeit des Menschen und des Tieres bringt ihn zu der Schlußfolgerung, daß es allgemeine Prinzipien für alle lebenden Organismen gäbe – Selbsterhaltung und Erhaltung der Art. Die Entwicklung der Menschheit vom Tierreich zur Zivilisation erfolge aufgrund dieser Naturgesetze. Dies seien „fast Darwinistische Ideen"[45], bestätigt Herausgeber Gerhard Steiner im Vorwort zur Ausgabe der philosophischen Schriften Forsters. Weiterhin vermutet er, daß der Grundgedanke des Artikels auf einen Brief Herders an Forsters Frau über die geistige Entwicklung seines Sohnes zurückgeht. Gewiß blieb Forster, was den Umfang der Problemstellung betrifft, hinter Herder zurück, er zeichnete sich aber durch eine konsequentere materialistische Haltung aus.

Von Herder nahmen wir Abschied in Bückeburg, wo er eine Reihe von Arbeiten schrieb, die sein Interesse an der Entwicklung belegen. Nun versuchte er den Entwicklungsgedanken auf das Denken, die Herausbildung des Intellekts auszudehnen. In dem Werk „Vom Erkennen und Empfinden der menschlichen Seele" (1774) schrieb er, daß bei diesem Problem alle ratlos seien, die im Banne der „mechanischen Erscheinungen" stünden und die Seele aus „Leim und Koth" zu schaffen versuchten; ebenso die Anhänger der Leibnizschen „prästabilierten Harmonie", die den Zusammenhang zwischen Seele und Körper zerreiße. In der Natur gebe es nichts Isoliertes, alles befinde sich in wechselseitigem Übergang und Fluß. Darum müsse man die Keime des Bewußtseins nicht außerhalb der Materie, sondern in ihr suchen.
Herder leitet das Denken aus dem Empfinden ab, dem eine bestimmte Erscheinung zugrunde liegt, die ihr Entdecker, Albrecht von Haller, Reiz genannt hatte. Ein gereizter Muskel zieht sich zusammen und dehnt sich wieder aus. Die

Reizbarkeit charakterisiert Herder „als das erste glimmende Fünklein zur Empfindung, zu dem sich die tote Materie durch viele Gänge und Stufen des Mechanismus und der Organisation hinaufgeläutert"[46]. Das ist eine sehr wichtige Schlußfolgerung.

Das Empfinden ist von Nerven im Organismus abhängig. „Wir empfinden nur, was unsere Nerven uns geben; darnach und daraus können wir auch nur denken."[47] Herder betrachtet das Bewußtsein historisch, als etwas Gewordenes, gewachsen im Entwicklungsgang der lebendigen Welt. Und plötzlich stellt Herder die Frage: Ist die Seele materiell oder immateriell? Aber eine Antwort darauf gibt er nicht: „... Ich weiß noch nicht, was Material oder Immaterial sein? glaube aber nicht, daß die Natur zwischen beiden eiserne Bretter bevestigt habe."[48] Das ist ein für Herder höchst charakteristischer Satz: er bricht mit idealistischen Auslegungen, kann aber noch nichts dagegen setzen.

Den Entwicklungsgedanken überträgt Herder auf die Natur, auf die lebendige Welt. Vorerst sind dies nur allgemeine Vermittlungen, eingeschlossen in eine spezifische, zuweilen mystische Hülle. So werden die Gedanken über die Entwicklung der Tierwelt von Herder in seinem Dialog „Über die Seelenwanderung" (1782) dargelegt. Darin spricht Charikles, ein Anhänger der Theorie der Seelenwanderung, von drei Arten der Seelenwanderung: Erstens ist es eine Bewegung in aufsteigender Linie – von der Pflanze zum Tier, vom Tier zum Menschen; zweitens eine rückläufige Verwandlung, ähnlich wie die indische Religion verheißt, daß ein guter Mensch nach seinem Tod als ein Elefant oder als eine Kuh wiedergeboren wird, ein böser aber als ein Schwein oder als Tiger. Eine dritte Variante schließlich ist die Seelenwanderung „in die Runde umher", das heißt die Verwandlung in gleichartige Wesen.

Theages, den Herder die eigene Auffassung äußern läßt, lehnt die beiden letzten Arten der Seelenwanderung sofort ab. Kein einziger Mensch, sagt er, ist schon mehrere Male im Mutterleib gewesen, bevor er als die Person geboren wurde, die er ist. Wenn man schon solche Ansichten verteidige, sei es besser, sich gleich offen zur Ideenlehre Platons zu bekennen.

Was die erste Art der Seelenwanderung betrifft, so erkennt

Theages sie an, gibt ihr jedoch eine sehr eigenartige Auslesung: „Ich, mein Freund, schäme mich meiner Halbbrüder, der Thiere nicht; vielmehr bin ich in Absicht ihrer ein großer Seelenwanderer ... Der so bestimmte, sichere, lehr- und kunstreiche Thiercharakter bekommt das Fünklein Licht, das wir Vernunft nennen, und der Mensch ist da ... Mich dünkt, das ist die Anthropogenesie, und Paligenesie der Thiere zu Menschen."[49]

Herder war ein gläubiger Mensch, er spricht sowohl von Gott als auch von einem künftigen Leben, zugleich aber, was von Belang ist, entwickelt er Ideen von der Einheit der gesamten organischen Welt, vom relativen Charakter der Klassifikation der lebenden Organismen und von der Evolution der Lebewesen und führt den Leser bis unmittelbar an den Gedanken der natürlichen Abstammung des Menschen heran. „Ey! wie verlieren sich die Classen aller Geschöpfe in einander! Wie steigen und erhöhen sich die Organisationen aus allen Produkten, auf allen Seiten! ... Selbst bei Insekten hat man ein Analogon des menschlichen Gliederbaus gefunden."[50]

Die Idee der Entwicklung der Natur wird später in Herders philosophischem Hauptwerk, „Ideen zur Philosophie der Geschichte der Menschheit" (1782–1791), konkretisiert, das ab 1784 veröffentlicht wird. Der Analyse der Entwicklung des Menschengeschlechts schickt der Autor eine Geschichte unseres Planeten voraus. Die Entstehung der Erde und ihren Platz im System des Weltalls charakterisiert Herder im Sinne der Abhandlung „Allgemeine Naturgeschichte und Theorie des Himmels" seines Lehrers Kant. Sodann geht er zur geologischen Geschichte der Erde, ihrer Flora und Fauna, über. In Andeutungen, in einer sehr nebelhaften Form, spricht Herder über die natürliche Entstehung des Lebens, das nach seiner Auffassung zuerst im Wasser aufgetreten ist: „Das Brennbare der Luft beförderte vielleicht den Kiesel zur Kalkerde, und in dieser organisierten sich die ersten Lebendigen des Meers, die Schalengeschöpfe ..."[51]

In bezug auf das Leben hatte Kant es immer für aussichtslos gehalten, auf das Erscheinen eines neuen Newton zu hoffen, der die Entstehung auch nur eines Grashalms auf natürliche Weise würde erklären können.

Herder zufolge hat die Entwicklung der Natur nur aufgrund natürlicher Kräfte, ohne fremde Einmischung, zur Entstehung immer komplizierterer Formen geführt. „Mancherlei Verbindungen des Wassers, der Luft, des Lichts mußten vorhergegangen sein, ehe der Same der ersten Pflanzenorganisation, etwa das Moos, hervorgehen konnte. Viele Pflanzen mußten hervorgegangenen und gestorben sein, ehe eine Tierorganisation ward; auch bei dieser gingen Insekten, Vögel, Wasser- und Nachttiere den gebildeten Tieren der Erde und des Tages vor, bis endlich nach allen die Krone der Organisation unserer Erde, der Mensch auftrat."[52]

Nur noch ein Schritt ist es bis zur Evolutionslehre. Herder vergleicht den Menschen mit den ihm am nächsten stehenden Affen. „Der Orang-Utan ist im Inneren und Äußeren dem Menschen ähnlich."[53] Und obgleich Herder in seinem Buch nicht geradezu davon spricht, daß der Mensch infolge der natürlichen Evolution von den Tieren abstamme (manchmal sogar das Gegenteil behauptet), zeugt doch die allgemeine Logik seiner Überlegungen davon, daß er zu diesem Standpunkt neigte. „Herders neue Schrift macht wahrscheinlich", schrieb eine seiner Leserinnen, die die Geisteshaltung des Autors gut kannte, „daß wir erst Pflanzen und Tiere waren; was nun die Natur weiter aus uns stampfen wird, wird uns wohl unbekannt bleiben. Goethe grübelt jetzt gar denkreich in diesen Dingen, und jedes, was erst durch seine Vorstellung gegangen ist, wird äußerst interessant."[54]

Die höchste Autorität für Herder ist Spinoza. Aber Herders Weltanschauung nimmt bald, im Unterschied zu den Ansichten des holländischen Pantheisten, einen dynamischen Charakter an. Nach Spinoza besitzt die einheitliche Substanz, die Natur und Gott zugleich ist, auf ewig zwei unveränderliche Attribute – Ausdehnung, das ist Materialität, und Denken. Für Herder bilden die Grundlage alles Wahren lebendige, organische Kräfte, die das Sein von Materie und Geist bestimmen. Materie und Geist befinden sich in einem Zustand ununterbrochener Entwicklung und sind untrennbar miteinander verbunden.

Die organischen Kräfte existieren objektiv und sind von natürlicher Beschaffenheit, aber ihre Natur ist Herder gleichwohl unklar. Der Denker distanziert sich unzweideutig von Versuchen, die Entwicklung durch rein geistige Faktoren zu erklären. Wenn er von den organischen Kräften der Schöpfung rede, schreibt er in der Vorrede zu den Ideen, so glaube er nicht, „daß man sie für qualitates occultas ansehen werde"[55].

Der „Pantheismusstreit" mußte Herders Aufmerksamkeit auf sich ziehen. Herder unterbrach für kurze Zeit die Arbeit an den „Ideen" und veröffentlichte ein streitbares Buch: „Gott. Einige Gespräche" (1787). Darin hebt er die Lehre Spinozas auf den Schild, beweist aber gleichzeitig, daß sie mit dem Christentum vereinbar sei.

Diese in sich widerspruchsvolle Arbeit Herders über Spinoza rief auch einander widersprechende Einschätzungen seiner Zeitgenossen hervor. Friedrich Schiller, ein Anhänger Kants, bemerkte, daß Herder „äußerst zum Materialismus neige"[56]. Zur gleichen Zeit griff der radikal und atheistisch gesinnte Wilhelm Ludwig Wekhrlin Herder an, weil er den antireligiösen Charakter der Philosophie Spinozas vertuscht habe. Ähnliche Vorwürfe richtete auch der revolutionäre Demokrat Georg Forster an Herders Adresse. Der Gott, von dem Herder in seiner Arbeit rede, sei nicht Schöpfer der Welt, sondern die Welt selbst, die aus wirkenden Kräften bestehe.

Das Prinzip der Tätigkeit, um das Herder die Lehre Spinozas ergänzt hat, geht mit Sicherheit auf Leibniz' Einfluß zurück; doch mit der Leibnizschen Behandlung des Materieproblems ist Herder nicht einverstanden. Für Leibniz ist die Materie „eine Erscheinung unserer Sinne"[57]; für Herder existiert die Materie „durch ihre Natur und Wahrheit, durch den innigen Zusammenhang wirkender Kräfte"[58]. Herder ist auch mit Descartes nicht einverstanden, der die Materie mit Ausdehnung identifiziert. Warum, fragt er, soll die Materie nur mit der Ausdehnung gleichgesetzt werden? Zeit und Raum sind doch gleichermaßen „äußere Bedingungen ihres Daseyns"[59]. Spinoza, der den Dualismus Descartes' überwinden wollte, machte Ausdehnung (Materie) und Geist zu Attributen der einheitlichen Substanz (Gott, Natur). Herder war das aber noch nicht monistisch genug. Seine Substanz – die organischen Kräfte – betrachtete Herder als „Mittelbegriff zwischen Geist und Materie"[60]. Indem die substantiellen Kräfte sich entwickeln, erlangen sie räumliche und zeitliche Bestimmtheit. Das Denken ist potentiell mit der Materie verbunden, wird aber nur auf den höchsten Stufen der Entwicklung – im lebenden Organismus – aktuell.

Die Welt erschien Herder als ein einheitlicher, ununterbrochener Entwicklungsprozeß, der gesetzmäßig ganz bestimmte, notwendige Stufen durchläuft. Wie Herder sich diese Stufen vorstellte, zeigt der folgende Entwurf: („Ueber die organischen Kräfte")

"I. Organisation der Materie: Wärme, Feuer, Licht, Luft, Waßer, Erde, Staub, Weltall. Elektrische, Magnetische Kräfte.

II. Organisation der Erde: nach Gesetzen der Bewegung, verschiedner Anziehung und Zurückstoßung.

III. Organisation der unbelebten Dinge: Steine, Salze p.

IV. Organisation der Pflanze: Wurzel, Blatt, Blume, Kräfte.

V. Thiere: Körper, Sinne.

VI. Menschen: Verstand, Vernunft.

VII. Weltseele: All."[61]

Für Herder bedeutete dieses Schema keine starre „Stufenleiter der Geschöpfe"[62], die von Gott geschaffen wurden, sondern eine sich ständig vervollkommnende „Kette der Bildung"[63]. Im Zusammenhang damit muß man auch die rätselhafte „Weltseele" verstehen. Wenn die Entwicklung unendlich ist, dann muß man darüber nachdenken, was die Vervollkommnung der menschlichen Formen zur Folge hat. Auf Erden ist der Mensch der Endpunkt der Entwicklung, die weitere Fortbildung verlegt Herders Phantasie in – eine übersinnliche Welt.

Herder hat einen entscheidenen Schritt in der Entwicklung des sozialhistorischen Denkens getan. Er hat die Idee des Fortschritts in einer so allgemeinen Form und so überzeugend formuliert wie keiner vor ihm. Er versuchte, den von der Menschheit zurückgelegten Weg mit einem Blick zu überschauen und am konkreten Material der Kulturgeschichte den notwendigen Charakter der gesellschaftlichen Entwicklung zu begründen.

Dabei hatte er Vorgänger. Aus Frankreich stammte der Terminus „Philosophie der Geschichte", den Voltaire vorgeschlagen hatte. In Deutschland entstanden Arbeiten zur politischen Geschichte, entstanden als selbständige Disziplinen die Philosophiegeschichte und die Kunstgeschichte. Die Idee der gesetzmäßigen Entwicklung der Gesellschaft formulierten Turgot, Iselin und Lessing.

Besonders muß auf das heute in Vergessenheit geratene Werke von Johann Christoph Adelung (1732–1806) hingewiesen werden. Sein „Versuch einer Geschichte der Cultur des menschlichen Geschlechts" (1782) ist auch dadurch interessant, daß die Menschheitsgeschichte vor allem als Kulturgeschichte betrachtet wird.

Die Kultur bezeichnet den Übergang vom tierischen Zustand zum gesellschaftlichen Leben. Vom ersten Menschenpaar an wächst die Bevölkerung in geometrischer Progression; wenn es ihr an Raum zu fehlen beginnt, entsteht die Kultur. Was den Menschen „zur Cultur bestimmen soll, ... ist denn nichts anders, als Volksmenge im eingeschränkten Raume. Die Cultur wird nur in dem engern gesellschaftlichen Leben brauchbar; dieses allein kann sie veranlassen, und dieses hängt ganz wieder von dem Verhältnisse des Bevölkerungsstandes gegen den begränzten Raum ab."[64]

Der Fortschritt verläuft kontinuierlich, aber nicht linear. Im ganzen ist die gegenwärtige Kultur der alten überlegen, in einzelnen Bereichen, zum Beispiel in den bildenden Künsten, kann sie ihr nachstehen.

Jagd, Viehzucht und Ackerbau sind die aufeinanderfolgenden Etappen menschlicher Tätigkeit, die zur Milderung der Sitten und zum Wachstum der Vernunft führen. Adelung umfaßt die Geschichte der Menschheit mit einem Blick. Mit breiten Pinselstrichen, ohne bei Details zu verweilen, versucht er, ein verallgemeinertes Bild der kulturellen Entwicklung zu entwerfen. Verglichen mit Herder, bringt Adelung eine Miniaturausgabe des Monumentalgemäldes der Kultur, das Herder geschaffen hat.

Ein erster Versuch Herders in dieser Richtung war das in Bückeburg geschriebene Fragment „Auch eine Philosophie der Geschichte zur Bildung der Menschheit" (1774). In dieser Arbeit, die in den Grenzen theologischer Ansichten über die Entstehung des Menschengeschlechts und über die bewegenden Kräfte der Geschichte bleibt, spricht Herder tiefsinnige Gedanken über den gesetzmäßigen, fortschreitenden Charakter der Veränderungen in der menschlichen Gesellschaft aus. Herders Schrift widerlegte die Auffassung Voltaires, wonach die Geschichte sich nur dank glücklicher Zufälle entwickelt.

Die von uns bereits erwähnten „Ideen zur Philosophie der Geschichte der Menschheit" enthalten neben einer allgemeinen Geschichte der Entwicklung einen für seine Zeit grandiosen Versuch, die Kulturentwicklung der Menschheit ausgehend von den ihr eigenen Gesetzen der gesellschaftlichen Entwicklung in ihren Grundzügen darzustellen und zu begründen. Die Geschichte der Gesellschaft schließt sich unmittelbar an die Geschichte der Natur an. „Lebendige Menschenkräfte sind die Triebfeder der Menschengeschichte"[65]; die Geschichte ist ein Naturerzeugnis der menschlichen Fähigkeiten, die von den Umständen, Ort und Zeit abhängig sind. In der Gesellschaft ist immer nur das geschehen, wozu diese Faktoren imstande waren. Das ist nach Herder das „Hauptgesetz" der Geschichte. Hiermit tritt er scharf gegen die teleologische Auffassung der gesellschaftlichen Entwicklung auf. Er betont, daß die „Philosophie der Endzwecke ... der Naturgeschichte keinen Vortheil gebracht"[66] hat, da sie nur schädliche Illusionen hervorrief; um so weniger ist sie auf die Menschheitsgeschichte anwendbar, wo die Zwecke nach tausend Seiten auseinandergehen. Anstelle der Frage: Wozu? muß man die einzig mögliche Frage: Warum? stellen. In den historischen Erscheinungen soll man nicht irgendwelche uns unbekannte, geheime Vorbestimmungen suchen, sondern die Ursachen, die diese Erscheinungen bewirkt haben. Jedes Ereignis in der Geschichte geschieht um seiner selbst, nicht um etwas anderen willen. Und damit zugleich entsteht aus den einzelnen Ereignissen eine einheitliche Geschichte der Menschheit.

Jede Erscheinung der Kunst, Wissenschaft usw. ist unwiederholbar, von bestimmten Bedingungen erzeugt und kann unter keinen anderen Bedingungen entstehen; jede dieser Erscheinungen ist jedoch ein Glied in der ganzen Kette der kulturellen Entwicklung. Die Menschheit durchläuft ganz bestimmte aufeinanderfolgende Stufen der kulturellen Ent-

wicklung. Der Aufstieg der Kultur ist ein Gesetz der Geschichte.
Die Entwicklung der Völker bildet gleichsam eine einzige Kette, in der jedes Glied notwendig mit dem vorhergehenden und dem folgenden verbunden ist. Jedes Volk nutzt die Errungenschaften seiner Vorgänger und bereitet den Boden für seine Nachfolger.
Die Ursachen der gesellschaftlichen Entwicklung versuchte Herder in der Wechselwirkung innerer und äußerer Faktoren zu sehen. Zu den äußeren Faktoren rechnete er die Wirkungen des Klimas, das er im umfassenden Sinn als Gesamtheit aller Lebensbedingungen der Menschen verstand.
Das sechste Buch der „Ideen" ist ganz der Analyse des Einflusses der äußeren Bedingungen auf das Menschengeschlecht gewidmet. Herder betonte die Einheit der Menschheit als biologische Gattung und zeigte die Verschiedenartigkeit in ihr, die in bedeutendem Maße von geographischen Bedingungen abhängt. Beim Vergleich der äußeren Gestalt, der Sitten, Gewohnheiten usw. der Bewohner nördlicher und südlicher Länder wies Herder immer darauf hin, daß sich alles unter dem Einfluß der Natur herausgebildet hat. Die Bedeutung günstiger natürlicher Faktoren hat er auch hervorgehoben, als er die Gründe für die stürmische kulturelle Entwicklung der europäischen Staaten untersuchte.
Obgleich Herder also die Bedeutung der äußeren Faktoren anerkannte, hielt er doch die inneren, organischen Kräfte für den Hauptstimulus der gesellschaftlichen wie auch jeder anderen Entwicklung. Ihre Wirkung übertrifft den Einfluß der äußeren Bedingungen bei weitem. Da ist vor allem die Gesellschaft selbst, die ein einheitliches organisches Ganzes, eine Gesamtheit darstellt, von der ausgeschlossen das Individuum nichts ist. „Der Mensch ist also zur Gesellschaft gebohren"[67] – das war ein Lieblingsaphorismus Herders, der immer wieder auf diejenigen Kräfte hinwies, die im Leben der Menschen eine Hauptrolle spielen. „Schränkte ich ... beim Menschen alles auf Individuen ein und läugnete die Kette ihres Zusammenhanges sowohl unter einander als mit dem Ganzen", schreibt Herder, „so wäre mir ... die Natur des Menschen und seine helle Geschichte entgegen;

denn kein einzelner von uns ist durch sich selbst Mensch worden."⁶⁸ Die Kultur schließt die Menschen zusammen. Sie ist das Produkt menschlicher Tätigkeit und gleichzeitig ihr Stimulus. In den Begriff der Kultur schloß Herder Sprache, Wissenschaft, Handwerk, Kunst, Familienbande, Staat und Religion ein. Da Herder kein Werk über die Weltgeschichte schuf, sondern eine sozialphilosophische Abhandlung, interessierten ihn nicht vorrangig die Fakten, sondern die Lehren der Geschichte. Doch die wollte er aus der Analyse der historischen Ereignisse gewinnen. Darum war Herder nicht nur Theoretiker der Kultur, sondern auch einer ihrer ersten Historiker. Seine „Ideen" – der dritte und vierte Teil – enthalten einen für seine Zeit grandiosen Versuch, in allgemeinen Zügen den Weg zu verfolgen, den die Menschheit in ihrer kulturellen Entwicklung zurückgelegt hat. Lange Zeit beherrschte Herders Buch die Geister der Zeitgenossen und galt als unübertreffliches Muster einer solchen Untersuchung.

KAPITEL 2

Die kopernikanische Wende des Immanuel Kant

1. Die Aktivität der Erkenntnis

Der „Pantheismusstreit" kündete von der philosophischen Reife des intellektuellen Deutschland. Fast gleichzeitig damit geschah im Osten des Landes, im fernen Königsberg, ein wichtiges Ereignis, das das Profil des deutschen theoretischen Gedankens grundlegend umgestalten sollte – die Geburt des Kantschen Kritizismus. Drei Daten sind in diesem Zusammenhang von prinzipieller Bedeutung: 1769, als Kant „das große Licht" aufging; 1781, das Erscheinungsjahr der ersten Auflage der „Kritik der reinen Vernunft", die lange, selbst von Spezialisten, unbeachtet blieb; und 1787, als die zweite Auflage des Kantschen Hauptwerkes erschien und seine Lehre bereits Gegenstand einer hitzigen Polemik war.

1769 war an die Stelle der empirischen, fast in den Skeptizismus führenden Position ein eigentümlicher Dualismus getreten. Kant ist nicht mehr von der Frage bewegt, wie die Daten der Sinnesorgane mit dem Intellekt verknüpft sind – diese zwei Arten der geistigen Tätigkeit hat er schon nach verschiedenen Seiten hin entwickelt. „Die Quellen aller Unserer Vorstellungen" – so in einem handschriftlichen Entwurf, der auf das Jahr des Umbruchs, 1769, verweist – „sind Sinnlichkeit oder Verstand und Vernunft. Die erstere sind die Ursachen der Erkenntnisse, die das Verhältnis des Gegenstandes zu der besonderen Beschaffenheit des denkenden Subiekts ausdrücken ... Die zweyte beziehen sich auf den Gegenstand selbst."[69]

Die Welt, als Phänomen betrachtet, existiert in Raum und Zeit. Aber das eine wie das andere (Raum und Zeit) sind nicht etwas an sich Bestehendes, sondern nur die subjektiven Bedingungen, die dem Verstand ursprünglich zukommen, damit er die sinnlich wahrgenommenen Objekte miteinander verbinden könne. In der Welt der Noumena, also in der Sphäre der Dinge an sich, sind weder Raum noch

Zeit; daher ist es unzulässig, zu fragen, wo sich Gott befinde und warum er die Welt nicht einige Zeitläufte früher geschaffen habe.
Nach der Verteidigung seiner Dissertation denkt Kant weiter über die darin aufgeworfenen Probleme nach. Am 21. Februar 1772[70] schreibt er an Markus Herz über sein künftiges Buch „Die Grenzen der Sinnlichkeit und der Vernunft". Das Datum dieses Briefes (21. Februar 1772) gilt als Geburtstag (vielleicht genauer: als Tag der Empfängnis?) von Kants philosophischem Hauptwerk. Bis das Kind zur Welt kommen sollte, brauchte es noch lange Zeit, aber der Embryo hatte sich gebildet und entwickelte sich. Das künftige Buch soll den „Schlüssel zu dem ganzen Geheimnis der Metaphysik" geben. Bisher hat noch niemand die Frage beantwortet, wie unsere Begriffe entstehen. Wie es sich mit den sinnlichen Vorstellungen verhält, ist leicht einzusehen: sie sind passive Abdrücke der Objekte. Über Begriffe kann man das nicht sagen. Hier haben wir es mit Erzeugungen des Intellekts zu tun, die zugleich der inneren Ordnung der Dinge entsprechen. Wie ist das möglich? Kant benötigte für die Beantwortung dieser Frage neun Jahre.
Im Mai 1781 erschien endlich die „Kritik der reinen Vernunft". Nachfolgend einige Bemerkungen zu den Grundgedanken und der Struktur des Buches. All unsere Erkenntnis fängt mit der Erfahrung an, doch beschränkt sie sich nicht darauf – so Kant. Ein ganzer Teil unserer Erkenntnisse wird allein durch die Verstandestätigkeit hervorgebracht und hat deshalb „apriorischen", das heißt aller Erfahrung vorausgehenden, Charakter. Empirische Erkenntnis ist willkürlich und daher zufällig: apriorische allgemein und notwendig.
(Der Apriorismus Kants unterscheidet sich von der idealistischen Lehre von den angeborenen Ideen. Erstens dadurch, daß nach Kant nur die Formen der Erkenntnis vor aller Erfahrung sind, der Inhalt dagegen wird gänzlich von der Erfahrung bereitgestellt. Zweitens sind aber selbst die apriorischen Formen nicht angeboren, sondern bringen ihre Geschichte mit. Der wirkliche Sinn des Kantischen Apriorismus besteht darin, daß das Individuum – setzt es zum Gebrauch seines Erkenntnisvermögens an – schon über bestimmte, in ihm vorgebildete Formen der Erkenntnis ver-

fügt. Die Wissenschaft besitzt noch weit mehr solcher Formen. Von ihrer ursprünglichen Entstehung her gesehen resultiert die Erkenntnis in ihrem Gesamtumfang letzten Endes aus der sich immerfort erweiternden Erfahrung der Menschheit. Weiter ist festzuhalten, daß neben der unmittelbaren Erfahrung eine vermittelte, erlernte besteht. So betrachten wir Kants Problem heute.)

Kant unterscheidet zwischen analytischen und synthetischen Urteilen. Die ersteren haben erläuternden Charakter, und die anderen erweitern unsere Erkenntnisse. Das Urteil „alle Körper sind ausgedehnt" ist analytisch, weil der Begriff des Körpers schon das Prädikat der Ausgedehntheit einschließt. Das Urteil „gestern hat es geregnet" ist synthetisch, weil mit der Vorstellung des gestrigen Tages nicht notwendig die Vorstellung „regnerisches Wetter" verknüpft ist.

Alle empirischen Urteile (Erfahrungsurteile) sind synthetisch. Das ist evident. Doch entsteht nun die Frage: Wie sind synthetische Urteile a priori möglich? Das ist die Hauptfrage der Kritik der reinen Vernunft. Kant zweifelt nicht daran, daß synthetische Urteile a priori existieren: sonst könnte es keine reine, schlechthin verbindliche Wissenschaft geben. Nach seiner tiefen Überzeugung sind alle mathematischen Urteile apriorisch und synthetisch. Das Problem besteht darin, wie ihre Herkunft zu erklären ist. Dasselbe gilt für die Naturwissenschaften; sie sind vorhanden, entwickeln sich und vermitteln neue, schlechthin verbindliche Erkenntnisse. Aber wie?

Hinsichtlich der Philosphie oder der Metaphysik, wie Kant seinen eigenen Gegenstand nennt, urteilt der Denker zurückhaltend: Man muß sich erst davon überzeugen, ob sie überhaupt als Wissenschaft möglich ist, ob sie neue Erkenntnis gibt, die sich auf allgemeine, schlechthin verbindliche Prinzipien stützt.

Die Hauptfrage der „Kritik" – wie reine Erkenntnis a priori möglich sei – zerfällt schließlich in drei Teilfragen. Wie ist reine Mathematik möglich? Wie ist reine Naturwissenschaft möglich? Wie ist Metaphysik als Wissenschaft möglich? Sie bestimmen auch die drei Abteilungen des ersten Hauptteils der „Kritik der reinen Vernunft": transzendentale Ästhetik, Analytik, Dialektik. (Die zweite und dritte Abteilung bilden zusammen die transzendentale Logik.)

Transzendental nennt Kant seine Philosophie deshalb, weil sie den „Übergang" (transcendo – ich steige hinüber, ich überschreite) zum System der Erkenntnis untersucht, genauer: den durch unser Erkenntnisvermögen bewerkstelligten Aufbau der Voraussetzung aller Erfahrung. Dem Transzendentalen stellt Kant das Transzendente gegenüber, das hinter den Grenzen der möglichen Erfahrung und damit jenseits der Erkenntnis liegt. Somit nähern wir uns einem wichtigen Problem der Kantischen Lehre, das sich schon auf den ersten Seiten der „Kritik der reinen Vernunft" stellt: Die empirischen Sinnesdaten, die von außen gegeben werden, liefern uns durchaus keine adäquate Kenntnis von der uns umgebenden Welt. Nur die Formen a priori gewährleisten die Allgemeingültigkeit der Erkenntnis, doch ist diese dadurch keineswegs eine Kopie der Dinge. Das Ding, wie es uns erscheint (phainomenon), und das Ding, was es an sich ist (noumenon), sind prinzipiell voneinander unterschieden. In seiner Dissertation von 1770 behauptet Kant noch, daß die Noumena unmittelbar durch den Verstand erfaßt werden; jetzt hält er sie jeder Erkenntnis für unzugänglich, also für transzendent. Wie sehr wir auch in die Tiefe der Erscheinungen dringen mögen, unsere Erkenntnis der Dinge wird sich doch stets unterscheiden von den Dingen, wie sie an sich sind. Die Einteilung der Welt in der Erkenntnis zugänglicher Phaiomena – „Erscheinungen" – und unerkennbare „Dinge an sich" birgt die Gefahr des Agnostizismus.

Kant selbst hätte sich niemals als Agnostiker bezeichnet. Er war Gelehrter, liebte die Wissenschaft, glaubte an den Fortschritt in der Erkenntnis: „Ins Innere der Natur dringt Beobachtung und Zergliederung der Erscheinungen, und man kann nicht wissen, wie weit dieses mit der Zeit gehen werde."[71] Die Grenzen für die Erfahrung erweitern sich ununterbrochen. Aber wie sehr auch der Umfang unseres Wissens zunimmt, so ist doch immer eine Grenze vorhanden; auch der Horizont bleibt immer vor uns, wie weit wir ihm auch entgegengehen mögen.

Erkenntnis kennt keine Schranke. Nun ist der Glaube an die Wissenschaft zwar notwendig, dennoch darf man ihre Möglichkeiten nicht überschätzen. Gerade gegen die unbegründete Anmaßung der Wissenschaft, etwa das dogmati-

sche Vorurteil ihrer Allmacht (was sich heutzutage „Szientismus" nennt), ist die Lehre Kants über die Dinge an sich gerichtet.
Wahrheit ist ein Prozeß der immer gründlicheren Inbesitznahme der Welt, eine Bewegung vom Nichtwissen zum Wissen, vom unvollständigen zum vollständigeren Wissen, eine Bewegung, die nicht aufhören kann, denn die Welt ist unerschöpflich. Hegel hat diese dialektische Vorstellung zum erstenmal formuliert, geriet jedoch mit sich selbst in Widerspruch, als er völlige Übereinstimmung von Gegenstand und Gedanken – also ein absolutes Wissen – für möglich hielt. (Hypergnostizismus ist ebenso schädlich wie Agnostizismus.) Kant ging behutsamer vor; sein transzendentes „Ding an sich" erinnert daran, daß keine endgültige Schranke gesetzt ist oder überhaupt gesetzt werden kann.
Das „Ding an sich" weist noch auf einen anderen Umstand: Es gibt Sphären, wo die Wissenschaft machtlos ist. Da ist zum Beispiel die Sphäre des menschlichen Verhaltens: das Reich der Freiheit, genauer gesagt, der Willkür. Kunst und Literatur – vor und nach Kant – haben gezeigt, daß der Mensch nicht nur nicht „nach der Wissenschaft", sondern sogar der elementaren Logik zuwiderhandelt. In der „Kritik der reinen Vernunft" lesen wir: „So kann sich niemand bloß mit der Logik wagen, über Gegenstände zu urteilen."[72]
Oft wird gegen Kant der Vorwurf erhoben, daß er die sinnliche Erkenntnis vernachlässige. In der „Kritik der reinen Vernunft" ist von der Sinnlichkeit nur beiläufig die Rede (wozu der Titel des Buches auch berechtigt), jedoch nicht abschätzig. In einem Alterswerk, der „Anthropologie in pragmatischer Hinsicht" (1798), findet sich ein mit „Apologie der Sinnlichkeit" überschriebener Teil, in dem der Philosoph einige seiner Ideen präzisiert und einige korrigiert.
Kant formuliert erneut die These: Die Sinne betrügen uns nicht. Er unterteilt die Sinnesempfindungen in zwei Gruppen. Die oberen (Tastsinn, Sehen, Gehör) beruhen auf mechanischen Wirkungen und führen zur „Erkenntnis des Gegenstandes außer uns". Die unteren, „bloß subjektiven" Sinne (Riechen und Geschmack) werden durch chemische Reizung hervorgerufen.
Die Sinnesempfindung ist kein toter, unveränderlicher Ab-

druck einer äußeren Wirkung. Ihre Intensität hängt von einer Reihe von Bedingungen ab, denen das wahrnehmende Subjekt unterliegt. Kant zählt die Arten auf, die Sinnesempfindungen zu verstärken. (Man kann sagen, daß die Künstler aller Zeiten und Völker davon Gebrauch gemacht haben.) Da ist vor allem der Kontrast. Jeder Reiz verstärkt sich, wenn er auf dem Hintergrund seines Gegensatzes wahrgenommen wird; ein wohlangebautes Stück Landes macht in der Wüste den Eindruck eines paradiesischen Fleckchens. Weiter ist die Neuigkeit zu nennen; hierher rührt die Leidenschaft für das Seltene, Ungewöhnliche, Unzugängliche. Dann betreibt der Wechsel der Eindrücke ihre Verstärkung: Stadt- und Landleben, Arbeit und Ruhe, Unterhaltung und Spiel in Gesellschaft, die Beschäftigung bald mit Gedichten, bald mit der Geschichte, bald mit der Philosophie oder der Mathematik schenken dem Gemüt neue Kräfte. Man muß nicht schon mit starken Empfindungen anfangen und dann schnell ihren Höhepunkt erreichen wollen. Die Erwartung des Genusses verstärkt ihn – vor allem durch unsere Einbildungskraft. Wie wird solch zufälliges Material wie die sinnlichen Empfindungen zu etwas Notwendigem und absolut Allgemeinem? Kant zufolge existieren zwei apriorische, aller Erfahrung vorausliegende Formen der Sinnlichkeit – Raum und Zeit. Der Raum systematisiert die äußeren Empfindungen, die Zeit die inneren. Bertrand Russel erläutert Kants Gedanken folgendermaßen: Trägt man eine blau getönte Brille, dann erscheint alles in blauem Licht; in ähnlicher Weise beschaut der Mensch die Welt durch besondere, räumliche Gläser und sieht so alles in räumlichen Relationen.

Kant bestritt nicht die empirische Realität von Raum und Zeit. Er meinte, daß die Lehre von der Idealität des Raumes und der Zeit zugleich die Lehre von der durchgängigen Realität beider hinsichtlich der Sinnesorgane sei. Kant sagte sich niemals von seiner Weltentstehungshypothese los, wo im realen Raum sich reale Prozesse von Weltenbildung und Weltenzerfall vollziehen. Er lehnte auch die Vorstellung vom Ende der Welt ab, wenn es keine Zeit mehr geben würde. In der „Kritik der reinen Vernunft" beschäftigt ihn das erkenntnistheoretische Problem: Woher rühren unsere Vorstellungen von Dauer und Ausdehnung? Er ist über-

zeugt, daß sie nicht aus der Erfahrung zu nehmen sind; sie sind apriorisch und folglich allgemein und notwendig. Denn nur deshalb kann es eine Wissenschaft von den Größen geben – die Mathematik. Apriorisch soll aber nicht angeboren heißen. Wie sind dann aber die Vorstellungen von Raum und Zeit entstanden? Darauf erklärt Kant: Sie sind durch die Einbildungskraft geschaffen.
Die Ansicht Kants über Raum und Zeit war bis zu einem gewissen Grad eine Reaktion auf die mechanistischen Vorstellungen über die absolute Dauer und Ausdehnung als zweier für sich bestehender leerer Behälter für die Dinge. Kant betrachtet Raum und Zeit in ihrer Wechselbeziehung, doch wird diese Beziehung nur im erkennenden Subjekt hergestellt. Außerhalb des Menschen, in der Welt der Dinge an sich, sind andere Arten der Gleichzeitigkeit und Aufeinanderfolge möglich.

Unbezweifelte Errungenschaft der Erkenntnistheorie Kants ist die neue Sicht auf die Wechselbeziehung von Anschauung und Intellekt. Im 17. Jahrhundert stritten zwei gegensätzliche Richtungen in der Erkenntnistheorie – Sensualismus und Rationalismus. Die Sensualisten meinten, daß der sinnlichen Erkenntnis die Hauptrolle zukomme, die Rationalisten dagegen gaben dem Intellekt den Vorzug. Doch weder die eine noch die andere Schule sahen den prinzipiellen Unterschied zwischen den beiden Erkenntnisarten. Für die Sensualisten war die logische Erkenntnis nur vervollkommnete Sinnlichkeit (Locke meinte, daß es im Verstand auch nichts anderes gebe, als was in den Sinnen ist). Den Rationalisten war Sinnlichkeit so etwas wie Intellekt in Potenz. Kant unterstrich die Unreduzierbarkeit des einen „Erkenntnisstammes" auf den anderen: „Keine dieser Eigenschaften ist der andern vorzuziehen. Ohne Sinnlichkeit würde uns kein Gegenstand gegeben, und ohne Verstand keiner gedacht werden. Gedanken ohne Inhalt sind leer, Anschauungen ohne Begriffe sind blind."[73] Wissenschaftliche Erkenntnis ist Synthesis von Sinnlichkeit und Verstand.
Wie kommt diese Synthese zustande? Der Antwort auf diese Frage ist ein ansehnlicher Teil der transzendentalen Logik gewidmet. Die traditionelle formale Logik sah ihre

Aufgabe in der Erforschung der Struktur des abstrakten Denkens, eines Denkens, das abgezogen ist von seinem Inhalt. Kant will eine Reform der Logik: „In diesem Falle würde es eine Logik geben, in der man nicht von allem Inhalt der Erkenntnis abstrahierte; ... sie würde auch auf den Ursprung unserer Erkenntnisse von Gegenständen gehen, sofern er nicht den Gegenständen zugeschrieben werden kann."[74] Die letzte Einschränkung ist sehr wesentlich. Doch hier interessiert uns nicht die Einschränkung, sondern der Sachverhalt: Die transzendentale Logik Kants ist auf Inhalte bezogen, sie verfolgt Herkunft, Umfang und Bedeutung der Erkenntnis. Und noch eines muß man sich ganz deutlich machen: Kant spricht viel von der Form, aber er hat dabei eine inhaltsbezogene Form vor Augen, eine leere, inhaltslose Form existiert für ihn nicht. Kant ist kein Formalist.

Die Synthesis der Einbildungskraft liegt der Wahrnehmung zugrunde. Kant spricht von einer dreigliedrigen Synthese, die für jede Erkenntnis notwendig ist. Das erste ist die „Verknüpfung" der Wahrnehmungen, die Synthesis dieses Mannigfaltigen „in einer Erkenntnis". Ferner die „reproduktive" Synthesis dieses Mannigfaltigen in einem Bild, und drittens die Apperzeption, die Erkenntnis und Herleitung der Identität der Vorstellungen mit den Erscheinungen (hierzu zählt auch die Selbstanschauung, die Erkenntnis der Identität des denkenden Ich).

Alle drei genannten Synthesen (darunter auch die einfachste – die „Verknüpfung") werden mittels der Einbildungskraft realisiert. „Dass die Einbildungskraft ein notwendiges Ingredienz der Wahrnehmung selbst sei, daran hat wohl noch kein Psychologe gedacht."[75] Leider wurde dieser hervorragende Abschnitt sowie andere Überlegungen über die Rolle der Einbildungskraft bei der Wahrnehmung von Kant nicht in die zweite Ausgabe der „Kritik der reinen Vernunft" übernommen. Auf Unverständnis stoßend und dem Vorwurf ausgesetzt, Berkeleys Konzeption verfallen zu sein, merzte Kant alles aus, was Anlaß zu solchen Beschuldigungen sein konnte (und fügte zudem in den Text einen speziellen klärenden Abschnitt ein). Im Ergebnis dessen bildete sich die Legende, Kant halte die Gefühle für passiv. Der Autor dieser Zeilen teilte bis vor kurzem diesen Irrtum, da er Kants eindeutige Stellungnahme nicht beachtete:

„Wir haben also eine reine Einbildungskraft, als ein Grundvermögen der menschlichen Seele, das aller Erkenntnis a priori zugrunde liegt. Vermittels deren bringen wir das Mannifaltige der Anschauung einerseits, und mit der Bedingung der notwendigen Einheit der reinen Apperzeption andererseits in Verbindung. Beide äusserste Enden, nämlich Sinnlichkeit und Verstand, müssen vermittels dieser transzendentalen Funktion der Einbildungskraft notwendig zusammenhängen; weil jene sonst zwar Erscheinungen, aber keine Gegenstände eines empirischen Erkenntnisses, mithin keine Erfahrung geben würden. Die wirkliche Erfahrung, welche aus der Apprehension, der Assoziation, (der Reproduktion,) endlich der Rekognition der Erscheinungen besteht, enthält in der letzteren und höchsten (der bloss empirischen Elemente der Erfahrung) Begriffe, welche die formale Einheit der Erfahrung, und mit ihr alle objektive Gültigkeit (Wahrheit) der empirischen Erkenntnis möglich machen."[76]

Was sind das nun für Begriffe, die Bedingung für die Synthese der Sinnlichkeit und des Verstandes sind, die in die Empfindung eingehen, sie damit in eine durchdachte, menschliche wandeln? Diese logischen Formen nennt Kant, Aristoteles folgend, Kategorien. Für Kant sind die Kategorien apriorisch. (Gleichwohl sind sie, wie Raum und Zeit, nicht angeboren, sondern von uns selbst erzeugt im Verlauf der „Epigenesis der reinen Vernunft".) Entsprechend den vier verschiedenen Urteilsarten entsteht bei Kant die folgende Kategorientafel: 1. Kategorien der Quantität: Einheit. Vielheit. Allheit. 2. Kategorien der Qualität: Realität. Negation. Limitation. 3. Kategorien der Relation: der Inhärenz und Subsistenz (substantia et accidens), der Kausalität und Depedenz (Ursache und Wirkung), der Gemeinschaft (Wechselwirkung zwischen dem Handelnden und Leidenden). 4. Kategorien der Modalität: Möglichkeit. Dasein. Notwendigkeit.

Auffällig ist die dreigliedrige Einteilung jeder Kategoriengruppe. Hier läßt sich schon klar die künftige Hegelsche Triade erkennen: Thesis, Antithesis, Synthesis. Später (in der „Kritik der Urteilskraft") erläutert Kant seinen Gedanken in folgendem Bild: „Man hat es bedenklich gefunden, daß meine Eintheilungen in der reinen Philosophie fast immer dreitheilig ausfallen. Das liegt aber in der Natur der Sache. Soll eine Eintheilung a priori geschehen ... so muß nach demjenigen, was zu der synthetischen Einheit überhaupt erforderlich ist, nämlich erstens Bedingung, zweitens ein Bedingtes, drittens der Begriff, der aus der Vereinigung des Bedingten mit seiner Bedingung entspringt, die Eintheilung notwendig Trichotomie sein."[77]

Die Kategorien sind höchst allgemeine Begriffe, gleichsam das Skelett der Erkenntnis. Nur weil sie existieren, ist nach Kant „reine" Naturwissenschaft möglich. Aber so wie man keinen Organismus erhält, indem man dem Skelett eine Haut überzieht, so ist auch das Corpus der Wissenschaft etwas Komplizierteres als das Auffüllen der zwölf kategorialen Formen mit empirischen Inhalten. Von jeder Kategorie sind Kategorien minderer Allgemeinheit abgeleitet. Die Kategorie der Kausalität zum Beispiel wird ergänzt durch die Begriffe der Kraft, der Handlung, des Leidens usw. Kant sagt, daß er nach Belieben „den Stammbaum des reinen Verstandes völlig ausmalen"[78] könne; er tut das aber nicht, um nicht abzulenken; seine Aufgabe ist die Darstellung der Vollständigkeit nicht des Systems, sondern nur der Prinzipien, die es begründen.

Für einen dialektischen Materialisten stellen alle philosophischen Kategorien eine Abstraktion von den realen Zusammenhängen der objektiven Wirklichkeit dar. Für Kant liegt die Sache anders: „Wir können uns nichts im Objekt verbunden vorstellen, was wir nicht vorher selbst verbunden haben." Es gibt noch eine entschiedenere Erklärung: „Der Verstand schöpft seine Gesetze (a priori) nicht aus der Natur, sondern schreibt sie dieser vor."[79]

Kants Gedanke verlangt einen Kommentar. Legen wir ihn falsch aus, so können wir nicht das Hauptmoment seiner Erkenntnistheorie verstehen – die Vorstellung von der Aktivität unseres Bewußtseins: gerade in ihr sah der Philosoph sein Grundverdienst. Er verglich sich sogar mit Kopernikus, in der Meinung, daß er die Sache der Philosophie in nicht minder kardinaler Weise wandte; früher war man der Ansicht, daß unsere Erkenntnis sich nach den Objekten richten müsse. Kant geht davon aus, daß die Objekte sich nach unserer Erkenntnis richten müssen.

Das klingt paradox, aber Paradoxa darf man nicht scheuen:

sie wecken das Nachdenken und lenken es auf neue Wege. Das Neue, worauf Kant fest bestand, war die Einsicht in die aktive Rolle unseres Bewußtseins. Die gesamte vorkantische Philosphie betrachtete den menschlichen Intellekt als passiven Behälter von Ideen, die dorthin entweder auf natürlichem oder übernatürlichem Wege gelangen werden. In diesem Punkt sündigten gleicherweise Idealisten wie Materialisten. Kant überspannte mit seinen schroffen Formulierungen den Bogen, tat dies aber in guter Absicht: denn um etwas Verbogenes geradezurichten, muß man es in entgegengesetzter Richtung biegen. Und in der Erkenntnistheorie bis zu Kant war vieles verbogen, und alles nach einer Seite.

Darüber hinaus wissen wir, daß Kant, wenn er sagt „Gegenstand der Erkenntnis" (und sogar „Natur"), nicht die Dinge an sich im Sinn hat, sondern die Erscheinungen, das heißt jenen Teil der Wirklichkeit, der in ein Wechselverhältnis mit unserer Erkenntnis tritt. Und dieser Teil der Wirklichkeit – darüber darf man sich nicht hinwegsetzen – richtet sich nach den Handlungen, die wir im Verlauf unserer Verstandestätigkeit vornehmen; der Wirklichkeitsbereich der Erscheinungen ist eingeschlossen in das System unserer vernünftig organisierten Erfahrung. Marx schätzte die klassische deutsche Philosophie (deren Stammvater Kant war) deshalb, weil sie die aktive Seite der Erkenntnis hervorhob. Das Bewußtsein spiegelt die Welt nicht wider, sondern erschafft sie auch – für den dialektischen Materialisten ist dies ein Axiom. Seine Ursprünge liegen bei Kant.

Indes handelt es sich hier nicht so sehr um das individuelle Bewußtsein des Einzelwesens als um das „Bewußtsein überhaupt", um unser geistiges Gemeingut, wie es in der Sprache oder in anderen Formen der Kultur fixiert ist. Das transzendentale Bewußtsein, das nach Kant „die Natur" bestimmt, ist demnach das ganze, ein strukturiertes, Weltbild. Das transzendentale Subjekt ist wohl der Einzelmensch als auch die gesamte Menschheit. Die Lehre Kants von der Aktivität des Bewußtseins verschaffte Klarheit über einen der rätselhaftesten Prozesse: den der Begriffsbildung. Große Geister, Vorgänger Kants, gerieten in eine Sackgasse bei dem Versuch, dieses Problem zu lösen. Die Sensualisten beharrten auf der Induktion, dem Ableiten gewisser allgemeiner Merkmale und Prinzipien aus Erfahrungstatsachen. Die Alltagserfahrung lehrt uns, daß Schwäne weiß und Raben schwarz sind. Doch schon der gesunde Menschenverstand verhält sich solcher Art der Verallgemeinerung gegenüber sehr skeptisch: Der Ausdruck „weißer Rabe" bezeichnet einen äußerst seltenen, aber immerhin doch möglichen Verstoß gegen die gewöhnliche Ordnung der Dinge; und einen schwarzen Schwan gibt es wirklich. Und wie soll man mit Hilfe der Induktion, also dem Abstrahieren allgemeiner Merkmale, die Möglichkeit von Erfindungen erklären, der geistigen Schöpfung und Konstruktion von etwas Neuem, das es bislang nicht gab – einer Maschine oder einer wissenschaftlichen Theorie.

Die Rationalisten beschritten andere Wege. Sie sahen eine strikte – vom Menschen unabhängige – Entsprechung zwischen der Ordnung der Ideen und der Ordnung der Dinge. Das Denken hielten sie für ein gewisses „automaton spirituale" (Spinozas Ausdruck), das Wahrheit prägt, insofern es nach einem zuvor geschaffenen „prästabilierten" (Leibniz' Ausdruck) Programm arbeitet. Die Erklärung war solide, doch hatte sie einen wesentlichen Fehler: sie konnte die Frage nicht beantworten, woher die Irrtümer stammen. Charakteristisch ist der Versuch Descartes', aus diesem Widerspruch herauszufinden. Die Wurzel des Irrtums sieht er im freien Willen; je weniger der Mensch das Licht der göttlichen Wahrheit verdunkelt, desto mehr ist er gegen Fehler gefeit; Passivität ist also Garantie für die Wahrhaftigkeit der Erkenntnis.

Kant bricht, ähnlich Kopernikus, entschieden mit der vorangegangenen Tradition. Er sieht im menschlichen Intellekt eine im voraus errichtete Konstruktion – die Kategorien, doch ist das noch nicht wissenschaftliche Erkenntnis selbst, ist lediglich ihre Möglichkeit; und eine ebensolche Möglichkeit stellen die empirischen Daten dar – eine Art Baumaterial, womit die ausgesparten Stellen im Gerüst der Kategorien aufzufüllen sind. Um das Gebäude aber im Zusammenhang entstehen zu lassen, bedarf es eines aktiven Baumeisters; Kant nennt den Namen: es ist die produktive Einbildungskraft.

Wenn man sich in Erinnerung ruft, daß die moderne Heuristik die unbewußte Einbildung als Kernstück jeglicher wis-

senschaftlichen Entdeckung (Erfindung) ansieht, erscheint Kants Gedanke verblüffend aktuell.
In der „Kritik der reinen Vernunft" (und in anderen Arbeiten Kants) kommt der Begriff „das Unbewußte" nicht vor. Nichtsdestoweniger ist die Vorstellung des unbewußten, gleichwohl aktiven, schöpferischen Prinzips als Sachverhalt unzweideutig vorhanden. Kant spricht von der Spontaneität des Denkens. Der Verstand ist dank der produktiven Einbildungskraft selbst spontan, das heißt, er schafft sich elementar, außerhalb der Kontrolle durch das Bewußtsein, seine Begriffe. „Sofern die Einbildungskraft nun Spontaneität ist, nenne ich sie auch bisweilen die produktive Einbildungskraft."[80] Das ist einer der Grundgedanken der Kritik der reinen Vernunft. „Das Meiste geschieht vom Verstande in der Dunkelheit ... Dunkle Vorstellungen sind praegnant von klaren. Moral. Nur Klarheit in dieselbe zu bringen. Die Hebamme der Gedanken. Alle actus des Verstandes und der Vernunft könen in der Dunkelheit geschehen ... Daß die Schonheit müsse unaussprechlich seyn. Was wir denken, könen wir nicht immer sagen."[81]
Die produktive Einbildungskraft ist bedingt durch zweierlei: erstens durch fertige Konstrukte (die Kategorien), zweitens durch gegebenes Baumaterial – die empirischen Daten. Eben deswegen fabriziert sie keine Luftschlösser, sondern ein solides wissenschaftliches Gebäude. Die produktive Einbildungskraft ist nicht leere Phantasie. Mit diesem Werkzeug wird die Synthese von Sinnlichkeit und Verstand hergestellt. Kant genügte aber diese allgemeine Feststellung nicht. Er versucht, den Verlauf dieser Synthese zu bestimmen, und entdeckt darin eine gewisse Zwischenphase, ein Mittelglied zwischen der Sinnlichkeit und dem abstrakten Denken. In der „Kritik der reinen Vernunft" taucht ein neuer Terminus auf: „das Schema". Da hat gleichsam die produktive Einbildungskraft ein Mittelding fabriziert, etwas ganz Merkwürdiges – einerseits sinnlich, andererseits intellektuell.
Kant betont, daß das Schema vom Bild zu unterscheiden sei. Letzteres ist immer anschaulich. Setzt man fünf Punkte hintereinander, so ist es das Bild einer bestimmten Vielzahl; das reine Schema der Vielzahl ist jedoch nur die Zahl allein. Begriffen liegen also nicht Bilder zum Grunde, son-

dern Schemata. Wie sie entstehen, ist schwer zu sagen. Immerhin zeigt Kant den vermittelnden Mechanismus der Synthese von Sinnlichkeit und Verstand auf: die Zeit. Die Zeitreihe ist gleicherweise Anschauungen wie Begriffen zugehörig. Die Zeit liegt dem Schema zum Grunde.

Werfen wir jetzt noch einmal einen Blick auf die Kategorien, so wird klar, wie Kant sich das aller Erfahrung vorausliegende Entstehen der Kategorien vorstellt: Wir haben es schon als „Epigenese der reinen Vernunft"[82] erwähnt. Jede Kategorie hat ihr Schema. Was ist zum Beispiel das Schema der Substanz? Es ist die Beharrlichkeit des Realen in der Zeit. Oder das Schema der Ursache? Eine Realität, worauf ein anderes Reales folgt. Das Schema der Gemeinschaft der Substanzen ist das Zugleichsein der Bestimmung der einen mit denen der anderen nach einer allgemeinen Regel. Das Schema der Möglichkeit ist die Zusammenstimmung der Synthesis verschiedener Vorstellungen mit den Bedingungen der Zeit überhaupt. Das Schema der Wirklichkeit ist das Dasein in einer bestimmten Zeit. Das Schema der Notwendigkeit ist das Dasein eines Gegenstandes zu aller Zeit. Das Schema der Größe – die Erzeugung der Zeit selbst, in der sukzessiven Apprehension eines Gegenstandes.[83]

Der letzte Sachverhalt ist wichtig: Die Zeit selbst ist eine Konstruktion der produktiven Einbildungskraft. „Das Schema ist an sich selbst jederzeit nur ein Produkt der Einbildungskraft."[84] Kant schreibt: „In der metaphysischen Deduktion wurde der Ursprung der Kategorien a priori überhaupt durch ihre völlige Zusammentreffung mit den allgemeinen logischen Funktionen des Denkens dargetan."[85] Der Apriorismus schließt das Moment des historischen Herangehens an die Erkenntnis (wenn auch sehr abstrakt) ein.

In der „Kritik der reinen Vernunft" nahm Kant eine detaillierte Untergliederung des Erkenntnisvermögens vor.[86]

Die Versuchung ist groß, aus diesem Schema bereits den historischen Entwicklungsgang der Erkenntnis herauszulesen. Doch darf man ihr nicht nachgeben. Und dennoch, so wie die auf der Grundlage von Linnés Klassifikation entstandene Stufenleiter der Lebewesen den Anstoß für eine historische Sicht der Entwicklung der lebendigen Welt gegeben hat, so bereitete auch die Kantische Hierarchie des

Denkens mit ihren Keimen des Historismus den Boden für die historische Sicht auf das Bewußtsein vor.

Im Schema sind nur die fertigen Formen des Wissens, nicht aber der Prozeß seiner Aneignung und die Art und Weise der Anwendung fixiert. Eins wie das andere trägt intuitiven Charakter. Es gilt die Ansicht, daß Kant die Intuition aus der Sphäre des Intellekts verwiesen habe, insofern er sie ganz in die Sphäre der Sinnlichkeit setzte. In Wirklichkeit verwies Kant nur das Wort, die Sache selbst hat er erweitert und bereichert. Mit dem Terminus „Intuition" bezeichneten Descartes und Spinoza, wie auch deren Vorgänger, ein passives unmittelbares Erschauen der Wahrheit. Kant übernahm diese Interpretation, und da nach seiner Meinung jede Erkenntnis aktiv ist, zog er es vor, den Terminus „Intuition" nicht zu gebrauchen.

Heute ist Intuition für uns etwas anderes. Wir sehen in ihr das unmittelbare Vermögen zum Schöpfertum, das Auffinden dessen, was man braucht. Das tätige Prinzip im Intellekt, das Kant produktive Einbildungskraft nannte, ist nichts anderes als eine Spielart der Intuition. Nicht nur bei der Begriffsbildung, sondern auch im Begriffsgebrauch ist Intuition nötig. Der Gelehrte (oder auch jeder andere) soll nicht nur über ein Instrumentarium allgemeiner Regeln, Gesetze, Prinzipien verfügen: er muß sie auch in konkreten Einzelfällen anwenden können. Kant nennt diese intuitive Fähigkeit „Urteilsvermögen". Die Urteilskraft ist „auch das Spezifische des sogenannten Mutterwitzes, dessen Mangel keine Schule ersetzen kann, denn, ob diese gleich einem eingeschränkten Verstande Regeln vollauf, von fremder Einsicht entlehnt, darreichen und gleichsam einpropfen kann; so muß doch das Vermögen, sich ihrer richtig zu bedienen, dem Lehrlinge selbst angehören, und keine Regel, die man ihm in dieser Absicht vorschreiben möchte, ist, in Ermangelung einer solchen Naturgabe, vor Mißbrauch sicher. ... Der Mangel an Urteilskraft ist eigentlich das, was man Dummheit nennt, und einem solchen Gebrechen ist gar nicht abzuhelfen."[87]

Kant hat die Intuition unter anderen Bezeichnungen, doch unserem modernen Verständnis entsprechend beschrieben (später wird von der Intuition in der Kunst und der Intuition in der Ethik die Rede sein). Die Intuition begleitet die

Erkenntnisbewegung sozusagen in jeder Richtung: „nach oben", wenn die Abstraktionen entstehen, und „nach unten", wenn sich diese Abstraktionen mit der Sache verbinden.
Somit haben wir also den Verstand, verbunden mit dem intuitiven Urteilsvermögen. Daneben nennt Kant noch eine Sphäre der intellektuellen Tätigkeit, und zwar ihre höchste Ebene – die Vernunft. Im weiten Sinn des Wortes ist Vernunft gleichbedeutend allem logischen Denken. Zuweilen freilich ist Kant nicht konsequent und gebraucht auch „Verstand" in dieser Bedeutung. In engerem Sinne ist der Verstand die Sphäre der Wissenschaft: hier eben realisiert sich die Synthesis der Erkenntnis; die Vernunft dagegen ist die höchste kontrollierende und regulierende Instanz: ihre Sphäre ist die Philosophie. Die Analytik ist die Lehre vom Verstand, die Dialektik die Lehre von der Vernunft.
Die Dialektik ist, nach Kant, eine Logik des Scheins. Denn die Vernunft hat die Fähigkeit, Illusionen hervorzubringen, Scheinbares für Wirkliches zu nehmen. Die Aufgabe der Kritik ist es, hierüber Klarheit zu verschaffen. Deshalb beginnt Kant die „Dialektik" mit einer Definition des Begriffs „Schein". Er ist keine Halluzination, kein Phantom, was eine Ausgeburt der individuellen Erkenntnis wäre. Der Schein ist eine Illusion, die gar nicht zu vermeiden ist. Uns scheint es zwar, daß die Sonne sich über den Himmel bewegt, das sehen alle. Wollen wir das jedoch als Naturerscheinung des Wechsels von Tag und Nacht bestimmen, dann greifen wir zur Erklärung, daß die Erde sich um die eigene Achse dreht; Erscheinung und Schein sind verschiedene Begriffe. Außer dem empirischen Schein kann es aber auch einen logischen Schein geben, wenn man die logischen Regeln nicht beachtet. Der Irrtum ist jeweils leicht zu beseitigen. Schwieriger verhält es sich mit dem philosophischen transzendentalen Schein, insofern da Urteile gefällt werden über Dinge, die jenseits der Grenzen einer möglichen Erfahrung liegen. Zum Beispiel ist dies so in dem Urteil: Die Welt muß einen Anfang in der Zeit haben.
Die Schwierigkeit für die Vernunft besteht darin, daß sie es hier nicht mit naturwissenschaftlichen Begriffen (der Sphäre des Verstandes), sondern mit Ideen zu tun hat. Idee ist auch solch ein Begriff, für den in der Anschauung kein

adäquates Objekt gegeben werden kann. Die Vernunft ist in ihrer unmittelbaren Wirkung nicht auf die Erfahrung gerichtet, sondern auf den Verstand; Vernunft muß dem Verstand das Feld seiner Tätigkeit allererst eröffnen. Sie arbeitet Grundsätze aus, allgemeine Prinzipien, die der Verstand und das Urteilsvermögen auf besondere Fälle anwenden. Die Vernunft erfüllt eine regulative Funktion im Erkenntnisprozeß, sie richtet den Verstand auf ein bestimmtes Ziel aus, stellt ihm die Aufgaben. (Die Funktion des Verstandes ist konstitutiv: er schafft die Begriffe.) Die Vernunft reinigt und systematisiert die Erkenntnis.

Die Ideen spielen eine große Rolle auch in der theoretischen Sphäre. Die Vernunft zeigt die Beschränktheit der kategorialen Synthesis des Verstandes, indem sie – als Vernunft – zu höchsten Verallgemeinerungen fortschreiten kann, die jenseits der Grenzen der Erfahrung liegen. Die theoretischen Ideen bilden ein System, das sich aus den drei möglichen Beziehungen der Begriffe auf die Realität ableiten läßt: erstens die Beziehung auf das Subjekt, zweitens auf das Objekt, drittens auf das eine wie das andere, das heißt zu allen Dingen überhaupt. Auf diese Weise gibt es drei Klassen von Ideen – über die Seele, die Welt und über Gott.

Die philosophischen Vorgänger Kants urteilten über alle drei Klassen höchst leichtfertig. Kant ist der Meinung, daß die Vernunft gerade auf diesem Gebiet der gründlichsten Selbstkontrolle und Selbstkritik bedürfe. Was taugen die verwirrenden Urteile über die Seele oder die Substanz und die von ihnen abgeleiteten Sätze über die Unsterblichkeit? Kant nennt solche Urteile Paralogismen – das sind falsche formelle Vernunftschlüsse. Mühelos deckt er die Fehler auf.

In der zweiten Auflage der „Kritik der reinen Vernunft" (1787) hatte Kants scharfe Kritik einen ganz bestimmten Adressaten. Im Text taucht ein neuer Abschnitt auf: „Widerlegung des Mendelssohnschen Beweises der Beharrlichkeit der Seele". Moses Mendelssohn hatte in seinem Traktat „Phaidon" die Unsterblichkeit der Seele mit dem Verweis auf ihre Einfachheit und Unteilbarkeit begründet. Das Unteilbare kann nicht weniger werden und folglich auch nicht verschwinden. Kant bemerkt zu diesem Beweis, daß die

Verminderung nicht nur als Veränderung der Größe vor sich gehen könne, das ist extensiv, sondern auch als Veränderung der Grade der Realität, also intensiv. Das Bewußtsein läßt sich nicht in Atome zerteilen, sondern hat unterschiedliche Grade der Realität.
Kommen wir nun zur nächsten Gruppe der Begriffe der reinen Vernunft – zu den kosmologischen Ideen. Wir möchten den Leser mit der ganzen Tragweite des Problems vertraut machen. So wie die Lehre von der produktiven Einbildungskraft einen Höhepunkt der Analytik darstellt, so sind die Antinomien ein Höhepunkt der Kantischen Dialektik. Es ist der zweite bedeutsame Problemkomplex der „Kritik der reinen Vernunft".
Antinomien sind sich wechselseitig ausschließende Urteile, von denen ein jedes gleiche Beweiskraft hat; die Vernunft gerät beim Versuch, die Welt als Ganzes zu verstehen, unweigerlich in diesen Zwiespalt. In Übereinstimmung mit den vier Titeln der Kategorientafel eröffnen sich der Vernunft vier kosmologische Ideen, wo Thesis und Antithesis gleichwohl begründet sind. (Wie Kants dreigliedrige Kategorieneinteilung der triadischen Struktur von Hegels Sein entspricht, so sind die gleichwertigen Antinomien eine Vorwegnahme der sich wechselweise beziehenden paarigen Kategorien in Hegels Lehre vom Wesen.)
Erste Thesis: Die Welt hat einen Anfang (eine Grenze) in Raum und Zeit. Antithesis: Die Welt ist hinsichtlich Raum und Zeit unendlich. Zweite Thesis: Alles in der Welt besteht aus Einfachem. Antithesis: Es gibt nichts Einfaches, alles ist zusammengesetzt. Dritte Thesis: In der Welt existiert Kausalität durch Freiheit. Antithesis: Es ist keine Freiheit, alles geschieht nach der Natur. Vierte Thesis: In der Kette der Weltursachen existiert ein schlechthin notwendiges Wesen. Antithesis: In dieser Kette gibt es kein schlechthin Notwendiges, alles darin ist zufällig.
Betrachten wir die erste Antinomie näher: Die Beweise werden so geführt, daß jeweils die Unmöglichkeit der entgegengesetzten Behauptung dargelegt wird. Wenn Kant die These der ersten Antinomie beweist, geht er von der Annahme aus, daß die Welt in der Zeit unbegrenzt ist. Die unendliche Zeit erweist sich aber als begrenzt durch jeden gegebenen Zeitpunkt (der Gegenwart), und das widerspricht

der Vorstellung von der Unendlichkeit; eine unendlich vergangene und zugleich „sukzessive" Weltreihe ist unmöglich. Wenn Kant die Antithese untersucht, beginnt er wieder mit der entgegengesetzten Annahme: Die Welt hat eine Grenze in der Zeit, doch dann muß man zugeben, daß es eine leere Zeit gegeben habe, wo die Welt nicht existiert hat. Wieder kommt Unsinn heraus.

Die Lösung der Antinomie, die Kant vorschlägt, lautet: Wenn jemand sagt, daß ein Gegenstand entweder gut oder schlecht riecht, dann kann man auch ein Drittes sagen: daß der gegebene Gegenstand überhaupt nicht riecht; dann sind die sich widersprechenden Sätze beide falsch. So verhält es sich auch im vorliegenden Fall: Trotz scheinbarer Wohlbegründetheit sind beide konträren Sätze über die Endlichkeit und die Unendlichkeit der Welt falsch. Sie gelten nur in der Welt der Erscheinungen; in der Welt der Dinge an sich ist auch etwas Drittes möglich.

Kant formulierte das dialektische Problem. „Hier ist nun das seltsamste Phänomen der menschlichen Vernunft, wovon sonst kein Beispiel in irgendeinem andern Gebrauch derselben gezeigt werden kann."[88] Will die Vernunft die Welt als Ganzes begreifen, deren Wesen enthüllen, dann muß sie mit Notwendigkeit auf den Widerspruch treffen. Der Widerspruch ist ein unumgängliches Moment des Denkens. Dialektische Antinomien durchziehen auch da, wo nicht explizit von ihnen die Rede ist, den Text der Kantischen Werke. Stellt Kant eine Behauptung auf, so sieht er sogleich die Grenzen ihrer Gültigkeit und wodurch diese bedingt sind; er fühlt das Bedürfnis, über sie hinauszugehen, um „Etwas mit seinem Anderen" zu verbinden, wie Hegel sagen würde. Zusammen mit dem Satz tritt der Gegensatz hervor, die eigentümliche Antithese, ohne die die These unvollständig, unverständlich, fehlerhaft wäre. Kant selbst schreitet nicht immer zur Synthese fort; zuweilen mangelt es ihm einfach am begrifflichen Instrumentarium (und das ist nicht seine Schuld, sondern sein Unglück; schuld ist die Zeit, die hinter dem Denker zurückblieb); das Problem ist jedoch aufgeworfen; und ein heutiger Leser, der die Entwicklung des nachfolgenden dialektischen Denkens bereits in sich aufgenommen hat, kann, wenn er will, selbst die Gegensätze verknüpfen.

Von den dialektischen und logischen Gipfeln des 20. Jahrhunderts aus Kant zu kritisieren, fällt nicht schwer. Kants Antinomien haben eine umfangreiche Literatur nach sich gezogen, deren Analyse uns allerdings vom Thema wegführen würde. Machen wir uns hier nur damit vertraut, wie Friedrich Engels die Begründung der These von der Endlichkeit der Welt untersucht. Die Vorstellung einer „abgezählten unendlichen Zahlenreihe" beruhe auf der Voraussetzung, daß die Welt einen Anfang habe. Wir setzen also das voraus, was wir erst beweisen sollen. „Die Unendlichkeit, die ein Ende hat, aber keinen Anfang, ist nicht mehr und nicht weniger unendlich, als die, die einen Anfang hat, aber kein Ende."[89] Folglich ist Kants These falsch und die Antithese wahr, was unter der Bedingung, daß in den Begriff des Unendlichen sein Gegenteil – die Endlichkeit – einbezogen wird, völlig klar wird. „Die Unendlichkeit *ist* ein Widerspruch und voll von Widersprüchen. Es ist schon ein Widerspruch, daß eine Unendlichkeit aus lauter Endlichkeiten zusammengesetzt sein soll ..."[90]

Ganz ähnlich geht Kant in der zweiten Antinomie vor. Da hält er ebenfalls Thesis wie Antithesis gleicherweise für falsch. Anders ist es mit der dritten und vierten Antinomie: in diesen beiden letzten Fällen sind sowohl These wie Antithese wahr.

Die dritte Antinomie ist für Kant die wichtigste. Es gibt keine Freiheit, alles in der Welt ist durchgängig determiniert. Ja, das trifft wirklich auf die Welt der Erscheinungen zu. Der Mensch aber ist mit der Freiheit des Willens ausgestattet; und die Determination durch Naturgesetze hat keine Gewalt über ihn. Das ist ebenso wahr, so Kant in Übereinstimmung mit sich selbst; und er erklärt weiter: das aber hat nur Gültigkeit in der Welt der Dinge an sich.

Der Mensch lebt in zwei Welten. Einerseits ist er ein Phänomenon, eine Zelle der sinnlichen Welt, die nach deren Gesetzen existiert, oft fernab vom Geiste der Humanität. Andererseits ist er ein Noumenon, ein übersinnliches Wesen, dem Ideal unterworfen. Der Mensch hat zwei Charaktere: einen empirischen, der durch die Umwelt bedingt ist, und einen noumenalen, intelligiblen, der ihm seiner eigenen Naturanlage nach zukommt. Sind beide miteinander verbunden? Oder ist der intelligible Charakter etwas Jenseitiges, das in der uns umgebenden Welt nicht zur Erscheinung kommen kann? Nein: im sittlichen Verhalten des Menschen realisiert sich die Verbindung seiner beiden Naturanlagen. Damit läßt sich dann die Zurechnungsfähigkeit des Menschen begründen.

Kant erläutert seinen Gedanken mit einem einfachen Beispiel. Wenn ein Mensch boshaft lügt, und seine Lüge bringt Verwirrung in die Gesellschaft, wer ist schuldig? Gehen wir vom empirischen Charakter des Menschen aus, so können wir Gründe für solch ein bösartiges Verhalten in schlechter Erziehung und übler Gesellschaft finden. Doch selbst wenn wir zugestehen, daß die Verfehlung aus solchen Ursachen herrührt, machen wir dem Schuldigen nichtsdestoweniger Vorwürfe, und zwar nicht wegen der auf ihn einfließenden Umstände: Wir betrachten die Tat ganz für sich und verweisen auf die Vernunft, die Ursache hätte sein können und müssen, sein Verhalten ganz anders zu bestimmen. „Die Handlung wird seinem intelligiblen Charakter beigemessen, er hat jetzt, in dem Augenblicke, da er lügt, gänzlich Schuld; mithin war die Vernunft, unerachtet aller empirischen Bedingungen der Tat, völlig frei, und ihrer Unterlassung ist diese gänzlich beizumessen."[91]

Kant hat sich auch bei der Einführung der Idealität der Zeit, die das materialistische Denken so schockiert, eben von der Überlegung leiten lassen, wie man Freiheit retten könne. Die Zeit ordnet die Erscheinungen in der Natur, also die genetische Folge der Zustände, über die niemand Macht hat. Freiheit verlangt aber, daß der Mensch Macht über sich selbst habe. Wenn deshalb den Dingen an sich Zeit zugehörte, ist Freiheit unmöglich. Und nur weil in der intelligiblen Welt keine durchgängige Verknüpfung von Ursachen und Folgen, das heißt keine Zeit besteht, ist eine Kausalität besonderer Art möglich: „durch Freiheit" – und nur diese macht den Menschen zum Moralwesen. In der Natur bringt ein und dieselbe Ursache immer ein und dieselbe Folge hervor – mit eiserner Notwendigkeit. Der Mensch aber kann die Konsequenzen absehen – und doch bei unveränderten Bedingungen anders vorgehen. Der Mensch ist frei.

Freiheit ist für Kant nicht Willkür, nicht bloße logische Konstruktion, bei der aus einer Ursache zwei gleichberechtigte unterschiedliche Handlungen resultieren können: Ich handele so oder anders, je nachdem, wie ich will. Die sittliche Freiheit der Persönlichkeit besteht im Anerkennen und Erfüllen der Pflicht.

Hierin gipfelt eines der Hauptanliegen der kritischen Philosophie; es war zugleich Ursache ihres Entstehens. Der späte Kant hat sich in einem seiner Briefe an die Entstehungsgeschichte der „Kritik der reinen Vernunft" erinnert und betont, daß gerade das Problem der Freiheit: „Der Mensch ist frei und dagegen: es gibt keine Freiheit, alles ist naturgesetzliche Notwendigkeit", ihn aus dem dogmatischen Schlummer geweckt und zur Kritik der Vernunft veranlaßt habe, um das Skandalon des Widerspruchs der Vernunft mit sich selbst[92] zu beseitigen. So erhebt sich zusammen mit der Grundfrage der „Kritik" – Wie sind synthetische Urteile a priori möglich? – die andere, für Kant noch bedeutsamere: Wie ist menschliche Freiheit möglich? Freiheit gibt es – doch wo ist sie? In der Welt der Erscheinungen können wir sie nicht entdecken, der Mensch ist frei nur in der Welt der Dinge an sich. Der Dualismus Kants ist ein ganz eigenartiger Versuch, das notwendige zweideutige Verhalten des Menschen in einer Gesellschaft zu rechtfertigen, in der Anpassung an die Umstände Gebot ist und sittliches Verhalten des Heroismus bedarf.

Von der Position des Dualismus aus versucht Kant auch das Problem der Existenz Gottes zu lösen. In der Welt der Erscheinungen, wo alles determiniert ist, durch die Naturgesetze bedingt, ist für dies „notwendige Wesen" kein Platz – der Platz für Gott ist die Welt der Noumena. Doch über diese Welt können wir gar nichts wissen. Kant tritt entschieden gegen die drei herkömmlichen grundlegenden Beweisarten vom Dasein Gottes – den ontologischen, kosmologischen und physikotheologischen Gottesbeweis – auf.

Das Wesen des ontologischen Gottesbeweises besteht in folgendem: Wir stellen uns Gott als das vollkommenste Wesen vor; wenn diesem Wesen das Prädikat „Sein" nicht zugesprochen werden kann, dann ist es nicht schlechthin vollkommen, und wir geraten somit in Widerspruch. Jetzt verlacht Kant derartige Beweisgänge. Er sagt den Theologen: Ihr habt euch dann schon widersprochen, wenn ihr die Vorstellung „Realität" der Vorstellung von einem Gegenstand hinzugefügt habt, den ihr eben doch nur als möglich denken wolltet. Ein wirklicher Gegenstand hat nicht mehr Prädikate als ein möglicher. Hundert wirkliche Taler sind nicht mehr wert als hundert mögliche. Der Unterschied besteht nur darin, daß erstere in meiner Tasche stecken. Der Begriff ist nicht schon Sein.

Im zweiten – dem kosmologischen – Gottesbeweis entdeckt Kant einen ähnlichen Fehler. Die Existenz der Welt erfordert, für sie eine erste Ursache zuzulassen, die Gott sein müsse. Eine solche Annahme ist zwar zulässig, meint Kant, nur dürfe man nicht darauf beharren, daß dieser Gedanke selbst auch schon den realen Sachverhältnissen entspreche. Denn wiederum ist der Begriff nicht schon Sein.

Der dritte – physikotheologische – Gottesbeweis schließlich geht von der allgemeinen Zweckmäßigkeit aus, die die Natur aufweist. Legt sie nicht Zeugnis ab von der Weisheit des Schöpfers? Das ist schon möglich, antwortet Kant, aber Gott ist in diesem Falle nicht der Weltschöpfer, sondern nur Baumeister, der schon fertiges Material zum Bau verwendet. Wichtiger ist aber noch etwas anderes: Es wiederholt sich derselbe Fehler, nämlich der willkürliche Gedanke von einer ursächlichen Abhängigkeit der Welt wird als wirklich gesetzt. „Ich behaupte nun: daß alle Versuche eines bloß spekulativen Gebrauchs der Vernunft in Ansehung der Theologie gänzlich fruchtlos und ihrer inneren Beschaffenheit nach null und nichtig sind; daß aber die Prinzipien ihres Naturgebrauchs ganz und gar auf keine Theologie führen, folglich, wenn man nicht moralische Gesetze zum Grunde legt oder zum Leitfaden braucht, es überall keine Theologie der Vernunft geben könne."[93]

Kant entthronte den lieben Gott in der Sphäre der Natur und der Logik, beließ ihm aber einen unumschränkten Herrschaftsbereich: die Moral. Zur Erklärung der Naturphänomene braucht Kant Gott nicht; geht es jedoch um das moralische Verhalten des Menschen, dann sagt er zwar nicht rigoros, daß es da ohne Gott keinen Weg gebe; immerhin könne doch die Vorstellung von einem höchsten Wesen nicht ganz unnütz sein. Wir können, so Kant, von Gott kein Wissen haben,[94] es bleibt uns nur der Glaube. Was ist das aber – der Glaube? Einer der letzten Abschnitte der „Kritik der reinen Vernunft" heißt „Vom Meinen, Wissen und Glauben". Der Glaube kann hier geringeren Wahrheitsanspruch erheben als das Wissen (gleichwohl steht er doch höher als das bloße Meinen). Wenn die Wahrhaftigkeit des Urteils nur subjektiv gültig, objektiv aber unzulänglich begründet ist, dann ist dies Glauben. Das Wissen ist sowohl subjektiv wie objektiv zureichendes Fürwahrhalten eines Urteils.

„Ich mußte also das Wissen aufheben, um zum Glauben Platz zu bekommen"[95], verkündet Kant kühn im Vorwort der zweiten Auflage zur „Kritik der reinen Vernunft" – einem Buch, das ja an das Wissen höchste Ansprüche gestellt hat. Die Kühnheit muß man aus dem Doppelsinn des Satzes heraushören. Und darin zeigt sich der ganze Kant. Er gebraucht das Verb „aufheben", das wörtlich hochheben (sublevare), dann „beseitigen" (tollere) und schließlich „verwahren", „bewahren" (conservare) meint (vormals hieß es auch „verhaften"). Kant entfernte das Wissen aus ihm nicht genuin zugehörigen Bereichen, er hob es auf einen höheren Standpunkt, er verwahrte es hinter Schloß und Riegel der Kritik der reinen Vernunft, und eben damit bewahrte er es in seiner Reinheit und Kraft.[96]

Das ist das Schicksal des Wissens. Über den Glauben läßt sich noch mehr sagen. Es gibt drei Arten des Glaubens. Pragmatisch nennt Kant den Glauben eines Menschen, der nur in dem einen oder anderen Fall zutrifft. Solch ein Glauben ist nicht mehr wert als ein Dukaten. „Öfters spricht jemand seine Sätze mit so zuversichtlichem und unlenkbaren Trotze aus, daß er alle Besorgnis des Irrtums gänzlich abgelegt zu haben scheint. Eine Wette macht ihn stutzig. Bisweilen zeigt sich: daß er zwar Überredung genug, die auf einen Dukaten an Wert geschätzt werden kann, aber nicht auf zehn, besitze. Denn den ersten wagt er noch wohl, aber bei zehnen wird er allererst inne, was er vorher nicht bemerkte, daß er nämlich doch wohl möglich sei, er habe sich geirrt."[97]

Den Glauben in theoretischer Hinsicht nennt Kant den doktrinalen. Dieser Glaube ist bereit, seinen Besitz darauf zu verwetten, daß es wenigstens auf irgendeinem unserer Planeten Einwohner gebe. Das ist ein Beispiel des doktrinalen Glaubens. Hierzu zählt Kant auch die Lehre vom Dasein Gottes. Der doktrinale Glaube hat etwas Wankendes

an sich; oft lenken uns die Schwierigkeiten, die bei der Spekulation eintreten, von derselben an, obzwar wir unaufhörlich wieder zu ihr zurückkehren.
Ganz anders verhält es sich mit dem moralischen Glauben, wo das Problem, ob ein Urteil wahr sei oder nicht, gar nicht aufkommt: „Da aber also die sittliche Vorschrift zugleich meine Maxime ist (wie denn die Vernunft gebietet, daß sie es sein soll), so werde ich unausbleiblich ein Dasein Gottes und ein künftiges Leben glauben und bin sicher: daß diesen Glauben nichts wankend machen könne, weil dadurch meine sittlichen Grundsätze selbst umgestürzt werden würden, denen ich nicht entsagen kann, ohne in meinen eigenen Augen verabscheuungswürdig zu sein."[98] Hier meint Glaube an Gott nicht, daß man über sein Dasein reflektieren, sondern einfach moralisch gut sein solle. Somit versieht Kant seine eigene These, das Wissen stehe höher als der Glaube, mit einer einschränkenden Antithese; er läßt sich gar nicht zum Wissen in Beziehung bringen, weil er sich ausschließlich durch das praktische Verhalten realisiert.
Die „Kritik der reinen Vernunft" abschließend, kehrt Kant zum Problem der Metaphysik zurück. Hegel wird den Begriff Metaphysik in Mißkredit bringen; er meint damit versteinertes Denken, das fehlerhafte weltanschauliche Schlüsse aus den Prämissen der formalen Logik zieht; lebendiges Philosophieren nennt Hegel Dialektik. Für Kant verhält sich die Sache umgekehrt: Die Dialektik ist eine illusorische Logik, eine Denkweise, bei der man sich in (logische) Widersprüche verwickelt, die Metaphysik ist die Weltweisheit. Kant äußert sich über die Metaphysik mit höchster Ehrerbietung. Sie ist für ihn „Vollendung aller Kultur der menschlichen Vernunft"[99]; ist man auch von der Metaphysik enttäuscht, kehrt man doch früher oder später zu ihr zurück „wie zu einer mit uns entzweiten Geliebten"[100]. Daß der menschliche Geist einmal metaphysischen Spekulationen ganz entsage, ist ebenso unwahrscheinlich, wie irgendwann überhaupt aufzuhören zu atmen aus Furcht, wir möchten unsaubere Luft einatmen.
Die ganze Crux liegt darin, daß man in der Metaphysik „auf mancherlei Weise herumpfuschen (kann), ohne eben zu besorgen, daß man auf Unwahrheit werde betreten wer-

den"[101]. Hier fehlen Kriterien der Vergewisserung, über die zum Beispiel die Naturwissenschaften verfügen. Deshalb war die Metaphysik bisher keine Wissenschaft. Aber sie hat alle Möglichkeiten, eine zu werden. Im Vergleich zu anderen Wissenschaften verfügt sie über einen unschätzbaren Vorteil: sie kann in einen letztgültigen Zustand übergeführt werden, weil innerhalb ihrer keine neuen Entdeckungen möglich sind, die in anderen Wissenschaften unvermeidlich sind; denn der Erkenntnisbereich sind hier nicht die Gegenstände der äußeren Welt, sondern es ist die Vernunft selbst; und nachdem die Vernunft vollständig und klar die Grundgesetze ihrer eigenen Vermögen dargelegt hat, verbleibt nichts mehr, was ihr darüber hinaus noch zu wissen nötig wäre.

Kant sagt eine neue Geburt der Metaphysik voraus nach einem bisher unbekannten Plan. Auf den letzten Seiten der „Kritik der reinen Vernunft" findet der Leser einen Plan für eine Erneuerung der Philosophie, der allerdings nicht gerade originell ist. Kant teilt das ganze System der Metaphysik in vier Teile ein – die Ontologie, Physiologie, Kosmologie und Theologie. Die Ontologie ist die Lehre von den allgemeinen Prinzipien des Seins; die Physiologie – im Kantischen Verständnis – die Lehre von der Natur, die wiederum in Physik und Psychologie unterteilt ist; die Kosmologie ist die Wissenschaft von der Welt im ganzen; die Theologie handelt von Gott. Die Wolffische Metaphysik war ebenso aufgebaut. Kant hat auf seine eigene Frage zu Beginn der Kritik, „Wie ist die Metaphysik als Wissenschaft möglich?", faktisch keine Antwort gegeben. Durch seine transzendentale Dialektik hat er alle dogmatischen Gebäude in dieser Sphäre zerstört, doch ist er über die bloße Deklaration der Notwendigkeit einer neuen wissenschaftliche Philosophie nicht hinausgekommen.

2. Das Primat der praktischen Vernunft

Das Wichtigste für Kant ist das Verhalten, sind die Handlungen des Menschen. Kant spricht vom Primat, vom Vorrang der praktischen Vernunft vor der theoretischen. Das Wissen ist nur dann von Wert, wenn es dem Menschen hilft, menschlicher zu werden, sicheren moralischen Boden zu fassen und die Idee des Guten zu verwirklichen. Nur diesen Wert erkennt Kant auch dem Glauben zu. Der Glaube an Gott ist moralische Überzeugung, die Fähigkeit, immer und überall die Pflicht zu erfüllen. Und die Philosophie selbst ist nur dann sinnvoll, wenn sie der Erziehung des Menschen dient.

Die erste systematische Auslegung der Ethik unternahm Kant in dem Buch „Grundlegung zur Metaphysik der Sitten", das 1785 erschien. Warum nannte Kant sein Werk nicht „Kritik" in Analogie zur „Kritik der reinen Vernunft?" Er erklärte es damit, daß die Probleme der Ethik einfacher seien als die der Erkenntnistheorie; da gibt es für die Vernunft nicht solch eine Vielzahl dialektischer Schlingen wie im Bereich der Theorie; der gewöhnlichste Verstand kann ohne Not eine hohe Wahrheitsstufe erreichen ohne besondere Veranstaltungen der Kritik. Anderseits könnte eine solche Kritik nach Meinung Kants nur dann aufgestellt werden, wenn es sich als möglich erweisen sollte, die Einheit praktischer und theoretischer Vernunft (der Sittlichkeit also und der Wissenschaft) zu beweisen. 1785 fühlte sich Kant aber noch nicht imstande, eine derartige Aufgabe zu lösen. Sobald er sich ihr gewachsen fühlte, arbeitete er an der „Kritik der praktischen Vernunft". 1788 kam das Buch heraus. Die Inhalte dieser beiden Arbeiten über die Ethik wiederholen sich teils, teils ergänzen sie sich.

In diesen Arbeiten sind lediglich die Anfänge der Kantischen Ethik behandelt; vollendet wird diese erst in den späten Werken. Mit der Erkenntnistheorie hatte sich Kant lange Jahre getragen; schließlich ging sie als Ganzes hervor, dargelegt auf strenge, gegliederte, systematische Weise. Mit der Theorie der Moral schien die Sache einfacher, doch sollte sie sich als schwieriger erweisen; erst in reifem Alter schuf Kant ein Werk, in dem alles bis zu Ende gedacht war – die „Metaphysik der Sitten".

Für das menschliche Verhalten verwendet Kant ein neues Wort: Autonomie der Sittlichkeit. Die Vorgängertheorien waren heteronom, das heißt, sie leiteten die Moral aus außer ihr liegenden Prinzipien ab. Die einen sahen die Wurzeln der sittlichen Prinzipien in irgendeinem zwangsmäßigen Gesetz – dem Willen Gottes, den gesellschaftlichen

Einrichtungen oder den Forderungen des angeborenen Gefühls. Andere erklärten, daß unsere Vorstellungen von Gut und Böse abgeleitet seien von menschlichen Zwecken, oder daß sie Folgen des menschlichen Verhaltens oder Derivate des Strebens nach Glückseligkeit, Genuß und Nutzen seien. Kant verkündet dagegen die grundsätzliche Selbständigkeit und Eigenwertigkeit der sittlichen Prinzipien.

Der Grundbegriff der Kantischen Ethik ist der autonome gute Wille. Doch der gute Wille Kants ist nicht passiv: Vom Träger dieses guten Willens wird Tatkraft, Handlungsfähigkeit gefordert, das Vermögen, alle Mittel, soweit sie sich in der Macht des einzelnen befinden, anzuwenden. Man hat den formalen Ansatz der Kantischen Ethik kritisiert: Was unter bestimmten Bedingungen sich als Wohl erweisen könne, mag unter anderen von Übel sein. Das trifft zu, und der Philosoph ist sich dessen bewußt. Vorläufig spricht er auch nur vom Kompaß, der dem Menschen hilft, sich in den Stürmen des Alltagsmeeres zurechtzufinden. Natürlich ist jeder Kompaß Störungen unterworfen, aber sie gehen vorüber, und die Kompaßnadel richtet sich wieder aus. So ist auch der Verlust der moralischen Orientierungshilfen nicht endgültig; früher oder später hellt sich vor dem Menschen der sittliche Horizont auf, und er sieht, wohin seine Taten führen – zum Guten oder zum Bösen. Gut ist gut, sogar wenn niemand gut ist, die Kriterien sind hier absolut und evident wie der Unterschied zwischen der rechten und der linken Hand.

Um Gut und Böse unterscheiden zu können, bedarf es keiner sonderlichen Bildung, es reicht die Intuition. Wir wissen bereits, daß Kant es vorzieht, diesen Terminus nicht zu gebrauchen; sein Terminus ist „die praktische Urteilskraft"; diese kommt von „Gott", von der Natur und nicht von der Erkenntnis: „daß es also keiner Wissenschaft und Philosophie bedürfe, um zu wissen, was man zu tun habe, um ehrlich und gut, ja sogar um weise und tugendhaft zu sein"[102]. Hier gehen die Ansichten Kants und die des Urvaters der Ethik – Sokrates – auseinander: für diesen ist das Gute identisch mit Erkenntnis, und Abwesenheit von Erkenntnis ist einzige Ursache jeglicher moralischer Unvollkommenheit. Kant – ob er gleich selbst Kind der Aufklärung und ihr glühendster Verfechter ist – läßt die Grenzen des aufklärerischen Rationalismus hinter sich. Wissenschaft und Moral sind verschiedene Sphären des menschlichen Daseins. Gewiß gibt es eine Verbindung zwischen beiden, darauf wird er noch zurückkommen; vorerst interessieren ihn die Unterschiede.

Wenn die Vernunft sich von der Empirie entfernt und sich in die reine Theorie begibt, verfällt sie dort in Widersprüche mit sich selbst, gerät in Ungereimtheiten, in ein Chaos der Ungewißheit, Unklarheit und Unbeständigkeit. Anders ist es mit dem praktischen Verhalten. Wenn sich das praktische Beurteilungsvermögen von sinnlichem Material befreit, so beseitigt es eine nebensächliche Schicht und vereinfacht sich derart die Aufgabe. Moralität erweist sich so in gereinigter, ungetrübter Gestalt. Auf diese Weise kommt das Philosophieren der Moralität doch entgegen, obwohl Moral außerhalb der Philosophie entsteht.

Nur in der praktischen (sittlichen) Sphäre hat die Vernunft konstitutive Funktion: sie übernimmt dort die Aufgabe der Bildung von Grundbegriffen und ihrer Realisierung. (Erinnern wir uns, daß in der Sphäre der Erkenntnis die Vernunft regulativ ist, das heißt, sie verhindert nur Übertretungen; konstitutiv ist in der Erkenntnis allein der Verstand.) Der Gegenstand der praktischen Vernunft ist das höchste Gut, das heißt Freilegung und Verwirklichung dessen, was für die Freiheit des Menschen notwendig ist. Wichtig ist das praktische Verhalten; am Anfang war die Tat, Erkenntnis kommt danach. Die Philosophie befreit sich hier aus der Sklaverei spekulativer Konstruktion, greift in die Sphäre lebenspraktisch bedeutsamer Probleme, insofern sie dem Menschen ein sicheres Fundament der Sittlichkeit zu finden hilft.

Die philosophische Analyse der ethischen Kategorien geht nicht von der Erfahrung aus: die Kategorien sind a priori in der Vernunft des Menschen vorhanden. Kant wiederholt diesen Gedanken beharrlich an verschiedenen Stellen. Man muß das richtig verstehen. Er untersucht nicht die Moral insgesamt als Bewußtseinsform, die mit der Gesellschaft entstanden ist und mit ihr zusammen sich umwandelt. Es geht ihm allein um den sittlichen Status des Individuums. Die alltägliche Erfahrung der antagonistischen Gesellschaft steht zur Moralität im Widerspruch; diese Erfahrung per-

vertiert eher den Geist, als daß sie den Menschen erzöge. Die moralische Handlung ist Resultat eines gewissen inneren Imperativs (eines Gebots), der zuweilen der amoralischen Praxis der umgebenden Wirklichkeit zuwiderläuft.
Im strikten Sinne ist jede Handlung imperativisch, sie bedarf für ihre Durchführung einer Willenskonzentration. Nach Kants Lehre müssen jedoch die Imperative, die auf Erreichung eines bestimmten Zwecks gerichtet sind, unterschieden werden von denen, die nicht durch einen solchen Zweck bedingt sind. Die ersteren heißen hypothetisch (die Handlung wird bedingt durch eine Zweck, und so ist sie also Mittel zu etwas anderem); die anderen heißen kategorisch. Die moralische Handlung ist Folge eines kategorischen Imperativs; mittels ihrer will der Mensch keinen Zweck erreichen; die Handlung ist an sich wertvoll.
Der hypothetische Imperativ kann zweierlei Zwecke verfolgen. Im ersten Fall hat der Mensch eine klare Vorstellung davon, was er eigentlich will, und es geht jetzt nur noch darum, auf welche Weise er seine Absicht verwirklichen kann. Willst du Arzt werden, dann studier Medizin. Der Imperativ erscheint so als Regel für Geschicklichkeit. Diese Regel sagt nichts darüber aus, ob der vorgesetzte Zweck gut oder vernünftig ist; sondern sie fragt, was getan werden müsse, ihn zu erreichen. Die Vorschriften für den Arzt, der den Patienten heilen, und für einen Giftmischer, der ihm möglichst sicher umbringen soll, sind hier von gleichem Rang, weil sie dazu dienen, das Beabsichtigte zu verwirklichen.
Im zweiten Fall ist zwar auch ein Zweck vorhanden, doch zeigt er sich sehr verschwommen. Es geht dabei um die Glückseligkeit des Menschen. Der hypothetische Imperativ nimmt hier die Form von Ratschlägen für lebenskluges Verhalten an. Diese könnten mit den Regeln der Geschicklichkeit identisch sein, wenn man nur eine klare Vorstellung von der Glückseligkeit hätte. Aber das ist ja leider nicht möglich. Obgleich jeder Mensch Glückseligkeit zu erlangen wünscht, ist er doch nicht in der Lage, mit Bestimmtheit und in vollkommener Übereinstimmung mit sich selbst zu sagen, was er eigentlich will, was ihm not tut. Der Mensch strebt nach Reichtum – wieviel Sorge, Neid und Haß kann er sich dadurch an den Hals ziehen. Er will Erkenntnis und

Einsicht – braucht er das denn, bringen sie ihm Befriedigung, wenn er jetzt schärferen Augen bislang verborgenes Unglück erblickt? Er träumt von einem langen Leben, aber wer sagt ihm, daß es für ihn nicht etwa eine lange Leidenszeit wird? Er wünscht sich wenigstens Gesundheit, doch wie oft hat schon ein schwächlicher Körper vor Ausschweifungen bewahrt etc. etc. In bezug auf Glückseligkeit ist kein Imperativ möglich, der exakt die Handlungen vorschreiben würde, die glücklich machen; denn das Glück ist kein Ideal der Vernunft, sondern der Einbildungskraft, und es beruht auf ganz empirischen Grundlagen.
Von solch schwankenden Grundlagen her läßt sich Sittlichkeit nicht ableiten. Wenn jeder nur sein eigenes Glück anstrebt, dann erhält die Maxime (die Regel) für humanes Verhalten eine ganz eigenartige „Allgemeinheit". Es entsteht eine „Harmonie", die ein satirischer Dichter so dargestellt hat: als herzliches Einvernehmen zweier Gatten, die einander zugrunde richten: o wundersame Harmonie! Was er will, will auch sie! Unter solchen Bedingungen ist es unmöglich, ein sittliches Gesetz aufzustellen, das als Regel für alle dienen könnte.
Es ändert sich nichts an diesem Sachverhalt, wenn man als Prinzip ein allgemeines Glück nimmt. Auch hier können sich die Menschen nicht untereinander einigen; der Zweck ist unbestimmt, die Mittel sind schwankend, alles hängt von Meinungen ab, die ohnehin unbeständig sind. (Daher kann niemand den anderen zwingen, glücklich zu sein nach Vorstellungen, die er ihm von außen auferlegt.) Das moralische Gesetz läßt sich nur dann als objektiv notwendig denken, wenn es verbindliche Kraft für jeden hat, der über Vernunft und Willen verfügt. Kants kategorischer Imperativ lautet in der endgültigen Formulierung: „Handle so, daß die Maxime deines Willens jederzeit zugleich als Prinzip einer allgemeinen Gesetzgebung gelten könne."[103] Der kategorische Imperativ Kants ist leicht zu kritisieren: er ist formal und abstrakt wie die biblischen Gebote.
Kant hat einen kleinen Aufsatz geschrieben mit dem vielsagenden Titel: „Über ein vermeintes Recht, aus Menschenliebe zu lügen". Der Philosoph beharrt dort darauf, daß man in allen Fällen des Lebens wahrhaftig sein müsse. Sogar wenn ein Mörder, entschlossen, deinen Freund zu töten,

dich fragt, ob sich das Opfer im Hause aufhalte: lüg nicht! Du hast keine Garantie dafür, ob deine Lüge zum Guten gerät. So ist es vielleicht möglich, daß du auf die Frage des Mörders, ob jener zu Hause sei, ehrlich antwortest; der Freund ist aber, für dich unbemerkt, aus dem Hause gegangen, und der Mord kann nicht vollbracht werden. Hättest du aber gelogen und gesagt, dein Freund sei nicht zu Hause, dieser ist aber tatsächlich, von dir unbemerkt, fortgegangen, und der Mörder wäre ihm auf der Straße begegnet und hätte die Tat getan, dann könnte man dich mit gutem Grund für die Schuld an seinem Tod zur Rechenschaft ziehen. Hättest du indessen die Wahrheit gesagt, soweit du sie eben weißt, dann wäre es möglich gewesen, daß der Mörder seinen Feind im Haus gesucht hätte, wobei ihn herbeieilende Nachbarn hätten packen und so den Mord verhindern können. Wahrhaftigkeit ist eine Pflicht; läßt man nur die geringste Ausnahme von diesem Gesetz zu, so wird es unfest und für jede Anwendung untauglich. Das moralische Gebot läßt keine Ausnahme zu.

Und Kant ist dennoch beunruhigt von ihnen. In seiner späten Arbeit über die Ethik, der „Metaphysik der Sitten", sind bei vielen Paragraphen eigenartige Ergänzungen (wie die Antithese zur These) zu finden, die überall gleich betitelt sind: „Kasuistische Fragen".

Zum Beispiel wird die These angeführt: Selbstmord ist nicht moralisch. Doch sofort stellt der Versucher in Form einer Antithese Fragen. Ist es Selbstmord, sich in den sicheren Tod zu stürzen, um das Vaterland zu retten? Ist es erlaubt, durch das freiwillige Ausscheiden aus dem Leben einer ungerechten Todesstrafe zuvorzukommen? Kann man im Krieg Selbstmord als Schuld anrechnen, wenn einer nicht in Gefangenschaft geraten will? Schuld dem Kranken geben, der glaubt, daß sein Leiden unheilbar sei? Die Fragen bleiben unbeantwortet, aber jedenfalls hat Kant vor den Widersprüchlichkeiten des Lebens nicht die Augen verschlossen. Er war nur der Meinung, daß Moral (wie auch Recht) nicht auf solche Widersprüche anzuwenden ist. In der Moral findet der Mensch eine unerschütterliche Stütze für sein Verhalten.

Die sicherste Stütze der Sittlichkeit, die einzige Quelle des kategorischen Imperativs ist die Pflicht. Nur die Pflicht und nicht irgendein anderes Motiv (Neigung etc.) verleiht der Handlung moralischen Charakter: Es „gibt ... manche so teilnehmend gestimmte Seelen, daß sie auch ohne einen andern Bewegungsgrund der Eitelkeit oder des Eigennutzes ein inneres Vergnügen daran finden, Freude um sich zu verbreiten, und die sich an der Zufriedenheit anderer, sofern sie ihr Werk ist, ergötzen können. Aber ich behaupte, daß in solchem Falle dergleichen Handlung, so pflichtmäßig, so liebenswürdig sie auch ist, dennoch keinen wahren sittlichen Wert habe ..."[104]

Diese rigoristische Passage rief Einwände und Spott hervor. Schiller ließ es sich nicht nehmen, ein Epigramm zu schreiben:

„Gerne dien ich den Freunden, doch tu ich es leider mit Neigung,
Und so wurmt es mir oft, daß ich nicht tugendhaft bin.
Da ist kein anderer Rat, du mußt suchen sie zu verachten,
Und mit Abscheu alsdann tun, wie die Pflicht dir gebeut."[105]

Kant milderte in der Folge die Schärfe seiner Formulierungen. Hatte er ursprünglich die Liebe der Pflicht gegenübergestellt, so hat er später Mittel gefunden, beide zusammenzudenken. Weisheit und Milde kommen mit den Jahren. Auch ist es in vorgerücktem Alter angebracht, klüger zu werden. Das Epigramm Schillers, der ja ein glühender Anhänger Kants war, darf man nicht so ernst nehmen. Vielleicht hat es dennoch seine Wirkung auf den Philosophen gehabt. Im Alter stellte er sich die „kasuistische" Frage: Welche Bedeutung hat denn eine Wohltat, die kaltherzig vollbracht wurde? Im Alter schrieb Kant „Von der Liebespflicht gegen andere Menschen".[106]

Kant wehrt sich entschieden gegen jede Art von Fanatismus, indem er ihn als Überschreiten der Grenzen der menschlichen Vernunft charakterisiert. Auch der „heroische Fanatismus" der Stoiker zieht ihn nicht an. Nur das nüchterne Anerkennen der Pflicht leitet die Handlungen des denkenden Menschen. „Pflicht! du erhabener großer Name, der du nichts Beliebtes, was Einschmeichelung bei sich führt, in dir fassest, sondern Unterwerfung verlangst, doch auch nichts drohest, was natürliche Abneigung im Gemüt erregte und schreckte, um den Willen zu bewegen, sondern bloß ein Gesetz aufstellst, welches von selbst im Gemüte Eingang findet, und doch sich selbst wider Willen Verehrung (wenngleich nicht immer Befolgung) erwirbt, vor dem alle Neigungen verstummen, wenn sie gleich insgeheim ihm entgegenwirken, welches ist der deiner würdige Ursprung, und wo findet man die Wurzel deiner edlen Abkunft, welche alle Verwandtschaft mit Neigungen stolz ausschlägt, und von welcher Wurzel abzustammen die unnachlaßliche Bedingung desjenigen Werts ist, den sich Menschen allein selbst geben können? Es kann nichts Minderes sein, als was den Menschen über sich selbst (als einen Teil der Sinnenwelt) erhebt, was ihn an eine Ordnung der Dinge knüpft, die nur der Verstand denken kann, und die zugleich die ganze Sinnenwelt, mit ihr das empirisch-bestimmbare Dasein des Menschen in der Zeit und das Ganze aller Zwecke (welches allein solchen unbedingten praktischen Gesetzen, als das moralische, angemessen ist,) unter sich hat. Es ist nichts anders als die Persönlichkeit ..."[107]

Wie für Kant die Freiheit des Menschen möglich ist, haben wir bereits erläutert. Der Mensch ist ein Wesen zweier Welten. Die Zugehörigkeit zur sinnlich wahrnehmbaren (phänomenalen) Welt macht ihn zum Spielball einer äußeren Kausalität, hier ist er fremden Kräften unterworfen – den Naturgesetzen, den Einrichtungen der Gesellschaft. Doch als Glied der intelligiblen (noumenalen) Welt, der „Dinge an sich", ist er mit Freiheit versehen. Diese beiden Welten sind nicht Antiwelten, sie stehen in wechselseitigem Verhältnis miteinander. Die intelligible Welt, als Welt der Dinge an sich, ist Ursache der sinnlich wahrnehmbaren Welt.

So liegt auch der noumenale Charakter des Menschen dem phänomenalen zugrunde. Es ist ein Jammer, wenn der letztere über den ersten die Oberhand gewinnt. Wenn der Mensch die eine oder andere wichtige Lebensentscheidung trifft, dann soll er nicht einer äußerlichen Ordnung dienen (Karriere, Vorteil und ähnliches), sondern ausschließlich dem Gebot der Pflicht. Damit der Mensch aber dennoch

nichts Falsches tue, ist er mit einem Gewissen ausgestattet – einer wundersamen Fähigkeit der Selbstkontrolle. Der Mechanismus des Gewissens beseitigt die Zweigeteiltheit des Menschen. Man kann nicht guten Gewissens alles richtig verstehen und doch ungerecht handeln; mit einem Bein in der intelligiblen Welt, mit dem anderen in der phänomenalen Welt stehen; das eine wissen, das andere tun. Mit dem Gewissen kann man nicht Versteck spielen oder Geschäfte machen. Es läßt sich auch nicht einschläfern, früher oder später meldet es sich und verlangt Antwort.
Bestimme dich selbst, sei durchdrungen vom Bewußtsein der moralischen Pflicht, folge ihr immer und überall, trage selbst die Verantwortung für deine Handlungen – das ist die Quintessenz der Kantischen Ethik: streng und kompromißlos.
Die Rigoristen warfen Kant Inkonsequenz vor. Er hat, anknüpfend an das europäische Freidenkertum, mit der religiösen Begründung der Moral gebrochen: Nicht die Gebote Gottes, sondern die Pflicht vor der Menschheit führen uns zu sittlichem Verhalten. Dem entgegen wird alles, was Kant in der „Kritik der reinen Vernunft" als absolut unbeweisbar verworfen hatte – nämlich die Unsterblichkeit der Seele, die Freiheit des Willens, das Dasein Gottes –, in der „Kritik der praktischen Vernunft" wieder rehabilitiert, und zwar als Postulate [Forderungen der Vernunft], die, wenn sie auch unsere Kenntnisse nicht erweitern, doch „den Ideen der spekulativen Vernunft im Allgemeinen [vermittelst ihrer Beziehung aufs Praktische] objektive Realität [geben] und ... sie zu Begriffen [berechtigen], deren Möglichkeit auch nur zu behaupten sie sich sonst nicht anmaßen könnte"[108].

Kant wollte eine Ethik, die auf strenge Prinzipien gegründet war, schaffen. Doch er war kein Formalist in dem Sinne, daß er den inhaltlichen und folglich den sozialen Aspekt der Sache vergessen hätte. Parallel zur Philosophie der Sittlichkeit arbeitete Kant an einer Philosophie der Geschichte.
Im Jahre 1784, als der erste Teil des grandios angelegten Werkes von Herder, „Ideen zu einer Philosophie der Geschichte der Menschheit", erschien, wurde auch ein Aufsatz

seines Lehrers, „Idee zu einer allgemeinen Geschichte in weltbürgerlicher Absicht", veröffentlicht. Der in der „Berlinischen Monatsschrift" erschienene Aufsatz war erfolgreich. Zu Lebzeiten des Philosophen wurde er noch verschiedentlich aufgelegt. Die Bekanntschaft Schillers mit der Philosophie Kants, deren glühender Adept er bald werden sollte, begann eben mit diesem Aufsatz.

Die „Idee zu einer allgemeinen Geschichte" beginnt mit einer Fragestellung, die im 18. Jahrhundert gang und gäbe war: ob es eine Auswirkung von Naturgesetzen auf das gesellschaftliche Leben gebe. Was könnte zufälliger im Leben eines Menschen scheinen als die Eheschließung? Indessen beweisen die jährlichen Daten, daß dieser Wirkungsprozeß in großen Ländern regelmäßig abläuft, wie die so unbeständige Witterung, die in einzelnen Fällen nicht vorherzubestimmen ist, die aber im allgemeinen, gleichmäßig und ununterbrochen, das Wachstum der Pflanzen, den Lauf der Ströme und andere Veranstaltungen der Natur in Gang hält. Einzelne Menschen und selbst ganze Völker denken wenig daran, daß, indem sie eigene Ziele verfolgen – ein jedes nach seinem Sinn, unvernünftig zum Teil und zum Schaden des anderen –, sie unbemerkbar für sie selbst an der ihnen unbekannten Naturabsicht fortgehen als an einem Leitfaden und am Erreichen dieses Ziels mitarbeiten. Ähnlich hatte schon Vico festgestellt, wie sehr die Zwecke der Individuen mit den schließlich von der Gesellschaft erzielten Ergebnissen kontrastieren. Herder hat diese Meinung wiederholt, und Hegel wird sie „List der Vernunft" nennen.

Kant glaubte nicht, daß bei jedem einzelnen das Vorhandensein eines vernünftigen Zwecks vorauszusetzen sei; Dummheit, kindische Eitelkeit, Bosheit und Zerstörungssucht sind häufiger Motive für menschliches Verhalten; sieht man von ihnen aber ab, so kann man im allgemeinen Gang der Geschichte durchaus einen für die ganze Menschheit verbindlichen Zweck erkennen. In diesem Sinne entwickeln sich zum Beispiel die Naturanlagen des Menschen, die zum Gebrauch seiner Vernunft bestimmt sind, vollständig nur in der Gattung und nicht im Individuum. Das Individuum ist sterblich, die Gattung unsterblich. Es ist eine unübersehbare Reihe von Generationen nötig, wobei eine

der anderen ihre Aufklärung überliefert, damit unsere gattungsmäßigen Anlagen sich voll entwickeln können.
Welcher Mittel bedient sich die Natur, um die in die Menschen gesenkten Anlagen zu entwickeln? Ursache für die gesetzmäßige Ordnung in der Menschheit ist ein ursprünglicher Antagonismus, den Kant die „ungesellige Geselligkeit" nennt, die Neigung nämlich, in Gesellschaft zu treten und dieser Gesellschaft zugleich Widerstand entgegenzubringen, wodurch Zerfall droht. Getrieben von Ehrsucht, Herrschsucht oder Habsucht, verschafft der einzelne sich einen bestimmten Platz unter seinen Mitmenschen, die er nicht dulden, ohne die er aber auch nicht auskommen kann. Das sind erste Schritte aus der Barbarei zur Kultur. Unter den Bedingungen eines arkadischen Schäferlebens, bei vollkommener Eintracht, Genügsamkeit und gegenseitiger Liebe, würden die Talente des Menschen sich nicht entwikkeln, und die Menschen, gutartig wie die Schafe, würden keine würdigere Existenz vorweisen als Haustiere. Deshalb sei die Natur gepriesen für die Unverträglichkeit, für die mißgünstig wetteifernde Eitelkeit, für die unersättliche Begierde zum Besitz und zur Herrschaft! Der Mensch will Eintracht, doch die Natur weiß besser, was für seine Gattung gut ist, und lenkt diese auf den Weg der Zwietracht!
Wohin führt dieser Weg? Kant ist Optimist; er ist überzeugt, daß er letztlich zur Bildung einer rechtlichen bürgerlichen Gesellschaft führt, die dem einzelnen Mitglied größtmögliche Freiheit gewährt, eine Freiheit, die gerade so weit geht, daß sie mit der Freiheit aller anderen nicht kollidiert. Den Antagonismus wird es in einer solchen Gesellschaft auch geben; doch Gesetze schränken ihn ein. Nur unter solchen Bedingungen ist eine möglichst vollständige Entwicklung des in die menschliche Natur gesenkten Potentials vorstellbar.
Den Status einer allgemeinen, das Recht verwaltenden Gesellschaft zu erreichen, ist die schwerste Aufgabe, und sie wird von der Menschengattung erst zuallerletzt gelöst. Es verhält sich nämlich so, daß der Mensch wegen seiner animalischen Anlage eines Herrn bedarf; als Vernunftwesen schafft er ein Gesetz, das der Willkür aller Einzelnen Grenzen setzt, aber die selbstsüchtige tierische Neigung treibt ihn dazu, für sich selbst eine Ausnahme zu machen. Jeder

mit Macht versehene Mensch wird seine Freiheit immer mißbrauchen, wenn niemand über ihm ist, der nach Gesetzen über ihn Gewalt ausübt. Darin liegt also die Schwierigkeit der dem Menschengeschlecht gestellten Aufgabe. Es ist unmöglich, sie vollständig zu lösen; doch der Lösung immer näher zu kommen, heißt uns unsere Natur. Drei miteinander verbundene Bedingungen sind dafür unumgänglich notwendig: eine richtige Vorstellung von der Verfassung des Staates, jahrhundertelang angehäufte Erfahrung, guter Wille. Kant hegt keine Illusionen bezüglich des Zeitpunkts, wann dies sein wird: nicht so bald, ja eigentlich sehr lange noch nicht, und erst nach vielen vergeblichen Versuchen – und niemals vollständig.

Die Schaffung einer vollkommenen bürgerlichen Ordnung innerhalb eines Staates ist noch von einem anderen Umstand abhängig: Man muß auch von Staat zu Staat gesetzmäßige Außenbeziehungen herstellen. Das ist nichts anderes, wie wenn die Individuen sich im Staat zusammentun, um sich an der gegenseitigen Ausrottung zu hindern. Die Staaten werden gezwungen, „aus dem gesetzlosen Zustande der Wilden hinaus zu gehen, und in einen Völkerbund zu treten; wo jeder, auch der kleinste, Staat seine Sicherheit und Rechte, nicht von eigener Macht, oder eigener rechtlichen Beurteilung, sondern allein von diesem großen Völkerbunde (Foedus Amphictyonum), von einer vereinigten Macht, und von der Entscheidung nach Gesetzen des vereinigten Willens, erwarten könnte"[109].

Kant hielt es für möglich, die Weltgeschichte, die auf den ersten Blick als „planloses Aggregat menschlicher Handlungen" erscheint, „als ein System darzustellen"[110]. Er nennt die Bestandteile dieses sich entwickelnden Systems (die künftigen Stufen des zur Wahrheit aufsteigenden objektiven Geistes Hegels) – das antike Griechenland, Rom, die Barbaren, und verweist auf den „Leitfaden", das Kriterium des Fortschritts, den „regelmäßigen Gang der Verbesserung der Staatsverfassung". Was die Triebkräfte der Geschichte betrifft, so wird Kant außer der in seinem Artikel genannten „ungeselligen Geselligkeit" bald darauf noch einen weiteren, wichtigen Faktor nennen: die Arbeit. Unter den Handschriften Kants befindet sich ein interessantes Fragment: „Charakter der Menschengattung". Der Philosoph stellt Fragen und beantwortet sie: „Was ist die Naturbestimmung des Menschen? Die hochste Cultur. – Welches ist der Zustand, darin sie moglich ist? Die bürgerliche Gesellschaft. Welche triebfedern? Die Ungeselligkeit und Eifersucht. Arbeit."[111]

Im Aufsatz „Mutmaßlicher Anfang der Menschengeschichte" verweist Kant auf die Arbeit und dann auf die Arbeitsteilung als den Ausgangspunkt der Entwicklung der Gesellschaft. Seine historische Quelle ist die Bibel. Jede seiner Behauptungen stützt Kant mit einem Hinweis auf die Heilige Schrift. Es geht um die Kinder Adams: „Und Abel ward ein Schäfer; Kain aber ward ein Ackermann." Kant sieht darin einen „Übergang aus dem wilden Jägerleben in den ersten, und aus dem unstäten Wurzelgraben oder Fruchtsammeln in den zweiten Zustand" – das heißt den Übergang zur Arbeit. Das Hirtenleben, meint Kant, sei gemächlich und gebe den sichersten Unterhalt. Das Bauernleben ist mühsam, vom Wetter abhängig, erfordert ständige Behausung, den Besitz eigenen Bodens und die Kraft, ihn zu verteidigen. „... so konnte der Ackersmann den Hirten als vom Himmel mehr begünstigt zu beneiden scheinen; in der Tat aber wurde ihm der letztere, so lange er in seiner Nachbarschaft blieb, sehr lästig; denn das weidende Vieh schont seine Pflanzungen nicht."[112]

Dann folgte der Brudermord, und Kain mußte in das Land Nod ziehen. Nach Kants Meinung war es anders auch gar nicht möglich: „So war es wohl der Ackersmann, der gegen solche Beeinträchtigungen, die der andere nicht für unerlaubt hielt, Gewalt brauchen und (da die Veranlassung dazu niemals ganz aufhören konnte), wenn er nicht der Früchte seines langen Fleißes verlustig gehen wollte, sich endlich so weit, als es ihm möglich war, von denen, die das Hirtenleben trieben, entfernen mußte. Diese Scheidung macht die dritte Epoche", das ist die Epoche der Arbeitsteilung. „Die ersten Bedürfnisse des Lebens, deren Anschaffung eine verschiedene Lebensart erfordert, konnten nun gegen einander vertauscht werden. Daraus mußte Kultur entspringen, und der Anfang der Kunst ..."[113]

3. Das System der Kantischen Philosophie. Der Platz der Ästhetik

Aufgrund der ersten zwei „Kritiken" können wir uns von der Kantischen Philosophie noch kein Gesamtbild machen. Beide „Kritiken" sind zu einem Ganzen verbunden, doch die Kluft zwischen den zwei Welten – Natur und Freiheit, Wissenschaft und Sittlichkeit – ist noch nicht völlig überwunden, eine „Brücke" zwischen ihnen fehlt. Kants Philosophie in diesen Arbeiten entbehrt noch ihrer wesentlichsten Eigenschaft – der Systematik. „Historische Erkenntnisse könen ohne system erworben werden. Mathematische auch in gewissem Grade, aber philosophische (der reinen Vernunft) ohne system nicht. Der Abris des Gantzen muß vor den Theilen vorher gehen."[114]

Das System bildete sich nicht sofort heraus. Die „Kritik der reinen Vernunft" war bereits geschrieben, die Grundgedanken einer neuen Erkenntnistheorie formuliert, die „Kritik der praktischen Vernunft", die eine Darlegung der Ethik – des Fundamentes des Kritizismus – enthielt, lag vor. Ein wichtiges Mittelglied, das die deklarierte Einheit von theoretischer und praktischer Vernunft herstellen könnte, fehlte noch.

Das System entstand bei Kant erst, nachdem er zwischen Natur und Freiheit eine genuin für sich seiende Welt entdeckt hatte – die Welt der Schönheit. Als Kant die „Kritik der reinen Vernunft" schrieb, war er der Meinung, daß ästhetische Probleme unmöglich von allgemein verbindlichen Positionen her zu begreifen seien. Die Prinzipien der Schönheit haben empirischen Charakter und lassen folglich die Aufstellung allgemeiner Gesetze nicht zu. Mit dem Begriff „Ästhetik" bezeichnete er dort die Lehre von der Sinnlichkeit, die Lehre von der Idealität des Raumes und der Zeit. 1787 aber tauchen in den Briefen Hinweise auf eine „Kritik des Geschmacks" auf; Ende des Jahres macht Kant Reinhold Mitteilung von der Entdeckung eines neuen allgemeinen Prinzips der geistigen Tätigkeit: dem „Gefühl der Lust und der Unlust". Jetzt nimmt Kants philosophisches System schärfere Konturen an. Es besteht für ihn aus drei Teilen, entsprechend den drei Vermögen des menschlichen Gemüts: dem Erkenntnisvermögen, Bewertungsvermögen

(„Gefühl der Lust und Unlust") und dem Willensvermögen („Begehrungsvermögen"). In der „Kritik der reinen Vernunft" und in der „Kritik der praktischen Vernunft" sind der erste und der dritte Teil – der theoretische und der praktische – behandelt. Den Mittelteil bildete für Kant zunächst die Teleologie: die Lehre von der Zweckmäßigkeit. Später fügt er der Teleologie die Ästhetik hinzu – die Lehre von der Schönheit. Das geplante Werk erschien unter dem Titel „Kritik der Urteilskraft" im Jahre 1790.

Kant stellte sich diese ästhetischen Probleme: nicht, weil er über das Wesen der Kunst nachdachte, sondern weil er sein philosophisches System vervollständigen wollte. Das Schema des Ergebnisses:

Gesamte Vermögen des Gemüts	Erkenntnisvermögen	Prinzipien a priori	Anwendung auf
Erkenntnisvermögen	Verstand	Gesetzmäßigkeit	Natur
Gefühl der Lust und Unlust	Urteilskraft	Zweckmäßigkeit	Kunst
Begehrungsvermögen	Vernunft	Endzweck	Freiheit

Im Schema wird Kants philosophisches System in der Form reproduziert, wie er selbst es in der Einführung zur „Kritik der Urteilskraft" darstellt. Die Urteilskraft ist das Mittelglied zwischen Verstand und Vernunft. Und auch Kant spricht unzweideutig von der Kritik der Urteilskraft als dem Mittel, das die beiden Teile der Philosophie zu einem Ganzen eint.[115]

Wir haben eine spezifische Art von Triade vor uns, keiner der Bestandteile hebt den anderen auf, Kants System ist statisch. Grundlage sind die Vermögen des Gemüts – das „Erkenntnisvermögen", das „Begehrungsvermögen" und das sogenannte „Gefühl der Lust und Unlust". Die erstgenannten zwei Vermögen führen zu den zwei Vernunftkritiken. Doch was hat es mit „Lust und Unlust" auf sich, die den Platz zwischen Erkenntnis und Praxis, Wissenschaft und Sittlichkeit eingenommen haben? Diesen Kantischen

Terminus darf der Leser zunächst einmal nicht mit dem „Lustprinzip" Freuds, der animalischen Sucht nach Befriedigung, verwechseln.[116] Kant unterscheidet pathologische und moralische Lust. Letztere bezieht sich auf Kultur. Mit anderen Worten: Das „Gefühl der Lust oder Unlust" bezeichnet, modern ausgedrückt, eine Wertbeziehung. Auf dieses Gefühl, auf diese Beziehung ist auch die ästhetische Urteilskraft (die künstlerische Intuition) gegründet, die die Kunst zum Mittelglied zwischen Freiheit und Natur macht.

Kant gelangte zu einer ganz eigentümlichen Überwindung des Dualismus von Wissenschaft und Sittlichkeit, indem er an die künstlerischen Potenzen des Menschen appelliert. Die Formel für das philosophische System Kants lautet: Das Wahre, Gute und Schöne, begriffen in ihrer Einheit, sind im Menschen begründet, soweit er Schöpfer der Kultur ist, die wiederum auf künstlerischer Intuition beruht.

In der „Kritik der reinen Vernunft" wird mit „bestimmender Urteilskraft" eines der intuitiven Erkenntnisvermögen bezeichnet. Wenn der Verstand die Regeln gibt, dann verleiht die Urteilskraft die Fähigkeit, diese Regeln in jedem konkreten Einzelfall anzuwenden; darunter ist eigentlich nichts anderes als der selbständige Gebrauch des Denkens zu verstehen. In der Volksüberlieferung gibt es den Typ des einfältigen Menschen, der immer schematisch handelt und deshalb dauernd in kuriose Situationen gerät. Kant würde sagen, daß es dem Einfältigen an bestimmender Urteilskraft mangele, an der Fähigkeit, die allgemeine Regel auf den Einzelfall anzuwenden.

Jetzt stellt Kant Überlegungen zu einer anderen Art der Intuition an, die er reflektierende Urteilskraft nennt. Der Mensch sieht sich genötigt, zum gegebenen Besonderen ein nichtformales Allgemeines zu suchen; es geht dabei nicht um das Abstrahieren allgemeiner Merkmale – das ist Sache des Verstandes. Haben wir ein grünes Blatt vor uns, dann erarbeitet der Verstand mit Hilfe der produktiven Einbildungskraft den Begriff Blatt überhaupt, insofern er es mit anderen Blättern vergleicht und durch das Prisma der Kategorie der Allgemeinheit schaut. Wenden wir aber die reflektierende Urteilskraft an, dann erblicken wir im gegebenen Blatt den Teil eines Gewächses; wir überlegen, wofür es

dem Organismus dient, wir stellen uns die Frage seiner Bedeutung in einer Ganzheit.
Die Lehre von den Zwecken ist die Teleologie; daher nennt Kant diese Spielart der reflektierenden Urteilskraft die teleologische. Daneben stellt er die ästhetische Urteilskraft, wobei er davon ausgeht, daß das künstlerische Erlebnis ebensolches Wohlgefallen verschafft wie das Auffinden der Zweckmäßigkeit.
Die traditionelle Wolffianische Teleologie handelte von der Weisheit des Schöpfers, der die Welt zweckmäßig eingerichtet habe. Kant geht anders an das Problem heran. Zweckmäßigkeit, eine harmonische Wechselwirkung, die das Auge erfreut, zwingt nicht zu dem Schluß, daß jemand diese Harmonie mit Bedacht geschaffen haben muß. Die Teleologie versteht Kant nicht im Sinne eines Finalismus, einer Unterordnung unter eine göttliche Weltordnung. In der „Kritik der reinen Vernunft" war diese Annahme ein für allemal als Schein verworfen worden, der von der wissenschaftlichen Erkenntnis ablenke: Statt sich um die Aufdeckung der Ursachen der Erscheinungen zu kümmern, verweist der Finalist nur auf die der Untersuchung unzugänglichen Ratschlüsse höherer Weisheit.
Die Teleologie ist für Kant ein Prinzip der Gegenstandsbetrachtung, in erster Linie des lebenden Organismus, wo alles zweckmäßig ist, das heißt, jeder Teil ist sinnvoll mit dem anderen verbunden – als ob ein Intellekt das alles geschaffen habe, indem er es nach einem bestimmten Zweck ausrichtete. 1788 entdeckte Kant in den menschlichen Tätigkeiten eine Sphäre, wo das Resultat ebenfalls etwas Organisches darstellt: die Kunst.
Die einheitliche Sicht auf die lebendige Natur und das Kunstwerk – auf der Grundlage des Prinzips der Zweckmäßigkeit – ist die Hauptidee der „Kritik der Urteilskraft". Das war endlich ein neues Wort auch zur Ästhetik. Vor Kant hatte man ebenfalls Natur und Kunst verglichen, doch mit welchem Ergebnis? Der Franzose Robinet, von der Idee des lebendigen Organismus als eines besonderen Systems begeistert, spottete: Kunstwerke wachsen nicht; sie werden Teil für Teil hergestellt, jeder Teil ist für sich fertig, wenn man ihn den anderen Teilen hinzufügt; Kunstwerke produzieren nicht sich ähnliche Kunstwerke; oder hat schon je-

mand beobachtet, daß ein Haus ein anderes Haus gebaut hätte?

Das stimmt natürlich alles, doch Kant geht darüber hinaus: „An einem Producte der schönen Kunst muß man sich bewußt werden, daß es Kunst sei und nicht Natur; aber doch muß die Zweckmäßigkeit in der Form desselben von allem Zwange willkürlicher Regeln so frei scheinen, als ob es ein Product der bloßen Natur sei."[117]

Von dieser Entdeckung waren die Zeitgenossen Kants tief betroffen. Goethe, der die „Kritik der reinen Vernunft" nicht schätzte, war von der „Kritik der Urteilskraft" begeistert. Diese Entdeckung hat in der Kulturgeschichte eine zweifache Rolle gespielt. Vor allem war das Problem des künstlerischen Schaffensakts gestellt. Robinet hatte zweifellos recht mit seiner Behauptung, daß der Organismus unmittelbar als etwas Ganzes in die Existenz trete, das Kunstwerk aber Teil für Teil entstehe – ein Teil ist schon fertig, während die anderen erst in der Absicht des Künstlers existieren. Aber das endgültige Ergebnis lebt wie ein Organismus. Und da darf man nichts willkürlich durcheinanderbringen. Das Phänomen der Schönheit schwindet, wenn eine ungeübte Hand die vom Künstler geschaffene Harmonie, die „Zweckmäßigkeit", zerstört.

Zu Zeiten Kants konnte man schwerlich den anderen Aspekt richtig würdigen – die ästhetische Sicht auf die Natur, der der Philosoph große Beachtung beimaß. Kant sah sogar voraus, daß sich künftige Zeitalter immer mehr von der Natur entfernen würden. Damals war noch völlig unklar, was das einmal bedeuten sollte. Erst in unseren Tagen hat Kants Sicht auf die uns umgebende Natur als ein harmonisches, künstlerisches Ganzes weltanschauliche Tiefenwirkung gewonnen. Die Natur ist selbst ein Kunstwerk. Wie man nicht in das Leben eines Kunst-Organismus eingreifen darf, so darf man auch die Harmonie der Natur – das in ihr liegende zweckmäßige Gleichgewicht – nicht zerstören.

Die Teleologie Kants ist weder Theologie noch Naturwissenschaft. Der Philosoph sucht mit ihrer Hilfe nicht Gott in der Natur, er entdeckt damit auch nicht die sie lenkenden Gesetze: im Mittelpunkt seiner Betrachtungen steht nach wie vor der Mensch. Nur der Mensch kann sich bewußte

Zwecke setzen, als deren Ergebnis die Welt der Kultur entsteht. Die Teleologie Kants verwandelt sich in eine Theorie der Kultur.

Indem Kant Kultur von Zivilisation unterscheidet, bringt er Klarheit in ein Problem, dessen Kompliziertheit seinen Vorgängern verborgen blieb. Unter Kultur wurde, im Gegensatz zur „Natur", alles verstanden, was vom Menschen geschaffen war. So formulierte auch Herder das Problem in seiner grandiosen theoretischen Skizze der Kulturentwicklung der Gesellschaft („Ideen zur Philosophie der Geschichte der Menschheit"). Dabei war man sich darüber klar, daß der Mensch oftmals in seinen Handlungen die Natur nicht übertrifft, sondern hinter ihr zurückbleibt. Später werden soziologische Kulturtheorien entstehen, die die Kultur mit einem ideal funktionierenden System gleichsetzen, sie auf professionelle Perfektion reduzieren. Eine solche Fragestellung hat auch ihre schwache Seite: Es ist zum Beispiel technisch möglich, professionell Menschen zu ermorden. Kant stellt die Frage strenger: Als Kultur bezeichnet er nur das, was dem Wohl des Menschen dient – ein System (in der heutigen Terminologie) humanistischer Werte.

Die „Kultur der Geschicklichkeit" stellt Kant der „Kultur der Erziehung" gegenüber. Den äußeren, „technischen" Kulturtyp nennt Kant „Zivilisation". Kant ist Augenzeuge der stürmischen Entwicklung der Zivilisation und vermerkt mit Sorge das Auseinanderfallen von Kultur und Zivilisation. Erstere bildet sich auch aus, doch bleibt sie hinter der Zivilisation zurück. Diese Disproportion ist die Ursache für viele Nöte des Menschen.

Die Kultur steht der „Natur" gegenüber, doch ist ihnen eins gemeinsam – ihr organischer Aufbau. Die „zweite" wie die „erste Natur" existiert nicht nur, sie lebt.

Wo findet Kant in der Gesellschaft, abgesehen von der Kunst, eine organische Struktur? Im Staat! Ein normal funktionierender Staat stellt ein organisches Ganzes dar. „Denn jedes Glied soll freilich in einem solchen Ganzen nicht bloß Mittel, sondern zugleich auch Zweck und, indem es zu der Möglichkeit des Ganzen mitwirkt, durch die Idee des Ganzen wiederum seiner Stelle und Funktion nach bestimmt sein."[118]

Das war eine neue Sicht auf den Staat. Für die Aufklärer (Lessing, Herder) war der Staat lediglich ein Mechanismus, eine menschenfeindliche und darum dem Untergang geweihte Maschine. Kant erkannte im Staat einen Kulturansatz, ohne den eine Gemeinschaft von Menschen nicht bestehen könnte. Dabei war er weit davon entfernt, den Staat zu idealisieren (wie Hegel es später tat). Der Staat hat dem Menschen zu dienen und nicht umgekehrt.

Kant nennt einen weiteren Kulturorganismus – die Nation. Alle Untertanen bilden ein Volk, das in zwei Teile zerfällt. Nur jener Teil, der ein bürgerliches Ganzes bildet, geeint durch die Gemeinsamkeit der Herkunft, die Gemeinsamkeit der Kulturtradition, ist eine Nation. Alles andere, was außerhalb dieser Traditionen lebt, ist Pöbel, Gesindel. Der Staat kann unterschiedliche Nationen in sich vereinen. Die Menschheit zieht nur geringen Nutzen, die Kultur großen Schaden aus jeglichem Versuch, eine organisch herausgebildete Struktur sowie die natürliche Entwicklung der Gesellschaft gewaltsam ändern zu wollen.

Die Kultur ist ihrer Struktur nach auch organisch, der Mensch ist darin nicht nur Mittel, sondern auch Zweck. Hier tritt das Prinzip der „subjektiven Zweckmäßigkeit" auf, deren Indikator das „Gefühl der Lust und der Unlust" ist. „Die subjektive Zweckmäßigkeit" ist ein Prinzip der Ästhetik, nicht der Teleologie; letztere stützt sich (auch in Kantischem Verständnis) auf die objektive Zweckmäßigkeit, das heißt auf die Vollkommenheit des Gegenstandes. Die objektive Zweckmäßigkeit ist mit Lust nur mittelbar verbunden, nur insofern es angenehm ist, einen Gegenstand zu betrachten, der durch seine Vollkommenheit den Gedanken nahelegt, daß er mit vernünftiger Absicht geschaffen sei. Das betrifft die objektive Welt.

Ein weiterer Bereich ist die „subjektive" menschliche Absicht, die der schöpferischen Kultur zum Grunde liegt.

Im Laufe der Arbeit an der „Kritik der Urteilskraft" engte Kant die Sphäre der Teleologie immer weiter ein. Die Teleologie leistet für Kant die Spezifikation des Gegenstandes, somit die Eingrenzung seiner Erkenntnis: Die objektive Zweckmäßigkeit ist vorhanden, doch ihr Wesen ist nicht zu fassen; es hat keinen Sinn, theoretische Hypothesen darüber aufzustellen; wir dürfen sie lediglich als heuristisches Prinzip verwenden. Die Teleologie ist in dieser Hinsicht der theoretischen Vernunft analog, die sich unvermeidlich in Widersprüche verwickelt, wenn sie versucht, das Wesen der Dinge an sich zu erhellen. Sowohl die Teleologie als auch die theoretische Vernunft haben regulative Funktion. Eine konstitutive (und das heißt: die konstruktive) Rolle spielt die Vernunft im Verhalten des Menschen, in der Sittlichkeit. Im Gebiet der Erkenntnis kommt dem Verstand die konstitutive Funktion zu. In der Sphäre der „Urteilskraft" ist die ästhetische Wertung konstitutiv, der teleologischen zugleich verwandt und entgegengesetzt.

Wenden wir uns jetzt zur Ästhetik Kants selbst. Seine Vorgänger, die Engländer Shaftesbury und Hutcheson, betonten die Eigenart des Ästhetischen, das weder auf Erkenntnis noch auf Moral rückführbar ist. Kant behauptet diese These. Doch daneben stellt er eine Antithese: Gerade das Schöne ist das Mittelglied zwischen dem Wahren und dem Guten, denn hier fließen Theorie und Praxis in eins.
Das Ästhetische selbst hat zweierlei Gesichter. Das eine ist mehr zur Erkenntnis gewendet – das Schöne nämlich; das andere mehr zur Moral: das Erhabene. Die Kantische Analyse der ästhetischen Grundkategorien beschränkt sich auf die Untersuchung des Schönen und des Erhabenen (das Komische streift er flüchtig, das Tragische berührt er überhaupt nicht). Auch das ist bezeichnend: Kant interessiert sich für die Ästhetik als solche nur insoweit, als sie ihre vermittelnde Funktion erfüllen kann; das Schöne und das Erhabene reichen ihm völlig aus für die Lösung der Aufgabe, die er sich gestellt hat.
Die Analytik des Schönen entspricht in seinem Aufbau der uns aus der Urteilslehre bekannten Klassifikation nach den vier Merkmalen: Qualität, Quantität, Relation und Modalität. Die erste Erklärung klingt einseitig: Schön ist das, was gefällt, ohne Interesse hervorzurufen. Das Wohlgefallen am Angenehmen dagegen entsteht in der Empfindung und ist mit Interesse verbunden; das Gute beurteilen wir mit Hilfe von Begriffen, und das Wohlgefallen daran ist ebenfalls mit Interesse verbunden. Allein die Beurteilung der Schönheit ist frei vom Interesse der Sinne und der Vernunft.
Schon die zweite Erklärung des Schönen greift weiter. Hier

geht es um eine Charakteristik des Geschmacksurteils der Quantität nach. Daraus läßt sich die Forderung nach der Allgemeinheit des Geschmacksurteils ableiten. „Das Schöne ist das, was ohne Begriffe, als Objekt eines allgemeinen Wohlgefallens vorgestellt wird."[119] Doch wenn wir keine Begriffe haben, woher kommt dann Allgemeinheit? Das Gefühl ist individuell, es ist der Grund für den Genuß und erhebt auf Allgemeinheit gar keinen Anspruch. Es erweist sich nun, daß die Lust am Schönen abgeleitet ist von dem „freien Spiel" der Erkenntnisvermögen – der Einbildungskraft und des Verstandes; und hierin liegt die „subjektive Allgemeinheit" der Schönheit.

Kant untersucht nun die Frage, ob das Gefühl der Lust vor der wohlgefälligen Beurteilung des Gegenstandes (mittels des „freien Spiels der Vorstellungskräfte") vorhergehe oder diese vor jenem. Die Lösung dieser Aufgabe ist für ihn der „Schlüssel zur Kritik des Geschmacks".

Ist die Lust ursprünglich, dann entfällt das Problem der Allgemeinheit: Lust kann man einem anderen nicht weitergeben. „Es kann aber nichts allgemein mitgetheilt werden als Erkenntniß ..."[120] In diesem Falle sind aber Begriffe in unserem geistigen Kräftespiel nicht vorhanden. Statt dessen verfügen wir über einen gewissen „Gemüthszustand", den man vielleicht mit „Erkenntniß überhaupt" zusammenbringen kann. Es ist der Zustand „eines freien Spiels der Erkenntnißvermögen" (auch: „Vorstellungskräfte"). Als Ergebnis entsteht, dank des freien Spiels der Einbildungskraft und des Verstandes, die wohlgefällige Beurteilung, die dem Gefühl der Lust vorangeht, es allererst hervorbringt und dem ästhetischen Urteil allgemeinen Charakter verleiht.

Hier haben wir wirklich den „Schlüssel" zur Lösung des Problems vor uns, darüber hinaus eine der bemerkenswertesten Entdeckungen Kants. Er deckte auf, daß die Wahrnehmung des Schönen durch Vermittlung zustande kommt. Vor Kant war man der Ansicht – und auch heute denken noch viele so –, daß sich Schönheit dem Menschen unmittelbar mit Hilfe der Sinne mitteile. Man brauche nur hinreichend sensibel für Schönheit zu sein bzw. ästhetischen Sinn zu besitzen. Indes ist der „ästhetische Sinn" ein kompliziertes intellektuelles Vermögen. Um die Schönheit eines Gegenstandes genießen zu können, muß man seine in-

nere Würde beurteilen. Manchmal geschieht das „im Nu", manchmal braucht es Zeit und intellektuelle Anstrengung. Je komplizierter der Gegenstand ist, desto komplizierter und differenzierter ist seine ästhetische Beurteilung. Schönheit in der Wissenschaft ist nur für den Spezialisten. Um die Schönheit einer mathematischen Formel zu begreifen, muß man zwar über ästhetische Kultur verfügen, doch vor allem auch über Kenntnisse der Mathematik. Die Allgemeinheit des ästhetischen Urteils besteht nicht in der unmittelbaren Zugänglichkeit für alle, sondern in der „Mitteilbarkeit"; darin, daß jeder Mensch in diesen Status gelangen kann, wendet er nur hinreichend Zeit und Kraft auf. Übrigens bringt man den Sinn für das Ästhetische nicht immer von Geburt an mit, eher bildet er sich allmählich heran.
Aufmerksamkeit gebührt auch dem Begriff „freies Spiel", den Kant entschiedener als irgend jemand zuvor in die Ästhetik einführte und der dort auch an zentraler Stelle steht. Jedes Spiel befördert das Gefühl der Gesundheit, erhöht die ganze Lebenstätigkeit, erfrischt die Organisation des Gemüts. Das Spiel ist zwanglos. Das Spiel entwickelt Geselligkeit und Einbildungskraft, ohne die Erkenntnis unmöglich ist. Der Mensch ist, laut Kant, Kind zweier Welten, der sinnlichen und der intelligiblen Welt, er hält sich ständig in beiden Welten auf. Auch das Spiel ist in sich widersprüchlich. Der Spieler hält sich an bestimmte Regeln, ohne jedoch ihre Bedingtheit zu vergessen. Fähigkeit zum Spiel schließt die Fähigkeit zu doppelschichtigem Verhalten ein. Dies erfordert Einbildungskraft, das Spiel trägt zu ihrer Entwicklung bei. Das Spiel ist auch Schule der Geselligkeit, der Sozialität.
Kehren wir zu Kants Erklärungen des Schönen zurück. Die dritte Erklärung lautet: „Schönheit ist Form der Zweckmäßigkeit eines Gegenstandes, sofern sie, ohne Vorstellung eines Zwecks, an ihm wahrgenommen wird." Hier sind besonders die mit dieser Definition verknüpften Einschränkungen wichtig. Kant führt neben der „reinen" Schönheit den Begriff der „anhängenden" Schönheit ein. Blumen sind Beispiel für die erste, Menschen, Gebäude etc. Beispiel für die zweite. Die anhängende Schönheit setzt den Begriff eines Zwecks voraus, der bestimmt, wie die Sache sein soll. Das ist schon eine Antithese.

Ist vielleicht die „anhängende Schönheit" etwas weniger Wertvolles, eine niedere Stufe des Schönen? Eher umgekehrt. Es erweist sich, daß sich das ästhetische Ideal nur in der Sphäre der anhängenden Schönheit realisiert. Ein Ideal schöner Blumen ist nicht vorstellbar. Nach Kant besteht das Ideal des Schönen darin, Ausdruck der Sittlichkeit zu sein. Einer der wichtigsten Schlüsse der Kantischen Ästhetik lautet: „Das Schöne ist das Symbol des Sittlichguten."[121] So sind wir wieder in der Sphäre der Ethik. Im weiteren Fortgang zieht uns Kant in die Sphäre der Erkenntnis; jetzt geht es um die niedrigste Stufe – die empirische Kenntnis. Neben das Ideal der Schönheit stellt Kant die „Normalidee": das ist die Idealvorstellung von der äußeren Formgestalt. Die Normalidee ist die mittlere Größe einer gegebenen Klasse von Erscheinungen. Wollt ihr wissen, wie die Idealgestalt eines schönen Mannes beschaffen ist, dann nehmt tausend Darstellungen, legt sie aufeinander; die Intensivfärbung des Mittelstücks ist zugleich die Mustergestalt. Man kann auch einfach rechnen, indem man die mittleren Werte der einzelnen Körperteile feststellt. Und wenn Kant auch einschränkt, daß keineswegs eine Notwendigkeit bestehe, bei realen Proportionen seine Zuflucht zu suchen, sondern daß es durchaus zulange, sich auf den dynamischen Effekt der Einbildungskraft zu verlassen, bleibt er doch bei der völlig mechanischen Lösung des Problems stehen, wofür er wiederholt und zu Recht kritisiert wurde. (Er trug dem auch Rechnung: In einer seiner späteren Arbeiten präzisiert er: Durchschnittswerte seien unzureichend, die Schönheit bedarf noch des Charakteristischen.) Uns interessiert in diesem Zusammenhang etwas anderes: Die Logik des Denkens knüpfte seine Ästhetik mit dem Problem des Menschen noch enger an die Erkenntnis.

Die vierte Erklärung zur Definition des Schönen: „Schön ist, was ohne Begriff als Gegenstand eines notwendigen Wohlgefallens erkannt wird"[122] – bringt nichts wesentlich Neues. Das Geschmacksurteil ist verbindlich für alle. Warum? Die Bedingung der Notwendigkeit, die Voraussetzung ist für das Geschmacksurteil, ist die Vorstellung von einem allgemeinen Gefühl (sensus communis), das auf dem uns schon bekannten „freien Spiel der Erkenntnisvermögen" beruht. Das Schöne ruft Interesse nur in Gesellschaft

hervor, es ist ein Kommunikationsmittel, denn das Geschmacksurteil strebt jedermanns Zustimmung an.
Die vier Erklärungen der Schönheit kann man in einem Satz zusammenfassen: „Man kann überhaupt Schönheit (sie mag Natur- oder Kunstschönheit sein) den Ausdruck ästhetischer Ideen nennen."[123] „Idee" ist ein bekanntes Wort, wir sind ihm bei Kants Erkenntnistheorie begegnet. Die Vernunftidee gehört ebenfalls zu den Begriffen, denen keine Anschauung, keine Vorstellung beigegeben werden kann. Die ästhetische Idee ist eine Vorstellung, „die viel zu denken veranlaßt", ohne daß ihr doch ein Begriff adäquat wäre. Schönheit ohne Wahrheit ist für Kant sinnlos, doch sind beide streng voneinander zu unterscheiden.
Die vermittelnde Rolle der Ästhetik ist in der Analytik des Erhabenen noch deutlicher zu erkennen als in der Analytik des Schönen. Es fängt schon damit an, daß das Schöne „für sich selbst gefällt" und daß dagegen das Wohlgefallen am Erhabenen ohne „Vernünfteln" nicht möglich ist. „Denn das eigentliche Erhabene kann in keiner sinnlichen Form enthalten sein, sondern trifft nur Ideen der Vernunft ..."[124]
Wenn Kant das Erhabene mit dem Schönen vergleicht, bemerkt er, daß letzteres immer mit einer Form verbunden ist, wohingegen das Erhabene auch in einem formlosen Gegenstand aufgefunden werden kann. Die Lust am Erhabenen ist vermittelt. Hier ist kein Spiel mehr, sondern die ernsthafte „Beschäftigung der Einbildungskraft"; das Schöne zieht an, das Erhabene zieht an und stößt zugleich ab. Den Grund für das Schöne müssen wir außerhalb von uns suchen (zum Beispiel in den Dingen der Natur), den Grund für das Erhabene allein in uns und in unseren Ideen. Was ist also das Erhabene?
Zunächst gibt Kant eine ganz formale Definition: „Erhaben ist das, mit welchem in Vergleichung alles andere klein ist", aber er festigt dies zugleich durch eine inhaltsreiche Antithese: Das Gefühl des Erhabenen verlangt einen Gemütszustand, der es zu moralischem Wohlgefallen disponiert macht.[125] Der Argumentationsgang ist folgendermaßen: Die Wahrnehmung des Erhabenen ist immer verknüpft mit einer bestimmten inneren Erregung, die beim Betrachten von solchen Gegenständen entsteht, deren Ausmaße oder

Kräfte die uns bekannten Maßstäbe überschreiten. Das Erhabene ist ein Überschreiten üblicher Maße, dennoch hat es auch sein Maß. Kant führt die Erzählung des französischen Generals Savary an, der bei seinem Aufenthalt mit Napoleon in Ägypten feststellte, daß man die Pyramiden aus einer ganz bestimmten Entfernung betrachten müsse.[126] Sei man zu weit von ihnen entfernt, machten sie keinen Eindruck, ebenso, wenn man ihnen zu nahe komme und das Auge sie nicht auf einmal als Ganzes erfassen könne.

Das Erhabene ist das Erhebende; die furchtlose Beziehung zum Furchterregenden, die Überwindung der Furcht und die moralische Befriedigung darüber.

Das Erhabene ist auch in den Sinnesvorstellungen des Menschen, in deren äußerster Anspannung – den Affekten. Der Affekt, der mit der Idee des Guten verbunden ist, ist der Enthusiasmus, ohne den „nichts Großes ausgerichtet" werden kann. (Diesen Gedanken wiederholt nach ihm Hegel.) Aber auch die Affektlosigkeit kann erhaben sein, „weil sie zugleich das Wohlgefallen der reinen Vernunft auf ihrer Seite hat"[127].

Das Gefühl für das Erhabene bedarf der Kultur in größerem Maße als das Gefühl für das Schöne. Und es bedarf einer voll entwickelten Einbildungskraft. Wenn das Schöne Einbildungskraft und Verstand zusammenführt, dann treffen beim Gefühl des Erhabenen Einbildungskraft und Vernunft zusammen: Vernunft, die Gesetzgeberin des Verhaltens.

Das Erhabene, das von Kant zunächst unter ganz engem, nur quantitativem Gesichtspunkt betrachtet worden ist, eröffnet dem Menschen unter dem Aspekt der Sittlichkeit ungeahnte geistige Möglichkeiten. Das Vorhandensein des moralischen Gesetzes in uns ist die Voraussetzung für das Wohlgefallen der Menschen am Erhabenen.

Kant hat das Ästhetische in das Schöne und das Erhabene unterteilt; er hat jeweils die Verbindung mit den angrenzenden Vermögen des Gemüts aufgezeigt. Im Ausgang spricht er erneut vom ästhetischen Urteil als Ganzem und führt wieder zwei gegensätzliche Definitionen zusammen, diesmal offen gekennzeichnet als Antinomie – zwei sich wechselseitig ausschließende Sätze. These: Das Geschmacksurteil gründet sich nicht auf Begriffe; denn sonst ließe sich darüber disputieren (durch Beweise entschei-

den). Antithese: Das Geschmacksurteil gründet sich auf Begriffe; denn sonst ließe sich, ungeachtet der Verschiedenheit desselben, darüber auch nicht einmal streiten (auf die notwendige Einstimmung anderer mit diesem Urteile Anspruch machen).
An die Synthesis geht Kant, wie immer, nicht ohne weiteres. Läßt er zwei unbestreitbare Wahrheiten mit den Köpfen zusammenstoßen, so versucht er nicht, die sie vereinende Formel zu finden, sondern führt sie erst mal beide auseinander, indem er erklärt: Der Terminus „Begriff" wird hier nicht in einerlei Sinn gebraucht. Im ersten Fall ist der Begriff Produkt des Verstandes, im zweiten Produkt der Vernunft. Den Widerspruch stellt Kant als scheinbar hin, doch ein bestimmtes Resultat kann mit ihm dennoch erreicht werden: Das ästhetische Urteilsvermögen ist direkt und unmittelbar mit der Vernunft verbunden, der Gesetzgeberin der Sittlichkeit. Was nun die Verbindung des ästhetischen Vermögens mit dem Verstand betrifft, dem Gesetzgeber der Erkenntnis, so verwirft Kant zwar hier die Möglichkeit einer unmittelbaren Verbindung, läßt eine mittelbare jedoch gelten. Die ästhetische Idee „belebt" die Erkenntnisvermögen. In der Anwendung auf Erkenntnis ist die Einbildungskraft dem Verstand unterworfen und auf die Notwendigkeit beschränkt, seinen Begriffen zu entsprechen; da „in ästhetischer Absicht aber die Einbildungskraft frei ist, um noch über jene Einstimmung zum Begriffe, doch ungesucht, reichhaltigen unentwickelten Stoff für den Verstand, worauf dieser in seinem Begriffe nicht Rücksicht nahm, zu liefern, welchen dieser aber nicht sowohl objectiv zum Erkenntnisse, als subjectiv zur Belebung der Erkenntnißkräfte, indirect also doch auch zu Erkenntnissen anwendet ..."[128]. Die Formel für die Synthese ist gefunden.
Jetzt hat alles seinen Ort. Jede Sphäre der geistigen Tätigkeit des Menschen ist abgegrenzt, beschrieben in ihrer Besonderheit; dennoch sind Kanäle gestochen, die miteinander verbunden sind und auch in einem Punkt zusammenfließen. Das Wahre, Gute und Schöne ist jeweils in seiner Eigenart und doch auch in seiner Einheit begriffen. Hinter spitzfindigen Definitionen war reale Dialektik verborgen.
Die Einheit des Wahren, Guten und Schönen wird durch Kants Lehre von der Kunst noch zusätzlich begründet. Die

Kunst nimmt in der Ästhetik Kants, die ja ihren Ausgang nahm von einer allgemein-philosophischen Problematik her, quantitativ geringen, doch dafür um so wichtigeren Raum ein. Alle Besonderheiten des Ästhetischen werden jetzt erst ins richtige Licht gerückt. Die Eingrenzung der Kunst ist zwar undeutlich, dennoch kann man sie mit einiger Sicherheit nachzeichnen. Kunst ist nicht Natur, sondern „Hervorbringung durch Freiheit"[129].
Kunst kann nach Kants Meinung mechanisch (wenn sie Erkenntnis realisiert) und ästhetisch sein. Das Ästhetische wird nun seinerseits in das Angenehme und das Schöne unterteilt. Angenehme Künste sind bestimmt für Genuß, Zerstreuung und Zeitvertreib (zum Beispiel die Kunst zu „schwatzen", dazu gehört auch die Dekoration einer Tischtafel). Die schönen Künste befördern die „Kultur der Gemütskräfte", sie vermitteln eine besondere „Lust der Reflexion", insofern sie die Sphäre des Ästhetischen an die Sphäre der Erkenntnis annähern. Damit ist die Dichotomie des Kantischen Kunstbegriffs noch nicht erschöpft. Kant stellt (als einer der ersten in der Geschichte der Ästhetik) eine Klassifikation der schönen Künste auf. Die Einteilung richtet sich nach der Weise des Ausdrucks der ästhetischen Idee, eben der Schönheit. Die verschiedenen Arten der Kunst sind die verschiedenen Arten der Schönheit. Diese können die Schönheit des Gedankens oder die Schönheit der Anschauung sein. Im zweiten Falle dient entweder der Inhalt oder die Form dem Künstler zum Material. Nun haben wir drei Arten von schönen Künsten gewonnen: die redende, die bildende und die Kunst des Spiels der Empfindungen.
Zur redenden Kunst gehört die Beredsamkeit und die Dichtkunst. Die Dichtkunst hält Kant für die höchste Form künstlerischen Schaffens: sie „spielt mit dem Schein, den sie nach Belieben bewirkt, ohne doch dadurch zu betrügen; denn sie erklärt ihre Beschäftigung selbst für ein bloßes Spiel, welches gleichwohl vom Verstande und zu dessen Geschäfte zweckmäßig gebraucht werden kann"[130].
Wer würde danach behaupten, daß Kant die Kunst von der Erkenntnis trennt? Er stellt nur nicht Kunst und Erkenntnis auf die gleiche Ebene.
Die bildende Kunst umfaßt die Kunst der Sinnenwahrheit

(Plastik) und die Kunst des Sinnenscheins (Malerei). Zur Plastik gehören Bildhauerkunst und Architektur. Die erste bringt die Begriffe von den Dingen körperlich hervor, wie sie in der Natur vorkommen könnten, die zweite hat ihren Bestimmungsgrund nicht in der Natur, sondern in einem willkürlichen Zweck. Die Hauptsache in der Architektur ist der Gebrauch des von der Kunst hervorgebrachten Gegenstandes; das schränkt natürlich die Wirkung der ästhetischen Ideen ein. Zur Architektur zählt Kant auch das Kunstgewerbe. Obzwar Kant die Skulptur als Kunst der Sinnenwahrheit definiert hat, warnt er doch davor, in diesem Punkte zu übertreiben: Die Sinnenwahrheit darf nicht so weit führen, daß das Werk aufhört, Kunst zu sein. Die Malerei teilt Kant in die Kunst der schönen Schilderung der Natur und in die Kunst der schönen Zusammenstellung ihrer Produkte. Die Graphik ist für Kant keine selbständige Kunstart; sie ist für ihn Bestandteil, und zwar Hauptbestandteil, der Malerei, da jedem Bild eine Zeichnung zugrunde liegen müsse.

Die Kunst des schönen Spiels der Empfindungen stützt sich auf Gehör und Auge. Es ist das Spiel der Töne und das Spiel der Farben. (Der prinzipielle Unterschied beider ist Kant bewußt.) An Reiz und Gemütsbewegung kommt Musik für Kant an zweiter Stelle nach der Dichtkunst. Im Unterschied zur Dichtkunst ist allerdings der Eindruck der Musik nur vorübergehend; zum Nachdenken läßt die Musik keine Zeit.

Die Verbindung der künstlerischen Grundarten untereinander bringt auch neue Kunstgattungen hervor. Rhetorik in Verbindung mit Malerei das Drama, Dichtkunst in Verbindung mit Musik den Gesang, Gesang in Verbindung mit Musik die Oper etc.

Um Kunstwerke beurteilen zu können, braucht man Geschmack, sie zu schaffen – Genie. Die Vermögen des Gemüts, deren Einheit das Genie ausmacht, sind Einbildungskraft und Verstand. Genie ist nichts Übersinnliches oder Mystisches, es ist bloß einzigartig an Kraft und Originalität. Vier Merkmale charakterisieren das Genie: 1. Es ist das Vermögen, dasjenige hervorzubringen, wozu sich keine bestimmte Regel geben läßt. 2. Seine Produkte müssen exemplarisch sein. 3. Der Urheber kann anderen nicht erklären, wie sein Produkt entstanden ist. 4. Die Sphäre des Genies ist nicht die Wissenschaft, sondern die Kunst. Auf dem Gebiet der Wissenschaft, so behauptet Kant, ist der größte Erfinder vom mühseligsten Nachahmer und Lehrling nur graduell unterschieden; wen dagegen die Natur für die schöne Kunst begabt hat, der ist spezifisch unterschieden. Es ist durchaus möglich, sich all das durch Lernen anzueignen, was Newton in seinen unsterblichen Werken der Prinzipien der Naturphilosophie vorgetragen hat; es läßt sich aber nicht geistvoll dichten lernen. Kein Homer kann zeigen, wie sich in seinem Kopfe die Ideen finden und vereinigen – phantasie- und gedankenvoll –, weil er selbst darüber keine Auskunft zu geben weiß.

Kurz nach Vollendung der „Kritik der reinen Vernunft" wandte sich Kant noch mal dem Problem des Genies zu, er erweiterte seine Sphäre, indem er jegliches Schöpfertum einbezog. Anlaß für diese Überlegungen war ein Brief Kants an den russischen Gesandten in Dresden, A. M. Belosel'skij, der dem Philosophen sein Traktat „Dianylogie", das der Struktur des Erkenntnisvermögens des Menschen gewidmet war, zugeschickt hatte. Belosel'skijs Gedanken kommentierend, gibt Kant eine gedrängte Zusammenfassung seiner Lehre: Um Ihre tiefsinnige Zergliederung der Erkenntnisvermögen nach Schulregeln darzustellen und mit Nutzen ihre Begriffe anzueignen, so schildere ich vor allem zwei voneinander getrennte Reiche oder Gebiete des uns angeborenen Vorstellungsvermögens (unsere Naturanlage zur Metaphysik). Das Reich des Verstandes, in allgemeiner Bedeutung, ist das Vermögen zu denken, das Reich der Anschauung ist das bloße Vermögen der Sinnlichkeit.

Das erste dieser Reiche besteht aus drei Sphären. Die erste Sphäre ist die Sphäre des Verstandes oder das Vermögen, zu verstehen, Begriffe zu bilden, Wahrnehmungen und Anschauungen zu bearbeiten. Das zweite ist die Sphäre der Urteilskraft oder das Vermögen, diese Begriffe auf besondere Fälle (in concreto) anzuwenden, d. h. in Übereinstimmung mit Denkregeln zu bringen, was den gesunden Menschenverstand (le bon sens) eigentlich ausmacht. Die dritte Sphäre ist die der Vernunft, oder das Vermögen, das Besondere aus dem Allgemeinen abzuleiten, d. h. nach Grundsätzen zu urteilen.

Wenn diese drei Denkvermögen des ersten Reiches in Analogie mit der höchsten gesetzgebenden Vernunft gebracht werden, welche der wahren Vollendung des Menschen dient, und wenn sie ein System bilden, dessen Zweck die Weisheit ist, so bilden sie die Sphäre der Philosophie.
Wenn sie aber in Übereinstimmung mit dem unteren Vermögen (bloße Anschauung) gebracht werden, und zwar mit seinem wesentlichsten Teil, welcher die Originalität ist und der somit in der Einbildungskraft besteht (einer solchen Kraft, die sich durchaus nicht sklavisch Gesetzen unterwirft, sondern aus sich selbst zu schöpfen strebt, wie es in den schönen Künsten der Fall ist), so bilden sie die Sphäre des Genies, was gleichbedeutend mit dem Wort Naturgabe, Talent ist.
Auf diese Weise kann ich fünf Sphären entdecken. Wenn schließlich die Einbildungskraft sich selbst durch willkürliche Tätigkeit vernichtet, so wird sie in den gewöhnlichen Wahnsinn oder in Überspanntheit entarten; wenn die Einbildungskraft nicht mehr der Vernunft unterstellt ist und sogar umgekehrt diese zu versklaven sucht, so fällt der Mensch aus dem Stand (der Sphäre) der Menschheit heraus in die Sphäre der Hirngespenster und Phantasterei.
Eigentlich ist uns das Wesentliche aus der Kantischen Kennzeichnung seiner Lehre vertraut. Das dreigliedrige Schema aus der Einleitung in die „Kritik der Urteilskraft" und die in der „Kritik der reinen Vernunft" vorgenommene Einteilung der Erkenntnisvermögen sind zusammengefaßt und durch eine Ergänzung erweitert: durch die alles vereinende Sphäre des schöpferischen Genies – der Krone des intellektuellen Potentials des Menschen.

4. „Was ist der Mensch?"

In einem der Schlußabschnitte der „Kritik der reinen Vernunft" formulierte Kant jene drei bekannten Fragen, die seiner Meinung nach alles Interesse der spekulativen und praktischen Vernunft in sich vereinigen: Was kann ich wissen? Was soll ich tun? Was darf ich hoffen?
Die erste Frage beantwortet die spekulative Philosophie, die zweite – die praktische. Um die Antwort auf die dritte

Frage, die das Hoffen betrifft, ist es schwieriger bestellt. Die „Kritik der Urteilskraft" mit ihrer Ausrichtung auf Probleme der Teleologie und Kultur wies den „Weg der Hoffnung", den das Individuum zu gehen habe. Die Kultur ist der „letzte Zweck der Natur", der Mensch ist aufgerufen, sie zu schaffen. Was für eine Art Hoffnung ist der Glaube an das höchste Wesen?

Auf die Hilfe übernatürlicher Kräfte zu hoffen ist unzulässig. Es gibt weder Wunder, die über die Grenzen der objektiven Erfahrungsgesetze hinausgehen, noch das Geheimnis eines Gottes, der jenseits der Möglichkeiten unseres Geistes existiert, noch Glückseligkeit, die kraft göttlicher Autorität unsere Sittlichkeit durchleuchtet. Der Glaube an Gott ist in erster Linie Hoffnung auf die eigene moralische Kraft. Kant zerstört die Hoffnung auf die Auferstehung nach dem Tode nicht; ohne Glauben an ein Leben nach dem Tode kommt keine Religion aus. Davon ist im Traktat „Die Religion innerhalb der Grenzen der bloßen Vernunft" (1793) die Rede. Der Traktat ist für das Begreifen der ethischen Theorie Kants von Bedeutung. Kants Lehre von der Religion existiert nur im Rahmen der Ethik. Die zweite und dritte Frage fließen in eins.

Im Jahre 1793, als der Traktat erschien, sprach Kant von der Notwendigkeit, die drei Grundfragen der Philosophie durch eine vierte zu ergänzen. „Mein schon seit geraumer Zeit gemachter Plan der mir obliegenden Bearbeitung des Feldes der reinen Philosophie ging auf die Auflösung der drei Aufgaben: 1) Was kann ich wissen? (Metaphysik); 2) Was soll ich tun (Moral); 3) Was darf ich hoffen? (Religion), welcher zuletzt die vierte folgen sollte: Was ist der Mensch? (Anthropologie; über die ich schon seit mehr als 20 Jahren jährlich ein Kollegium gelesen habe)."[131] „Im Grunde könnte man aber alles dieses zur Anthropologie rechnen, weil sich die drei ersten Fragen auf die letzte beziehen."[132]

Das erste und letzte Wort des späten Kant handelt vom Menschen. Kants Kritizismus beruht eigentlich auf dem Interesse am Leben der Persönlichkeit. Mit dem Nachdenken über das Schicksal des Menschen wurde die kopernikanische Wende eingeleitet. Unter dem Einfluß der Schriften Rousseaus nimmt Kants Theorie einen spezifischen Demokratismus an. „Ich lerne die Menschen ehren" – sagte schon der vorkritische Kant und vermerkte stolz: „Wenn es irgend eine Wissenschaft giebt deren der Mensch bedarf so ist es die so ihn lehret die Stelle geziemend zu erfüllen welche ihm in der Schöpfung angewiesen ist und aus der er lernen kan was man seyn muß um ein Mensch zu seyn."[133] Nach der kopernikanischen Wende rückt das Problem des Menschen für Kant auf den ersten Platz, nicht nur in der Ethik, sondern auch in der Gnoseologie und in der Ästhetik.

Die Religionsphilosophie knüpft unmittelbar an die Ethik an. Wir erinnern uns an die These: Die Moral ist keine göttliche Einrichtung. Doch auch die Antithese ist uns bekannt: Die Moral führt unweigerlich zur Religion. Die menschlichen Anlagen reichen nicht aus, das Recht der Menschen auf Glück mit den allgemeinen Pflichten in Übereinstimmung zu bringen; deshalb muß man ein allmächtiges moralisches Wesen als Weltenlenker unbedingt anerkennen. Der Begründung der Antithese ist der Traktat „Die Religion innerhalb der Grenzen der bloßen Vernunft" gewidmet.

Kant setzt an mit Überlegungen zur sittlichen Natur des Menschen. Manche Philosophen seien überzeugt, daß der Mensch hoffnungslos ins Böse verstrickt sei. Andere halten ihn seiner Natur nach für gut und sehen das Böse nur unter dem Einfluß der Umstände hervorgehen. Die einen wie die anderen sind apodiktisch in ihren Urteilen. Im Gegensatz zu ihnen stehen die Indifferentisten, die davon ausgehen, daß der Mensch seiner Natur nach neutral ist – weder gut noch böse –; dann gibt es noch die Synkretisten, die ihn gleichzeitig für gut und böse halten. Kant selbst ist bei allem Rigorismus in der Moral doch zugleich Dialektiker. Auch hier versucht er, die Gegensätze zusammenzubringen, genauer: sie aufeinanderprallen zu lassen.

„Der Mensch", versichert Kant, „ist von Natur böse."[134] In ihm ist ein unausrottbarer Hang, das Böse zu tun; dieser Hang hat zwar den Anschein, als sei er erworben, doch gehört er dem Menschen ursprünglich an. Dennoch verfügt der Mensch auch über ursprüngliche Güte. Die moralische Erziehung besteht darin, den guten Anlagen ihr Recht zu verschaffen, damit sie den Sieg davontragen im Kampf mit dem menschlichen Hang zum Bösen.

Ein solcher Sieg ist nur als Revolution der Denkungsart möglich. Kant selbst hat ähnliches durchlebt und war der Meinung, daß eine prinzipielle sittliche Erneuerung eine Wiedergeburt ganz eigener Art sei: notwendige Bedingung für die Ausbildung des Charakters des Einzelmenschen wie der ganzen Menschheit.
Und eine weitere Bedingung ist für den Sieg des Guten notwendig: „Weil aber das höchste sittliche Gut durch die Bestrebung der einzelnen Person zu ihrer eigenen moralischen Vollkommenheit allein nicht bewirkt wird, sondern eine Vereinigung derselben in ein Ganzes zu eben demselben Zwecke zu einem System wohlgesinnter Menschen erfordert, in welchem und durch dessen Einheit es allein zu Stande kommen kann ..."[135] Das gemeinschaftliche Gute ist ein gesellschaftliches Erfordernis, ja, die Gesellschaft bringt es überhaupt erst hervor. In Kants Religionsphilosophie gewinnt seine abstrakte Ethik soziale Züge.
Kant führt den Begriff des „ethischen gemeinen Wesens"[136] (Gemeinwesens) ein. Ohne dieses sei es unmöglich, den „Naturzustand" zu überwinden, wo, nach Hobbes, der Krieg aller gegen alle stattfindet, wo es nicht nur keine Gesetze, sondern auch keine moralischen Normen gibt. Das ethische Gemeinwesen ist die Kirche. Ein bestimmter Typ von Religion sei in einer bestimmten Etappe des menschlichen Geistes notwendig gewesen, um das menschliche Gemeinwesen zu festigen und zu vervollkommen.
Schon im Altertum habe es eine aufklärerische Einstellung zur Religion gegeben, daß nämlich Furcht die Götter erfunden habe. Im Ausgang des Mittelalters sei diese Auffassung deutlicher formuliert worden: die Angst habe den Boden bereitet, und gewissenlose Betrüger hätten dem ungebildeten Volk diese oder jene Götter aufgeredet. Betrachte man die meisten Völker und Epochen genauer, samt ihren religiösen Grundsätzen, die damals tatsächlich in der Welt herrschten, so könne man sich leicht davon überzeugen, daß diese nichts anderes gewesen seien als die Fieberphantasien kranker Leute. Diesen Schluß zieht der von Kant geschätzte Hume. Warum haben sich aber Täuschung und Fieberphantasien so gründlich ausgebreitet? Wie entstand die Vorstellung vom leidenden Gott? Nach der Meinung Humes ist die Religion ein unaufklärbares Rätsel; ihr Stu-

dium bringe nur Zweifel hervor und einen Verzicht auf Wertungen überhaupt.

Die deutsche Aufklärung, die aus dem Protestantismus und Pietismus erwuchs, hat die Religion immer nur in historischer Perspektive betrachtet. Lessing entwarf in seiner „Erziehung des Menschengeschlechts" ein Entwicklungsschema der Religionen, dessen Grundgedanke die sittliche Vervollkommnung der Menschen ist; beim Blick in die Zukunft sagte er den Anbruch einer religionslosen Zeit voraus, dann, wenn die Moral ohne den Glauben an ein höchstes Wesen auskommen kann.

Kant geht in die Vergangenheit, sucht sozialpsychologische Wurzeln des Glaubens an Gott und sieht im Menschen (in der Menschheit) den Kampf zweier Prinzipien – des Guten und des Bösen. Das Böse herrscht anfänglich vor, aber die Anlagen zum Guten melden sich zu Wort im Schuldgefühl, das den Menschen unvermittelt beherrscht.

Das Schulderlebnis (eigenes oder fremdes, an dem man beteiligt ist) ist Grundlage jeder Moral. Ein ruhiges Gewissen ist eine Erfindung des Teufels, wird schließlich Albert Schweitzer sagen (der eine Dissertation über Kants Religionsphilosophie geschrieben hat). Ein Mensch, der immer recht zu haben glaubt, ist für die Moral verloren. Eine sittliche Erneuerung ist nur als Kampf gegen sich selbst möglich. Auf der Suche nach den Wurzeln der Religion fand Kant auch die Ursprünge der Sittlichkeit. Er entdeckte ihr Fundament. Und traf auf den uns bekannten Baumeister des Fundaments – die Einbildungskraft. Wir wollen zusehen, wie sie in diesem Feld arbeitet.

Die Furcht erfand die Götter, und die Götter haben Verbote erteilt. Die Angst, Tabus zu brechen, Angst davor, daß dies schon geschehen sein könnte, bringt den Gedanken des Erlösungsopfers auf. Wenn sich die Opferung in Selbstopferung wandelt, dann geht eine sittlich-religiöse Revolution vor sich. Der zum Selbstopfer entschlossene Mensch setzt sich Gott gleich. So entsteht das Bild des leidenden „Sohnes Gottes", der zugleich Gott und Mensch ist.

Der Lehrer des Evangeliums bezeichnete sich als vom Himmel gesandt, wertete das formelhafte Zeremoniell des alten Sklavenglaubens als etwas an sich Nichtiges und den moralischen Glauben als den alleinseligmachenden. Mit seinem

Tod, fügt Kant hinzu, endigt die öffentliche Geschichte desselben. „Die als Anhang hinzugefügte geheimere, bloß vor den Augen seiner Vertrauten vorgegangene Geschichte seiner Auferstehung und Himmelfahrt ..., kann ihrer historischen Würdigung unbeschadet, zur Religion innerhalb der Grenzen der bloßen Vernunft nicht benutzt werden."[137]

Der Gegenüberstellung von neutestamentarischem und Altem Testament verleiht Kant prinzipielle Bedeutung. Die Zehn Gebote der Bibel sind für ihn Zwangsgesetze, sie betreffen nur Äußerliches, Formales, in ihnen ist nicht moralische Gesinnung gefordert, die doch für das Christentum von größter Wichtigkeit ist.

Moses wollte ein politisches, kein ethisches Gemeinwesen schaffen: „Der jüdische Glaube ist seiner ursprünglichen Einrichtung nach, ein Inbegriff bloß statuarischer Gesetze, auf welchem eine Staatsverfassung gegründet war; denn welche moralische Zusätze entweder damals schon, oder auch in der Folge ihm angehängt worden sind, die sind schlechterdings nicht zum Judenthum, als einem solchen, gehörig. Das letztere ist eigentlich gar keine Religion, sondern bloß Vereinigung einer Menge Menschen, die, da sie zu einem besonderen Stamm gehörten, sich zu einem gemeinen Wesen unter bloß politischen Gesetzen, mithin nicht zu einer Kirche formten."[138]

Die Entstehung des Christentums bedeutete völlige Abkehr vom alttestamentarischen Glauben. Das war eine Revolution in der Religion. Erst mit dem Christentum läßt Kant die „allgemeine Kirchengeschichte" beginnen.

In Kants Lehre von der Religion wird die Historizität seines Denkens ganz deutlich. Kant sieht einen ursprünglichen, seinem Wesen nach areligiösen Zustand der Menschen, darauf einen ersten, noch unvollkommenen Religionstypus: die „gottesdienstliche Religion". Die dritte Etappe ist der Vernunftglauben. In der gottesdienstlichen Religion (sie ist der am meisten verbreitete Typus) strebt der Gläubige danach, das Wohlgefallen des höchsten Wesens zu erwerben, das milde gestimmt wird durch Anbetung, sakramentales Opfer, Beobachtung der Vorschriften und Zeremonien. Der Mensch wiegt sich in der Illusion, Gott könne ihn glücklich machen, ohne daß er selbst besser werden müsse; es genügt dabei, Gott auf entsprechende Weise zu bitten, indem man irgendwelche äußere Handlungen verübt. Eigentlich ist das ein Geschäft, das auf dem Grundsatz beruht: „wie ich dir, so du mir". Der Priester übernimmt die Rolle des Vermittlers; in der gottesdienstlichen Religion vollzieht er das Ritual, und die Kirche ist der Tempel, wo das Ritual stattfindet. Die Vernunftreligion ist der reine Glaube an das Gute, an die eigenen moralischen Potenzen ohne jegliche Beimischung irgendeines Kalküls, ohne Übertragung der eigenen Verantwortlichkeit auf höhere Mächte. Es ist dies eine Religion des guten Lebenswandels, die zur inneren Vervollkommnung verpflichtet. Der Priester fungiert in ihr nur als Erzieher, und die Kirche ist ein Versammlungsort für die Unterweisung.

Die Furcht gebar die Götter (und die Götter stellten Verbote auf), doch dann, sagt Kant, schaltet sich das Gewissen ein. Gerade das Gewissen ist der Leitfaden in der Entwicklung des religiösen Bewußtseins. Gewissen bedeutet auch Mitwissen; die Vorstellung von einem Mitwisser, vor dem sich nichts verbergen läßt, wird ins eigene Selbstbewußtsein verlegt. Ich habe eine Übertretung begangen, niemand kann mich einer Täterschaft überführen, und doch habe ich das Gefühl, daß da ein Zeuge, ein Ankläger ist. Das Gewissen ist die Furcht, die jetzt nach innen geht und auf sich selbst gerichtet ist: die fürchterlichste Art der Furcht. Im Kirchenglauben objektiviert sich die Furcht in die Vorstellung von Gott, der Gebote errichtet und ihre Verletzung bestraft, dessen Verzeihung und Gnade sich jedoch erwerben läßt. In der reinen Vernunftreligion ist solch ein Geschäft mit Gott (das heißt mit dem Gewissen) nicht möglich. Hier bleibt nur, nicht gegen die Verbote zu verstoßen und dem kategorischen Imperativ zu folgen: „Alles, was außer dem guten Lebenswandel, der Mensch noch thun zu können vermeint, um Gott wohlgefällig zu werden, ist bloßer Religionswahn und Afterdienst Gottes."[139] So lautet der Glaubenssatz des Königsberger Reformators, den Zeitgenossen oft mit Luther verglichen; zwar hat Kant keine neue Kirche gegründet, doch fand er viele Nachfolger. Zwischen einem tungusischen Schaman und einem europäischen Prälaten sind im wesentlichen keine Unterschiede. Beide haben nur ein Bestreben, nämlich die unsichtbare Macht, welche über das Schicksal der Menschen gebietet, zu ihrem Vorteil zu lenken; nur wie das anzufangen sei, darüber denken sie verschieden.

Kant verwirft das Gebet als Mittel der Gemeinschaft mit Gott (trifft man einen Menschen, der laut mit sich selbst redet, so kann das den Verdacht wecken, daß hier ein leichter Fall von Geistesverwirrung vorliegt). Er verwirft den Kirchgang, weil er eine Form von Götzenverehrung ist, wie andere Rituale. Inhaltlich unterscheidet sich Religion in nichts von der Moral; es gibt verschiedene Arten des Glaubens, aber es gibt nur *eine* Religion, wie es nur *eine* Moral gibt.

Gott ist ein moralisches Gesetz, das gleichsam objektiv existiert. Wiederum nicht ausschließlich. Kant ist kein Stoiker. Der Stoiker akzeptiert die Askese und gegebenenfalls sogar die freiwillige Abkehr vom Leben. Für Kant ist Selbstmord jedoch Verletzung der Pflicht.

Liebe und Pflicht sind etwas Verschiedenes. So lautet die ursprüngliche These. Pflicht zu lieben ist ein Widerspruch in sich. Sagt man: „Liebe deinen Nächsten wie dich selbst", so bedeutet das nicht, daß du zunächst den Menschen lieben und ihm dann aus Liebe Gutes tun sollst. Umgekehrt: Tue Gutes deinen Nächsten, das wird in dir Menschenliebe erwecken. Anderen Menschen nach unseren Möglichkeiten Gutes zu erweisen ist eine Pflicht, unabhängig davon, ob wir sie lieben oder nicht; und diese Pflicht bleibt wirksam, sogar wenn wir die traurige Entdeckung machen sollten, daß das Menschengeschlecht dieser Liebe nicht würdig ist.

So heißt es in der „Metaphysik der Sitten", dem letzten Werk zur Ethik; die Antithese ist unausweislich, sie folgt unmittelbar darauf, denn einer der Abschnitte heißt: „Von der Liebespflicht gegen andere Menschen". Der Leser ist erstaunt. Es rettet ihn wieder die Einschränkung, die Kant macht: In diesem Fall wird Liebe nicht als Gefühl, sondern als allgemeines Prinzip verstanden.

Nun bleibt nichts anderes, als die Synthese aufzufinden, die dem extremen Gegensatz die Schärfe nimmt. Wir finden die Synthese im Aufsatz „Das Ende aller Dinge", wenn Kant darüber nachsinnt, wie wohl die Liebe zur Pflichterfüllung zu helfen vermag: „Denn was Einer nicht gern tut, das tut er so kärglich, auch wohl mit sophistischen Ausflüchten vom Gebot der Pflicht, daß auf diese, als Triebfeder, ohne den Beitritt jener, nicht sehr viel zu rechnen sein möchte.

Wenn man nun, um es recht gut zu machen, zum Christentum noch irgendeine Auktorität (wäre es auch die göttliche) hinzutut, die Absicht derselben mag auch noch so wohlmeinend und der Zweck auch wirklich noch so gut sein; so ist doch die Liebenswürdigkeit desselben verschwunden; denn es ist ein Widerspruch, jemandem zu *gebieten*, daß er etwas nicht allein tue, sondern es auch *gern* tun solle.

Das Christentum hat zur Absicht: Liebe, zu dem Geschäft der Beobachtung seiner Pflicht überhaupt, zu befördern, und bringt sie auch hervor; weil der Stifter desselben nicht in der Qualität eines Befehlshabers, der *seinen* Gehorsam fordernden *Willen*, sondern in der eines Menschenfreundes redet, der seinen Mitmenschen ihren eignen wohlverstandnen Willen, d. i., wornach sie von selbst freiwillig handeln würden, wenn sie sich selbst gehörig prüften, ans Herz legt. Es ist also die *liberale* Denkungsart – gleichweit entfernt vom Sklavensinn, und von Bandenlosigkeit –, wovon das Christenthum für seine Lehre Effekt erwartet, durch die es die Herzen der Menschen für sich zu gewinnen vermag, deren Verstand schon durch die Vorstellung des Gesetzes ihrer Pflicht erleuchtet ist. Das Gefühl der Freiheit in der Wahl des Endzwecks ist das, was ihnen die Gesetzgebung liebenswürdig macht."[140] Im Traktat über die Religion finden wir den gleichen Gedanken: „Das höchste, für Menschen nie völlig erreichbare, Ziel der moralischen Vollkommenheit endlicher Geschöpfe ist aber die Liebe des Gesetzes. Dieser Idee gemäß würde es in der Religion ein Glaubensprinzip sein: Gott ist die Liebe."[141]

Aber woher kommt die Liebe? Kant versucht auch hier, historisch zu denken. Die Liebe ist kein Geschenk des Himmels, sondern der Erde, die Metamorphose des Geschlechtsinstinktes. Die in den Schranken des Verbotes zusammengehaltene, nicht restlos befriedigte niedere tierische Begierde verwandelt sich in ein höheres Element der Kultur. Kant bedenkt die Soziogenese. „Der Mensch fand bald: daß der Reiz des Geschlechts, der bei den Tieren bloß auf einem vorübergehenden, größtenteils periodischen, Antriebe beruht, für ihn der Verlängerung und sogar Vermehrung durch die Einbildungskraft fähig sei, welche ihr Geschäft zwar mit mehr Mäßigung, aber zugleich dauerhafter und gleichförmiger treibt, je mehr der Gegenstand den Sinnen entzogen wird, und daß dadurch der Überdruß verhütet werde, den die Sättigung einer bloß tierischen Begierde bei sich führt ... Weigerung war das Kunststück, um von bloß empfundenen zu idealischen Reizen, von der bloß tierischen Begierde allmählich zur Liebe, und mit dieser vom Gefühl des bloß Angenehmen zum Geschmack für Schönheit, anfänglich nur an Menschen, dann aber auch an der Natur, überzuführen."[142] Kant sagt, daß dieser „kleine Anfang" wichtiger sei als alle folgenden Erweiterungen der Kultur.

Nach Kant stritt man wiederholt um das Problem der unbewußten menschlichen Triebe. Was war zuerst da – die Furcht oder das Verbot? Kant zufolge war das erste die Einbildungskraft; sie flößt Furcht ein und paralysiert die Handlungsfähigkeit. Damit verstärkt und reinigt sie die Leidenschaft. Wenn Kant die Bibel interpretiert, nennt er – neben dem Nahrungs- und Liebesinstinkt – noch zwei andere mächtige kulturbildende Stimuli. Erstens ist das die Erwartung des Künftigen, der Gedanke, für die Nachkommenschaft zu leben, die Hoffnung auf ein künftiges besseres Leben (und zwar nicht einmal für sich, sondern für die Kinder). Und zweitens schließlich das Bedürfnis, Zweck an sich selbst zu sein (und nicht Mittel für andere). Das Christentum versteht er als sittliches Prinzip, als ein Programm der Menschenliebe. Während er dieses Programm immer weiter vervollkommnet, versucht er es auch theoretisch zu begründen. Von der Kirchendogmatik ist er weit entfernt. Die Dogmen verwandelt er in Hypothesen. „Gott als Hypothese"[143] – so heißt es in den handschriftlichen Reflexionen.

Die preußische Regierung hatte sich schon lange den Kopf zerbrochen, wie der weltberühmte Gelehrte zur Rechenschaft zu ziehen sei, ohne daß man dabei in eine peinliche Lage geriete. Schließlich war die Form gefunden: Im Oktober 1794 erhielt Kant eine königliche Kabinettsordre, aber niemand – außer dem Philosophen – wußte davon. Sie wurde nicht veröffentlicht, ging Kant als Privatbrief zu. Der

König äußerte sein Mißfallen über die „Entstellung und Herabwürdigung mancher Haupt- und Grundlehren der Heiligen Schrift und des Christentums"[144] durch Kant, drohte dem Philosophen im Falle fortgesetzter Renitenz mit Ungnade.
Kant wurde zu unverzüglicher Antwort aufgefordert, und er antwortete unverzüglich. Er beachtete zwar alle unumgänglichen Demutsformeln, die ein ergebener Untertan gegenüber seinem Monarchen zu gebrauchen hatte, doch bereute er keineswegs, sondern wies in allen Punkten die angeführten Beschuldigungen zurück. Um nicht weiterhin Anlaß zu geben für die Beschuldigung der Entstellung und Herabwürdigung der Religion, versprach der Philosoph, „als Ew. Königl. Maj. getreuester Untertan", sich im weiteren aller öffentlichen Vorträge, die Religion betreffend, zu enthalten. Kants Antwort war die eines großen Ironikers. „Als Ew. Königl. Maj. getreuester Untertan"[145] – diese Demutsformel war doppelsinnig gemeint: Nach dem Tod Friedrich Wilhelms II. verkündete Kant, er sei nun frei von der auf sich genommenen Verpflichtung, denn jetzt sei er Untertan einer anderen „Majestät". Im „Streit der Fakultäten" kehrte Kant, vier Jahre später, zur Bibelerklärung zurück und veröffentlichte in der Vorrede dazu seinen Briefwechsel mit dem König.

Außer der Moral gibt es laut Kant in der Gesellschaft eine weitere sichere Stütze der Humanität, noch ein Bollwerk der Hoffnung für den Menschen – das Recht. Die Probleme des Rechts (sowohl des internationalen als auch des bürgerlichen) zogen die Aufmerksamkeit des Philosophen nach der Französischen Revolution, die die Grundfesten der europäischen Staaten erschütterte und einen beachtlichen Einfluß auf das Geistesleben Deutschlands ausübte, immer mehr auf sich.
Im Königlichen Preußen war der Krieg gegen das revolutionäre Frankreich nicht populär. Kant äußerte sich zum Frieden von Basel, der einen Waffenstillstand zwischen Preußen und Frankreich brachte, mit seinem bekannten Traktat „Zum ewigen Frieden" (1795), der noch heute als theoretisches Fundament internationaler Vereinbarungen gelten kann. Seine Abhandlung hat er wie einen Vertrag aufge-

baut: er parodiert entsprechende diplomatische Vorlagen. Zuerst kommen die Präliminarartikel, dann die Definitivartikel; sogar ein Geheimartikel taucht auf. In den „Definitiv"-artikeln geht es um die Erhaltung des erzielten Friedens. Die bürgerliche Verfassung in jedem Staat soll republikanisch sein. (Die Republik ist für Kant mit Monarchie vereinbar: Rechtsordnung, Öffentlichkeit und Gewaltenteilung sind nötig; Friedrich II. hat Kants Meinung nach das Land republikanisch regiert.) Der zweite Definitivartikel zum ewigen Frieden bestimmt die Voraussetzung für ein allgemeines Völkerrecht: Es müßte zur Gründung eines freiwilligen Völkerbundes kommen mit einer Verfassung wie für den republikanischen Einzelstaat, der also jedem Mitglied sein Recht garantiert. Der Völkerbund, ein „Föderalism freier Staaten", ist nicht ein Weltstaat; Kant tritt unzweideutig für die Bewahrung der nationalen Souveränität ein. Der dritte Definitivartikel beschränkt das „Weltbürgerrecht" auf das Recht der Gastfreundschaft in einem fremden Land. Jeder soll die Möglichkeit haben, jeden beliebigen Erdwinkel zu besuchen, ohne mit Feindseligkeiten rechnen zu müssen. Jedes Volk hat das Recht auf das Territorium, das es innehat: Fremdankömmlinge sollen nicht mit Unterdrückung drohen. Kant ist ein Gegner der Kolonialherrschaft. Den Vertrag zum ewigen Frieden krönt ein Geheimartikel. Was enthält er? Es ist nur ein Scherz: „Die Maximen der Philosophen über die Bedingungen der Möglichkeit des öffentlichen Friedens sollen von den zum Kriege gerüsteten Staaten zu Rate gezogen werden." Kants Sorge ist, trotz der Ironie, die sämtliche Erklärungen durchzieht, deutlich herauszuhören.

Wie ist Politik mit Moral vereinbar? Man kann entweder die Moral den Interessen der Politik anpassen oder die Politik der Moral unterwerfen. Doch eine echte Einheit von Politik und Moral ist auf der Grundlage des Rechts möglich; und Öffentlichkeit ist eine Garantie dafür. Die Moral gibt das innere Gesetz für menschliches Verhalten, in den Rechtsprinzipien vereinigt sich innere Überzeugung mit äußerem Zwang. Schließlich entsteht eine Kraft, die das Leben der Gesellschaft reglementiert, insofern sie die Sittlichkeit festigt und den Menschen vor der Willkür anderer bewahrt. Das Recht ist formal. Es ist verbindlich für alle und läßt keine Ausnahme zu. Macht man bei der Forderung nach dem Gesetzesvollzug nur die geringste Ausnahme, werden die Gesetze unfest und unbrauchbar. Das hat Kant schon bezüglich der Sittlichkeit gesagt; ebenso verhält es sich mit dem Recht.

Kants „Metaphysik der Sitten" ist eine Apotheose des Rechtsbewußtseins. Sie erschien in zwei gesonderten Teilen im Januar und August 1797: der erste ist dem Recht, der zweite der Moral gewidmet. In der Rechtsphilosophie findet Kant die wesentliche ergänzende Antwort auf die Frage: Was kann ich hoffen? Hoffnung hat man auf sich selbst, laut Kant, aber auch in bezug auf die Gesellschaft, soziale Institutionen, die Gesetzgebung.

Schließlich erfährt auch die Kantische Moralauffassung eine Veränderung: sie verliert ihre rigorosen Züge. Immer wieder bedrängen den Denker die „kasuistischen Fragen", auf die sich keine eindeutige Antwort geben läßt. Er wird duldsamer, richtet weniger Forderungen an den Menschen, verzeiht ihm zunehmend seine Verfehlungen. Er spricht von der Glückseligkeit als dem Endzweck des Menschengeschlechts, von der Liebe als Glückseligkeit ermöglichender Kraft. Der zweite Teil der „Metaphysik der Sitten" enthält wesentliche Korrektive zur „Kritik der praktischen Vernunft" und den anderen ethischen Werken.

Wenden wir uns aber wieder dem ersten Teil zu. Das Recht läßt sich nach Kant in Privatrecht und öffentliches Recht unterteilen; das erste behandelt die Beziehungen zwischen Privatpersonen, das andere die zwischen dem Einzelwesen und der Gesellschaft und auch zwischen sozialen Gruppen.

Hauptproblem des Privatrechts ist der Besitz. Privatbesitz ist die Grundlage der bürgerlichen Gesellschaft, doch nicht von Anfang an: „Mein" und „Dein" sind ein Ergebnis der Geschichte. Objekt des Besitzes können nur Sachen sein; der Mensch ist lediglich deren Subjekt. Man darf nicht einen Menschen in Besitz nehmen. Es gibt allerdings eine Sphäre des dinglich-persönlichen Rechts, wo Menschen sich als Sachen betrachten und sich einander zu wechselseitigem Gebrauch hingeben. Das geschieht in der Ehe, die Kant als „Verbindung zweier Personen verschiedenen Geschlechts zum lebenswierigen wechselseitigen Besitz ihrer Geschlechtseigenschaften"[146] definiert. Kant betont stets die

Gleichheit beider Ehepartner. Deshalb kann nicht nur der Mann die weggelaufene Ehefrau zurückfordern, sondern auch umgekehrt. Beide haben auch gleiches Recht auf Genuß.
Das öffentliche Recht behandelt die Beziehungen zwischen Einzelwesen und Staat und die Beziehung zwischen den Staaten. Die Rechtsattribute des Bürgers sind Freiheit, Gleichheit und Selbständigkeit. Die ersten beiden sind den Parolen der Französischen Revolution entnommen und richten sich gegen jede Art von feudaler Abhängigkeit, von Despotismus und Klassenunterschieden: Vor dem Gesetz sind alle gleich – folglich Freiheit, Gleichheit ... Die dritte Devise auf den Fahnen der Sansculotten war ein etwas mythischer Begriff – Brüderlichkeit –; Kant krönt seine Dreiheit rechtlicher Attribute mit einem deutlicheren Begriff: „bürgerliche Selbständigkeit". Unselbständig sind nach Meinung Kants Kinder, Frauen und Diener; deswegen gesteht er ihnen kein Wahlrecht zu. Das Recht überhaupt beläßt er ihnen aber; vor dem Gesetz sind alle gleich, wiederholt er hartnäckig. Man muß bedenken, daß auch die Verfassung der Jakobiner von 1793 kein Wahlrecht für Bedienstete vorsah. Das war der Geist der Zeit.
Um den Despotismus auszuschalten, besteht Kant auf strikter Gewaltenteilung. Der Gedanke ist nicht neu, doch in der „Metaphysik der Sitten" ist er mit äußerster Folgerichtigkeit und Überzeugungskraft dargelegt. „Ein jeder Staat enthält drei *Gewalten* in sich, d. i. ... die *Herrschergewalt* (Souveränität) in der des Gesetzgebers, die *vollziehende Gewalt* in der des Regierers (zu Folge dem Gesetz) und die rechtsprechende Gewalt (als Zuerkennung des Seinen eines jeden nach dem Gesetz) in der Person des Richters."[147] Despotismus taucht dann auf, wenn nicht hinreichende Unabhängigkeit der einen Gewalt von den beiden anderen gewahrt ist. Das Gegenteil des Despotismus ist, nach Kant, die Republik. Wenn unter den Bedingungen der konstitutionellen Monarchie das Prinzip der Gewaltenteilung verwirklicht ist, dann haben wir es auch hier mit einer Republik zu tun. Der Regierungsform mißt Kant ohnehin nicht allzu große Bedeutung zu. Hauptsache ist, daß nicht Menschen, sondern Gesetze das Land regieren. Dann wird auch keine der drei Gewalten ihre Vollmachten überschreiten.
Die gesetzgebende Gewalt verkörpert den vereinigten Wil-

len des Volkes. Der Gesetzgeber kann nicht zugleich Regent sein; denn einer gibt die Gesetze, der andere ist ihnen unterworfen. Weder Gesetzgeber noch Regent können das Gericht bilden, sie bestimmen nur die Richter. Das Volk richtet sich selbst durch diejenigen seiner Mitbürger, die durch freie Wahl, als Repräsentanten desselben, dazu ernannt sind. Aus Kants Feder flossen Forderungen, die in erstaunlichem Maße mit dem Programm der Französischen Revolution übereinstimmen. Sie unterscheiden sich nur in der Wahl der Mittel.

Kants These ist klar: „Der Grund der Pflicht des Volkes einen, selbst den für unerträglich ausgegebenen Mißbrauch der obersten Gewalt dennoch zu ertragen, liegt darin: daß sein Widerstand wider die höchste Gesetzgebung selbst niemals anders als gesetzwidrig, ja als die ganze gesetzliche Verfassung zernichtend gedacht werden muß. ... Eine Veränderung der (fehlerhaften) Staatsverfassung, die wohl bisweilen nöthig sein mag – kann also nur vom Souverän selbst durch Reform, aber nicht vom Volk, mithin durch Revolution verrichtet werden ..."[148] Jetzt müssen wir aber unbedingt nach der Antithese suchen! Sie ist tatsächlich gleich auf der nächsten Seite zu finden: „Übrigens, wenn eine Revolution einmal gelungen und eine neue Verfassung gegründet ist, so kann die Unrechtmäßigkeit des Beginnens und der Vollführung derselben die Unterthanen von der Verbindlichkeit, der neuen Ordnung der Dinge sich als gute Staatsbürger zu fügen, nicht befreien, und sie können sich nicht weigern, derjenigen Obrigkeit ehrlich zu gehorchen, die jetzt die Gewalt hat."[149] Im „Streit der Fakultäten" singt Kant der Französischen Revolution ein Loblied: „Die Revolution eines geistreichen Volkes, die wir in unseren Tagen haben vor sich gehen sehen, mag gelingen oder scheitern; sie mag mit Elend und Greueltaten dermaßen angefüllt sein, daß ein wohldenkender Mensch sie, wenn er sie zum zweitenmal unternehmend glücklich auszuführen hoffen könnte, doch das Experiment auf solche Kosten zu machen nie beschließen würde, – diese Revolution, sage ich, findet doch in den Gemütern aller Zuschauer ... eine Teilnehmung dem Wunsche nach, die nahe an Enthusiasmus grenzt."[150]

Kant ist ein entschiedener Gegner jeder Tyrannei. Er fürchtet nur, daß die Anwendung von Gewalt in der Auseinandersetzung mit ihr das Rechtsbewußtsein erschüttert und somit zu noch schlimmerer Tyrannei führt. Der Despot soll gestürzt werden – aber nur mit legalen Mitteln. Das Volk hat „gleichfalls seine unverlierbaren Rechte gegen das Staatsoberhaupt ..., obgleich diese keine Zwangsrechte sein können". Nun, was sind das für unverlierbare Rechte? Die Freiheit der Kritik in erster Linie. „Also ist die Freiheit der Feder – in den Schranken der Hochachtung und Liebe für die Verfassung, worin man lebt, durch die liberale Denkungsart der Untertanen, die jene noch dazu selbst einflößt, gehalten (und dahin beschränken sich auch die Federn einander von selbst, damit sie nicht ihre Freiheit verlieren), – das einzige Palladium der Volksrechte."[151]

Die Idee des ewigen Friedens ist das abschließende Bindeglied der Philosophie Kants. Was und wo auch immer Kant über die Gesellschaft schrieb: seine Überlegungen schließen unweigerlich damit, daß er die Frage nach der Beseitigung des Krieges stellt. Die „Metaphysik der Sitten" macht da keine Ausnahme. Verglichen mit dem Traktat „Zum ewigen Frieden" gibt es hier jedoch eine wesentliche Korrektur. Dort war die Rede vom allgemeinen Frieden als einem praktisch erreichbaren Ziel. Hier sieht Kant die Angelegenheit realistischer: „So ist der ewige Friede (das letzte Ziel des ganzen Völkerrechts) freilich eine unausführbare Idee. Die politischen Grundsätze aber, die darauf abzwecken, nämlich solche Verbindungen der Staaten einzugehen, als zur continuirlichen Annäherung zu demselben dienen, sind es nicht, sondern, so wie diese eine auf der Pflicht, mithin auch auf dem Recht der Menschen und Staaten gegründete Aufgabe ist, allerdings ausführbar."[152] Die Alternative zu einem allgemeinen, vertraglich gesicherten Frieden – erinnern wir uns nur – ist die ewige Ruhe auf dem Friedhof der Menschheit, ein widernatürliches Ende aller Dinge. So utopisch ein ewiger Friede auch sein mag: ihn anzustreben ist ein Imperativ der Außenpolitik. Ein Imperativ der Hoffnung.

Nachdem Kant mit der „Metaphysik der Sitten" das Gebäude der kritischen Philosophie vollendet hatte, fühlte er das Bedürfnis, seine Lehre in ganz prägnanter Form darzu-

bieten. Damit wollte er auch gleichzeitig die Frage beantworten, in der seit einiger Zeit für ihn alle Philosophie gipfelte: Was ist der Mensch?
Die „Anthropologie" (1798) ist das letzte von Kant selbst edierte Werk. Darin wird gleichsam die Summe aller seiner Betrachtungen über den Menschen und die Philosophie überhaupt gezogen. Der Weg ist vollendet. Und gleichzeitig ist es ein Neuanfang: Es ist zweckmäßig, das Kantstudium gerade mit der Lektüre der „Anthropologie" zu beginnen. Der Leser muß den Weg, den Kants Denken genommen hat, in umgekehrter Richtung machen; für ihn soll die „Kritik der reinen Vernunft" am Ende stehen.
Schon ein erster Blick in die „Anthropologie" überzeugt, daß die Struktur dieses Einzelwerks der Gesamtstruktur der kritischen Philosophie entspricht. Der Hauptteil des Werks gliedert sich in drei Teilabschnitte, die die drei Vermögen des Gemüts zum Thema haben: Erkenntnis, Gefühl der Lust und Begehrungsvermögen. Gerade diese drei Vermögen machten jeweils den Inhalt der drei „Kritiken" aus.
In der „Anthropologie" sind die Grundvorstellungen der kritischen Philosophie auf die unmittelbare Welt des Menschen bezogen: sein Erleben, Trachten und Verhalten.
Der Mensch ist für Kant der wichtigste Gegenstand der Welt. Alle anderen Wesen überragt er durch den Besitz des Selbstbewußtseins. Gerade das macht ihn zum Individuum, zur Person. Bei allen Veränderungen, denen er unterworfen ist, bleibt er doch ein und dieselbe Person. Aus der Tatsache des Selbstbewußtseins entspringt der Egoismus als natürliche Eigenschaft des Menschen. Die Philosophie der Aufklärung, deren Grundprinzip das Individuum war, hatte einen vernünftigen Egoismus als Grundlage für jedes ethische Verhalten verkündet. Kant lehnt den Egoismus in allen Erscheinungsformen ab, da er ihn für mit der Vernunft nicht vereinbar hält. Dem Egoismus stellt Kant den „Pluralismus"[153] gegenüber – eine Denkungsart, bei der der Mensch sein Selbst und auch sein Verhalten nicht schon als ganze Welt betrachtet, sondern sich nur als Weltbürger versteht. Menschenkenntnis ist Weltkenntnis. Kant fordert eine Beschränkung des Egoismus und überhaupt eine völlige Kontrolle der Gemütstätigkeit durch die Vernunft. Dabei ist er doch von der Einbildungskraft begei-

stert. Eines ist es jedenfalls, wenn wir unsere inneren Stimmen selbst hervorrufen und in Zaum halten; ein anderes, wenn sie ungerufen erscheinen und uns regieren: das ist entweder schon die Geisteskrankheit selbst oder die Anlage dazu.

Doch dem von der Vernunft nicht kontrollierten Bewußtsein gilt die unveränderte Aufmerksamkeit Kants. Kann der Mensch Vorstellungen haben und sich ihrer nicht bewußt sein? Solche Vorstellungen hat Kant schon in seiner Jugend „dunkel" genannt. Jetzt handelt er detailliert und ausführlich davon. Im Dunkel des Bewußtseins kann ein so komplizierter Prozeß statthaben, wie es zum Beispiel der künstlerische Schaffensvorgang ist. Man solle sich nur einen Musikanten vorstellen, schreibt Kant, der auf der Orgel improvisiert und dabei mit jemandem spricht, der neben ihm steht; eine falsch gegriffene Note, und die Harmonie ist zerstört. Wenn aber der frei phantasierende Musiker sich überhaupt nicht überlegt, was er beim Spiel einer Melodie im nächsten Augenblick tun wird, dann gelingt alles so, daß mancher sich wünschen möchte, er hätte das Stück in Noten aufzeichnen können.

Was ist das für eine Intensität der „dunklen Vorstellungen"? Welchen Ort nehmen sie im geistigen Haushalt des Menschen ein? Kant hat nicht die Absicht, ihre Rolle unterzubewerten. Der Verstand ist zuweilen nicht in der Lage, sich von ihrem Einfluß frei zu machen, nicht einmal in den Fällen, wo er sie als unsinnig ansieht und versucht, ihnen entgegenzuwirken. So verhält es sich mit der Geschlechtsliebe. Was nun die gesamte Sphäre unserer unbewußten Vorstellungen anbetrifft, so ist sie weit umfangreicher, als wir uns vorstellen können: sie ist praktisch unendlich; „daß gleichsam auf der großen Karte unseres Gemüths nur wenig Stellen illuminirt sind: kann uns Bewunderung über unser eigenes Wesen einflößen; denn eine höhere Macht dürfte nur rufen: es werde Licht! so würde auch ohne Zutun des Mindesten (z. B. wenn wir einen Litterator mit allem dem nehmen, was er in seinem Gedächtniß hat), gleichsam eine halbe Welt ihm vor Augen liegen"[154]. Die Überlegungen zu den „dunklen Vorstellungen" und ihrer Rolle im schöpferischen Prozeß sind eine wichtige Ergänzung der Erkenntnistheorie und Ästhetik des Kritizismus.

In der „Kritik der Urteilskraft" wird das künstlerische Schaffen als eine besondere Gabe gesehen, die mit keiner anderen Tätigkeitsform vergleichbar sei. Derjenige, der eine solche Gabe besitzt, wird als Genie bestimmt. In der „Anthropologie" wird der Bereich des Genies erweitert: er umfaßt jetzt auch die Wissenschaft. Kant grenzt „Entdekkung" gegen „Erfindung" ab. Entdeckt wird das, was schon vorher an sich existierte, aber bisher unbekannt blieb (Kolumbus entdeckte Amerika). Die Erfindung ist eine Schöpfung, die vorher nicht existierte (das Schießpulver wurde erfunden). „Nun heißt das Talent zum Erfinden das Genie."[155] Zu den Genies rechnet Kant jetzt auch Newton. Und das ist charakteristisch: Wissenschaftliches und künstlerisches Schöpfertum, also theoretisches und ästhetisches Prinzip, werden einander angenähert. Beide aber beruhen auf der Einbildungskraft.

Doch bedeutet Annäherung nicht totales Zusammenfallen. In der „Anthropologie" wird, wie zuvor, die Spezifik des ästhetischen Prinzips beibehalten, die ja gerade in seiner Vermittlerrolle besteht. Denn das war das wesentliche Ergebnis der „Kritik der Urteilskraft": daß das Ästhetische weder auf Erkenntnis noch auf Moral rückführbar sei, gleichzeitig aber das Schöne, Wahre und Gute unauflöslich verbunden seien. Das Ästhetische ist etwas anderes als Erkenntnis und Sittlichkeit; es ist eine eigentümliche Brücke zwischen beiden. Nun, wir wissen ja, daß Affirmation nicht ohne ihre Negation, These nicht ohne Antithese gesetzt sind. In der „Anthropologie" liegt mehr Gewicht auf der Antithese. Insbesondere wird der Begriff „ästhetische Erkenntnis" eingeführt. Den gab's in der „Kritik der Urteilskraft" nicht, dort war die Rede vom Schönen als vom „Spiel der Erkenntniskräfte", das den Akt der Erkenntnis nur vorbereitet. Indessen eröffnete die nahe Berührung dieser beiden Sphären die Möglichkeit, eine Zwischensphäre anzunehmen, die sowohl dem ästhetischen wie dem theoretischen Prinzip zugehört; wo Erkenntnis ästhetische Färbung annimmt und das Ästhetische auch Erkenntnis ist. Die Annahme einer solchen Sphäre zerstört keineswegs die ursprünglichen Konstruktionen der Kantischen Ästhetik, sie geht sogar logisch zwingend daraus hervor. Ästhetische Erkenntnis ist eine besondere Zwischensphäre zwischen Sinnlichkeit und

Verstand. Die Logik wirft Sinnlichkeit Oberflächlichkeit und Partikularität in der Erkenntnis vor. Der Gegenvorwurf an den Verstand lautet: Dürre und Abstraktheit. Dieser Weg führt durchaus nicht von der Wissenschaft weg. Ganz im Gegenteil: „Schönheit ist eine Blüthe, Wissenschaft aber Frucht", das Gefühl für das Schöne selbst nennt Kant „theils sinnliche theils intellectuelle Lust"[156].

In der „Anthropologie" wird eine der Hauptkategorien der Kantischen Ästhetik genau bestimmt: „das Lustgefühl", das der Urteilskraft zugrunde liegt. Dem tierischen Instinkt des Menschen nach Lust sind immer sittliche und kulturelle Fesseln auferlegt. Der Genuß, der für den Menschen bereitet ist, ist synonym mit Kultur. „Eine Art sich zu vergnügen ist zugleich Kultur: nämlich Vergrößerung der Fähigkeit, noch mehr Vergnügen dieser Art zu genießen; dergleichen das mit Wissenschaften und schönen Künsten ist. Eine andere Art aber ist Abnutzung; welche uns des ferneren Genusses immer weniger fähig macht."[157]

Gerade in der „Anthropologie" wird der bekannte Satz gesagt: Arbeit ist die beste Art, sein Leben zu genießen. Je mehr du getan hast, desto mehr hast du gelebt. Die einzige Möglichkeit, mit seinem Schicksal zufrieden zu sein, ist, es mit Tätigkeit zu erfüllen. Kant schreibt diese Zeilen im fünfundsiebzigsten Lebensjahr. Er denkt nur an eines: an die Vollendung seiner Lehre. So bringt er auch neu gefundene Sachinhalte in die „Anthropologie". Doch vor allem ist sie die Summe seines ganzen bisherigen Denkens.

KAPITEL 3

Die Philosophie der Tätigkeit

1. Die Polemik um Kant. Schiller

Ende des 18. Jahrhunderts war die Philosophie Kants wenn auch nicht weltweit, so doch in Europa allgemein anerkannt. Kant war gewähltes Mitglied der Akademien von Berlin, Petersburg und Siena. An allen deutschen Universitäten wurde seine Theorie gelehrt. Allerorts waren aber auch kritische Stimmen zu vernehmen.

Die Polemik um den Kantianismus begann zu Lebzeiten des Philosophen, dauerte auch nach seinem Tode an und erstreckte sich bis in unser Jahrhundert. In Deutschland gab es keinen bedeutenden Denker, der nicht auf diese oder jene Weise seine Haltung zu Kant deutlich gemacht hätte. In der Polemik mit dem Kantischen Kritizismus erschloß das theoretische Denken neue Probleme, suchte nach neuen Wegen.

Während der erste Vertreter der kritischen Philosophie, der Königsberger Hofprediger Johann Schultz (1739–1805), sich lediglich das Ziel setzte, Kant allgemein verständlich zu machen (sein erstes Buch trug auch den Titel: „Erläuterungen über des Herrn Professor Kants Kritik der reinen Vernunft"), so wollte Karl Leonhard Reinhold (1758–1823) mit seinen „Briefen über die Kantische Philosophie" (1786) bereits einige Aussagen Kants präzisieren, ohne jedoch den Boden der Kantischen Theorie zu verlassen. Die entscheidende „Verbesserung" des Kritizismus setzte nach 1787 ein, nachdem Friedrich Heinrich Jacobi die verwundbarste Stelle der Kantischen Theorie einer Kritik unterzogen hatte. Es ist die Rede von den „Dingen an sich". Jacobi bekannte, daß er „unaufhörlich darüber irre wurde, daß ich *ohne* jene Voraussetzung [der affizierenden Dinge] in das System nicht hineinkomme, und *mit* jener Voraussetzung darin nicht bleiben konnte"[158]. Eine folgerichtige Transzendentalphilosophie muß, Jacobis Auffassung nach, subjektiver Idealismus sein.

Jacobi brachte Verwirrung in die Reihen der Kantianer. Ignorieren konnte man die Problemstellung nicht mehr. Es entwickelte sich daraus Polemik, in deren Folge die „Verbesserung" des Kantianismus, die durch Reinhold, Maimon und am konsequentesten durch Fichte in Angriff genommen wurde, zur Beseitigung des „Dinges an sich" führte. Dies war, um mit Lenin zu sprechen, eine Kritik am Kantianismus von „rechts".

„Der Grundzug der Kantschen Philosophie ist die Aussöhnung des Materialismus mit dem Idealismus, ein Kompromiß zwischen beiden, eine Verknüpfung verschiedenartiger, einander widersprechender philosophischer Richtungen zu einem System. ... Indem Kant die Erfahrung, die Empfindungen als die alleinige Quelle unserer Kenntnisse anerkennt, gibt er seiner Philosophie die Richtung zum Sensualismus und über den Sensualismus unter bestimmten Bedingungen auch zum Materialismus. Indem Kant sich für die Apriorität von Raum, Zeit, Kausalität usw. ausspricht, lenkt er seine Philosophie auf die Seite des Idealismus. Wegen dieser Halbheit Kants führen sowohl die konsequenten Materialisten als auch die konsequenten Idealisten (und ebenso die ‚reinen' Agnostiker, die Humeisten) einen schonungslosen Kampf gegen ihn."[159]

Die Materialisten und die diesen nahestehenden Verfechter des empirischen Wissens kritisierten Kant von „links". Der herausragendste Zeitgenosse Kants unter diesen Kritikern war Herder. Auf den ersten Blick kann Herders Polemik mit Kant als ein tragisches Mißverständnis erscheinen. Als ein Mißverständnis deswegen, weil die beiden Denker im Grunde keine Antipoden waren, sondern gemeinsam den humanistischen Idealen der Aufklärung anhingen; die Schärfe des Meinungsstreites zwang sie nur, die Anschauung des Gegners wissentlich zu vereinfachen. Während Kant rechtzeitig haltmachte und seine Angriffe einstellte, erwies sich der Zusammenstoß für Herder als tragisch, da er sein Hauptwerk nicht vollendet hatte und grenzenlose Zeit und Kräfte für erfolglose Versuche verausgabte, die kritische Philosophie, die eine neue Etappe in der Entwicklung der Weltweisheit eröffnete, zu Fall zu bringen. Der Streit mit Kant brachte Herder in der Philosophiegeschichte auf lange Zeit in Mißkredit. Die deutschen Philosophen, die in Kant einen Abgott sahen, taten Herders Eskapaden als das Genörgele eines gereizten Sonderlings ab. Von hier aus ist

es verständlich, warum Kuno Fischer in seiner grundlegenden „Geschichte der neuern Philosophie" Herder nur beiläufig erwähnt und ihn als Theoretiker völlig disqualifiziert: „Er schreibt mehr lebhaft als deutlich, die überwallenden Gefühle verwandeln sich ihm oft statt in klare Ausdrücke in stumme Ausrufungszeichen, die Gedanken in Gedankenstriche ... Das war sicher der Mann nicht, der einen Spinoza wahrhaft verstehen und einen Kant beurtheilen oder gar widerlegen konnte."[160] Und dennoch hatte Herders Auftreten gegen Kant einen „rationellen Kern". Ihn bemerkte Franz Mehring, der zuerst ein gutes Wort über die Herdersche Philosophie gesagt hat: „Will man Verdienst und Verfehlen Herders in einem Satz zusammenfassen, so vertrat er das Prinzip der historischen Entwicklung in einer Zeit, deren Aufgabe darin bestand, die historischen Trümmer einer überlebten Vergangenheit niederzureißen."[161]
Herder bediente sich weit mehr als Kant des historischen Materials (vor allem auf dem Gebiet der Kulturgeschichte) und war bestrebt, es in seinen theoretischen Konstruktionen zu verwenden.
Die Polemik provozierte Kant, als er auf das Erscheinen des ersten Teils der „Ideen zur Philosophie der Geschichte der Menschheit" (1784) mit einer sehr kritischen Rezension reagierte. In den Konstruktionen Herders sah er nichts als leichtsinnige Vermessenheit. Sein Schüler urteile über Gegenstände, bei deren Beurteilung der Lehrer schon in seiner Jugend äußerste Zurückhaltung empfohlen habe. In seiner „Allgemeinen Naturgeschichte und Theorie des Himmels" (1755) hatte Kant die Möglichkeit bestritten, das Prinzip der Entwicklung auf die organische Materie anzuwenden. Einen ungünstigen Eindruck machte auf ihn auch die Art und Weise, in der Herders Buch geschrieben war – emotional, manchmal hochtrabend, ohne Klarheit und Beweiskraft. Kant stellte einen eindrucksvollen Katalog vielsagender Zitate zusammen, aus denen hervorging, daß Herder über Dinge urteilte, über die man einstweilen nur phantasieren konnte.
Vor Erregung blind, war Herder in seinen Vorwürfen ebenso ungerecht wie Kant in seiner Rezension.[162] Jeder von ihnen wollte nicht nur nichts Positives bei dem anderen sehen, sondern gab die Gedanken des Gegners absicht-

lich vereinfacht und entstellt wieder. Kant beendete schließlich die Polemik.

Für Herder hatte sie jedoch erst begonnen. In tiefster Seele gekränkt, widmete er den Löwenanteil seiner Tatkraft fortan der Widerlegung der kritischen Philosophie. Der „Kritik der reinen Vernunft" stellt er die „Metakritik zur Kritik der reinen Vernunft" (1799), der „Kritik der Urteilskraft" sein Buch „Kalligone" (1800), der Abhandlung „Zum ewigen Frieden" eine Schrift gleichen Titels entgegen.

Die „Metakritik zur Kritik der reinen Vernunft" (1799) enthält den Versuch einer peinlich genauen Widerlegung alles dessen, was Kant in seinem Hauptwerk geschrieben hatte. Was die „Dinge an sich" neben und hinter aller Erscheinung betrifft, so hat Herder recht, wenn er gegen die Vernachlässigung der Historizität in bezug auf das Denken auftritt. Doch er sieht nichts Positives in der Gnoseologie Kants, er verwirft alles, wobei er sich kleinlich an Worte und die Art und Weise der Darstellung klammert.

Herder kritisiert Kants Lehre der Apriorität von Raum und Zeit vom Standpunkt eines materialistisch intendierten Empirismus aus. Raum, schreibt er, ist „blos ein *Erfahrungsbegriff*, veranlaßt von der Empfindung, daß ich weder das All, noch allenthalben bin, daß ich im Universum nur einen *Ort* einnehme"[163]. Ebenso sei auch die Zeit keine angeborene Anschauungsform, wie Kant behaupte, sondern ein aus der Erfahrung, aus den um uns vor sich gehenden Veränderungen abgeleiteter Begriff.

Raum und Zeit sind nach Herder „modi einer *organischen Kraft*"[164]. Darum definiert er das, was Kant *transcendentale Aesthetik* nennt, als „*Organik* ..., d. i. Wißenschaft des Seyns, sofern dies nicht etwa nur neben sich Raum und Zeit möglich macht, sondern wie es sich selbst *ausdrückt, darstellt,* und *durch sich Raum und Zeit* constituiert"[165].

Unannehmbar ist für Herder auch der Apriorismus Kants in der Lehre von den Kategorien des Verstandesdenkens. Die logischen Beziehungen sind für ihn vielmehr Spiegelbilder von Verhältnissen der Wirklichkeit. Das Denken kann nicht verbinden, wenn es nicht etwas vorfindet, das von der Natur verbunden worden ist. Nicht der menschliche Verstand, sondern die objektiven Gesetzmäßigkeiten sind die Quelle der allgemeinen Ordnung der Natur. Der Gelehrte schreibt der Natur nicht die Gesetze vor, sondern leitet sie aus der Erfahrung ab.

Nach Herders Vorstellung widerspiegelt die Verbindung der Kategorien die Akte des handelnden Verstandes selbst – das Werden der Begriffe und die Entwicklung der Sprache.[166] Denken und Sprache beginnen mit der Fixierung der Sinnesvorstellungen, hieraus entstehen die entsprechenden Begriffe: Sein, Dasein, Dauer, Kraft. Auf diese sinnliche Basis schichten sich die Verstandsbegriffe von den Eigenschaften der Dinge, ihrer Ähnlichkeit und Verschiedenheit, was die Klassifizierung der Begriffe nach Gattungen, Geschlechtern und Arten ermöglicht. Ferner stellt der Verstand Beziehungen zwischen der Ursache und Wirkung her, und schließlich erscheinen als höchste Sphäre der Erkenntnis die Begriffe vom Maß der Dinge.

Im Detail ist Herders Schema willkürlich, aber seine allgemeine Absicht, den Erkenntnisvorgang in einem System von Kategorien wiederzugeben, ist fruchtbar. In gewisser Hinsicht ist das eine Vorwegnahme der Hegelschen Idee von der Subordination der Kategorien.

Den wichtigsten Aspekt der Dialektik, das von Kant in der Antinomienlehre aufgeworfene Problem des Widerspruchs, tut Herder als bloße Sophistik ab. Doch gerade an dieses Problem war die Möglichkeit einer weiteren Entwicklung des Denkens gebunden.

Was die Ästhetik betrifft, so wiederholt Herder in seinem Buch „Kalligone" meist nur das, was in der „Kritik der Urteilskraft" nachzulesen ist, wobei er seine Variante des Kantischen Textes mit für Kant nicht schmeichelhaften Bemerkungen versieht. Hin und wieder gelingt es Herder (vor allem dort, wo Kant trocken und lapidar bleibt), bessere und überzeugendere Formulierungen zu finden. Dies trifft zum Beispiel auf die Kennzeichnung der natürlichen Grundlagen des Schönen zu.

Herder zitiert aus einer orientalischen Legende Gespräche eines Menschen mit den Tieren. Ein Raubvogel spricht: „Was hast du mit mir, fremdes Wesen? Was dir die Natur gab, hat sie mir versaget. Von deinem tastenden Gefühl, von deiner über und über empfindlichen Oberfläche, von deinem Munde, deinem Gaum weiß ich nichts; mit struppigen Federn bedeckt, mit Schnabel und Klaue bewaffnet, berühre ich deinen Erdboden kaum, gehorchend in meiner Region andern Sinnen und Trieben. Blick und Geruch schaffen mir eine Welt; für sie bin ich gebildet." Ähnliche Worte vernimmt der Mensch auch von anderen Tieren; jedes wendet sich in seiner Sprache an ihn, indem es von seiner abgeschlossenen Welt, seinem Element, ausgeht. Aber der Mensch, bemerkt Herder, spricht in Wirklichkeit „im Namen aller. Er setzt sich, so weit er kann in jede Natur...", und dadurch wird er ein „Beurtheiler der Welt, ein Richter ihrer Wohlgestalt und Schönheit"[167].

Unwillkürlich drängt sich der Vergleich dieser Idee Herders mit der bekannten Äußerung von Karl Marx in den „Ökonomisch-philosophischen Manuskripten" (1844) auf: „Das Tier formiert nur nach dem Maß und dem Bedürfnis der species, der es angehört, während der Mensch nach dem Maß jeder species zu produzieren weiß und überall das inhärente Maß dem Gegenstand anzulegen; der Mensch formiert daher auch nach den Gesetzen der Schönheit."[168]

Man darf jedoch nicht vergessen, daß Herders Ästhetik auf der sehr beschränkten erkenntnistheoretischen Grundlage eines kontemplativen Pantheismus basierte. Der Mensch ist für Herder nur das höchste Produkt der Natur, ausgestattet mit der wunderbaren Fähigkeit ästhetischer Wahrnehmung, deren Ursprung er nicht kennt. Solch ein abstrakter Anthropomorphismus ist Marx völlig fremd; der Mensch ist für ihn nicht einfach eine *Gattung* der Natur, sondern die Natur selbst tritt dem Menschen als *Gattung* gegenüber, als die Stätte seiner universellen Wirksamkeit.

Herder kam dicht an die Auffassung des Typischen als des Besonderen heran, das mit größter Vollkommenheit das Allgemeine ausdrückt. Zur Bezeichnung der Schönheit der Natur verwendet er häufig den Terminus Typus und betont dabei, daß dieser Begriff auch zum Verständnis der Schönheit von Kunstwerken führen kann. Das Wesen der Typisierung als Verallgemeinerung und gleichzeitig als Individualisierung ist Herder bekannt. Er erhebt Einspruch gegen den Versuch Kants, die Schönheit auf statistische Durchschnittswerte zurückzuführen. Nach Kant ist das Ideal männlicher Schönheit die „mittlere Größe" einer großen Zahl, angenommen, von tausend Männern. Und obgleich

Kant einräumt, daß die Künstler sich auf den „dynamischen Effekt" der „Einbildungskraft" verlassen und keine wirkliche Messung vornehmen, bleibt er in der Auffassung der künstlerischen Typisierung doch im ganzen auf einem mechanistischen Standpunkt. Selbst wenn es unter diesen tausend Männern, entgegnet Herder, auch keine beträchtliche Anzahl von „Riesen und Zwergen, von Schwindsüchtigen und Falstafs"[169] gäbe, wäre dennoch das Resultat der Addition und Division nicht der Inbegriff von Schönheit. Der Künstler muß nicht die Maße von tausend Menschen zusammentragen, um das Bild eines bestimmten Menschen zu schaffen; er muß sich im Gegenteil von allen anderen Gestalten entfernen. „Je ungleicher oft das Bild, vom groben Auge des Vergleichers betrachtet, dem Gegenwärtigen scheinet, desto zuprechender und gleichender wirds dem Abwesenden vorm reineren Auge der Phantasie." Der Künstler, der den Löwen zu Venedig oder im Campidoglio schuf, brauchte nicht „tausend Löwen" zu sehen und zu messen. „Ein wackerer Löwe genügte ihm. Er durchschaute seine Natur, erfaßte seine Idee und bildete in ihm die Idee des Löwengeschlechts, den Monarch der Thiere."[170]

Eine glänzende Analyse der Spezifik der künstlerischen Verallgemeinerung finden wir auf den Seiten der „Briefe zur Beförderung der Humanität", die der Betrachtung von Lessings Trauerspiel „Emilia Galotti" gewidmet sind. Der Held, ein Prinz, ist nach Herders Meinung als Vertreter eines bestimmten Standes gezeichnet, und dieser Stand wird im Charakter des Prinzen gezeigt. Der Held erscheint vor den Zuschauern in verschiedenen Situationen, in mannigfaltigen Verhältnissen zu anderen handelnden Personen, und alle diese Handlungselemente charakterisieren in ihm „das philosophische Allgemeine", im gegebenen Fall „das Prinzliche", das die Grundlage für dieses wahrhafte Kunstwerk bildet. Aber in dem Stück wird nicht ein Prinz im allgemeinen gezeigt, sondern *„dieser* Prinz, ein Italiänischer, junger, eben zu vermählender Prinz"[171]. Das Wort „dieser" ist ein treffender Ausdruck für den hohen Grad der Individualisierung im Kunstwerk.

Der Vorzug Herders gegenüber Kant zeigt sich überall dort, wo es eines historischen Herangehens an die zu untersuchenden Erscheinungen bedarf. Die Fähigkeit des Menschen, Kunst zu genießen, untersucht Herder in ihrer Entstehung und Entwicklung. Das gestattet es ihm, den Zusammenhang zwischen dem praktischen und dem künstlerischen Herangehen an die Wirklichkeit zu erfassen und das künstlerische Schöpfertum als Ergebnis und wichtigsten Stimulus der Entwicklung der Gesellschaft zu begreifen.

Von Friedrich Schiller sagt man, daß er bereits Kantianer war, bevor er Kant überhaupt gelesen hatte. Als Absolvent der medizinischen Fakultät der Stuttgarter Akademie hatte er eine Dissertation „Über den Zusammenhang der thierischen Natur des Menschen mit seiner geistigen" (1780) verfaßt. Lesen wir den Anfang: „Schon mehrere Philosophen haben behauptet, daß der Körper gleichsam der Kerker des Geistes sey, daß er solchen allzusehr an das Irdische hefte, und seinen sogenannten Flug zur Vollkommenheit hemme. Wiederum ist von manchem Philosophen mehr oder weniger bestimmt die Meinung gehegt worden, daß Wissenschaft und Tugend nicht sowohl Zweck, als Mittel zur Glückseeligkeit seyen, daß sich alle Vollkommenheit des Menschen in der Verbesserung seines Körpers versammle. Mich deucht, es ist diß von beiden Theilen gleich einseitig gesagt." Und Schiller meint, es sei wohl am ratsamsten, „das Gleichgewicht zwischen beiden Lehrmeinungen zu halten, um die Mittellinie der Wahrheit desto gewisser zu treffen"[172].

Die Mittellinie der Wahrheit! Schiller hält sich an diese Linie, und sie führt geradewegs zu Kant. Schiller wurde mit Kants Arbeiten in der Mitte der achtziger Jahre bekannt. Der Dichter wird zum Philosophen – zum Anhänger, Verkünder und Fortsetzer der Lehre Kants. Schiller hat kein eigenes System geschaffen, dennoch ist er in die Geschichte der Philosophie eingegangen. Seinen Namen nennt man unmittelbar hinter dem Namen Kants, besonders wenn es um die Philosophie der Kunst geht.

„Die Briefe über die ästhetische Erziehung des Menschen" (1793) beruhen, auch nach dem Zeugnis Schillers, auf Kantischen Prinzipien. Kant las sie mit Wohlwollen. Es ist eines der glänzendsten Werke in der Geschichte der Ästhetik.

Die Grundthese lautet unbedingt: „... weil es die Schönheit

ist, durch welche man zu der Freiheit wandert."[173] Der Dichter teilt die Kantische Konzeption von der widersprüchlichen Entwicklung der Kultur. Er unterstreicht noch entschlossener als Kant, daß die Menschheit sich in dem Maße vervollkommne, wie die Fesseln der Zivilisation uns schrecklicher einschnüren, und nur das „Gleichgewicht des Bösen" gebiete dem etwas Einhalt. Die Waffen des Fortschritts sind Antagonismen, Arbeitsteilung entsprechend den unterschiedlichen Fähigkeiten der Menschen. „Wieviel also auch für das Ganze der Welt durch diese getrennte Ausbildung der menschlichen Kräfte gewonnen werden mag, so ist nicht zu leugnen, daß die Individuen, welche sie trifft, unter dem Fluch dieses Weltzweckes leiden. Durch gymnastische Übungen bilden sich zwar athletische Körper aus, aber nur durch das freie und gleichförmige Spiel der Glieder der Schönheit. Ebenso kann die Anspannung einzelner Geisteskräfte zwar außerordentliche, aber nur die gleichförmige Temperatur derselben glückliche und vollkommene Menschen erzeugen."[174] Mit anderen Worten: Die Arbeitsteilung, die Selbstbeschränkung auf einen engumgrenzten Bereich, macht zwar aus dem Menschen einen Meister, doch gleichzeitig bringt sie etwas hervor, was man heute Fachidiotie nennt – den Verlust der Harmonie. Die Schönheit entspricht der verborgenen Natur des Menschen. Schönheit ist doppelschichtig wie der Mensch selbst. Bereits als angehender Mediziner war Schiller zu dem Ergebnis gekommen, daß der Mensch weder „ausschließlich material, noch ausschließlich geistig", sei; als Dichter und Philosoph formulierte er diese Meinung noch entschiedener. In den Briefen „Über die ästhetische Erziehung der Menschen" schreibt Schiller über zwei Bestimmungen, von denen sich der Mensch leiten läßt: vom Sinnlichen, das an die körperliche Natur des Menschen gebunden ist, und vom Geistigen, das moralisch und vernünftig ist. Doch es existiert noch eine dritte, eine besondere Bestimmung, die weder physisch noch moralisch ist und doch auf beiderlei Weise wirkt. Diesen Zustand nennt Schiller den „ästhetischen" Zustand. Analog verhält es sich mit der Schönheit, meinte er. Sie sei material und auch geistig, objektiv und subjektiv zugleich; sie ist das Leben selbst und ebensosehr sein Abbild. Das Wesen der Schönheit ist das Spiel. Da ist

wieder diese Doppelschichtigkeit; das Reale und Fiktive sind miteinander verschlungen. Schiller hat sich den Gedanken Kants angeeignet.
Natürlich geht es hier nicht um das Glücksspiel, wo materielles Interesse überwiegt, wo niedrige Leidenschaften dominieren. Das eigentliche Spiel ist Selbstzweck, freie Tätigkeit, in der die schöpferische Natur des Menschen in Erscheinung tritt, die Kultur hervorbringen soll. So waren die Olympischen Spiele im alten Griechenland – ihr Gegensatz waren die römischen Gladiatorenkämpfe. „Der Mensch spielt nur, wo er in voller Bedeutung des Wortes Mensch ist, und er ist nur da ganz Mensch, wo er spielt."[175]
Wenn Schiller von der ästhetischen Erziehung spricht, denkt er nicht nur daran, Kunst verstehen zu lernen; ein guter Geschmack ist höchstens eine Nebeneigenschaft der Persönlichkeit. Es geht ihm auch nicht um eine sittliche Erziehung, bei der die Kunst moralische Exempel vorzuführen hätte; das wäre zu kurz gegriffen. Die Verbindung von Schönheit und Sittlichkeit ist ein komplizierter Vermittlungsprozeß. Direkte Nachahmung führte am Intellekt und am ästhetischen Erlebnis vorbei.
Ästhetische Erziehung zielt auf die Bildung einer Persönlichkeit, eines „ganzheitlichen" Menschen, der nicht nur zum Genuß, sondern auch zur Kreativität fähig ist. Es ist unwichtig, ob die Möglichkeiten zur Kreativität nur beschränkt sind; globale Maßstäbe sind für das Wahre, Gute und Schöne nicht unbedingt notwendig. Schönheit schafft überdies nur die Voraussetzung für Aktivität. Schiller, der die Schönheit unsre „zweite Schöpferin"[176] nannte, verwarf sogleich einen direkten Bezug auf das sittliche Verhalten und auf die Erkenntnis: „Es ist ausdrücklich bewiesen worden, daß die Schönheit kein Resultat weder für den Verstand noch den Willen gebe, daß sie sich in kein Geschäft weder des Denkens noch des Entschließens mische, daß sie zu beiden bloß das Vermögen erteile, aber über den wirklichen Gebrauch dieses Vermögens durchaus nichts bestimme."[177]
Man kann nicht darauf vertrauen, daß der Verbrecher sich bessert, wenn er einen Erziehungsroman gelesen hat. Die Lösung eines wissenschaftlichen Problems ist nicht in einem künstlerischen Werk zu suchen. Einen direkten Zu-

sammenhang gibt es nicht. Doch hat Schiller recht, wenn er auf einen indirekten Zusammenhang verweist.

Schiller unterscheidet drei verschiedene Momente, drei Stufen der Entwicklung sowohl des einzelnen Menschen wie der Gattung. „Der Mensch in seinem *physischen* Zustand erleidet die Macht der Natur; er entledigt sich dieser Macht in dem *ästhetischen* Zustand, und er beherrscht sie in dem *moralischen*."[178] Das Ästhetische ist eine Übergangsstufe. Schönheit bringt Freiheit hervor. Zugleich ist in der Schönheit Freiheit harmonisch mit Notwendigkeit verbunden. Schiller schreibt, daß „das Gemüt im ästhetischen Zustande zwar frei und im höchsten Grade frei von allem Zwang, aber keineswegs frei von Gesetzen handelt, und daß diese ästhetische Freiheit sich von der ästhetischen Notwendigkeit beim Denken und von der moralischen Notwendigkeit beim Wollen nur dadurch unterscheidet, daß die Gesetze, nach denen das Gemüt dabei verfährt, nicht vorgestellt werden und, weil sie keinen Widerstand finden, nicht als Nötigung erscheinen"[179].

Schiller führt zur Kennzeichnung jenes Bereichs der Wirklichkeit, in dem die Schönheit herrscht, den Begriff „ästhetischer Schein" ein. Der ästhetische Schein unterscheidet sich prinzipiell vom logischen. Der erste ist Spiel, der letzte bloß Betrug. Schiller spricht von der „Welt des Scheins", vom „Reich des schönen Scheins", in dem das Ideal der Gleichheit verwirklicht wird.

In bezug auf den Geschmack werden keinerlei Vorrechte und keine Alleinherrschaft geduldet. Das Reich des schönen Scheins erstreckt sich bis in jene Sphäre, in der die Vernunft regiert und alle Materie aufhört.

Schillers ästhetische Utopie atmet historischen Geist. Die Menschheit erlangt die moralische Freiheit im Prozeß der Geschichte, im Zuge der Unterordnung der materiellen Natur, im Zuge der Tätigkeit. Das lebendige Interesse an der wirklichen Geschichte führte Schiller über jene Grenzen hinaus, vor denen Kant haltmachte. Hegel schrieb darüber: „Es muß Schillern das große Verdienst zugestanden werden, die Kantische Subjektivität und Abstraktion des Denkens durchbrochen und den Versuch gewagt zu haben, über sie hinaus die Einheit und Versöhnung denkend als das Wahre zu fassen und künstlerisch zu verwirklichen.

Denn Schiller hat bei seinen ästhetischen Betrachtungen nicht nur an der Kunst und ihrem Interesse, unbekümmert um das Verhältnis zur eigentlichen Philosophie festgehalten, sondern er hat sein Interesse des Kunstschönen mit den philosophischen Prinzipien verglichen und ist von diesen aus und mit diesen in die tiefere Natur und den Begriff des Schönen eingedrungen."[180]

Wir werden auf Schillers ästhetische Theorie noch zu sprechen kommen, wenn wir sie mit Goethes Vorstellungen über die Methode in der Kunst vergleichen. Hegels Worte widerspiegeln eine hohe Wertschätzung Schillers und seiner Kant-Interpretation. Die Anwendung der Kantschen Philosophie auf die Kunst erweiterte ihren Geltungsbereich. Das trifft nicht nur auf die Ästhetik, sondern auch auf die Philosophie der Geschichte zu.

1789 wurde Schiller Professor für Universalgeschichte an der Universität zu Jena. Seine akademische Antrittsrede „Was heißt und zu welchem Ende studiert man Universalgeschichte?" hatte die Darlegung der allgemeinen Prinzipien des Studiums der Vergangenheit zum Inhalt. Schiller verteidigte darin den Fortschrittsgedanken. Die Entdeckungen der Seefahrer zeigen uns Völkerschaften auf verschiedenen Entwicklungsstufen und gestatten uns, „den verlornen Anfang unseres Geschlechts aus diesem Spiegel wieder herzustellen"[181]. Zu unserer Kultur, führt Schiller weiter aus, steuern die ungleichartigen Perioden der Menschheit bei; von dem gegenwärtigen Augenblicke bis zum Anfange des Menschengeschlechts zieht sich eine lange Kette von Begebenheiten. Aus der Geschichte erst lernt man einen Wert auf die Güter zu legen, „denen Gewohnheit und unangefochtener Besitz so gern unsere Dankbarkeit rauben: kostbare theure Güter, an denen das Blut der besten und edelsten klebt, die durch die schwere Arbeit so vieler Generationen haben errungen werden müssen!"[182].

Die Geschichte schließt die gesamte sittliche Welt in sich ein, sie hält letztlich Gericht über Menschen und Völker. Überzeugender als seine Vorgänger führte Schiller moralische Kriterien in die Geschichtswissenschaft ein, so die These von der Verantwortlichkeit des Menschen gegenüber der Menschheit. Seine Hörer zum Studium der Geschichte aufrufend, führte Schiller aus: „Licht wird sie in Ihrem Verstande und eine wohltätige Begeisterung in Ihrem Herzen entzünden. Sie wird Ihren Geist von der gemeinen und kleinlichen Ansicht moralischer Dinge entwöhnen ... Indem sie den Menschen gewöhnt, sich mit der ganzen Vergangenheit zusammen zufassen und mit seinen Schlüssen in die ferne Zukunft voraus zu eilen: so verbirgt sie die Grenzen von Geburt und Tod, die das Leben des Menschen so eng und so drückend umschließen, so breitet sie optisch täuschend sein kurzes Dasein in einen unendlichen Raum aus und führt das Individuum unvermerkt in die Gattung hinüber."[183]

Den Mechanismus der Geschichte (auf den auch Herder und Kant sich berufen) führt die Menschheit nach einem vorherbestimmten Plan voran. Der Mensch sieht sich der Willkür ausgesetzt, doch die Geschichte sieht ruhig dem verworrenen Spiele zu: „denn ihr weitreichender Blick entdeckt schon von ferne, wo diese regellos schweifende Freiheit am Bande der Notwendigkeit geleitet wird. Was sie dem strafenden Gewissen eines Gregors und Cromwells geheim hält, eilt sie der Menschheit zu offenbaren."

Schiller meint damit den real existierenden Widerspruch zwischen den Zielen, die sich der einzelne setzt, und den gesellschaftlichen Ergebnissen. Schiller wies diesen Widerspruch auch in seinen Analysen konkreter historischer Ereignisse nach. Er entwarf grandiose Gemälde der entscheidenden Epochen der europäischen Geschichte, die die Vorwärtsbewegung der Menschheit zum höchsten vernünftigen Ziele erkennen lassen. Dabei gelang Schiller eine außerordentliche Darstellung der historischen Persönlichkeiten mit ihren Leidenschaften, ihren selbstsüchtigen Interessen und menschlichen Schwächen.

Grundlegende historische Arbeiten Schillers sind „Die Geschichte des Abfalls der vereinigten Niederlande" (1788) und die „Geschichte des Dreißigjährigen Krieges" (1793). Diese Arbeiten zeichnen sich durch eine hervorragende Prosa, wahren Demokratismus, philosophische Gründlichkeit und moralisches Pathos aus.

Kants Gegner, die ihn widerlegen wollten, und seine Anhänger, die seine Lehre verteidigten, alle waren sich in einem Punkt einig: Die Geschichte muß in das Philosophieren einbezogen werden.

Die Zeit dazu war herangereift. Die Geschichte griff in die Theorie ein. Sie spielte dabei nicht nur die Rolle eines die Erinnerung an die Vergangenheit bewahrenden Gedächtnisses, sondern stellte die aktuelle, durch die politische Praxis entstandene Frage nach dem bisherigen und dem künftigen Staatsaufbau auf die Tagesordnung. Die Französische Revolution griff in die deutsche Philosophie ein.

2. Die deutschen Jakobiner

Die Französische Revolution wurde in Deutschland mit Begeisterung aufgenommen. Die ersten Nachrichten riefen allgemeinen Enthusiasmus hervor. Dabei handelte es sich nicht nur um demokratische Äußerungen. Die Bourbonen galten als Feinde der deutschen Nation, ihr Sturz wurde daher in Hütten wie in Palästen begrüßt. Das Gardeorchester in Potsdam probte den Marsch der Sansculotten, die Berliner Modedamen trugen Bänder in den Farben der Trikolore. Doch die Ernüchterung ließ nicht lange auf sich warten. Unter den deutschen Fürsten reifte die Befürchtung, das revolutionäre Feuer könnte auch auf ihr Gebiet übergreifen.
Bald war der bürgerliche Rahmen der Revolution zu erkennen, die ihre Gewalt nicht nur gegen die Vertreter der alten Ordnung, sondern auch gegen die Besitzlosen richtete. „Ich bin überzeugt", schrieb Friedrich Engels an Karl Marx, „daß die Schuld der Schreckensherrschaft Anno 1793 fast ausschließlich auf den überängsteten, sich als Patriot gebarenden Bourgeois, auf den kleinen hosenscheißenden Spießbürger und auf den bei der terreur sein Geschäft machenden Lumpenmob fällt."[184]
Die Haltung vieler zum Terror der Jakobiner war eindeutig – entschiedene Ablehnung.

„Alle Freiheitsapostel, sie waren mir immer zuwider;
   Willkür suchte doch nur jeder am Ende für sich.
Willst du viele befrein, so wag es, vielen zu dienen.
   Wie gefährlich das sei, willst du es wissen?
                                     Versuchs!"[185]

Dieses Epigramm spiegelt natürlich nicht die ganze Kompliziertheit der Haltung Goethes zu jener politischen Umwälzung wider. Erinnern wir uns nur an Goethes an preußische Offiziere gerichtete Worte nach der Schlacht bei Valmy: „Von hier und heute geht eine neue Epoche der Weltgeschichte aus, und Ihr könnt sagen, Ihr seid dabei gewesen."[186] Zu Johann Peter Eckermann sagte Goethe: „Es ist wahr, ich konnte kein Freund der Französischen Revolution sein, denn ihre Greuel standen mir zu nahe und empörten mich täglich und stündlich, während ihre wohltätigen Folgen damals noch nicht zu ersehen waren ..."[187]

Zu denen, die die „wohltätigen Folgen" der Revolution sofort erkannten und für diese ihr Leben lang eintraten, gehörte Georg Forster. Wir haben ihn schon beim „Pantheismusstreit" erwähnt. Forster schloß sich den deutschen Jakobinern nach dem Sieg der französischen Truppen bei Valmy, als diese deutschen Boden betraten und die Stadt Mainz besetzten, an. (Forster leitete die Mainzer Universitätsbibliothek.)

Zwei Tage nach dem Einmarsch der Franzosen wurde in der Stadt der Mainzer Klub, eine Organisation von Anhängern der Revolution, die nach dem Vorbild der französischen politischen Klubs aufgebaut war, gegründet: als „Gesellschaft der Freunde der Freiheit und Gleichheit". Die Gesellschaft vereinte Vertreter der Intelligenz, Studenten, Bürger, Handwerker und Arbeiter. Forster, der die Überzeugungen des Mainzer Klubs teilte, wurde, kurz nachdem er beigetreten war, zu einem seiner Führer, er gab die Zeitung des Klubs heraus, gehörte der von den Franzosen eingesetzten Administration an.

Die Artikel und Reden Forsters aus dieser Periode sind bemerkenswerte Dokumente einer glühenden revolutionären Publizistik. Forster rief zu entschiedenem Handeln auf, zum Kampf für Freiheit und Gleichheit; die philosophischen Begriffe verwandelten sich ihm unmittelbar in revolutionäre Losungen. Als Beispiel sei die von revolutionärem Pathos erfüllte Rede „Brüder! Ihr seid hier, um die Wahrheit zu suchen" genannt. Wir Revolutionäre, sagte Forster, suchen die reine und unverfälschte Wahrheit, sie ist unser Ziel und unser Element. Ohne den Trieb nach Wahrheit leben wir das Leben eines Tieres. Jede Autorität, die sich nicht auf Vernunft gründet, ist unrechtmäßig und darf nicht geduldet werden. Vor der Vernunft gelten kein Vorurteil und kein Ansehen, „kein Satz, den sie nicht prüft und bewährt findet, kann ihr als Wahrheit aufgedrungen werden; keinem einzelnen Menschen kann man es *auftragen*, Wahrheit für andere zu suchen und dadurch die Vernunft anderer außer Tätigkeit zu setzen"[188]. Die Wahrheit ist also keine individuelle Meinung, die einem anderen aufgezwungen werden kann.

Die französische Besatzungsmacht überließ es in den besetzten Gebieten tatsächlich dem deutschen Volk, selbst über sein Schicksal zu entscheiden. Im März 1793 fanden Wahlen zum rheinisch-deutschen Nationalkonvent statt. Forster, der sich aktiv an der Vorbereitung und Durchführung der Wahlen beteiligt hatte, wurde zum Vizepräsidenten des Konvents gewählt.[189]

Aufgrund seiner Initiative verkündete die Versammlung der Volksvertreter die Bildung einer unabhängigen Republik, die die linksrheinischen deutschen Provinzen umfaßte. Alle feudalen Privilegien wurden aufgehoben. Der Konvent beschloß den Anschluß an Frankreich. Beide Dekrete (vom 18. März 1793 und vom 21. März 1793) wurden von Forster formuliert. „Die freien Deutschen und die freien Franken sind hinfüro ein unzertrennliches Volk", verkündete Forster am 21. März 1793 von der Tribüne des Konvents, als er sich für die Annahme der Gesetzesvorlage über den Anschluß an Frankreich einsetzte. Die Mainzer Republik sandte drei Vertreter nach Paris, um über den Anschluß an den französischen Staat zu verhandeln. Forster führte die Delegation an. Doch er konnte nicht nach Mainz zurückkehren. Die Stadt wurde von den Koalitionstruppen umzingelt und fiel nach dreimonatiger Belagerung. Forster blieb daher bis zu seinem Tode (Januar 1794) in Paris.

Nach seiner Ankunft in Paris näherte er sich den Girondisten an. Es ist deshalb nicht verwunderlich, daß er die revolutionären Tage der Zerschmetterung der Girondisten vom 31. Mai bis zum 2. Juni 1793, die der Revolution einen neuen Charakter gaben, bewegt miterlebte. Am 2. Juni 1793 schrieb Forster an seine Frau: „Die Gemeine von Paris beherrscht den Nationalkonvent unumschränkt und schreibt ihm Gesetze vor ... Man weiß wirklich nicht, soll man weinen oder lachen bei diesem Auftritt. Die klügsten Köpfe, und ich glaube zugleich die tugendhaftesten Herzen unterliegen den Ruhestörern und Intriganten, die unter der Larve der Volksfreundschaft sich bereichern und sich zu Herrn von Frankreich machen wollen. Hätte man alles das aus der Ferne wissen können!"[190] Aber zu seiner Ehre muß man sagen, daß er seine geistige Krise schnell überwand. Von der Tribüne des Konvents unterstützte Forster als Mainzer Abgeordneter die jakobinische Verfassung (später übersetzte er diese Verfassung ins Deutsche und Englische).

In den für das revolutionäre Frankreich schweren Tagen des Sommers 1793 stellte sich Forster ganz der jakobinischen Regierung zur Verfügung. Er war im diplomatischen Dienst tätig, er fuhr nach Cambrai, um mit den Engländern zu verhandeln, und später an die Schweizer Grenze. Hier setzte er sich mit seinem Freund, dem Jounalisten und Diplomaten Huber, in Verbindung, der in Neufchâtel die Zeitschrift „Friedenspräliminarien" herausgab. Für diese Zeitschrift schrieb Forster den Artikel „Parisische Umrisse", in dem er dem deutschen Leser den Sinn der französischen Ereignisse nahebrachte. Forster verbarg seine prorevolutionäre Haltung nicht. „Seine Parteilichkeit – leider! möchte man wol endlich auf den Gedanken geführt werden, daß Unparteilichkeit in dem jetzigen Zeitpunkte und unter den jetzigen, Entscheidung erheischenden Umständen, weder existirt, noch möglich, noch selbst erlaubt ist – seine Parteilichkeit werden ihre Leser wol von selbst gewahr werden ..."[191] Forsters Werk war insgesamt eine Verteidigung der Französischen Revolution; er charakterisiert sie als „die größte, die wichtigste, die erstaunenswürdigste Revolution der sittlichen Bildung und Entwickelung des ganzen Menschengeschlechts"[192].

Die bewegende Kraft der Revolution ist nichts rein Intellektuelles, Vernünftiges, es ist die „rohe Kraft der Menge"[193], die „Volkskraft". In einem despotischen Staat divergieren die Ziele des Volkes und die der Regierung. Die Stärke der revolutionären Regierung Frankreichs besteht darin, daß sie die Interessen des Volkes vertritt.

Der Nationalkonvent herrscht lediglich durch die öffentliche Meinung, bald, indem er sich ihr bequemt, bald, indem

er durch seine Beratschlagung und seine ungeheure Tätigkeit auf sie zurückwirkt und sie bestimmt. Forster schilderte die wichtigsten Ereignisse der Revolution – die Bildung des Nationalkonvents, die Erstürmung der Bastille, die Abschaffung der Adelsrechte, die Hinrichtung des Königs, den Sieg der Bergpartei – und betonte, daß nur die Unterstützung durch das Volk ihre Erfolge ermöglichte.
Empört wies Forster die von den Feinden der Revolution gegen die Jakobiner erhobene Verleumdung zurück, sie hätten die Macht an sich gerissen und die Rechte des Volkes verletzt. „Wenn sie in diesem Augenblicke das Ruder führen, bringt nicht jeder Tag die Überzeugung unläugbar mit sich, daß sie es als Diener, nicht als Gebieter des Staates tun?"[194] Der von ihnen selbst hervorgerufene Geist der Revolution fordere von ihnen Tugenden und Opfer, an die einige von ihnen beim Eintritt in diese Laufbahn wahrscheinlich nicht gedacht haben mögen. „Sie regieren; aber sie stehen unter der wachsamsten Aufsicht, und die heiligste Verwaltung des Volksinteresses ganz allein kann ihnen die Stütze der öffentlichen Meinung sichern."[195]
Die Revolution führte nicht zum Verfall der Sittlichkeit. Im Gegenteil, die mächtigste Wirkung der Revolution und der ihr innewohnenden öffentlichen Meinung bestand darin, daß sie die moralischen Verhältnisse auf eine höhere Stufe hob. Forster schreibt über die Verbannung allen Luxus', über die enthusiastische Liebe zur Gleichheit, stellt aber nicht die Frage nach der Aufhebung des Privateigentums. Und das spricht für sich; als wahrer Jakobiner vertritt er einen demokratischen und doch bürgerlichen Standpunkt. Das Eigentum ist für ihn ein Naturrecht des Menschen.
Sehr aufschlußreich ist in diesem Zusammenhang Forsters Einschätzung des Gemeineigentums. Über das im Jahre 1792 anonym erschienene Buch „Über den Menschen und seine Verhältnisse" bemerkte Forster am 19. Juli 1793 in einem Brief an seine Frau Therese: „Es ist eins der seltenen Producte unserer Zeit, das Werk eines jungen, aber sehr richtig denkenden und empfindenden Menschen. Ich möchte wissen, wer er ist und wie er heißt. Einiges, wie wir denn unmöglich immer zusammentreffen können, ist meiner Ansicht fremd, besonders seine politischen Ideen von Gemeinschaft des Eigenthums."[196] In diesen Worten erken-

nen wir Forsters lebendiges Interesse an allem, was neu und fortschrittlich, und sehen gleichzeitig, daß er über den Rahmen des bürgerlichen Denkens nicht hinausging.

Die Blütezeit der jakobinischen Literatur und Publizistik in Deutschland fiel in die Mitte der neunziger Jahre des 18. Jahrhunderts. Dabei zog die Umwälzung des Thermidor nicht sofort den Niedergang der literarischen Tätigkeit der deutschen Jakobiner nach sich. Das erklärt sich wahrscheinlich daraus, daß in der französischen Armee, die zu jener Zeit ihren Siegeszug durch Europa begann, der revolutionäre Geist noch erhalten war. So brachten die französischen Truppen vielen Teilen Deutschlands die Befreiung vom Feudaljoch, und solange sie nicht unter kaiserlicher Fahne marschierten, begrüßten die deutschen Jakobiner begeistert ihren Vormarsch.
Außerdem – und das ist sehr wichtig – darf man nicht übersehen, daß das deutsche und das französische Jakobinertum einander nicht völlig gleich waren. Die französischen Jakobiner waren eine radikale politische Partei mit einem bestimmten Programm, das sie in der Periode ihrer Herrschaft zu realisieren suchten. Das deutsche Jakobinertum war im Grunde genommen nur eine literarische Erscheinung mit sehr verschwommenen Konturen. Jeder Andersdenkende wurde von der Reaktion als Jakobiner beschimpft. (So wurde zum Beispiel Melchior Weikard, der Leibarzt Katharinas II., ein Mann mit fortschrittlichen wissenschaftlichen Ansichten, aber in bezug auf die Politik mit monarchistischen Überzeugungen, verdächtigt, Jakobiner zu sein.) Und viele von denen, die sich selbst für Jakobiner hielten, erweisen sich bei genauer Prüfung als weit entfernt von wirklich revolutionärem Radikalismus. So gerieten die nach Frankreich verschlagenen Mitglieder des Mainzer Klubs, die sich Jakobiner nannten, in Paris in die Umgebung der Girondisten. Forster selbst näherte sich in Paris allmählich dem konsequenten Jakobinertum, konnte aber seinen Mitkämpfer Adam Lux nicht dazu überzeugen. Lux verteidigte die Mörderin Marats, Charlotte Corday d'Armont, und wurde deshalb später als Feind der Revolution auf der Guillotine hingerichtet.
Ein entschiedener Anhänger revolutionärer Aktionen war

Wilhelm Ludwig Wekhrlin (1739-1792). Die Anklage, Agent der Jakobiner zu sein, führte zu seiner zweiten Verhaftung. Wekhrlin hatte nicht studiert und war seiner Bildung nach kein Philosoph, er übte auch keine Lehrtätigkeit aus, wirkte nach den Worten des Dichters und Demokraten Christian Friedrich Daniel Schubart „aber demungeachtet mit seinen Schriften weit mehr auf das Publikum, als hundert gelehrte Compendienschreiber; denn er besaß mannichfaltige Kenntnisse, Kühnheit, und eine gefällige, oft hinreißende Darstellungsgabe"[197].

Die Periodika Wekhrlins, „Das graue Ungeheuer" und „Hyperboräische Briefe", fanden in Deutschland weite Verbreitung. Darüber schrieb A. Radischtschew in seiner „Reise von Petersburg nach Moskau": „Wekhrlin wurde zwar von der rachsüchtigen Macht ins Gefängnis geworfen, aber das ‚Graue Ungeheuer' blieb in aller Händen."[198]

Als Fortsetzer der Sache Wekhrlins betrachtete sich Andreas Georg Friedrich Rebmann (1768-1824). Um seine geistige Verwandtschaft mit Wekhrlin hervorzuheben, nahm er dessen Pseudonym (Rabosius) an und nannte sich Rabosius der Jüngere. Im Gedächtnis an Wekhrlins Zeitschrift gab Rebmann auch einer der von ihm redigierten Zeitschriften den Titel „Das neue graue Ungeheuer".

In dem utopischen Roman „Hans Kiekindiewelts Reisen in alle vier Weltteile und den Mond" (Hamburg 1795) führte Rebmann den Gedanken vom gesetzmäßigen Charakter der Revolution weiter. In der „moralischen Welt", das heißt in der Gesellschaft, sowie in der „physischen Welt", das heißt in der Natur, sind alle Erschütterungen natürlich und bringen die Welt der Vollkommenheit näher.[199]

In seinen Zeitschriftenaufsätzen idealisierte Rebmann Robespierre und Forster und verteidigte die Mainzer Republikaner. Da er verfolgt wurde, floh er im Jahre 1796 nach Frankreich und nahm die französische Staatsbürgerschaft an. Zwei Jahre später zog er sich durch seine Kritik am Thermidor-Regime den Zorn der herrschenden Pariser Kreise zu und war gezwungen, in die Heimat zurückzukehren.

Zu den deutschen jakobinischen Schriftstellern gehörte auch Karl von Knoblauch (1756-1794), eigentlich ein Jurist, später Mitarbeiter am „Grauen Ungeheuer". Von ihm stammt eine Reihe von Büchern, die anonym veröffentlicht wurden und heute völlig vergessen sind. Knoblauch war ein streitbarer Atheist, seine Werke erinnern an die kämpferische antireligiöse Publizistik der französischen Materialisten, die er selbst gern zitiert. In seiner frühesten uns bekannten Arbeit, der „Anti-Hyperphysik zur Erbauung der Vernünftigen" (1789), wandte sich Knoblauch gegen den „widersinnigen Satz" von der Gottheit Christi. Die Lehre von Gott als einem geistigen Wesen enthalte unlösbare, absurde Widersprüche. „Aber ist der reine Geist, dieses Phantom der Theologie, mehr als ein abstrakter Begriff? Wie kann er, ohne Körper, dennoch Sinne und Empfindungen, und wie ohne Sinne und Empfindungen dennoch Begriffe haben? Wie kann er, ohne Begriffe zu haben, ein Geist seyn?"[200]

Das philosophische Hauptwerk Knoblauchs war das Buch „Die Nachtwachen des Einsiedlers zu Athos". Dieser für eine philosophische Schrift etwas seltsame Titel diente offensichtlich der Maskierung: Die Arbeit war, wie alle philosophischen Schriften Knoblauchs außer den „Politisch-philosophischen Gesprächen", anonym veröffentlicht worden, ohne Angabe des Verfassers, des Verlages und des Erscheinungsorts. Nach einem vier Seiten langen Monolog eines „denkenden Mönchs", der noch keine theoretischen Fragen betrifft, folgt der Untertitel für die 1. Nachtwache: „Spinoza der Dritte. Oder der entschleierte Aberglaube"[201], und der Verfasser kommt zur Sache. In der Natur, so führt er aus, kann es nicht mehr als eine einheitliche Substanz geben. Wir stoßen auf mannigfaltige Gegenstände, Individuen, die sich voneinander unterscheiden, aber das sind nur verschiedene Arten zu sein (Modi) einer und derselben Substanz. Die Substanz ist ewig, unabhängig und selbständig, Ausdehnung und Denken sind ihre ständigen unendlichen Eigenschaften.

Die Ausdehnung der Substanz kann nicht begrenzt sein, eine Grenze trägt immer materiellen Charakter, denn ein Ding kann nur von einem anderen Ding begrenzt werden. Die Masse der Materie ist unveränderlich. Die *„Tendenz zur Bewegung* scheint wirklich der Materie *wesentlich* zu sein"[202]. Folglich sind die Vorstellungen von einem ersten Anstoß, von einem Anfang der Bewegung Unsinn.

Das Denken existiert nicht ohne Ausgedehntes. Die Materie ist der Träger des Denkens. Mit aller Entschiedenheit trat Knoblauch gegen die Lehre von der Substantialität der Seele auf. In physiologischen und anderen Werken werde man überall durch Fakten bewiesen finden, daß „das Gedächtniß cörperlich, daß es eine Modification des Hirns ist, daß seine Stärke oder Schwäche von der guten oder schlechten Beschaffenheit des Hirns abhängt.

Ein wenig Blut, welches aufs Hirn drükt, löschet der Seele göttliches Licht aus. Ein von Winden aufgetriebener Darm, ein Klumpen Koth im Unterleibe, macht den grösten Geist zum Dummkopf. ... Das Denken ist nur eine *Art zu sein* des Menschen." [203]

Seinen politischen Ansichten nach war Knoblauch ein bürgerlicher Demokrat, der revolutionäre Kampfmethoden billigte. Er sympathisierte mit dem französischen Volk, und in einem Brief vom 17. September 1792 an seinen Freund Mauvillon erklärte er: „Sollte die französische Revolution ein unglückliches Ende nehmen, so wünsche ich keine Stunde länger zu leben. Der Despotismus würde wüthender und unerträglicher werden, als er in Europa je war." [204]

Der revolutionäre Terror schreckte Knoblauch nicht ab. In ihm sah er vielmehr ein notwendiges Kampfmittel gegen den Despotismus. Er glaubte und hoffte, daß der revolutionäre Strom sich aus Frankreich in die anderen Länder Europas ergießen und allerorts zum Sturz der Despoten, des gesellschaftlichen Hauptübels, führen würde.

Die monarchistische Regierungsform stütze sich auf Willkür und sei „unvernünftig". Wie die Mehrheit der Aufklärer appellierte auch Knoblauch an eine „allgemeine Vernunft" als Grundlage der gesellschaftlichen Ordnung, aber er war nicht geneigt, sich allein auf das Wissen als Mittel zur Beseitigung der gesellschaftlichen Unordnung zu verlassen. Seine Sympathien galten dem revolutionären Handeln, das zur Verwirklichung der Volkssouveränität führt.

Die Ideen der Volkssouveränität entwickelte Knoblauch in seiner Schrift „Politisch-philosophische Gespräche" (1792), allerdings sehr vorsichtig. Das ist das einzige Buch, das Knoblauch unter Angabe seines Namens veröffentlichte. Das Volk (nach Knoblauch: die Nation) ist Träger der höchsten Souveränität. Die Gesellschaft (ebenso der Staat) ist nicht Zweck, sondern ein Mittel, das der Vervollkommnung des Menschen zu dienen hat, und ist diesem Zweck untergeordnet. Aber „die Nation ist keine *Sache*, die als Eigenthum, etwa eine Herde Hammel, von jemand besessen, geschoren, veräußert werden kann. Nein! sie ist ein fortdauerndes Aggregat von Personen, welche als vernünftige und vervollkommliche Wesen nicht blos Mittel zu einem *außer ihm* befindlichen Zwecke seyn können, sondern *selbst* als Zweck der politischen Anordnungen und Einrichtungen angesehen werden müssen." Sie ist die Kraft, „welche Regenten *kreirt*, ansetzt, oder bestellt, und – wie die besten Doktoren des Natur- und allgemeinen Staatsrechtes längst gelehrt haben – in gewissen Fällen auch das Recht hat, unfähige oder unwürdige Regenten zu dethronisiren"[205]. Wenn er von „Doktoren des Rechts" sprach, hatte Knoblauch vor allem Spinoza im Auge, dessen Auffassungen er in revolutionärem Sinne deutete.

3. Fichte. Die Jenenser Periode

Johann Gottlieb Fichte (1762–1814) prägte den Ausspruch: „Was für eine Philosophie man wähle, hängt sowohl davon ab, was man für ein Mensch ist."[206] Ein Wesenszug Fichtes fällt besonders auf: seine kompromißlose aufrechte Haltung, der Glaube an seine Sendung. „Ich bin ein Priester der Wahrheit; ich bin in ihrem Solde; ich habe mich verbindlich gemacht, alles für sie zu tun und zu wagen und zu leiden."[207]

Ein Priester der Wahrheit – er verkündete sie im Namen aller, im Vollgefühl der Berufung, die Menschheit durch die Macht seines Wortes sittlich zu heben. „Es ist gefährlich, mit Fichte Händel zu bekommen", urteilte sein Zeitgenosse Anselm Feuerbach. „Er ist ein unbändiges Thier, das keinen Widerstand verträgt und jeden Feind seines Unsinns für einen Feind seiner Person hält. Ich bin überzeugt, daß er fähig wäre, einen Mahomet zu spielen, wenn noch Mahomets Zeit wäre, und mit Schwert und Zuchthaus seine Wissenschaftslehre einzuführen, wenn sein Katheder ein Königsthron wäre."[208] In Frankreich hätte er dem Konvent vorstehen können; doch war er in Deutschland geboren, und so bestimmte ihn das Schicksal zum Universitätsprofessor.

Er war Sohn eines Handwerkers, trat aber nicht in die Fußtapfen seines Vaters. Sein phänomenales Gedächtnis ebnete ihm den Weg zur Hochschulbildung. Er studierte in Jena und Leipzig; verdingte sich nach Beendigung des Studiums als Hauslehrer. Mit 28 Jahren las er erstmalig Kants „Kritiken". Die Wahrheit, schien ihm, läge ausgebreitet vor ihm. Besonders beeindruckte ihn Kants Ethik, die Auffassung von der Freiheit als Pflichterfüllung. „Ich habe eine edlere Moral angenommen, und anstatt mich mit Dingen außer mir zu beschäftigen, mich mehr mit mir selbst beschäftigt."[209]

In Fichte entbrannte der Wunsch, seinen Lehrer persönlich kennenzulernen. Im Sommer 1791 kam Fichte nach Königsberg. Er hoffte auf interessante Gespräche, erwartete Antworten auf seine Fragen; doch seine Erwartungen erfüllten sich nicht. Fichte traf einen müden Greis, versunken in seine Gedanken, dem Gast gegenüber gleichgültig, ohne Sinn für dessen Enthusiasmus. Doch gelang es ihm schließlich, Kants Interesse zu wecken. Nach 35 Tagen (Fichte verließ in dieser Zeit sein Hotel nicht) legte er eine umfangreiche Abhandlung über die Philosophie der Religion vor: „Versuch einer Kritik aller Offenbarung".

Die Abhandlung (Fichte hielt sich bei der Niederschrift an die Prinzipien der Kantischen Philosophie) erschien anonym: Obwohl man bei sorgfältiger Lektüre den Unterschied in Sinn und Wort von Kantischen Arbeiten hätte feststellen müssen, sprach bald das Gerücht die Verfasserschaft dem Königsberger Philosophen zu. Denn man erwartete schon lange von diesem eine Abhandlung zur Religionsphilosophie. Möglich ist auch, daß der Herausgeber (gegen den Wunsch Fichtes) die Verfasserschaft deshalb verschwieg, weil er gerade darauf hoffte, daß das Buch Kant zugeschrieben wurde. Die kleine List brachte großen Gewinn. Kant mußte öffentlich auftreten und in der Presse den neuen Namen nennen. Fichte war bekannt.

Das religiöse Bewußtsein beruht, schrieb Fichte, auf der Entdeckung Gottes als moralischem Gesetzgeber. „Die Idee von Gott, als Gesetzgeber durchs Moralgesetz in uns, gründet sich also auf eine Entäußerung des unsrigen, auf Übertragung eines Subjektiven in ein Wesen außer uns, und diese Entäußerung ist das eigentliche Prinzip der Religion, insofern sie zur Willensbestimmung gebraucht werden soll."[210] Außer dem inneren Faktor des moralischen Bewußtseins erkennt Fichte auch die Möglichkeit einer äußeren, übernatürlichen Entdeckung Gottes an. So entsteht der auf die Offenbarung gegründete Glauben. In beiden Fällen liegt dem Glauben ein Wunder zugrunde: entweder das Wunder des moralischen Verhaltens oder die von außen erhaltene Botschaft einer höheren Kraft. Letzteres hielt Kant nicht für möglich. Fichte hatte somit bereits in dieser Abhandlung den Versuch unternommen, Kant zu verbessern.

Fichte begeisterte sich für die Französische Revolution. Bis zur Einsetzung der Diktatur Bonapartes sympathisierte er mit der Französischen Revolution. Er hatte die Absicht, französischer Staatsbürger zu werden. Dazu kam es nicht, veröffentlicht aber wurden zwei Arbeiten: „Zurückforderung der Denkfreiheit von den Fürsten Europens, die sie bisher unterdrückten" und „Beiträge zur Berichtigung der Urteile des Publikums über die Französische Revolution". Fichte ist nicht mehr mit sich selbst beschäftigt, sondern mit den Dingen außer ihm – der sozialen Umgestaltung.

Die „Zurückforderung" ist eine dem Umfang nach kleine und der Aussage nach leicht verständliche Arbeit: Der Fürst hat kein Recht, die Denkfreiheit zu unterdrücken; und das, wozu er kein Recht hat, darf er nie tun, auch wenn um ihn herum die Welten untergehen. Die „Beiträge zur Berichtigung der Urteile" waren als ausführliches Werk, in dessen Mittelpunkt die Begründung der Rechtmäßigkeit einer vom Volk durchgeführten Revolution stand, konzipiert. Geschrieben wurde nur der erste Teil. In der Französischen Revolution sah Fichte ein Ereignis von außerordentlicher Bedeutung für die gesamte Menschheit. Er meinte damit nicht nur die politischen Folgen, für Fichte ist die Französische Revolution „ein reiches Gemälde über den großen Text: Menschenrecht und Menschenwert"[211] jetzt ist „der Zeitpunkt der hereinbrechenden Morgenröte, und der volle Tag wird ihr zu seiner Zeit folgen"[212], schreibt Fichte über seine Epoche.

Bei der Beurteilung einer Revolution müssen zwei Fragen

aufgeworfen werden: die eine über die Rechtmäßigkeit, die zweite über die Weisheit der Revolution. Der Staat existiert kraft eines Gesellschaftsvertrages, der einen Austausch der Rechte zum Inhalt hat. Der Mensch verzichtet auf einige seiner Rechte und erhält dafür das Bürgerrecht. Der Vertrag ist unmöglich oder ungültig, wenn er unverzichtbaren Rechten, dem Sittengesetz, widerspricht. Das Recht auf Abänderung der Staatsverfassung ist ein unveräußerliches Recht. Komplizierter ist die Beantwortung der zweiten Frage: Inwiefern ist unter den gegenwärtigen Bedingungen eine Revolution zweckmäßig? Bereits auf der ersten Seite der Abhandlung konstatierte Fichte: „Solange die Menschen nicht weiser und gerechter werden, sind alle ihre Bemühungen, glücklich zu werden, vergebens. Aus dem Kerker des Despoten entronnen, werden sie mit den Trümmern ihrer zerbrochenen Fesseln sich untereinander selbst morden."[213]
Vom „Ich will" zum „Ich kann" ist ein weiter Weg. Freiheit setzt ein bestimmtes Maß an Kultur voraus. Die Kultur der Freiheit ist der einzige Endzweck des Menschen, insofern ein Teil der Sinnenwelt. „Niemand *wird kultiviert*, sondern jeder hat sich *selbst zu kultivieren*", schrieb Fichte.[214] Der Zwang zur Kultur hat eine Rückwirkung. Erziehung ist Selbsttätigkeit.
Fichte unterscheidet dreierlei Arten von Freiheit: „die *transzendentale*, die in allen vernünftigen Geistern die gleiche ist: *das Vermögen, erste, unabhängige Ursache zu sein; die kosmologische, der Zustand, da man wirklich von nichts außer sich abhängt*, ... sie ist das letzte Ziel der Kultur aller endlichen Geister; die *politische, das Recht, kein Gesetz anzuerkennen, als welches man sich selbst gab*. Sie *soll* in jedem Staate sein."[215]
In den „Beiträgen" stellte Fichte nicht die Zweckmäßigkeit des Staates als solchen in Frage, vielmehr ist die Rede von der Verbesserung der Staatsverfassung. Hierin ist er mit Kant einer Meinung, er stellt ihn in eine Reihe mit dem Begründer und dem Reformator des Christentums. „Jesus und Luther, heilige Schutzgeister der Freiheit, die ihr in den Tagen eurer Erniedrigung mit Riesenkraft in den Fesseln der Menschheit herumbrachet und sie zerknicktet, wohin ihr grifft, seht herab aus höheren Sphären auf eure Nachkommenschaft und freut euch der schon aufgegangenen, der schon im Winde wogenden Saat; bald wird der Dritte, der

euer Werk vollendete, der die letzte stärkste Fessel der Menschheit zerbrach, ohne daß sie, ohne daß vielleicht er selbst es wußte, zu euch versammelt werden. Wir werden ihm nachweinen; ihr aber werdet ihm fröhlich den ihn erwartenden Platz in eurer Gesellschaft anweisen, und das Zeitalter, das ihn verstehen und darstellen wird, wird euch danken."[216]

Fichte war voller Enthusiasmus, Kant mit allen Ehren zu verabschieden. Die Zeit verging, doch der Philosoph aus Königsberg dachte nicht ans Sterben. Fichtes Eifer klang ab, sein Urteil wird zurückhaltender: Kant habe die Wahrheit nur angedeutet, sie jedoch weder dargelegt noch bewiesen. 1799 wird er dann an Schelling schreiben, „daß die Kantische Philosophie, wenn sie nicht genommen werden soll, wie wir sie nehmen, totaler Unsinn ist"[217]. In seinem Kopf reift die Idee einer neuen, eigenen Philosophie.

Seine Philosophie nennt Fichte Wissenschaftslehre. Carl Leonhard Reinhold hatte versucht, in das Werk Kants Korrekturen einzubringen, doch seine Philosophie war nicht zum Begriff geworden und hinterließ keine sichtbare Spur. Es mußte eine neue Philosophie geschaffen werden! „Wissenschaftslehre" – das klang gut: Kant konnte kein strenges, folgerichtig ausgearbeitetes wissenschaftliches System vorweisen. Auf die „Wissenschaftslehre" trifft dies nicht zu, sie verwandelt die Philosophie in die „Wissenschaft der Wissenschaften".

Nun galt es, die aufgefundene Wahrheit allen zugänglich zu machen. Zu Beginn des Jahres 1794 erläuterte Fichte in Privatvorlesungen einem Kreis von Freunden in Zürich sein System. Die Privatvorlesungen waren eine Generalprobe: Fichte hatte das Angebot erhalten, im Sommer einen Lehrstuhl in Jena zu übernehmen.

In Jena angekommen, gab Fichte das Programm seiner Vorlesungen als Broschüre heraus: „Über den Begriff der Wissenschaftslehre oder der sogenannten Philosophie". Darauf folgte die „Grundlage der gesamten Wissenschaftslehre als Handschrift für seine Zuhörer" (1794). Diese zwei Arbeiten leiten ein neues Kapitel in der Geschichte der idealistischen deutschen Philosophie ein.

Fichte stellte sich die Aufgabe, eine „Wissenschaftslehre" zu schaffen, folgerichtig und überzeugend das Wissen aus

einem Prinzip abzuleiten. Dabei wird stillschweigend vorausgesetzt, daß Kant dies nicht gelungen sei.
In einem Briefentwurf verband Fichte seine „Wissenschaftslehre" mit der Französischen Revolution. „Mein System ist das erste System der Freiheit; wie jene Nation von den äußern Ketten den Menschen losreißt, reißt mein System ihn von den Fesseln der Dinge an sich, des äußern Einflusses los."[218] In den veröffentlichten Arbeiten findet sich zwar kein Wort über die Revolution, doch der Sinn ist ein und derselbe: Die Tätigkeit des Menschen bringt die Welt hervor.
Kant verkündete die Aktivität der Erkenntnis, schränkte sie aber zugleich ein, indem er ihre Abhängigkeit von den äußeren Gegenständen anerkannte. Die Erkenntnis überschreitet – so Kant – nicht die Grenzen der Erscheinungen, und wenn die Vernunft versucht, in die Welt der „Dinge an sich" einzudringen, verstrickt sie sich in Widersprüche, die Antinomien sind Beispiele dafür. Um den Dogmatismus überwinden zu können (so nennt Fichte die Anerkennung der objektiven Welt), muß das Problem der Antinomien gelöst werden.
Das ist das erklärte Ziel Fichtes. Doch sein Ausgangspunkt ist ein anderer. Er beginnt mit Überlegungen über die Tathandlung an sich. Sein Ausgangsbegriff ist nicht die „Sache" und auch nicht die „Tatsache", sondern die „Tathandlung". Dieser Begriff fixiert sowohl das Resultat – die Tat – als auch den Prozeß – die Handlung.
Der erste Erkenntnisakt ist die Erkenntnis des Gegenstandes, das Erkennen seiner Identität. Die logische Formel dieses Aktes ist A = A. Dieser einfachste Bewußtseinsakt ist nur möglich, weil das „Ich" als Grund existiert. Folglich muß die Analyse des Bewußtseins mit der Setzung des tätigen Ich als eines sich erkennenden Ich begonnen werden. „Also das Setzen des Ich durch sich selbst ist die reine Tätigkeit desselben."[219]
Vom „Ich" spricht Fichte nicht in der ersten, sondern in der dritten Person. Er ist subjektiver Idealist, kein Solipsist. „An meine Person denke ich überall nicht"[220], schreibt Fichte in der Vorrede. Mit dem Terminus „Ich" drückt Fichte „das Idealische"[221] aus und erklärt das Wesen der Sache an einem einfachen Beispiel. Wenn in der Dunkelheit

der Ruf „Wer da?" und die Antwort „Ich bin es" zu vernehmen ist, so geht es um eine bestimmte Person. Wenn aber ein Schneider während einer Anprobe den Kunden mit einer Nadel sticht, und dieser ausruft: „Das bin doch ich, du hast mich gestochen!", dann ist die Rede nicht von einer konkreten Person, sondern davon, daß ein lebender Organismus berührt wurde. Das Ich (oder die Ichheit) und das Individuum sind unterschiedliche Begriffe.

Die meisten Menschen verstehen sich wohl als Individuum, nicht aber als aktiv handelnden Grund. „Die meisten Menschen würden leichter dahin zu bringen sein, sich für ein Stück Lava im Monde, als für ein *Ich* zu halten. Daher haben sie Kant nicht verstanden, und seinen Geist nicht geahnt."[222] Fichte ist überzeugt, daß er Kant folgt, nur weiter, als dieser geht.

Jede Tätigkeit setzt die Existenz nicht nur des Handelnden, sondern auch des diesem gegenüberstehenden, ihm entgegengesetzten, Gegenstandes voraus. Hieraus folgt der zweite Grundsatz der Wissenschaftslehre (und, wie Fichte meint, jedes Wissens): „So gewiß wird dem Ich schlechthin entgegengesetzt ein Nicht-Ich."[223] Auf diese Weise führt Fichte die Kategorie der Negation ein, neben der These entsteht die Antithese.

Der dritte Grundsatz der Wissenschaftslehre ist die dialektische Einheit des ersten und zweiten – des Setzens und der Negation, die Synthese von Ich und Nicht-Ich, die Identität von Subjekt und Objekt. Hierin sieht Fichte die Antwort auf die in der „Kritik der reinen Vernunft" formulierte Frage: „Wie sind synthetische Urteile a priori möglich?" Seine Antwort lautet: „Aber keine Synthesis ist möglich ohne eine vorhergegangene Antithesis, von welcher wir aber, insofern sie Handlung ist, abstrahieren, und bloß das Produkt derselben, das Entgegengesetzte, aufsuchen. Wir müssen demnach bei jedem Satze von Aufzeigung Entgegengesetzter, welche vereinigt werden sollen, ausgehen. – Alle aufgestellten Synthesen sollen in der höchsten Synthesis, die wir eben vorgenommen haben, liegen, und sich aus ihr entwickeln lassen. Wir haben demnach in den durch sie verbundenen Ich und Nicht-Ich, insofern sie durch dieselbe verbunden sind, übriggebliebene entgegengesetzte Merkmale aufzusuchen, und sie durch einen neuen Beziehungsgrund, der wieder in dem höchsten aller Beziehungsgründe enthalten sein muß, zu verbinden: in den durch diese erste Synthesis verbundenen Entgegengesetzten abermals neue Entgegengesetzte zu suchen, diese durch einen neuen, in dem erst abgeleiteten enthaltenen Beziehungsgrund zu verbinden; und dies fortzusetzen, so lange wir können; bis wir auf Entgegengesetzte kommen, die sich nicht weiter vollkommen verbinden lassen, und dadurch in das Gebiet des praktischen Teils übergehen."[224] In dieser Passage formuliert Fichte den Grundgedanken der Dialektik – die Aufspaltung des Einheitlichen in seine Gegensätze zwecks ihrer Wiedervereinigung auf höherem Niveau. Fichte deckt die in dem Begriff „Ich" enthaltenen Widersprüche, deren Lösung zur Entstehung immer neuer Begriffe führt, auf.

Die erste Synthese von Ich und Nicht-Ich, von Setzen und Negation, ergibt die Kategorie „Bestimmung". Das Ich wird durch das Nicht-Ich begrenzt, bestimmt. Das Ich befindet sich im Zustand des Leidens. Aber das Ich ist von Anfang an als reine Tätigkeit gesetzt. „Es wird in dem einen Satze bejaht, was in dem anderen verneint wird. Realität und Negation sind es demnach, die sich aufheben, und die sich nicht aufheben, sondern vereinigt werden sollen, und dieses geschieht durch Einschränkung oder Bestimmung."[225] Demnach ist das Ich gleichzeitig leidend und tätig. Der Widerspruch löst sich in einer neuen Synthese von Ich und Nicht-Ich auf. Die zweite Synthese ergibt die Kategorie der „Wechselbestimmung".

Die Notwendigkeit der dritten Synthese ergibt sich aus der Wechselbestimmung selbst. Das Nicht-Ich muß, wenn auch nur zum Teil, das Ich bestimmen, das heißt über Realität verfügen. Der erste Grundsatz aber sagt aus, daß das Ich alle Realität verkörpert. „Das Nicht-Ich hat, als solches, an sich keine Realität; aber es hat Realität, insofern das Ich leidet; vermöge des Gesetzes der Wechselbestimmung. Dieser Satz: das Nicht-Ich hat, soviel wir wenigstens bis jetzt einsehen, für das Ich nur insofern Realität, insofern das Ich affiziert ist; und außer der Bedingung einer Affektion des Ich hat es gar keine, ist nun der Folgen willen sehr wichtig."[226] Darüber hinaus kommt dem Nicht-Ich als solchem keine Realität zu.

Die dritte Synthese in der Wissenschaftslehre – das ist Fichtes Antwort auf Kants Frage nach dem Ding an sich, das unsere Sinne affiziert. Ohne solche Empfindungen ist keine Erkenntnis möglich. Fichte widerspricht dem nicht, er präzisiert nur: Die Sinnesdaten sind nicht das Ergebnis äußerer Einwirkung, sondern Selbstaffektion, Selbsterregung des Subjekts. Das Subjekt selbst setzt sich in den Zustand des Leidens.

Die dritte Synthese unterscheidet sich von den vorhergehenden dadurch, daß hier die Rollenverteilung nicht gleichgültig ist, sondern, im Gegenteil, streng vorgeschrieben: das heißt, wem Realität und Tätigkeit zukommt und wem in demselben Maße Negation und Leiden. Das ist die Synthese der Wirksamkeit (Kausalität). Die Ursache ist primär. Dasjenige, dem Leiden zugeschrieben wird, heißt das Bewirkte. Ursache und Bewirktes, in Verbindung gedacht, heißt eine Wirkung. „Ursache und Bewirktes sollen ja vermöge der synthetischen Einheit als Ein und ebendasselbe gedacht werden."[227] Hegel wird diesen Gedanken in der „Wissenschaft der Logik" aufgreifen.

Die vierte Synthese ergibt die Kategorie der Substanz. „Insofern das Ich betrachtet wird, als den ganzen, schlechthin bestimmten Umkreis aller Realitäten umfassend, ist es *Substanz*. Inwiefern es in eine nicht schlechthin bestimmte Sphäre (wie und wodurch sie bestimmt werde, bleibt vor der Hand ununtersucht) dieses Umkreises gesetzt wird, insofern ist es *akzidentell*; oder es ist in ihm ein Akzidens."[228] Fichte erläutert seinen Gedanken durch ein einfaches Beispiel: Licht und Finsternis unterscheiden sich ihrem Grad nach voneinander. „Finsterniß ist bloß eine sehr geringe Quantität von Licht. – Gerade so verhält es sich zwischen dem Ich, und dem Nicht-Ich."[229]

Ohne auf eine Reihe von (immer spitzfindiger werdenden) Überlegungen Fichtes einzugehen, wenden wir uns einer der wichtigsten Schlußfolgerungen, die eine Antwort auf Kants Antinomie der Unendlichkeit enthält, zu: „... keine Unendlichkeit, keine Begrenzung; keine Begrenzung, keine Unendlichkeit; Unendlichkeit und Begrenzung sind in Einem und eben demselben synthetischen Gliede vereinigt."[230]

Wie geht diese Vereinigung vor sich? Dank welcher Kraft

setzt sich das Ich als unendlich oder als endlich? Fichtes Antwort lautet: dank der Einbildungskraft. „Die Einbildungskraft setzt überhaupt keine feste Grenze; denn sie hat selbst keinen festen Standpunkt; nur die Vernunft setzt etwas Festes, dadurch, daß sie erst selbst die Einbildungskraft fixiert. Die Einbildungskraft ist ein Vermögen, das zwischen Bestimmung und Nicht-Bestimmung, zwischen Endlichem und Unendlichem in der Mitte schwebt."[231]

Mit diesen Überlegungen schließt Fichte den theoretischen Teil der Wissenschaftslehre ab und faßt zusammen: „Alle Schwierigkeiten, die sich uns in den Weg stellen, sind befriedigend gehoben. Die Aufgabe war die, die Entgegengesetzten, Ich und Nicht-Ich, zu vereinigen. Durch die Einbildungskraft, welche Widersprechendes vereinigt, können sie vollkommen vereinigt werden. – Das Nicht-Ich ist selbst ein Produkt des sich selbst bestimmenden Ich, und gar nichts Absolutes und außer dem Ich Gesetztes. Ein Ich, das sich setzt, *als* sich selbst setzend, oder ein *Subjekt* ist nicht möglich ohne ein auf die beschriebene Art hervorgebrachtes Objekt ... – Bloß die Frage, wie und wodurch der für Erklärung der Vorstellung anzunehmende Anstoß auf das Ich geschehe, ist hier nicht zu beantworten; denn sie liegt außerhalb der Grenze des theoretischen Teils der Wissenschaftslehre."[232]

Im theoretischen Teil der Wissenschaftslehre führte Fichte Beispiele für das theoretische Denken an, die, was ihre Flexibilität betrifft, über Kants hinausgingen. In der „Kritik der reinen Vernunft" waren die Kategorien der transzendentalen Logik nur aufgezählt worden, Fichte, darauf fußend, leitet sie aus der Entwicklung des Denkens ab, versucht sie in ein System zu bringen, indem er sich mutig des Prinzips der Identität der Gegensätze bedient. Er formuliert ein weiteres Problem, das ebenfalls an zentraler Stelle des „Systems des transzendentalen Idealismus" und der „Phänomenologie des Geistes" steht: Die Theorie des Denkens muß aus der Geschichte des Denkens gewonnen werden. „Die Wissenschaftslehre soll sein eine pragmatische Geschichte des menschlichen Geistes."[233]

Fichte hat es, nachdem er den theoretischen Teil abgeschlossen hat, nicht eilig, zum praktischen Teil der „Wissenschaftslehre" überzugehen. Er schlägt vor, um das erhal-

tene Resultat zu überprüfen, den Gedanken zum Ausgangspunkt der Untersuchung zurückzuführen. Gelangt der Gedanke von selbst zum Ausgangspunkt zurück, so bedeutet das, Ausgangsposition und Methode haben sich als richtig erwiesen.
Doch wie kann sich der Gedanke von selbst bewegen? Es ist der Weg seiner Selbstentwicklung, der Gang der Geschichte. Wenn die erste, bereits durchlaufene Reihe die künstliche philosophische Reflexion war, so ist nun die Rede von der natürlichen, ursprünglichen notwendigen Reflexion. Hegel wird dieses Problem – die Einheit von Historischem und Logischem und das damit verbundene Problem von Abstraktem und Konkretem – später aufgreifen und eindeutiger und präziser lösen können: Das Logische ist mit dem Historischen identisch, in der Logik und in der Geschichte geht die Bewegung vom Abstrakten zum Konkreten. Fichte sieht die Sache anders, er spricht von der Rückbewegung der Geschichte im Verhältnis zur logischen Analyse. Die Logik beginnt mit der Abstraktion und führt zum Konkreten (diese Termini finden sich bei Fichte nicht, doch der Gedankengang ist deutlich zu erkennen). Die Geschichte hat ihren Ausgangspunkt immer in etwas Konkretem, in der Totalität, die Abstraktion ist hier das Resultat, nicht der Ausgangspunkt.
Im Denken ist die ursprüngliche Konkretheit die unbewußte Einbildung, schreibt Fichte. Diese kennt weder Grenzen noch Regeln. In ihr sind die Gegensätze vereint. Der erste Versuch einer Ordnung, der erste Funke des Bewußtseins, die erste Begrenzung ist die Empfindung. Sie entsteht kraft des tätigen Charakters der Anschauung. In der „Kritik der reinen Vernunft" wurde dieses Problem nur angedeutet. Die Anwendung der Kantischen These von der Aktivität des Bewußtseins gegenüber der Wahrnehmung ist eines der großen Verdienste Fichtes. Die Identität der Gegensätze war Thema der Philosophie seit dem antiken Griechenland. Fichte hat hier nur eine alte Theorie aufgegriffen; der schöpferische Charakter der Sinneswahrnehmung hingegen ist eine Entdeckung, die Kant und Fichte zugeschrieben werden muß.
Über die Deduktion der Empfindung ist in der Arbeit Fichtes die Rede, die unmittelbar auf die „Wissenschaftslehre"

folgt: im „Grundriß des Eigentümlichen der Wissenschaftslehre" (1795). Die Entstehung der Empfindung leitet Fichte unmittelbar aus der Vereinigung entgegengesetzter Tätigkeiten, aus dem Widerstreit des Ich in sich selbst ab. Das Ich geht aus sich heraus und setzt etwas außer sich. „Hier zuerst löst sich, daß ich mich so ausdrücke, etwas von dem Ich; welches durch weitere Bestimmung sich allmählich in ein Universum mit allen seinen Merkmalen verwandeln wird. Die abgeleitete Beziehung heißt *Empfindung* (gleichsam Insichfindung)."[234]

In der „Kritik der reinen Vernunft" taucht flüchtig (von Kant nicht entwickelt) der Gedanke auf, daß es möglich sein könne, die Zeitreihe und die Raumverhältnisse aus der produktiven Einbildungskraft abzuleiten. Fichte entwickelt diesen Gedanken, wobei er sich der Kategorien Zufall und Notwendigkeit bedient. Der Raum ist die äußere Bedienung der Anschauung, für das anschauende Bewußtsein ist der Raum zufällig. (In der Tat, ich kann an diesem oder jenem anderen Ort sein.) Doch das Bewußtsein hängt immer von dem vorhergehenden Zustand ab, daher ist die Zeit eine notwendige Bedingung der Anschauung. Hieran ist eine wichtige Schlußfolgerung geknüpft: Es gibt kein Bewußtsein ohne Bewußtsein der Vergangenheit. Fichte drückte dies mit dem folgenden Aphorismus aus: „Es gibt gar keinen *ersten* Moment des Bewußtseins, sondern nur einen *zweiten*."[235]

Fichte behauptet, eine Propädeutik zur „Kritik der reinen Vernunft" geschrieben zu haben. Kant habe die Existenz der Anschauung und ihrer Formen – Raum und Zeit – nur behauptet, er hingegen habe sie begründet. „Das Eigentümliche der Wissenschaftslehre in Rücksicht der Theorie ist daher aufgestellt, und wir setzen unsern Leser für jetzo gerade bei demjenigen Punkte nieder, wo *Kant* ihn aufnimmt."[236]

Ein effektvoller, aber ungenauer Schluß. Denn im Laufe der natürlichen Selbstentwicklung, auf dem Rückwege zu sich selbst durchläuft der Gedanke das Stadium des Verstandes. Diesem wenden wir uns nun wieder zu. Die betreffenden Abschnitte der „Grundlage der gesamten Wissenschaftslehre" enthalten eine „Korrektur" Kants. In der „Kritik der reinen Vernunft" ist der Verstand ein tätiger Verstand,

Fichte aber stellt die Sache anders dar. „Der Verstand ist ein ruhendes, untätiges Vermögen des Gemüts, der bloße Behälter des durch die Einbildungskraft Hervorgebrachten und durch die Vernunft Bestimmten und weiter zu Bestimmenden; was man auch von Zeit zu Zeit über die Handlungen desselben erzählt haben mag."[237] Bei Fichte hat der Verstand nur die Funktion, die Errungenschaften der Anschauung zu verankern.

Eine neue Aktivität, so Fichte, kommt dem Bewußtsein erst in dem Stadium der Urteilskraft zu. Das ist die Fähigkeit, über Objekte zu reflektieren, die schon im Verstand gesetzt sind. Verstand und Urteilskraft bestimmen sich wechselseitig. „Nichts im Verstande, keine Urteilskraft; keine Urteilskraft, nichts im Verstande für den Verstand, kein Denken des Gedachten als eines solchen."[238]

Die höchste Synthese des Gedankens ist das absolute Abstraktionsvermögen, die Vernunft. Die Vernunft ist es, die das Ich bestimmt, von allem abstrahierend, wovon durch jenes Abstraktionsvermögen abstrahiert werden kann. Der Rückweg der natürlichen Reflexion führte uns zum Begriff des Ich, zum Ausgangspunkt des theoretischen Teils der Wissenschaftslehre. Demzufolge war der Ausgangspunkt richtig gewählt, und die Methode hat sich als richtig erwiesen. Der theoretische Teil der Wissenschaftslehre ist damit erschöpfend behandelt. Fichte leitet zum praktischen Teil über.

Bevor wir uns diesem zuwenden, müssen wir auf das Verhältnis Kants zu seinem Schüler eingehen.

Fichte schickte Kant regelmäßig seine Bücher zu, doch dieser las sie nicht. Über den Inhalt der „Wissenschaftslehre" erfuhr Kant aus einer Zeitschriftenrezension. Der Eindruck war nicht günstig; Kant zog den Schluß, die Spekulationen Fichtes erinnerten an die Jagd auf ein Gespenst; man denke, man habe es endlich erwischt, doch in den Händen sei nichts. Endlich las Kant Fichte selbst, und dadurch verstärkte sich sein Eindruck noch. Fichte sagte sich nicht etwa von Kant los, nein, im Gegenteil: er versicherte, daß sein System kein anderes als das System Kants sei – nur eben folgerichtiger. Es konnte der Eindruck entstehen, als vollende der Schüler das vom Lehrer begonnene Werk. Reinhold, begeisterter Kantianer, wechselte zu Fichte. Kant

nannte beide „hyperkritische Freunde", war außer sich vor Entrüstung, doch trat er öffentlich damit nicht hervor. Sein Schweigen war mißverständlich, es galt als Kapitulation, als Eingeständnis, daß er nichts einzuwenden habe.
Im Januar 1799 verlangte die „Erlanger Literaturzeitung" Aufklärung. Es erging von dort eine Aufforderung an Kant, hinsichtlich der Lehre Fichtes öffentlich Stellung zu nehmen. Kant antwortete kurz und unzweideutig, er erkläre hiermit, „daß ich Fichtes Wissenschaftslehre für ein gänzlich unhaltbares System halte. Denn reine Wissenschaftslehre ist nichts mehr oder weniger als bloße Logik, welche mit ihren Prinzipien sich nicht zum Materialen des Erkenntnisses versteigt, sondern vom Inhalte derselben als reine Logik abstrahiert, aus welcher ein reales Objekt herauszuklauben vergebliche und daher auch nie versuchte Arbeit ist."[239]
Man beachte: Kant bringt keine Einwände gegen den dialektischen Gedankengang seines Schülers vor. Das einzige, worauf Kant beharrt, ist die Unmöglichkeit, aus dem Subjekt an sich das Objekt herauszuklauben. Hierin hat er recht. Kant hatte die Achillesverse der von Fichte erarbeiteten Philosophie erkannt. Die kühne Überzeugung Fichtes, er habe Kants Theorie logisch zu Ende geführt und erschöpfend behandelt, erwies sich mit einemmal für viele verblüffend als Kurzschluß.
Dabei war sich Fichte über die schwache Seite seiner Wissenschaftslehre durchaus im klaren. Er überarbeitete sie ständig, um seine Konzeption des Objekts zu vervollkommnen, zu präzisieren, bis er später zu Positionen des objektiven Idealismus überging. Doch das geschah erst nach der Jahrhundertwende. Im Jahre 1797, zwei Jahre vor der Veröffentlichung der „Erklärung" Kants in der „Erlanger Literaturzeitung", nahm Fichte geringfügige Korrekturen vor, präzisierte sein Verhältnis zum Objekt. „Alles, dessen ich mir bewußt bin, heißt Objekt des Bewußtseins. Es gibt dreierlei Verhältnisse dieses Objekts zum Vorstellenden. Entweder erscheint das Objekt als erst hervorgebracht durch die Vorstellung der Intelligenz, oder, als ohne Zutun derselben vorhanden: und, im letzteren Falle, entweder als bestimmt auch seiner Beschaffenheit nach; oder als vorhanden lediglich seinem Dasein nach, der Be-

schaffenheit nach aber bestimmbar durch die freie Intelligenz.
Das erste Verhältnis kommt zu einem lediglich Erdichteten, es sei ohne Zweck, oder mit Zweck, das zweite einem Gegenstande der Erfahrung, das dritte nur einem einzigen Gegenstande, den wir sogleich aufweisen wollen."[240]
Dieses Zitat ist der „Ersten Einleitung in die Wissenschaftslehre" entnommen. Diese, im Jahre 1797 formulierte, Position ist mit der aus der „Grundlage der gesamten Wissenschaftslehre" (1794) nicht mehr identisch. Dort war noch vom Setzen des Objekts durch das Subjekt die Rede, jetzt sind beide von Anfang an gegeben, das Subjekt bringt das Objekt nicht hervor, sondern bearbeitet es nur. Von den von Fichte genannten drei Positionen kommt in der Geschichte der Philosophie die erste am deutlichsten in der Philosophie Berkeleys zum Ausdruck, nach Auffassung Kants auch in Maimons und Reinholds Philosophie; die zweite Position ist die des Materialismus, des „Dogmatismus" also. Fichte kritisiert an Kant, daß dieser seinen Prinzipien des transzendentalen Idealismus zuwiderhandle und zum Verfahren des Dogmatismus neige. Fichte selbst ist überzeut, nur er vertrete konsequent die Prinzipien des transzendentalen Idealismus.
Bei der Konzeption der Dinge an sich, die der Erkenntnis unzugänglich sind, war Kant davon ausgegangen, daß unsere Begriffe abstrakte Begriffe sind und daher nie ein komplexes Bild der Wirklichkeit vermitteln können.
Der Paragraph 77 der „Kritik der Urteilskraft" handelt davon, daß die Mittel der formalen Logik für die Erkenntnis des organischen Ganzen unzureichend sind und daß das gewöhnliche Verstandesdenken das Besondere vom Allgemeinen durch zufällige Merkmale unterscheidet. Dabei ist die Verbindung von Allgemeinem und Besonderem in jedem Organismus eine notwendige. Daher darf und muß man sich einen „anderen Verstand" vorstellen, der nicht diskursiv ist wie unserer, sondern intuitiv, der ausgeht vom synthetisch Allgemeinen (der Anschauung des Ganzen als solchen) zum Besonderen, das heißt vom Ganzen zu den Bestandteilen, und dessen Vorstellung vom Ganzen folglich die Zufälligkeit in der Verbindung der Teile ausschließt.
Das war seit jeher eine These Kants. Bereits 1772, im Brief

an M. Herz (das Datum gilt als Tag der Empfängnis von Kants philosophischem Hauptwerk), stellt Kant den gewöhnlichen diskursiven Intellekt einem intuitiven, dem intellectus archetypus, der die Urbilder der Sachen vorstellt, gegenüber. „Allein unser Verstand ist durch seine Vorstellungen weder die Ursache des Gegenstandes" – konstatiert Kant, macht aber eine Einschränkung: „außer in der Moral von den guten Zwecken"[241]. Eine wichtige Einschränkung.

Im Reich der Zweckmäßigkeit, in der Sphäre der Moral, nimmt der Mensch die Funktion des göttlichen Schöpfers an. Als ein lebendiger Organismus schafft er die Kultur und betrachtet das Werk seiner Hände, wobei er sich jenes anderen Verstandes, der Intuition, bedient.

Derart sind die Schlußfolgerungen aus der Kantischen Theorie. Fichte zog diese Schlußfolgerungen. Die Wissenschaftslehre, sagte er, stützt sich nicht auf das begriffliche Denken, sondern auf die Intuition, auf die Anschauung. Die Wissenschaftslehre, begreift nicht das Sein, sondern die eigene Handlung. Nach Fichte ist die intellektuelle Anschauung „das unmittelbare Bewußtsein, daß ich handle, und was ich handle: sie ist das, wodurch ich etwas weiß, weil ich es tue"[242]. Dieser für Fichte äußerst wichtige Gedanke findet sich in der „Zweiten Einleitung in die Wissenschaftslehre" (1797).

Doch wie kann man anschauen, wie kann man überhaupt einen Begriff schauen? Kant war der Auffassung, daß ein Philosoph dies, im Unterschied zu einem Mathematiker, nicht könne. Ein Mathematiker sei in der Lage, eine bildhafte Vorstellung für einen geometrischen Begriff zu finden, einen Begriff zu konstruieren.

Anfangs teilte Fichte Kants Meinung. Die Philosophie, schrieb Fichte an Franz Volkmar Reinhard am 15. Januar 1794, „kann nicht ... ihre Begriffe in der *Anschauung konstruieren* ... Wenn sie dies könnte, hätten wir keine Philosophie, sondern Mathematik"[243] – faßte er seinen Gedanken zusammen.

Doch nachdem Fichte die „Wissenschaftslehre" geschrieben hatte, gelangte er zu der Auffassung, daß eine Begriffskonstruktion auch in der Philosophie möglich sei. Der Mathematiker grenzt in seiner Konstruktion den Raum (oder die

Ebene) ein, der Philosoph unternimmt es, die Handlung einzugrenzen, und bildet auf diese Weise den Begriff des Rechts. Diese wichtige Schlußfolgerung Fichtes muß man sich merken.

In der „Zweiten Einleitung" unterstrich Fichte erneut, daß die Philosophie nicht vom Sein, sondern von der Handlung auszugehen habe, und „daß der Begriff des Seins gar nicht als ein *erster* und *ursprünglicher* Begriff angesehen, sondern lediglich als ein *abgeleiteter*, also nur als ein *negativer* Begriff betrachtet wird. Das einzige Positive ist dem Idealisten die Freiheit; Sein ist ihm bloße Negation der ersteren."[244] Das ist auch der Grund dafür, daß der dem praktischen vorangestellte theoretische Teil eigentlich der abgeleitete, untergeordnete und sekundäre Teil der „Wissenschaftslehre" ist.

Die Bedeutung des praktischen Teils der „Wissenschaftslehre" in den Grundzügen darstellend, schrieb Fichte: „Im theoretischen Teile der Wissenschaftslehre ist es uns lediglich um das *Erkennen* zu tun, hier um das *Erkannte*. Dort fragen wir: wie wird etwas gesetzt, angeschaut, gedacht usf., hier: *was* wird gesetzt? Wenn daher die Wissenschaftslehre doch eine Metaphysik, als vermeinte Wissenschaft der Dinge an sich, haben sollte, und eine solche von ihr gefordert würde, so müßte sie an ihren praktischen Teil verweisen. ... und wenn die Wissenschaftslehre gefragt werden sollte: wie sind denn nun die Dinge an sich beschaffen? so könnte sie nicht anders antworten als: so, wie wir sie machen sollen. Dadurch nun wird die Wissenschaftslehre keineswegs transzendent; denn alles, was wir auch hier aufzeigen werden, finden wir in uns selbst, tragen es aus uns selbst heraus."[245]

Der theoretische Teil ist folglich der Analyse der Formen des Wissens gewidmet, im praktischen geht es um den Inhalt des Wissens, und das ist nach Fichte nur die freie Tätigkeit des Menschen, die geistig-moralische und soziale Welt.

Doch wie steht es um die Natur, die Erde und den Kosmos? Handelt es sich auch hier um das entäußerte Wesen des Menschen? Fichte schreckt nicht vor extremen Erklärungen zurück. „Allein vom Menschen aus verbreitet sich *Regelmäßigkeit* rund um ihn herum bis an die Grenze seiner

Beobachtung – und wie er diese weiter vorrückt, wird Ordnung und Harmonie weiter vorgerückt ... Durch sie halten sich die Weltkörper zusammen, und werden nur *Ein* organisierter Körper; durch sie drehen die Sonnen sich in ihren angewiesenen Bahnen."[246]

Den entgegengesetzten Standpunkt, den Menschen als Naturprodukt zu nehmen, lehnt Fichte mit Entschiedenheit ab. Das ist eine schwache Seite seiner Lehre. Geringschätzung der Natur warfen ihm die Romantiker vor, Schelling schloß sich diesem Vorwurf an. Auch die Geschichte selbst begegnete Fichtes idyllischen Vorstellungen vom wohltätigen Einfluß des Menschen auf die Natur mit Hohn. Fichte vertrat die Auffassung, da, wo „er (der Mensch) hintritt, erwacht die Natur; bei seinem Anblick bereitet sie sich zu, von ihm die neue schönere Schöpfung zu erhalten ... in seinem Dunstkreise wird die Luft sanfter, das Klima milder, und die Natur erheitert sich durch die Erwartung, von ihm in einen Wohnplatz und in eine Pflegerin lebender Wesen umgewandelt zu werden"[247].

Man kann nicht sagen, ob Fichte heute noch diese Meinung vertreten würde: Die ökologische Krise, hervorgerufen durch den hemmungslosen Eingriff des Menschen in das Leben der Natur, führt jene Grenze von Fichtes Philosophie heute besonders deutlich vor Augen.

Die Grenze dieser Philosophie ist ihre Beschränkung auf die Geisteswelt des Menschen, die subjektive Seite der Wirklichkeit. Fichtes Philosophie kann kein wirkliches Objekt aufweisen; das ist auch der Grund dafür, daß die materielle Tätigkeit der Gesellschaft außerhalb ihrer Grenzen verbleibt. Karl Marx und Friedrich Engels kennzeichneten Fichtes Theorie als „metaphysisch transvestierten *Geist* in der *Trennung* von der Natur"[248].

Wie sieht, laut Fichte, das Geistesleben des Menschen aus? In der Abhandlung „Grundlage der gesamten Wissenschaftslehre" versucht der Philosoph von der Betrachtung der Erkenntnis zur Betrachtung des Erkennenden überzugehen, doch er kommt über das Versprechen, dies zu tun, nicht hinaus. Seine Aufmerksamkeit gilt nach wie vor der Beantwortung der Frage, wie das Objekt entsteht, wie die Sinne wirken usw. Was den Inhalt der menschlichen Tätigkeit ausmacht, können wir einer Arbeit entnehmen, die fast gleichzeitig mit der Abhandlung über die „Grundlage der gesamten Wissenschaftslehre" geschrieben wurde: „Über die Bestimmung des Gelehrten" (1794). In dieser Arbeit legt Fichte seine Auffassung über den Menschen, seine moralische und soziale Welt dar.

Die erste Vorlesung handelt von der Bestimmung des Menschen an sich. Der Mensch ist Selbstzweck, er hat sich selbst zu bestimmen, ohne unter Einwirkung von etwas anderem zu stehen. In diesem Sinne „ist der Mensch, weil er ist"[249]. Fichte predigt keinen Egozentrismus, er betrachtet den Menschen nicht losgelöst von anderen, von der Gesellschaft.

In der Ethik wie auch in der Erkenntnistheorie ist Fichte weder Solipsist noch Individualist, ihm geht es vielmehr darum, das Moment der Tätigkeit des Menschen hervorzuheben.

Der Mensch hat er selbst zu sein. Das Mittel, dieses Ziel zu erringen, ist die Kultur. Fichte hält jede Philosophie, jede Wissenschaft, die nicht der Selbstbetätigung des Menschen dient, für inhaltlos.

Der Mensch ist ein gesellschaftliches Wesen, er sucht seinesgleichen zum Zusammenleben. Der Mensch ist für die Gesellschaft bestimmt. Als Mensch handelt er seiner Bestimmung zuwider, wenn er isoliert von anderen lebt. Der Staat ist ein Mittel zur Schaffung einer vollkommenen Gesellschaft, der Staat wird letzten Endes aufhören zu existieren, der Zweck jeder Regierung ist, alle Regierung überflüssig zu machen. Fichte richtet seinen Blick in die ferne Zukunft. Es werden Myriaden von Myriaden Jahren vergehen, bis solches möglich wird. Doch Fichte ist der Überzeugung, daß das Menschengeschlecht diesen Punkt – wo alle Staatsverbindungen überflüssig sein werden – einmal erreichen wird.

Die Gesellschaft, in der er lebt, nennt er die niedere Stufe, der halben Menschheit oder auch der Sklaverei. Die Menschen sind noch nicht zum Gefühl ihrer Freiheit und Selbsttätigkeit gereift, denn sonst würden sie um sich herum nur freie Wesen sehen wollen. Rousseau sagte einst: „Mancher hält sich für einen Herrn anderer, der doch mehr Sklave ist als sie" – Fichte verbessert: „Jeder, der sich für einen Herrn anderer hält, ist selbst ein Sklave. Ist er es auch nicht immer wirklich, so hat er doch sicher eine Sklavenseele, und vor dem ersten Stärkeren, der ihn unterjocht, wird er niederträchtig kriechen."[250]

Wodurch ist die Ungleichheit unter den Menschen entstanden? Mit welchem Recht gibt es verschiedene Stände – fragt Fichte in der dritten Vorlesung. Eine moralische Rechtfertigung der Ungleichheit gibt es nicht und kann es nicht geben. Die völlige Gleichheit aller Mitglieder ist der letzte Zweck der Gesellschaft. Dank der Gesellschaft wird die physische Ungleichheit der Menschen, die auf die Natur zurückgeht, beseitigt. Da die Teilung in Stände existiert, muß der Mensch selbst wählen, welchem Stand er zugehören will, und muß selbst seinen Platz in der Gesellschaft bestimmen und seine Anlagen zugunsten des Gemeinwohls einsetzen.

Das letztgenannte ist für Fichte die Hauptsache. Der Mensch ist in und für die Gesellschaft geboren. „Das Gefühl unserer Würde und unserer Kraft steigt, wenn wir uns sagen, was jeder unter uns sich sagen kann: mein Dasein ist nicht vergebens und zwecklos, ich bin ein notwendiges Glied der großen Kette, die von Entwicklung des ersten Menschen zum vollen Bewußtsein seiner Existenz bis in die Ewigkeit hinausgeht; alles, was jemals groß und weise und edel unter dem Menschen war – diejenigen Wohltäter des Menschengeschlechts, deren Namen ich in der Weltgeschichte aufgezeichnet lese, und die mehreren, deren Verdienste ohne ihre Namen vorhanden sind – sie alle haben für mich gearbeitet; – ich bin in ihre Ernte gekommen; – ich betrete auf der Erde, die sie bewohnten, ihre segenverbreitenden Fußtapfen. Ich kann, sobald ich will, die erhabene Aufgabe, die sie sich aufgegeben hatten, ergreifen, unser gemeinsames Brudergeschlecht immer weiser und glücklicher zu machen; ich kann da fortbauen, wo sie aufhören mußten; ich kann den herrlichen Tempel, den sie unvollendet lassen mußten, seiner Vollendung näher bringen."[251]

Vom Fortschritt der Wissenschaften, schreibt Fichte, hängt die Entwicklung des Menschengeschlechts ab. Aus diesem Grunde wendet er sich an die Gelehrten, erläutert ihnen ihre Bestimmung, der Gesellschaft zu dienen. Der Gelehrte kann mehr Nutzen bringen als irgend jemand anders. Den

Menschen muß man nicht durch Worte, sondern durch Taten erziehen. Gebt ein gutes Beispiel – ruft Fichte den Gelehrten zu, ihr seid das Salz der Erde.

Wir erinnern uns, daß Kant sich gegenüber der Wissenschaft und den Wissenschaftlern zurückhaltender geäußert hatte. Rousseau folgend, hatte er die Widersprüche des gesellschaftlichen und wissenschaftlichen Fortschritts erkannt, hatte gewarnt vor einer Akkumulation des Wissens ohne Rücksicht darauf, ob es der Menschheit Nutzen bringe. Fichte glaubt an die Allmacht des Wissens; noch läßt er Kants Auffassung unkommentiert. Rousseau hingegen wird von Fichte vorgeworfen, Faulheit und Nichtstun zu propagieren. Was die gesellschaftlichen Widersprüche betrifft, so zweifelt Fichte daran, daß sie einzuschränken und zu beheben seien. Seine größte Hoffnung setzt er auf den Staat, von seiner Aufhebung (und sei es auch erst in ferner Zukunft) spricht er nicht mehr, ihn beschäftigt von nun an die philosophische Begründung einer Staats- und Rechtswissenschaft.

Zu jener Zeit hatte Kant dies noch nicht in Angriff genommen: Seine „Metaphysik der Sitten" wird erst ein Jahr nach Fichtes „Grundlage des Naturrechts nach Prinzipien der Wissenschaftslehre" (1796), eine Darlegung von Fichtes praktischer Philosophie der Frühphase, veröffentlicht. Wenden wir uns der Abhandlung „Grundlage des Naturrechts nach Prinzipien der Wissenschaftslehre" zu.

Fichte unterstreicht erneut die gesellschaftliche Natur des Menschen. „Der Begriff des Menschen ist sonach gar nicht Begriff eines einzelnen, denn ein solcher ist undenkbar, sondern der einer Gattung."[252] Der Begriff „Individualität" ist ein Wechselbegriff, er ist nicht nur mein, sondern auch sein, ein gemeinschaftlicher Begriff. Meine Individualität findet in der eines anderen ihre Ergänzung. Der Mensch wird nur unter Menschen zum Menschen.

Das Recht ist eine notwendige Bedingung der Existenz freier Wesen in der Gesellschaft. Willst du frei sein, so mußt du deine Freiheit durch den Begriff der Freiheit anderer eingrenzen. Auf diese Weise bildet sich ein Rechtsverhältnis heraus.

Wenn Fichte in den „Beiträgen zur Berichtigung der Urteile des Publikums über die Französische Revolution" das

Recht als Sonderfall der Moral betrachtet hatte, so stellt er nun Recht und Moral einander gegenüber.

In der Ethik ist Fichte noch rigoroser als Kant. Kant sagte, daß jeder Mensch sich selbst Zweck sei. Fichte widerspricht: Der Mensch ist nur Werkzeug des Sittengesetzes. „Jedem sind alle anderen außer ihm Zweck; nur ist es keiner sich selbst ... Er ist Zweck, als *Mittel*, die Vernunft zu realisieren ... dazu allein ist er da; und wenn dies nicht geschehen sollte, so brauchte er überhaupt nicht zu sein."[253]

Das Sittengesetz ist kategorisch verpflichtend, das Recht dagegen gestattet es nur, sich auf bestimmte Weise zu verhalten. Zuweilen widerspricht die Moral dem Recht, verbietet es uns, von unserem Recht Gebrauch zu machen. Wir sind berechtigt, jeden Rechtsbrecher zu bestrafen, doch aus moralischen Gründen nehmen wir hiervon Abstand.

Die Moral hat den guten Willen zur Voraussetzung, für das Recht sind die Beweggründe gleichgültig, es kann sogar in einer Gesellschaft realisiert werden, die sich aus Bösewichten zusammensetzt.

Das Recht ist sozial, die Moral individuell. Es hat keinen Sinn, von Recht zu sprechen, wenn der Mensch allein den Naturdingen gegenübersteht. In diesem Falle reguliert sein Gewissen allein sein Verhalten zur Erde, den Naturdingen, Rohstoffen und Lebewesen. Sobald neben einem Menschen ein anderer auf den Plan tritt, bildet sich ein Rechtsverhältnis heraus.

Das Recht erscheint immer in der äußeren, sinnlich wahrnehmbaren Welt. Ein bloß in Gedanken ausgeführtes Verbrechen ist nicht strafbar. Gedanken und Gefühle gehören der Sphäre der Moral an. Da das Recht reale Verhältnisse der sinnlich wahrnehmbaren Welt abbildet, ist es nur auf lebende Menschen anwendbar. Die moralischen Verpflichtungen gelten nicht nur für die Lebenden, sondern auch für jene, die nicht mehr in dieser Welt weilen.

Das unterscheidet nach Fichtes Auffassung das Recht von der Moral. Faßt man zusammen, so besteht der grundlegende Unterschied darin, daß die Moral geistig ist, der Geltungsbereich des Rechts aber die materiale Welt ist. Fichtes praktische Philosophie beginnt mit der Theorie des Rechts, die Lehre von der Moral schließt sie ab. Eine Gesellschaft

von Wesen mit einer hohen Moral bedarf keines Rechts. Doch eine solche Gesellschaft existiert noch nicht. Dem Recht kommt vorläufig die Priorität zu. Dieser Gedanke von der Priorität des Rechts im Hinblick auf die Moral ist genial.
Vor allem historisch gesehen trifft Fichtes Meinung zu: Das Moralbewußtsein als innere Überzeugung entstand auf der Grundlage rein äußerer, gesellschaftlich festgelegter Verbote. Dieser Gedanke ist für die Erziehung von Bedeutung; bei der Bildung moralischer Imperative läuft der gleiche Prozeß ab, von der äußerlichen Regel zum inneren Gebot. Die „Kritik der praktischen Vernunft" handelte ausschließlich von der Ethik. In der „Metaphysik der Sitten" (1797) ist anfangs vom Recht und erst dann von der Sittlichkeit die Rede. Ob Kant von Fichte beeinflußt war oder von sich aus ein solches Herangehen wählte (und Fichte die Logik des Kantischen Gedankenganges erfaßte), ist schwer zu sagen.
Fichtes Rechtstheorie wird zum wichtigsten Glied der „Wissenschaftslehre": sie enthält den Versuch, die Grundfrage der Philosophie zu lösen, in der Rechtssphäre geht das Ideelle ins Materielle über, entstehen die materiellen Gegenstände. Fichte hat keine Philosophie der Natur, die Moral bildet sich als Gegenstand von Rechtsverhältnissen zwischen Individuen heraus. Und auch der Begriff des Individuums taucht bei Fichte erstmals im Rahmen seiner Rechtsphilosophie auf. Davor war nur vom absoluten Ich die Rede, vom allgemeinen formalen Prinzip der Tätigkeit, jetzt steht uns ein völlig bestimmter Mensch gegenüber, der seine Individualität in erster Linie als seine Körperlichkeit versteht.
Während der Arbeit an den „Grundlagen des Naturrechts" schrieb Fichte im Sommer 1795 an Jacobi: „Mein *absolutes Ich* ist offenbar nicht das *Individuum*; so haben beleidigte Höflinge und ärgerliche Philosophen mich erklärt, um mir die schändliche Lehre des praktischen Egoismus anzudichten. Aber *das Individuum muß aus dem absoluten Ich deduziert werden.* Dazu wird die Wissenschaftslehre im Naturrecht ungesäumt schreiten. Ein endliches Wesen – läßt durch Deduktion sich dartun – kann sich nur als Sinnenwesen in einer Sphäre von Sinnenwesen denken."[254]

Das absolute Ich setzt sich als Individuum und als Organismus nicht auf logischem, sondern auf praktischem Wege. Und noch ein wichtiger Umstand: Wenn Fichte sagt, daß die Anschauung das Anschaubare hervorbringt, so ist das nicht als göttlicher Schöpfungsakt zu verstehen. „Die Materie ist ihrem Wesen nach unvergänglich: sie kann weder vernichtet, noch kann neue hervorgebracht werden."[255] Wird das Setzen der Materie durch den Geist von Fichte als ursprünglich gegebene Koexistenz beider erklärt?

Doch Fichte verzichtet bei der Lösung eines anderen Problems nicht auf Gott. Das Rechtsbewußtsein ist das Ergebnis der Erziehung. Wer aber erzog unsere Urelten, das erste Menschenpaar? Da sie die ersten Menschen waren, konnte es nicht ein Mensch gewesen sein. Erzieher konnte in diesem Falle nur ein anderes vernünftiges Wesen, ein Geist sein: „ganz so, wie es eine alte ehrwürdige Urkunde vorstellt, welche überhaupt die tiefsinnigste, erhabenste Weisheit enthält, und Resultate aufstellt, zu denen alle Philosophie am Ende doch wieder zurück muß"[256].

Rousseau hatte seinerzeit auf den Unterschied zwischen dem „Allgemeinwillen" und dem „Willen aller" hingewiesen. Fichte beruft sich auf ihn. Der Allgemeinwille bestimmt die juristischen Gesetze. Das Gesetz bedarf nicht der Summe der Einzelwillen als Existenzgrundlage. Der Einzelwille kann wohl das Gesetz verletzen, es aber nicht brechen, nicht aufheben. Das Gesetz bleibt ungeachtet einzelner Rechtsverletzungen in Kraft. Hier liegt auch die Antwort auf das von Fichte aufgeworfene dialektische Problem: „Wie mag doch ein Gesetz gebieten, dadurch daß es nicht gebietet, Kraft haben, dadurch daß es gänzlich zessiert, eine Sphäre begreifen, dadurch daß es dieselbe nicht begreift?"[257]

Fichte, der Antinomien mit seinem scharfen Geist zu analysieren vermochte, erkannte den Widerspruch im Begriff des Rechts selbst. In der Tat, aus dem Begriff der freien Persönlichkeit folgt mit Notwendigkeit die Freiheit der anderen. Letztere fordert die Einschränkung der Rechte des einzelnen, ihre Übergabe an eine höhere Instanz. Freiheit hat die Aufhebung der Freiheit zur Voraussetzung.

Die Auflösung dieser Antinomie besteht nach Fichte in folgendem: Erstens müssen die Gesetze solche Garantien der

Freiheit enthalten, daß diese von jeder Person als die eigenen angenommen werden können. Zweitens müssen sich die einzelnen Personen dem Gesetz unterwerfen. Das Gesetz muß eine Macht sein.

Den Regierungsformen maß Fichte keine Bedeutung bei. Ob man der Monarchie oder der Republik den Vorzug gebe, sei kein Problem der Philosophie, sondern der Politik. Mit aller Entschiedenheit sprach Fichte sich gegen die Demokratie aus, er nannte sie eine widerrechtliche Einrichtung. Das ganze Volk könne nicht die Funktion der Machtausübung auf sich nehmen. Fichte war andererseits auch über die Möglichkeiten, die eine Despotie bietet, besorgt; obwohl er ein Gegner der Machtteilung war, vertrat er die Auffassung, daß eine oberste, über der Macht stehende, Kontrollinstanz, die vom Volk bestimmt wird und periodisch wechselt, eine Garantie gegen die Despotie sein könnte. Diese Instanz habe nur eine Funktion, nämlich gesetzwidrige Maßnahmen der Regierung mit einem Verbot zu belegen. „Wo das Ephorat noch nicht eingeführt ist, oder, weil die mehreren noch Barbaren sind, nicht eingeführt werden kann, ist sogar die erbliche Repräsentation die zweckmäßigste, damit der ungerechte Gewalthaber, der Gott nicht scheuet und kein menschliches Gericht zu scheuen hat, wenigstens die Rache fürchte, die durch alle seine Vergehungen sich über seine vielleicht schuldlose Nachkommenschaft häuft, und dem notwendigen Gange der Natur nach ganz sicher auf ihr Haupt fallen wird."[258] Man meint, Fichte sei historisch schlecht bewandert gewesen; die Monarchen waren weder um ihre Erben besorgt, noch hatten sie Skrupel, diese zu ermorden.

Fichte führt das zuvor von ihm selbst aus der Rechtstheorie ausgetriebene Moralprinzip wieder ein, zeigt, daß das Recht der Unterstützung durch die Moralität bedarf und daß ohne die ständige Wechselwirkung mit der Moralität das Rechtsbewußtsein auf wankendem Boden steht.

Fichtes Verhältnis zur Revolution ist ambivalent. Einerseits behauptet er, daß weder den Regierenden noch den Untergebenen das Recht zukomme, den Staatsvertrag einseitig aufzukündigen. Andererseits spricht er vom Volk als von der höchsten staatlichen Instanz sowie davon, daß eine Volkserhebung immer gerecht sei. Dem Staat liegen drei

Verträge zugrunde, drei Arten bürgerlicher Verhältnisse – der Eigentumsvertrag, der Schutzvertrag und der Vereinigungsvertrag. Ohne Eigentum kein Bürger, jeder muß über ein Minimum an Lebensgütern verfügen, damit er seine Familie ernähren kann. Sind solche Bedingungen nicht gegeben, wird der Mensch elend. Jeder muß von seiner Arbeit leben können, und der Staat hat die dafür erforderlichen Bedingungen zu schaffen. Wenn ein Volk keine Kleidung kennt, ist es lächerlich, vom Recht auf das Schneiderhandwerk zu reden. Recht kann nur sein, was zu verwirklichen ist. Aus diesem Grunde kontrolliert der Staat das Wirtschaftsleben und die Eigentumsverhältnisse.

Der Schutzvertrag wird durch den Eigentumsvertrag abgesichert. Der Mensch verpflichtet sich, sich nicht am Eigentum des anderen zu vergreifen und es auch gegen mögliche Angriffe zu verteidigen. Der Vereinigungsvertrag verbindet die ersten zwei Verträge, garantiert ihre Handlungsfähigkeit. Der einzelne wird Teil eines organisierten Ganzen, des bürgerlichen Staates. Fichte kennt niemanden, der bereits vor ihm die bürgerlichen Beziehungen als organische gekennzeichnet hätte. „Gleichwie im Naturprodukte jeder Teil, was er ist, nur in dieser Verbindung sein kann, und außer dieser Verbindung dies schlechthin nicht wäre; ... ebenso enthält der Mensch nur in der Staatsverbindung einen bestimmten Stand in der Reihe der Dinge."[259]

Fichte tritt für die staatliche Regulierung des Wirtschafts- und gesellschaftlichen Lebens ein. Im Jahre 1800 veröffentlichte er sein Buch „Der geschloßne Handelsstaat". Diese Arbeit ist als Ergänzung zur Rechtstheorie gedacht. Mit dem „Geschloßnen Handelsstaat" haben die etatistischen Bestrebungen des Philosophen ihren Höhepunkt erreicht.

In Fichtes vernünftigem Staat gibt es drei Hauptstände: die Produzenten, beschäftigt mit der Gewinnung der Naturprodukte; die Künstler, das heißt die städtischen Handwerker, und die Kaufleute. Der Staat reguliert die Verhältnisse zwischen den Ständen und legt die Anzahl der darin beschäftigten Personen fest. Die Anzahl der Produzenten hängt von der Produktivität der Landwirtschaft ab. „Wenn z. B. in einem Staate ein Produzent durch die ihm anzumutende Arbeit Nahrung für zwei Personen und Stoff zur Verarbeitung beinahe für einen gewinnen könnte, so dürfte in diesem Staate auf jeden Produzenten ein Nichtproduzent, d. h. hier vorläufig ein Künstler, Kaufmann, Mitglied der Regierung, des Lehr- oder Wehrstandes, gerechnet werden."[260]

Die Regierung legt die Preise fest, kontrolliert nicht nur die Produktion, sondern auch den Handel mit dem Ausland. Der Außenhandel ist ein Monopol des Staates. Deshalb wird im Staat ein besonderes Papiergeld eingeführt, das durch Waren gedeckt ist und im Ausland nicht in Umlauf gegeben werden kann. Über das Weltgeld, das Gold, verfügt allein der Staat, der damit Bereicherung durch Valutaspekulation unmöglich macht. In Fichtes idealem Staat dient alles dem Ganzen, und jeder erhält seinen gerechten Anteil am gesellschaftlichen Reichtum. Niemand bereichert sich auf Kosten anderer, und niemand lebt im Elend.

Fichte schließt das Recht auf Grundeigentum aus. „Die Erde ist des Herrn; des Menschen ist nur das Vermögen, sie zweckmäßig anzubauen und zu benutzen."[261] Die Erde wird den Produzenten in persönlichen Besitz übergeben, der Verkauf von Land ist untersagt.

Ist es berechtigt, Fichtes Utopie zu den sozialistischen zu rechnen? Fichte selbst gebrauchte diesen Begriff nicht. Einige bürgerliche Autoren, darunter Wilhelm Windelband, zählen Fichte zu den Sozialisten. Doch damit kann man nicht einverstanden sein; für die Herausbildung des utopischen Sozialismus stehen solche Namen wie Saint-Simon, Fourier, Owen. In Fichte kann man bestenfalls einen Wegbereiter jener Art von sozialistischer Literatur sehen, die Marx und Engels als „reaktionären Sozialismus" kennzeichneten. Auf Fichte trifft die folgende, dem „Kommunistischen Manifest" entnommene Einschätzung zu: „So hatten für die deutschen Philosophen des 18. Jahrhunderts die Forderungen der ersten französischen Revolution nur den Sinn, Forderungen der ‚praktischen Vernunft' im allgemeinen zu sein, und die Willensäußerungen der revolutionären französischen Bourgeoisie bedeuteten in ihren Augen die Gesetze des reinen Willens, des Willens, wie er sein muß, des wahrhaft menschlichen Willens."[262]

In dem Maße, in dem die Französische Revolution durch die absteigende Phase ihrer Entwicklung gekennzeichnet war, die revolutionären Truppen des Konvents sich zu Okkupationstruppen wandelten, verdrängten in Fichtes „praktischer Vernunft" konservative und reaktionäre die radikalen Auffassungen. In der Abhandlung über das Naturrecht teilt Fichte noch Kants Hoffnung auf einen „Ewigen Frieden", im „Geschloßnen Handelsstaat" hingegen finden wir eine Apologie der Expansion. Hier eine typische Äußerung Fichtes: „Es ist von jeher das Privilegium der Philosophen gewesen, über die Kriege zu seufzen. Der Verfasser liebt sie nicht mehr, als irgendein anderer; ... Soll der Krieg aufgehoben werden, so muß der Grund der Kriege aufgehoben werden. Jeder Staat muß erhalten, was er durch Krieg zu erhalten beabsichtigt, und vernünftigerweise allein beabsichtigen kann, seine natürlichen Grenzen."[263] Wie hat man sich aber zu verhalten, wenn nicht nur ein Staat, sondern mehrere auf ein und dieselben „natürlichen Grenzen" Anspruch erheben? Auf diese Frage gibt Fichte keine Antwort. Die von der Geschichte gegebene Antwort läßt sich an den Weltkriegen ablesen. Die Phrasen von „natürlichen Grenzen" dienten immer dazu, den aggressiven Charakter von Gebietsforderungen zu vertuschen.

Seinem inneren Erscheinungsbild nach ähnelt Fichtes „vernünftiger Staat" eher einer Polizeikaserne. „Die Hauptmaxime jeder wohleingerichteten Polizei ist notwendig folgende: *jeder Bürger muß allenthalben, wo es nötig ist, sogleich anerkannt werden können, als diese oder jene bestimmte Person:* keiner muß den Polizeibeamten unbekannt bleiben können. Dies ist nur auf folgende Weise zu erreichen. Jeder muß immerfort einen Paß bei sich führen, ausgestellt von seiner nächsten Obrigkeit, in welchem seine Person genau beschrieben sei; und dies ohne Unterschied des Standes. Möge, da die bloß wörtlichen Beschreibungen einer Person immer zweideutig bleiben, bei wichtigen Personen, die es sonach auch bezahlen können, statt der Beschreibung ein wohlgetroffenes Porträt im Passe befindlich sein. Kein Mensch werde an irgendeinem Orte aufgenommen, ohne daß man den Ort seines letzten Aufenthalts, und ihn selbst durch diesen Paß genau kenne."[264] Der Gerechtigkeit halber sei aber hinzugefügt, daß Fichte „heimliche Überwachung und Auflauer" als klein, niedrig und unmoralisch ablehnte.[265]

Fichte war weit davon entfernt, die staatliche Regulierung

der Geburtenrate zu fordern (wie es in einigen Utopien aus dem 18. Jahrhundert der Fall war), doch einige Vorstellungen über Ehe und Familie gingen in die „Grundlage des Naturrechts" ein. Fichte formuliert zweierlei Normen der Geschlechterbeziehung – eine für den Mann, die andere für die Frau, und gibt folgende philosophische Begründung dafür: „Der Charakter der Vernunft ist absolute Selbsttätigkeit: bloßes Leiden um des Leidens willen widerspricht der Vernunft und hebt sie gänzlich auf. Es ist sonach gar nicht gegen die Vernunft, daß das erste Geschlecht die Befriedigung seines Geschlechtstriebes als Zweck sich vorsetze, da er durch Tätigkeit befriedigt werden kann: aber es ist schlechthin gegen die Vernunft, daß das zweite die Befriedigung des seinigen sich als Zweck vorsetze, weil es sich dann ein bloßes Leiden zum Zwecke machen würde."[266]

Die Ehe ist eine Vereinigung zweier Personen beiderlei Geschlechts zur Befriedigung ihres Triebes. Zur Ehe zwingen darf man nicht. Der Staat gewährleistet ihre Freiwilligkeit. Eine außereheliche Geschlechtsbeziehung widerspricht den Moral-, nicht aber den Rechtsnormen. Prostitution ist untersagt; Personen, denen dieses Vergehen nachgewiesen wird, werden des Landes verwiesen.

In der Ehe hat sich die Frau dem Mann völlig unterzuordnen. Der Ehebruch der Frau vernichtet notwendig das eheliche Verhältnis. Der Ehebruch des Mannes dagegen zeugt nur von einem Fehlverhalten, führt nicht notwendig zum Auseinanderfallen der Familie. Es ist unsinnig, betont Fichte, die Bürger- und Menschenrechte der Frau einzuschränken sowie danach zu fragen, ob die Frau als vollwertiger Mensch anzusehen sei. Auch ihren geistigen Fähigkeiten nach ist die Frau dem Manne ebenbürtig. Sie in den Staatsdienst zu übernehmen, ist unzulässig, weil sie nur so lange unabhängig ist, solange sie unverheiratet ist. In der Ehe ist sie dem Manne untertan. In seiner Haltung zum schönen Geschlecht ist Fichte nicht über die Auffassungen eines Philisters hinausgekommen. Auch das erklärt, warum sich viele von ihm abwandten. Fichte bemerkte nicht, wie das Leben selbst alte Vorstellungen außer Kraft setzte. Die Revolution in Frankreich brachte hervorragende Frauen hervor. In Deutschland entfaltete sich die Romantik, in der der Frau eine besondere Stellung eingeräumt wurde.

1799 mußte Fichte Jena im Ergebnis des sogenannten „Antheismusstreites" verlassen. Ein Jahr zuvor war in dem von Fichte mitherausgegebenen „Philosophischen Journal" ein Artikel aus der Feder Friedrich Karl Forbergs erschienen. Der Titel des Artikels lautete: „Die Entwickelung des Begriffs der Religion". Unter Religion verstand Forberg das sittliche Verhalten des Menschen. Spekulative Begriffe von Gott als einem übernatürlichen, absoluten Wesen widersprächen der Religion oder seien ihr gleichgültig.
Fichte teilte Forbergs Auffassung nicht, entschloß sich aber als überzeugter Anhänger der Pressefreiheit zur Veröffentlichung des Artikels. Forbergs Artikel stellte Fichte einen eigenen Artikel „Über den Grund unseres Glaubens an eine göttliche Weltregierung" voran. Fichte polemisierte darin gegen Forbergs Zweifel am Dasein Gottes. „Es ist daher ein Mißverständnis, zu sagen: es sei zweifelhaft, ob ein Gott sei oder nicht. Es ist gar nicht zweifelhaft, sondern das Gewisseste, was es gibt, ja der Grund aller andern Gewißheit, das einzige absolut gültige Objektive, daß es eine moralische Weltordnung gibt, daß jedem vernünftigen Individuum seine bestimmte Stelle in dieser Ordnung angewiesen und auf seine Arbeit gerechnet ist; ... Resultat ist von diesem Plane, daß ohne ihn kein Haar fällt von seinem Haupte."[267]
In dieser Haltung – bemerkt G. Tewsadse – ist nicht die Anerkennung der moralischen Weltordnung und nicht die göttliche Lenkung der Welt von Bedeutung, sondern die Begrenzung der Freiheit des Menschen durch Gott. Wenn Fichte sechs Jahre zuvor Gott als Entäußerung des Subjekts bestimmt hatte, so war von nun an Gott für ihn die einzige absolut reale Objektivität. Der Streit zwischen Forberg und Fichte entbrannte als Streit zwischen einem skeptischen Atheisten und einem Theisten, der sich vom subjektiven Idealismus losgesagt hatte. Doch in einer anonymen Broschüre wurde sowohl gegen Fichte als auch gegen Forberg der Vorwurf des Atheismus erhoben.[268] Fichte sah sich in einem Lager mit seinem Opponenten. Als er sich verteidigte, hob er die Meinungsverschiedenheiten mit Forberg nicht hervor, sondern wies nach, daß es sich auch bei Forberg nicht um einen Atheisten handele.
Die Broschüre wurde im Kurfürstentum Sachsen verbreitet, die Regierung in Weimar davon in Kenntnis gesetzt. Das

hatte ein an die sächsischen Universitäten Leipzig und Wittenberg gerichtetes Reskript mit der Weisung zur Folge, die Auflage der Nummer des „Philosophischen Journals" zu konfiszieren. An Weimar erging die Forderung nach Bestrafung der Herausgeber. Fichte wurde vorgeschlagen, sich zu erklären, man wollte die Angelegenheit in aller Stille aus der Welt schaffen, das Oberkonsistorium in Dresden besänftigen, aber auch die beiden Beschuldigten vor Angriffen schützen. Fichte trug den Streit in die Öffentlichkeit. Er antwortete mit zwei Schriften[269], von denen eine gereizter war als die andere. Fichte behauptete, daß er nicht wegen Atheismus, sondern wegen seines Demokratismus und Jakobinismus Verfolgungen ausgesetzt sei. Darauf drohte man ihm mit einer Rüge. Fichte entgegnete, auf eine Rüge werde sein Rücktrittsgesuch folgen. Ende März 1799, die Rüge war ausgesprochen und das Rücktrittsgesuch angenommen, ging Fichte nach Berlin.

Soweit über die Ereignisse, die eine Wende in den Überzeugungen Fichtes einleiteten und den Abschluß der ersten Phase der Wissenschaftslehre bildeten. In Berlin revidierte Fichte seine Auffassungen grundlegend. Diese Revision entsprach neuen Tendenzen im deutschen Geistesleben.

KAPITEL 4
Die Rückkehr zur Natur

1. Goethe.
Der Streit über die künstlerische Methode

Goethe sagte von sich, er habe für Philosophie im eigentlichen Sinne kein Organ; dennoch befand sich die Philosophie stets im Mittelpunkt seines theoretischen Interesses. Das gesamte Werk des Dichters und Wissenschaftlers ist von tiefgründigen Überlegungen durchdrungen, bei denen es sich nicht um zufällige, auf die Lektüre dieses oder jenes Buches zurückgehende Gedanken oder, um einen Ausdruck Goethes selbst zu gebrauchen, um die zwangsläufigen Verallgemeinerungen eines Philosophen „sans le savoir" handelt, sondern um eine selbständige, durch ihre Gründlichkeit bestechende philosophische Theorie, die, wenn auch nicht in systematischer Form dargelegt, in das geistige Leben Deutschlands eingegangen ist und bis auf den heutigen Tag nichts an Bedeutung eingebüßt hat.

Es ist nicht leicht, Goethes Platz in der Geschichte der klassischen deutschen Philosophie zu bestimmen. Alexander Herzen sah ihn zwischen Fichte und Schelling. „Wieder ganz zum Leben erwachen, war für den Idealismus nach Kant unmöglich – es gelang höchstens in irgendwelchen vereinzelten, anomalen Erscheinungen; alles beugte sich vor der genialen Macht dieses Denkers. Aber diese Auffassung war schwer zu ertragen; da war die starke, stoische Brust Fichtes, aber auch die konnte sie nicht aushalten; die Unmöglichkeit absoluten Wissens legte eine unüberschreitbare Grenzlinie zwischen die Menschen und die Wahrheit. An einer solchen Auffassung kann man den Verstand verlieren, in Verzweiflung geraten. Herder und Jacobi bemühten sich, die Ideen, die ihnen lieb und wert waren, aus dem von Kant verursachten Schiffbruch zu retten, aber das Gefühl ist eine schlechte Stütze im logischen Kampf; schließlich fand sich eine diamantene Brust, die ruhig und ohne viel Lärm der kritischen Philosophie ihren tiefen Realismus entgegenstellte – das war Goethe. ... Nach Goethe erklang aus der Mitte der abstrakten Wissenschaft eine Stimme, die

die Wahrheit als Einheit von Sein und Denken definierte; diese Stimme verwies die Philosophie auf die Natur als eine notwendige Ergänzung, als auf ihren Spiegel. Es war ein Schauspiel von feierlichem Triumph, die Menschheit in Gestalt ihrer fortgeschrittensten Männer auf die Erde zurückkehren zu sehen – in Gestalt eines Dichter-Denkers und eines Denker-Dichters, die sich an die liebvertraute Brust der gemeinsamen Mutter lehnten."[270] Der Dichter-Denker ist Goethe, der Denker-Dichter Schelling.

Goethe war Augenzeuge der Herausbildung des Fichteschen Systems, einer Theorie, die Elemente enthielt, die Goethe durchaus hätten imponieren können (denken wir nur an den Ausspruch Fausts „Am Anfang war die Tat!" und vergleichen wir diesen mit dem in der „Wissenschaftslehre" entwickelten Prinzip der Tätigkeit). Goethe schätzte an Fichte den glänzenden Redner, geistvollen Gesprächspartner sowie dessen eigenwilligen und schöpferischen Geist. Die subjektiv-idealistische Grundlage des Fichteschen Systems blieb Goethe fremd und rief nur seinen Spott hervor. „Dieser Goethe", erzählte Schopenhauer, „war so ganz Realist, daß es ihm durchaus nicht zu Sinn wollte, daß die Objekte als solche nur da seien, insofern sie von dem erkennenden Subjekt vorgestellt werden. Was! sagte er mir einst, mit seinen Jupiteraugen mich anblickend, das Licht sollte nur da sein, insofern *Sie* es sehn? Nein! Sie wären nicht da, wenn das Licht *Sie* nicht sähe."[271] Chronologisch betrachtet, machte Goethe früher auf sich aufmerksam als Fichte, vom logischen Standpunkt her überwand er mit seiner Philosophie das System Fichtes.

Goethes Einstellung zur Lehre Kants war von tiefer Achtung geprägt. Auf Eckermanns Frage, welchen der neueren Philosophen er für den vorzüglichsten halte, antwortete Goethe: „Kant ist der vorzüglichste, ohne allen Zweifel. Er ist auch derjenige, dessen Lehre sich fortwirkend erwiesen hat und die in unsere deutsche Kultur am tiefsten eingedrungen ist. Er hat auch auf Sie gewirkt, ohne daß Sie ihn gelesen haben. Jetzt brauchen Sie ihn nicht mehr, denn was er Ihnen geben konnte, besitzen Sie schon." Noch wichtiger erscheint die Antwort auf Eckermanns Zwischenfrage nach dem persönlichen Verhältnis Goethes zu Kant: „Aus eigener Natur ging ich einen ähnlichen Weg als er."[272]

Sich hiervon zu überzeugen, fällt nicht schwer. Obgleich Goethe die „Kritik der reinen Vernunft" nicht studierte, hat er sich ihren Geist zu eigen gemacht. Selbst dort, wo Goethe Kant Vorwürfe macht, wiederholt er in Wirklichkeit dessen Gedankengang. In einem Begleitbrief zur „Kurzen Vorstellung der Kantischen Philosophie", die Goethe an die Erbgroßherzogin Maria Pawlowna von Sachsen-Weimar sandte, schrieb er: „Im § 3 scheint mir ein Hauptmangel zu liegen, welcher im ganzen Laufe jener Philosophie merklich geworden. Hier werden als Hauptkräfte unseres ‚Vorstellungsvermögens' *Sinnlichkeit, Verstand* und *Vernunft* aufgeführt, die *Phantasie* aber vergessen, wodurch eine unheilbare Lücke entsteht. Die Phantasie ist die vierte Hauptkraft unseres geistigen Wesens, sie suppliert die Sinnlichkeit, unter der Form des Gedächtnisses, sie legt dem Verstand die Welt-Anschauung vor, unter der Form der Erfahrung, sie bildet oder findet Gestalten zu den Vernunftideen und belebt also die sämtliche Menscheneinheit, welche ohne sie in der Untüchtigkeit versinken müßte.

Wenn nun die Phantasie ihren drei Geschwisterkräften so Dienste leistet, so wird sie dagegen durch diese lieben Verwandten erst ins Reich der Wahrheit und Wirklichkeit eingeführt. Die Sinnlichkeit reicht ihr rein umschriebene, gewisse Gestalten, der Verstand regelt ihre produktive Kraft, und die Vernunft gibt ihr die völlige Sicherheit, daß sie nicht mit Traumbildern spiele, sondern auf Ideen gegründet sei."[273]

Oft wird die zitierte Passage als Beispiel für Goethes Kritik an Kant angegeben,[274] und Goethe selbst hat sie auch so gemeint. Doch liest man die „Kritik der reinen Vernunft" und denkt sich in sie hinein, so stellt man fest, daß Goethe lediglich „selbständig den gleichen Weg wie Kant zurücklegte", sich dessen aber im vorliegenden Fall nicht bewußt war. Das Wesen der von Kant in der Philosophie vollzogenen „kopernikanischen Wende" bestand gerade darin, daß er die Einbildungskraft in die Erkenntnistheorie einführt.

Hinsichtlich der Ästhetik war Goethe seine Nähe zu Kant selbst bewußt. „Nun aber kam die ‚Kritik der Urteilskraft' mir zuhanden, und dieser bin ich eine höchst frohe Lebensepoche schuldig. Hier sah ich meine disperatesten Beschäftigungen nebeneinandergestellt, Kunst- und Naturerzeugnisse eins behandelt wie das andere; ästhetische und theologische Urteilskraft erleuchteten sich wechselweise. Wenn auch meine Vorstellungsart nicht eben immer mit dem Verfasser sich zu fügen möglich werden konnte, wenn hie und da etwas zu vermissen schien, so waren doch die großen Hauptgedanken des Werks meinem bisherigen Schaffen, Tun und Denken ganz analog."[275]

Seine eigene philosophische Auffassung bezeichnete Goethe als hylozoistisch. Sie bildete sich unter dem Einfluß Spinozas und im Zuge der selbständigen Beschäftigung mit den Naturwissenschaften heraus, denen sich der Dichter besonders in Weimar zuwandte. Im Jahre 1784 entdeckte Goethe den Zwischenkieferknochen beim Menschen; er teilte dies jedoch nur einem kleinen Freundeskreis mit. In den neunziger Jahren arbeitete er die Prinzipien der Metamorphose der Pflanzen aus, beschäftigte sich mit Optik und vergleichender Anatomie. An seine philosophischen Auffassungen dieser Zeit erinnerte er sich später so: „Man kann sich keine isolierteren Menschen denken, als ich damals war und lange Zeit blieb. Der Hylozoismus, oder wie man es nennen will, dem ich anhing und dessen tiefen Grund ich in seiner Würde und Heiligkeit unberührt ließ, machte mich unempfänglich, ja unleidsam gegen jene Denkweise, die eine tote, auf welche Art es auch sei, auf- und angeregte Materie als Glaubensbekenntnis aufstellte. Ich hatte mir aus Kants Naturwissenschaft nichts entgehen lassen, daß Anziehungs- und Zurückstoßungskraft zum Wesen der Materie gehören."[276]

Unter Natur verstand Goethe immer ein sich entwickelndes Ganzes. „Natur! Wir sind von ihr umgeben und umschlungen – unvermögend, aus ihr herauszutreten, und unvermögend, tiefer in sie hineinzukommen. Ungebeten und ungewarnt nimmt sie uns in den Kreislauf ihres Tanzes auf und treibt sich mit uns fort, bis wir ermüdet sind und ihrem Arme entfallen.

Sie schafft ewig neue Gestalten; was da ist, war noch nie, was war, kommt nicht wieder – alles ist neu, und doch immer das Alte.

Wir leben mitten in ihr und sind ihr fremde. Sie spricht unaufhörlich mit uns, und verrät uns ihr Geheimnis nicht. Wir wirken beständig auf sie, und haben doch keine Gewalt über sie."²⁷⁷

So lautet der Anfang eines mit „Natur" überschriebenen Aufsatzes, der lange Zeit für eine Arbeit Goethes gehalten wurde. Der Dichter selbst war im Alter dieser Auffassung, obgleich der Aufsatz, von fremder Hand geschrieben, von Goethe im Jahre 1782 lediglich für die Veröffentlichung durchgesehen worden war. Hier dominiert ein ehrfurchtsvolles Verhalten gegenüber der „Urmutter", das Bestreben, ihre Geheimnisse zu ergründen. Von einer Unterjochung der Natur kann keine Rede sein. Der Mensch ist ihr gegenüber taktvoll. Seiner Kräfte ist er sich nicht bewußt.

Es ist interessant, daß der alte Goethe, obwohl er den Artikel für seine eigene Arbeit hielt, eine kritische Haltung dazu einnahm. Seiner Meinung nach fehlte dem Artikel „die Anschauung der zwei großen Triebräder aller Natur: der Begriff von *Polarität* und von *Steigerung*, jene der Materie, insofern wir sie materiell, diese ihr dagegen, insofern wir sie geistig denken, angehörig; jene ist im immerwährenden Anziehen und Abstoßen, diese in immerstrebendem Aufsteigen. Weil aber die Materie nie ohne Geist, der Geist nie ohne Materie existiert und wirksam sein kann, so vermag auch die Materie sich zu steigern, so wie sichs der Geist nicht nehmen läßt, anzuziehen und abzustoßen."²⁷⁸

Wie muß sich ein Künstler zur Natur verhalten? Goethe warnt ihn vor einer „bloßen Nachahmung der Natur": im Idealfall hat man allenfalls nur zwei Möpse für einen. „Der Nachahmer verdoppelt nur das Nachgeahmte, ohne etwas hinzuzutun oder uns weiterzubringen. Er zieht uns in das einzige höchst beschränkte Dasein hinein, wir staunen über die Möglichkeit dieser Operation, wir empfinden ein gewisses Ergötzen; aber recht behaglich kann uns das Werk nicht machen, denn es fehlt ihm die Kunstwahrheit als schöner Schein."²⁷⁹ Die einfache Nachahmung kann nur Vorhof der Kunst sein.

Der Künstler schreitet weiter, von einem Individuum zum nächsten, studiert die Varietäten, so daß „zuletzt nicht mehr das Geschöpf, sondern der Begriff des Geschöpfs vor ihm stünde ... Durch jene Operation möchte allenfalls ein Kanon entstanden sein, musterhaft, wissenschaftlich schätz-

bar, aber nicht befriedigend fürs Gemüt."²⁸⁰ Die wahre Kunst ist damit noch nicht geboren.
Sie entsteht erst dann, wenn der Künstler den „Weg zurück" antritt. Der Künstler „möchte jene frühere Neigung, die er zum Individuo gehegt, wieder genießen, ohne in jene Beschränktheit zurückzukehren, und will auch das Bedeutende, das Geisterhebende nicht fahren lassen. Was würde aus ihm in diesem Zustande werden, wenn die Schönheit nicht einträte und das Rätsel glücklich löste! Sie gibt dem Wissenschaftlichen erst Leben und Wärme, und indem sie das Bedeutende, Hohe mildert und himmlischen Reiz darüber ausgießt, bringt sie es uns wieder näher. Ein schönes Kunstwerk hat den ganzen Kreis umlaufen; es ist nun wieder eine Art Individuum, das wir uns zueignen können."²⁸¹ (Goethe beschreibt hier die Methode der Typisierung in der Kunst. Er gebraucht diesen Terminus nicht, erfaßt jedoch das Wesen. Das Typische bezeichnete er als das Symbolische.) „Das ist die wahre Symbolik, wo das Besondere das Allgemeinere repräsentiert, nicht als Traum und Schatten, sondern als lebendig-augenblickliche Offenbarung des Unerforschlichen."²⁸²
Somit durchläuft die Kunst den Weg vom Einzelnen zum Allgemeinen und vom Allgemeinen zum Ebenbild des Einzelnen, dem Besonderen – gerade diese Kategorie fungiert als Mittler zwischen den zwei Extremen –, dem Leben und seiner abstrakten Widerspiegelung.
Das „Durchschreiten" dieses Weges ist lediglich eine Metapher. Der Theoretiker Goethe fordert vom Künstler, daß das Besondere nicht als gesonderte Konstruktion, geschaffen zwecks Verkörperung des Begriffs, erzeugt wird, sondern gleichzeitig mit diesem, ohne dazwischengeschobene Reflexion. (Inwieweit der Künstler Goethe dieser Regel folgte, ist ein anderes Thema.) „Mein Verhältnis zu Schiller gründete sich auf die entschiedene Richtung beider auf *einen* Zweck, unsere gemeinsame Tätigkeit auf die Verschiedenheit der Mittel, wodurch wir jenen zu erreichen strebten.
Bei einer zarten Differenz, die einst zwischen uns zur Sprache kam und woran ich durch eine Stelle seines Briefes wieder erinnert werde, machte ich folgende Betrachtungen.

Es ist ein großer Unterschied, ob der Dichter zum Allgemeinen das Besondere sucht oder im Besonderen das Allgemeine schaut. Aus jener Art entsteht Allegorie, wo das Besondere nur als Beispiel, als Exempel des Allgemeinen gilt; die letztere aber ist eigentlich die Natur der Poesie, sie spricht ein Besonderes aus, ohne ans Allgemeine zu denken oder darauf hinzuweisen. Wer nun dieses Besondere lebendig fasst, erhält zugleich das Allgemeine mit, ohne es gewahr zu werden oder erst spät."[283] Schillers Name wird nicht zufällig erwähnt. Und es geht auch nicht um eine „zarte Differenz", sondern um das Wesentliche einer Meinungsverschiedenheit zwischen beiden großen Dichtern, die im Verlauf ihrer Zusammenarbeit beigelegt werden konnte. Bei der erwähnten Stelle aus dem Briefwechsel handelt es sich sicher um den Brief vom 16. August 1797, in dem Goethe die poetische Stimmung schildert, die er beim Anblick „gemeiner Gegenstände" empfindet. „Ich habe daher die Gegenstände, die einen solchen Effekt hervorbringen, genau betrachtet und zu meiner Verwunderung bemerkt, daß sie eigentlich symbolisch sind. Das heißt, wie ich kaum zu sagen brauche, es sind eminente Fälle, die, in einer charakteristischen Mannigfaltigkeit, als Repräsentanten von vielen anderen dastehen, eine gewisse Totalität in sich schließen, eine gewisse Reihe fordern, Ähnliches und Fremdes in meinem Geiste aufregen und so von außen wie von innen an eine gewisse Einheit und Allheit Anspruch machen."[284]

Schiller widersprach Goethe in seinem Brief vom 7. September 1797: „Sie drücken sich so aus, als wenn es hier sehr auf den Gegenstand ankäme, was ich nicht zugeben kann. Freilich der Gegenstand muß etwas *bedeuten*, so wie der poetische etwas *sein* muß; aber zuletzt kommt es auf das *Gemüt* an, ob ihm ein Gegenstand etwas bedeuten soll, und so däucht mir das Leere und Gehaltreiche mehr im Subjekt als im Objekt zu liegen. Das Gemüt ist es, welches hier die Grenze steckt, und das Gemeine oder Geistreiche kann ich auch hier wie überall nur in der Behandlung, nicht in der Wahl des Stoffes finden."[285]

Die Differenz wurde nicht weiter ausgetragen, jeder blieb bei seinem Standpunkt; Goethe wollte „die Rechte der Natur nicht verkürzt wissen"[286], Schiller ging es um das „Evangelium der Freiheit", die Aktivität der Erkenntnis, die ihm (und Kant) so wichtig war. Diese betrachtet Goethe als Vorrecht der Wissenschaft. Der Wissenschaftler schreitet, wie auch der Künstler, vom Einzelnen zur Verallgemeinerung. Ihre Ausgangspositionen sind demnach identisch, jedoch unterscheiden sich die Ergebnisse. Die Tätigkeit des Künstlers mündet in „eine Art Individuum", in ein sichtbares, deutliches Bild, das Ziel der Wissenschaft ist das „reine Phänomen", das heißt die Gedanken-Konstruktion.

Im Aufsatz „Erfahrung und Wissenschaft" (1798) unterscheidet Goethe drei Arten von Wissen. 1. Das empirische Phänomen – eine Erscheinung, der jeder Mensch in der Natur gewahr wird; 2. Das wissenschaftliche Phänomen – eine Erscheinung, die sich unter anderen als den zuerst bekannt gewesenen Umständen und Bedingungen wiederholt; 3. Das reine Phänomen – Resultat aller Erfahrungen und Versuche, das nie isoliert existieren kann, sich in der stetigen Folge der Erscheinungen zeigt.

Das reine oder Urphänomen bildet das Ziel der Erkenntnis. „Denn der Beobachter (sieht) nie das reine Phänomen mit Augen ... Um es darzustellen, bestimmt der menschliche Geist das empirisch Wankende, schließt das Zufällige aus, sondert das Unreine, entwickelt das Verworrene, ja entdeckt das Unbekannte."[287]

Das reine Phänomen bezeichnet Goethe auch als Typ. Im Ergebnis seiner Beschäftigung mit vergleichender Anatomie formulierte Goethe die Aussage über den einheitlichen Typ des Skeletts der Säugetiere. „Sollte es denn aber unmöglich sein", fragte Goethe, „da wir einmal anerkennen, daß die schaffende Gewalt nach einem allgemeinen Schema die vollkommeneren organischen Naturen erzeugt und entwickelt, dieses Urbild wo nicht den Sinnen, doch dem Geiste darzustellen, nach ihm, als nach einer Norm, unsere Beschreibungen auszuarbeiten und, indem solche von der Gestalt der verschiedenen Tiere abgezogen wäre, die verschiedensten Gestalten wieder auf sie zurückzuführen?"[288]

Seine Antwort lautete: „Wie nun aber ein solcher Typus aufzufinden, zeigt uns der Begriff desselben schon selbst an: die Erfahrung muß uns die Teile lehren, die allen Tieren gemein und worin diese Teile bei verschiedenen Tieren

verschieden sind, alsdann tritt die Abstraktion ein, sie zu ordnen und ein allgemeines Bild aufzustellen."[289]
Entsprechend Goethes Lehre vom „Urphänomen" vermag der Mensch im Besonderen unmittelbar das Allgemeine zu erkennen. Dieses Erkenntnisvermögen geht über die bloße Sinneserkenntnis hinaus; es handelt sich hierbei um ein intellektuelles Vermögen. Die Befähigung dazu bezeichnete Goethe als anschauende Urteilskraft.
So lautet auch die Überschrift eines kleineren Aufsatzes (1817) von Goethe, der die Untersuchung des berühmten Paragraphen 77 der „Kritik der Urteilskraft" zum Inhalt hat. Goethe, durch die Antithetik Kants verunsichert, gibt zu, „es wollte mir manchmal dünken, der köstliche Mann verfahre schalkhaft ironisch, indem er bald das Erkenntnisvermögen aufs engste einzuschränken bemüht schien, bald über die Grenzen, die er selbst gezogen hatte, mit einem Seitenwink hinausdeutete"[290]. Kaum haben wir, grausam in die Enge getrieben, uns die Position, daß der Verstand immer diskursiv zu sein habe, angeeignet, werden wir mit den liberalsten Äußerungen des Meisters über die Möglichkeit eines intuitiven Verstandes konfrontiert.
Kant ging dabei nicht über die Formulierung der Frage hinaus. Fichte, so erinnern wir uns, schuf auf dieser Grundlage die Lehre von der intellektuellen Anschauung als menschlicher Tätigkeit. Goethe hingegen versuchte eine Methode der intellektuellen bildhaften Erkenntnis auszuarbeiten, wobei er davon ausging, daß diese in den Naturwissenschaften anwendbar sei. Dabei war er davon überzeugt, daß das Wesentliche an seiner Methode die Befähigung sei, zu schauen. „Ich sehe sie vor Augen"[291], sagte er über seine Meinungen. Wie wir uns bereits überzeugen konnten, ist das Wichtigste des von Goethe beschriebenen Erkenntnisverfahrens die Erkenntnis des „Typus", des „Urphänomens", die Befähigung zur Bild- und Gedanken-Konstruktion.
Anzumerken ist, daß Goethe Schiller von der Richtigkeit seiner Position auf dem Gebiet der Wissenschaft überzeugen konnte. Nachdem Schiller den Aufsatz „Erfahrung und Wissenschaft" vom Autor erhalten hatte, stimmte er zu, daß die Vorstellung der drei Phänomene das Problem erschöpfend behandle. Das Auffinden des Phänomens in seiner rei-

nen Form führt zum objektiven Naturgesetz; erfaßt das Objekt in seinem Wirkungsfeld, befreit es von der blindwirkenden Kraft und stattet den menschlichen Geist mit aller rationalen Freiheit aus, indem es ihn von jeglicher Willkür befreit.

Die von Goethe vorgeschlagene Methode erhielt in der Folgezeit die Bezeichnung „Typologisierung" in der Wissenschaft. Diese Methode bedeutet Konstruktion logischer Formen, die reale, aber nicht in reiner Form existierende Verhältnisse widerspiegeln. Dies trifft nicht nur auf die organische, sondern in erster Linie auf die soziokulturelle Welt zu (Max Webers „Idealtypen"), deshalb findet die Typologisierung vorrangig in den Humanwissenschaften ihre Anwendung. Einer ähnlichen Methode bedient sich auch die Kunst. Die Typologisierung in der Kunst besteht auch in der Konstruktion künstlerischer Formen, die das Leben schematischer wiedergeben, als es das typische Bild vermag. Auch Goethe bediente sich dieser künstlerischen Methode (man denke nur an den „Faust"); das Verdienst, sie theoretisch begründet zu haben, kommt jedoch Schiller zu. Im berühmten Aufsatz „Über naive und sentimentalische Dichtung" (1795) untersucht Schiller „die zwei einzig möglichen Arten, wie sich überhaupt der poetische Genius äußern kann"[292].

Das Problem zweier möglicher Formen künstlerischer Verallgemeinerung wurde von Lessing im Zusammenhang mit der Analyse der zwei Bedeutungen des Terminus „allgemeiner Charakter" aufgeworfen. Schiller ging von dem Gedanken Kants aus, daß der ästhetische Genuß eine bestimmte Nicht-Übereinstimmung zwischen künstlerischer Darstellung und dargestelltem Gegenstand erfordere. (Wenn eine Übereinstimmung eintrete, so schwinde die ästhetische Emotion, und es bleibe eine moralische oder intellektuelle.) Ungeachtet dessen könne aber der Künstler die vollkommene Wiedergabe der Realität beabsichtigt haben. Dichtung dieser Art nannte Schiller „naiv". Die Dichtung des anderen Typs nannte er „sentimentalisch"; sie erschöpfe sich in Reflexionen über die Eindrücke, die der Gegenstand hervorruft. Mit beiden vertrage sich „ein hoher Grad menschlicher Wahrheit"[293].

Es ist nicht die Rede von einem Vergleich zwischen alter

und moderner Kunst, von einer Unterscheidung nach Genres, es ist die Rede davon, ob weltanschauliche Gedanken mittelbar oder unmittelbar in das Kunstwerk einfließen. Ja, es können sogar in einem Kunstwerk beide Arten von Dichtung vertreten sein. Beiden komme gleiches Existenzrecht zu, keine sei als die höhere Form anzusehen. „Wir haben auch in neuern, ja sogar in neuesten Zeiten naive Dichtungen in allen Klassen, wenngleich nicht mehr in ganz reiner Art, und unter den alten lateinischen, ja selbst griechischen Dichtern fehlt es nicht an den sentimentalischen. Nicht nur in demselben Dichter, auch in demselben Werke trifft man häufig beide Gattungen vereinigt an, wie z. B. in ‚Werthers Leiden'."[294] Sich selbst charakterisierte Schiller als zutiefst sentimentalischen Dichter.

Schillers Aufsatz „Über naive und sentimentalische Dichtung" (1795), der Aussagen über die „Dichotomie" der Dichtkunst enthält, kann als Replik auf Goethes Aufsatz „Einfache Nachahmung der Natur, Manier, Stil" (1789) angesehen werden. Einfache Nachahmung – das ist ein sklavisches Kopieren der Natur. Manier – das ist die subjektive Sprache in der Kunst, in welcher sich der Geist des Sprechenden unmittelbar ausdrückt und bezeichnet. Der „Stil ruht auf den tiefsten Grundfesten der Erkenntnis, auf dem Wesen der Dinge, insofern uns erlaubt ist, es in sichtbaren und greiflichen Gestalten zu erkennen"[295]. Goethe akzeptierte alle drei Kunstmethoden, hielt jedoch den „Stil" für die höchste und vollkommenste. Im Grunde hatte Goethe die Dreiteilung überhaupt nur vorgenommen, um den Vorrang einer Methode zu begründen.

Doch wurde Goethes Überzeugung durch Schillers Arbeit „Über naive und sentimentalische Dichtung" erschüttert. Goethe nahm die von Schiller vorgeschlagene Kompromißlösung einer „Dichotomie" der Künste begeistert auf, sah darin „den ersten Grund zur ganz neuen Ästhetik"[296], kehrte jedoch später mitunter zu seiner ursprünglichen Auffassung zurück. Die von Schiller vorgenommene Einteilung der Dichtung in zwei Arten ist relativ, man kann nicht einzelne Dichter in eine der zwei Rubriken einordnen. So ist Goethe, Schillers Klassifizierung folgend, mal „naiv", mal „sentimentalisch", er wendet sowohl die Typisierung als auch die Typologisierung an, beide Methoden ver-

schmelzen bei ihm zu einem einheitlichen Ganzen – dienen der Hervorbringung einer künstlerischen Form, ohne die die Existenz der Kunst undenkbar ist.
Das Problem der Kunstmethode sowie die von Schiller vorgeschlagene Dichotomie war Diskussionsthema bei den bedeutendsten Vertretern der klassischen deutschen Philosophie. Der These von der Gleichberechtigung beider Methoden stimmte Herder zu, Wilhelm von Humboldt akzeptierte und präzisierte sie, Hegel lehnte sie ab. Schelling stimmte ihr, nach anfänglicher Ablehnung, zu. Was Fichte betrifft, so war er nicht nur bei der Geburt der Schillerschen Dichotomie anwesend, sondern kann in gewissem Maße sogar als Geburtshelfer dieser Theorie bezeichnet werden. Da dieser Sachverhalt in der Literatur bisher nicht untersucht wurde, wollen wir die Aufmerksamkeit des Lesers auf dieses Problem lenken.
Anfang Sommer des Jahres 1795 schickte Fichte an Schiller den Anfang des Aufsatzes „Von Geist und Buchstab der Philosophie", der für die Veröffentlichung in den „Horen" vorgesehen war. Bis dahin war Fichte bereits einmal mit einer kleineren Publikation in diesem Journal hervorgetreten, nun war aber eine umfangreichere Arbeit geplant. Sie blieb unvollendet: Schiller sandte den ersten Teil, versehen mit kritischen Bemerkungen, an den Verfasser zurück. Seine Einwände betrafen die übermäßige Länge des Aufsatzes, den schlechten Stil; Schiller kritisierte weiter, daß der Artikel nicht, der Überschrift entsprechend, der Philosophie gewidmet sei, sondern der Kunst, und noch dazu ein Thema abhandle, das er selbst in den „Briefen über die ästhetische Erziehung", nur in gänzlich anderer Weise, bereits behandelt habe. Bei Schiller liegt das ästhetische Verhalten in der Mitte zwischen dem sinnlichen und dem geistigen. Fichte hingegen stellt, streng nach Kants „Kritiken", das Ästhetische zwischen die reine und die praktische Vernunft. Fichte, so scheint es, korrigierte Schillers Schlußfolgerungen, gab ihnen eine streng-philosophische Form und griff so in gewissem Sinne der neuen Arbeit Schillers, die gerade im Entstehen war, vor.
Der von Fichte übersandte Teil schloß mit Bemerkungen über die zwei Arten künstlerischen Schöpfertums. „Es giebt Künstler, die ihre Begeisterung auffassen und festhalten,

unter den Materialen um sich herum suchen, und das geschickteste für den Ausdruck wählen; die unter der Arbeit sorgfältig über sich wachen; die zuerst den Geist fassen, und dann den Erdklos suchen, dem sie lebendige Seele einhauchen. Es giebt auch andere, in denen der Geist zugleich mit der körperlichen Hülle geboren wird, und aus deren Seele zugleich das ganze volle Leben sich losreisst. Die ersteren erzeugen die gebildetsten, berechnetsten Producte, deren Theile alle das feinste Ebenmaaß unter sich und zum Ganzen halten: aber das feinere Auge kann in der Zusammenfügung des Geistes und des Körpers hier und da die Hand des Künstlers bemerken. In den Werken der letzteren sind Geist und Körper, wie in der Werkstätte der Natur, innigst zusammengeflossen, und das volle Leben geht bis in die äußersten Theile; aber wie an den Werken der Natur entdeckt man hier und da kleine Auswüchse, deren Absicht man nicht angeben kann, die mann aber nicht wegnehmen könnte, ohne dem Ganzen zu schaden. Von beiden Arten hat unsere Nation Meister."[297]

Schiller kam weder in seinem ersten noch in seinem zweiten Brief an Fichte auf diesen Absatz in Fichtes Artikel zu sprechen. Er ließ aber bezeichnenderweise eine Abschrift des Aufsatzes anfertigen und nahm dabei die Abschrift der genannten Textstelle selbst vor. Es scheint, daß er die Diskussion um die Lösung des Problems so lange vermeiden wollte, bis er seine eigene Position, die von der Fichtes abwich, endgültig in einem Aufsatz fixiert hatte. Bis auf den heutigen Tag werden als Gründe für die Kollision zwischen Fichte und Schiller ausschließlich psychologische Motive benannt. Es ist ergiebiger, den entstandenen Konflikt unter dem Aspekt jenes Streits um die Methode in der Kunst zu verfolgen, der, wenn auch nicht öffentlich in der Presse ausgetragen, noch lange die Gemüter bewegte.

2. Die Brüder Humboldt

Wilhelm von Humboldt (1767–1835) und sein jüngerer Bruder Alexander (1769–1859) vertraten beide keine eigene theoretische Richtung. Der Erstgenannte, ein Humanwissenschaftler, späterer Staatsmann und bedeutender Sprachwissenschaftler, unterschied sich von seinem Bruder, dem Naturforscher und Weltreisenden, nicht nur durch sein Interessengebiet, sondern auch durch das Herangehen an den Gegenstand der Untersuchung. Wilhelm von Humboldt wandte sich (in dem von uns untersuchten Zeitraum) der Anthropologie, der Staatstheorie sowie der Ästhetik zu, blieb aber im Bereich der Theorie. Alexander von Humboldt war Naturforscher und Anhänger der empirischen Untersuchung. Und dennoch gab es Gemeinsamkeiten in ihrer Denkart. Beide verkörperten in ihrer Person die für Deutschland Ende des 18. Jahrhunderts typische Belebung des Interesses an der Natur, an einer durch die Naturwissenschaft gebrochenen Problemsicht, am Menschen. Beide zeigten lebhaftes Interesse für die Arbeit des anderen; der Aufsatz Alexanders über die unterirdischen Gasarten wurde mit einem von Wilhelm geschriebenen Vorwort herausgegeben. Beide sahen im vorrevolutionären Georg Forster ihren Freund und Mentor.

Wilhelm von Humboldt knüpfte mit seinen „Ideen zu einem Versuch, die Grenzen der Wirksamkeit des Staats zu bestimmen" (1792) an die Kantsche Anthropologie und Rechtstheorie an. Er berief sich auf den natürlichen Verlauf der gesellschaftlichen Entwicklung, richtete seine Kritik gegen den despotischen Staat und dessen Einmischung in das Privatleben der Menschen: „Die besten menschlichen Operationen sind diejenigen, welche die Operationen der Natur am getreuesten nachahmen. Nun aber bringt der Keim, welchen die Erde still und unbemerkt empfängt, einen reicheren und holderen Segen als der gewiß notwendige, aber immer auch mit Verderben begleitete Ausbruch tobender Vulkane."[298]

Wilhelm von Humboldt hatte sich im Sommer des Jahres 1789 in Paris aufgehalten, als es dort zum Ausbruch des revolutionären Vulkans kam. Das Ereignis fesselte ihn, trotzdem verhielt er sich eher distanziert-aufmerksam.

„Wenn es nun schon ein schöner, seelenerhebender Anblick ist, ein Volk zu sehen, das im vollen Gefühl seiner Menschen- und Bürgerrechte seine Fesseln zerbricht, so muß ... der Anblick eines Fürsten ungleich schöner und erhebender sein, welcher selbst die Fesseln löst und Freiheit gewährt, und dies Geschäft ... als Erfüllung seiner ersten, unerläßlichen Pflicht betrachtet."[299]

Der höchste und letzte Zweck jedes Menschen ist nach Wilhelm von Humboldt die höchste und proportionierlichste Ausbildung seiner Kräfte in ihrer individuellen Eigentümlichkeit. Soll der Staat seine Wirksamkeit möglichst ausdehnen oder möglichst begrenzen? Ein übermäßiger Eingriff des Staates in Handel und Wandel der Untertanen führt zu Einförmigkeit, schwächt die Kraft und den Unternehmungsgeist eines Volkes. „Wer oft und viel geleitet wird, kommt leicht dahin, den Überrest seiner Selbsttätigkeit gleichsam freiwillig zu opfern. Er glaubt sich der Sorge überhoben, die er in fremden Händen sieht, und genug zu tun, wenn er ihre Leitung erwartet und ihr folgt ... Vorzüglich ist hier ein Schade nicht zu übersehen, weil er den Menschen und seine Bildung so nahe betrifft, nämlich daß die eigentliche Verwaltung der Staatsgeschäfte dadurch eine Verflechtung erhält, welche, um nicht Verwirrung zu werden, eine unglaubliche Menge detaillierter Einrichtungen bedarf und ebensoviele Personen beschäftigt. Von diesen haben indes doch die meisten nur mit Zeichen und Formeln der Dinge zu tun. Dadurch werden nun nicht bloß viele, vielleicht treffliche Köpfe dem Denken, viele, sonst nützlicher beschäftigt, Hände der reellen Arbeit entzogen; sondern ihre Geisteskräfte selbst leiden durch diese zum Teil leere, zum Teil einseitige Beschäftigung. Es entsteht nun ein neuer und gewöhnlicher Erwerb, Besorgung von Staatsgeschäften ... Daher nimmt in den meisten Staaten von Jahrzehnt zu Jahrzehnt das Personale der Staatsdiener und der Umfang der Registraturen zu und die Freiheit der Untertanen ab. Bei einer solchen Verwaltung kommt freilich alles auf die genaueste Aufsicht, auf die pünktlichste und ehrlichste Besorgung an, da die Gelegenheiten, in beiden zu fehlen, so viel mehr sind. Daher sucht man insofern nicht mit Unrecht, alles durch so viel Hände als möglich gehen zu lassen und selbst die Möglichkeit von Irrtümern oder Unterschleifen zu entfernen. Dadurch aber werden die Geschäfte beinah völlig mechanisch und die Menschen Maschinen."[300]

Man möchte denken, Wilhelm von Humboldt habe den von Fichte prophezeiten „Geschlossenen Handelsstaat" vorhergesehen und daher rechtzeitig Argumente gegen die staatliche Reglementierung aller Formen des Privatlebens formuliert. Er bestand darauf, daß der Staat sich jeglicher Sorge um das „positive Wohlergehen" der Bürger zu enthalten habe sowie jene Grenzen nicht überschreiten dürfe, die für die Aufrechterhaltung der inneren und äußeren Sicherheit notwendig sind.

Der Traktat über den Staat blieb unveröffentlicht. Erst die 1795 in den von Schiller herausgegebenen „Horen" veröffentlichte Abhandlung „Über den Geschlechtsunterschied und dessen Einfluß auf die organische Natur" brachte Wilhelm von Humboldt literarischen Ruhm ein. Die Abhandlung weckte Kants Interesse, dieser erkannte die Fähigkeiten des Autors an, bezeichnete das gewählte Thema als „Abgrund des Geistes", enthielt sich aber einer Gesamteinschätzung der Arbeit.

Letzteres ist durchaus nicht zufällig: Humboldt überschritt die Grenzen des Kantianismus, postulierte die Einheit von Natur und Mensch, von physischer und psychischer Welt. „Dennoch ist es unläugbar, dass die physische Natur nur Ein grosses Ganze mit der moralischen ausmacht, und die Erscheinungen in beiden nur einerlei Gesetzen gehorchen."[301] Rudolf Haym kommentiert in seiner Humboldt-Biographie diese Auffassung: „Das moralische und anthropologische Interesse hat sich zum naturhistorischen erweitert. ... Er führt die Natur in seine allgemeine philosophische Anschauung ein."[302]

Diese Auffassungen entwickelte Humboldt auch in seinem unvollendet gebliebenen Werk „Ästhetische Versuche. Erster Theil. Über Goethes Hermann und Dorothea" (1797). Wir begnügen uns damit, eines der vielen darin angesprochenen Probleme herauszugreifen: die Spezifik der Kunst und ihrer Methoden.

Unter Kunst verstand Humboldt die Fertigkeit, die Einbildungskraft nach Gesetzen produktiv zu machen. Humboldt griff damit Kants Gedanken über die produktive Einbildungskraft auf und begründete sie im Hinblick auf die Kunst. Produktivität kommt zum Ausdruck im Vermögen des Künstlers, eine idealisierte Welt zu schaffen; Gesetzmäßigkeit darin, daß diese Welt immer mit der Realität verbunden ist. Aufgabe des Künstlers ist es, die von ihm geschaffene ideelle Welt, „diese ungeheure Masse einzelner und abgerissener Erscheinungen in eine ungetrennte Einheit und ein organisirtes Ganzes zu verwandeln"[303]. Doch es existiert ein noch höherer Begriff des „Idealen". In der Kunst kommt er in der Hervorbringung des über die Schranken der Wirklichkeit Hinausgehenden zum Ausdruck. Dies bedeutet allerdings nicht, daß der Künstler etwas Schöneres, als es die Natur zu schaffen vermag, hervorbringen kann – für beide gibt es keinen einheitlichen Maßstab. Dem Künstler liegt ein einziger Weg offen: „und ohne es irgend zu wollen, bloss indem er seinen Dichterberuf erfüllt und die Ausführung seines Geschäfts der Phantasie überlässt, hebt er die Natur aus den Schranken der Wirklichkeit empor und führt sie in das Land der Ideen hinüber, schafft er seine Ividuen in Ideale um"[304].

Diese zwei Begriffe des „Idealen" in der Kunst – die Reproduktion der realen Welt durch die künstlerische Phantasie und die Schaffung eines Ideals – führten Wilhelm von Humboldt schließlich zu der von Schiller begründeten Dichotomie der Dichtkunst, zu ihrer Zweiteilung in eine „naive" und eine „sentimentalische" (letztere bezeichnete Wilhelm von Humboldt als „sentimentale").

Humboldt verglich zwei Dichter – Homer und Ariost. „Im Homer tritt immer der Gegenstand auf, und der Sänger verschwindet. Achill und Agamemnon, Patroklus und Hektor stehen vor uns da; wir sehen sie handeln und wirken und vergessen, welche Macht sie aus dem Reiche der Schatten in diese lebendige Wirklichkeit herausgerufen hat. Im Ariost sind die handelnden Personen uns nicht weniger gegenwärtig; aber wir verlieren auch den Dichter nicht aus dem Auge, er bleibt immer zugleich mit auf der Bühne, er ist es, der sie uns zeigt, ihre Reden erzählt, ihre Handlungen beschreibt. Im Homer entsteht Begebenheit aus Begebenheit, alles hängt fest miteinander zusammen und erzeugt sich selbst eins aus dem andern. Ariost knüpft seine Fäden nicht nur lockrer zusammen, sondern wenn sie auch noch so fest verbunden wären, so zerreisst er sie selbst wie in mutwilligem Spiel und lässt immer mehr die Herrschaft seiner Willkür, als die Festigkeit seines Gewebes blicken; er unterbricht sich mit Fleiss, springt von Geschichte zu Geschichte über, scheint (und darin liegt zum Theil seine grösste Kunst versteckt) nur nach Laune an einander zu reihen, ordnet aber im Grunde nach den innern Gesetzen der Sympathie und des Contrastes der Empfindungen, die er in seinem Zuhörer weckt. ... Im Homer ist durchaus bloss die Natur und die Sache, im Ariost immer zugleich auch die Kunst und die Person, sowohl die des Dichters, als die des Lesers. Denn wenn der Leser sich selbst vergessen soll, darf er nicht an den Dichter erinnert werden. Beide besitzen einen hohen Grad der Objectivität."[305] Gleichzeitig äußerte Humboldt die Befürchtung, ob eine direkte Hinwendung zum Kunstideal nicht die Trennung der Kunst von der Realität zur Folge habe. Im Brief an Schiller vom 18. Dezember 1795 schrieb er: „Der sentimentalische Dichter unterscheidet sich durch die Absonderung des Ideals von der Wirklichkeit."[306]

Zu den interessantesten Abschnitten der „Ästhetischen Versuche" gehört der zwölfte, „Unterscheidung des hohen und ächten Styls in der Dichtkunst von dem Afterstyl in derselben". Humboldts Auffassungen liegen zwischen den ästhetischen Theorien Goethes und Schillers. Goethe und Schiller werden nicht beim Namen genannt, Humboldt greift nur den Terminus „Styl" auf. „Denn allerdings gibt es ausser jenem grossen und hohen Styl in der Kunst noch einen andern, der dem von Natur minder reinen oder durch Verwöhnung verdorbenen Geschmack sogar noch gefälliger schmeichelt und daher sehr oft mit jenem ächten verwechselt wird. Ja, da beide gewissermaßen in zwei verschiedenen Regionen liegen, so kann selbst die Kritik zwischen zwei Kunstwerken zweifelhaft seyn, von denen das eine in jenem minder hohen Styl mehr leistet, als das andre auf seinem besseren, aber auch steileren und gefahrvolleren Pfade. ... Auf diesen Abwegen nun artet die Dichtkunst von ihrer eigentlichen und höheren Natur aus, sucht abwechselnd durch mahlerische Bilder zu gefallen und durch glänzende und rührende Sentenzen zu erstaunen und zu erschüttern, und sinkt von der Geburt des Genies zu einem bloßen Werk des Talents herab. ... Denn die Einbildungskraft, die hier nie frei und allein wirkt, vermag uns nicht aus dem Kreise aller Wirklichkeit heraus in das Land der Ideale zu versetzen, und ohne das ist, welche Mittel man auch

sonst anwenden möchte, niemals eine ächt künstlerische Wirkung denkbar."[307]
An dieser Stelle unterbrechen wir die Vorstellung der philosophischen Auffassungen Wilhelm von Humboldts; noch überschreiten wir die Grenzen des 18. Jahrhunderts nicht. Wenden wir uns dem zu, was sein Bruder in diesen Jahren leistete.
Alexander von Humboldts Beitrag zur Philosophie ist bisher ungenügend untersucht; dabei zählt er zu den Theoretikern, die mit ihrem Werk zur Herausbildung einer dialektischen Weltanschauung beigetragen haben. In diesen Jahren beschäftigte ihn in erster Linie die Enträtselung des Geheimnisses des Lebens.
Humboldt lehnte die mechanistische Weltauffassung ab, betrachtete sie als eine für die Erklärung des Geheimnisses der Natur ungeeignete Methode. Unter diesem Blickwinkel ist seine Haltung zur Entwicklung der zeitgenössischen Wissenschaft in Frankreich von Interesse. „Sie haben einen ausgezeichneten Hang und ein entschiednes Talent für Mathematik. Darin besitzen auch junge Leute Assiduität, und sie haben mehr mathematische Köpfe und Schriften, als Deutschland. – Aber sie bleiben zu sehr bei dem Mathematischen stehen; ihre Chemie behandeln sie jetzt durchaus mathematisch, und machen nur insofern Entdeckungen und Fortschritte. – Sie sind nicht aufgelegt zu experimentieren, und die Wissenschaften, die dies verlangen, gelingen ihnen nicht. Sie haben gar keine Fortschritte in der Physiologie gemacht. – In der Naturgeschichte fehlt es ihnen an gehöriger und genauer Charakteristik. – In allen Naturwissenschaften haben sie für keine andre als mechanische und atomistische Erklärungsarten Sinn, nirgends aber für die eigentliche Kraft und ihre Wirkung. Selbst die chemische Affinität verstehen sie nur mechanisch. Daher sind sie zwar von spiritualistischen Verirrungen frei, gehen aber nirgends bis auf den Grund, und haben nirgend die volle natürliche Ansicht der Dinge."[308]
Alexander von Humboldt wollte das Geheimnis der organischen Natur ergründen, und zwar vom Standpunkt der damals sehr verbreiteten Theorie der Lebenskraft. Der Aufsatz „Aphorismen der chemischen Physiologie der Pflanzen" (1794) ist im Geist dieser Theorie geschrieben. Bei

seiner Analyse der Unterschiede zwischen organischen und anorganischen Körpern formuliert Humboldt die These von der Existenz einer spezifischen „inneren" Kraft, die eine stärkere Wirkung als der chemische Prozeß aufweise. Der Tod künde davon, daß die Lebenskraft den Organismus verlassen habe. Wohl wissend, daß es sich hierbei um Allgemeinplätze handelt, stellt Humboldt mit Bitterkeit fest: „Nichts ist in der Tat schwieriger, als eine passende Definition von der Lebenskraft zu geben."[309] Da er den Inhalt dieses Begriffs nicht erschließen konnte, versuchte Humboldt, ihn bildhaft zu umschreiben. Im Jahre 1795 erschien in der von Schiller herausgegebenen Monatsschrift „Die Horen" Humboldts Erzählung „Die Lebenskraft oder der Rhodische Genius"[310], ein poetischer Kommentar zu den „Aphorismen aus der chemischen Physiologie der Pflanzen".

Als „Rhodischer Genius" wurde ein von der Insel Rhodos stammendes allegorisches Bild bezeichnet, dessen Sinn die Bewohner der altgriechischen Stadt Syrakus, wo es aufbewahrt wurde, nicht zu erklären vermochten. Im Vordergrund des Bildes waren irdisch anmutende nackte Jünglinge und Jungfrauen in eine dichte Gruppe zusammengedrängt. Verlangend streckten sie einander die Arme entgegen, aber ihre ernsten, trüben Augen waren auf einen Genius gerichtet, der, von einem Lichtschimmer umgeben, in ihrer Mitte schwebte. Auf seiner Schulter saß ein Falter, und mit der Rechten hielt er eine lodernde Fackel empor. Gebieterisch blickte der Genius auf die Jünglinge und Jungfrauen zu seinen Füßen, und sie unterwarfen sich seinem Blick. Keiner der Interpreten des Bildes vermochte eine überzeugende Erklärung zu geben, bis einst von Rhodos nach Syrakus ein anderes Werk gebracht wurde, das sich als ein Gegenstück zum ersten erwies. Auf dem neuen Bild stand der Genius ebenfalls in der Mitte, jedoch ohne Falter auf der Schulter, mit gesenktem Haupt und die erloschene Fackel zur Erde gekehrt. Der Kreis der Jünglinge und Jungfrauen stürzte in mannigfaltigen Umarmungen gleichsam über ihm zusammen; ihre Blicke waren nicht mehr trübe und demütig wie früher, sondern kündeten den Zustand wilder Entfesselung, die Befriedigung langgenährter Sehnsucht.

Der Philosoph Epicharmos verglich beide Bilder und entdeckte ihren verborgenen Sinn: Der Genius und der Falter auf seiner Schulter sind das Symbol der Lebenskraft. Die irdischen Stoffe streben danach, sich vielfältig miteinander zu vereinen, doch der Genius zwingt sie, ihre alten demokratischen Freundschaften und Feindschaften zu vergessen und sich seinem Gesetz zu unterwerfen. Er vereinigt, was in der unbelebten Natur sich flieht, und trennt, was sich dort sucht. Aber die Lebenskraft versiegt, der Geist, das heißt der Falter, fliegt fort, die umgekehrte Fackel erlischt, und die irdischen Substanzen treten erneut in ihre Rechte ein. Befreit von den Fesseln, ergeben sie sich ihren Leidenschaften. Der Tag des Todes wird für sie der Tag der Verlobung. Der Aufsatz „Die Lebenskraft oder der Rhodische Genius" gefiel dem Publikum, brachte dem Autor jedoch nicht die erhoffte Seelenruhe. Alexander von Humboldt arbeitete weiter an seinen Versuchen, bis er sich schließlich davon überzeugen mußte, daß es eine Lebenskraft weder gibt noch geben kann. Im Abschlußkapitel seiner Arbeit „Versuche über die gereizte Muskel- und Nervenfaser ...", die er 1797 veröffentlichte, bemerkte Humboldt: „Wage ich es daher nicht, eine *eigene Kaft* zu nennen, was vielleicht bloß durch das Zusammenwirken der, im einzelnen längst bekannten materiellen Kräfte bewirkt wird."[311]

Das organische Leben ist ein besonderer Typ von Zusammenhängen. So lautete verallgemeinert die durch Experimente gefundene Antwort des Naturforschers Humboldt auf jene Frage, die schon Kant in seiner Arbeit über die Kosmogonie gestellt hatte. „Das Gleichgewicht der Elemente in der belebten Materie erhält sich nur so lange und dadurch daß dieselbe Theil eines *Ganzen* ist. Ein Organ bestimmt das andere, eines giebt dem andern die Temperatur, in welcher diese und keine andere Affinitäten wirken."[312]

Die Zerstörung des Zusammenhangs zwischen den Teilen bei Organismen führt nicht nur zum Untergang des Ganzen, sondern selbst der Teile. Wenn man dagegen einen Stein oder Metall zerteilt, dann behalten die zergliederten Teile denselben Zustand wie vor der Teilung. Diese Veränderung des Zustands, das heißt der Zerfall der Gewebe, findet mit unterschiedlicher Geschwindigkeit in den verschiedenen Formen der lebenden Materie statt. Das Blut der Tiere zerfällt schneller als die Säfte der Pflanzen. Muskeln verfaulen intensiver als Haut. Aber der Zerfall der Gewebe tierischer Organismen, in denen die Verbindung zwischen den Teilen des Ganzen zerstört ist, das heißt die tot sind, ist unvermeidlich. Schelling kannte diese Untersuchungen Alexander von Humboldts und stützte sich darauf.

3. Die Geburt der Romantik

Ein weiterer Markstein auf dem Wege der deutschen Philosophie zur Natur war die Romantik. Sie entstand im sogenannten Jenaer Kreis, dessen Begründer Friedrich Schlegel (1772–1829), sein Bruder August Wilhelm Schlegel (1767–1845), Ludwig Tieck (1773–1853) sowie der unter dem Pseudonym Novalis publizierende Friedrich Hardenberg (1772–1801) waren. Aufnahme in den Kreis fand auch der früh verstorbene Wilhelm Wackenroder (1773–1798) sowie der in Berlin lebende Prediger Friedrich Daniel Schleiermacher (1768–1834), der sich dem Kreis, ohne eine gewisse Sonderstellung aufzugeben, näherte.

Die Frühromantik war eine vorrangig literarisch-künstlerische Strömung, die jedoch stark auf das theoretische Denken wirkte. Die Romantiker wollten keine umfangreichen wissenschaftlichen Abhandlungen verfassen, sie bevorzugten den treffenden Aphorismus, betonten die Unrast des Denkens.

Die Romantik widerspiegelte die tiefe Enttäuschung der deutschen Intelligenz, die Ende des Jahrhunderts, vor allem im Ergebnis der Französischen Revolution, sich ihres bürgerlichen, prosaischen Wesens bewußt wurde. Das Wirkungsfeld der Romantik war die Poesie. Ihre Dichtkunst, durchgängig „sentimentalisch", bereitete in größerem Maße, als es theoretische Aufsätze vermocht hätten, den Boden für eine neue Art des Philosophierens.

Im Jahre 1797 wurde in Berlin das Stück „Der gestiefelte Kater" aufgeführt; mit dieser Aufführung wurden alle bis dahin für das Theater gültigen Normen durchbrochen. Der Autor, Ludwig Tieck, griff ein Sujet aus einem Märchen von Charles Perrault heraus. Doch dies ist nur die eine Handlungsebene. Die andere ist das Stück, das Theaterspiel selbst, dessen Aufnahme durch Kritik und Publikum. Wir sehen uns einem „Theater im Theater" gegenüber. Das Märchenspiel hat noch nicht begonnen, da diskutieren die Zuschauer (auf der Bühne) bereits das bevorstehende Schauspiel, und so geht es auch das gesamte Stück über. Wie wird das Kostüm des Katers aussehen, den der berühmte Iffland spielt? Wird der Theaterkater der Natur nachgebildet, wie ein großer Kater dargestellt? Doch als der Kater zu sprechen anhebt, ist der Kunstrichter aufgebracht: Von der Lebenswahrheit ist abgewichen worden, die vernünftige Illusion ist dahin, so etwas gibt es in Wirklichkeit nicht.

Auf der Bühne erscheint ein Schuhmacher, um Maß für des Katers Stiefel zu nehmen. Er bittet ihn, die Krallen einzuziehen, da er sich bereits gerissen habe (dies kommt der Natur schon näher, Katzenkrallen sind wahrlich ein gefährlich Ding). Die Zuschauer klagen fortwährend über das Fehlen von Charakteren im Stück, über die Absurdität des Dargestellten, der Dichter vergißt immer, was er den Augenblick zuvor gesagt hat. Warum bedient sich der Prinz von Malsinki nicht eines Dolmetschs, warum macht die Prinzessin keine Sprachfehler?

Die Spielhandlung zerfällt in Episoden, die nicht das Geringste mit der Fabel vom gestiefelten Kater zu tun haben und eher an eine Parodie erinnern. Parodiert wird alles in der Welt: Kants Gesetzesverehrung, Fichtes Verherrlichung der Revolution, Rousseaus Idealisierung der Natur.

Das Lachen ist der „Hauptheld" der Tieckschen Stücke. Die Ironie ist das Grundelement der Romantik. „In ihr soll alles Scherz und alles Ernst sein, alles treuherzig offen und alles viel verstellt. Sie entspringt aus der Vereinigung von Lebenskunstsinn und wissenschaftlichem Geist, aus dem Zusammentreffen vollendeter Naturphilosophie und vollendeter Kunstphilosophie. ... Es ist ein sehr gutes Zeichen, wenn die harmonisch Platten gar nicht wissen, wie sie diese stete Selbstparodie zu nehmen haben, immer wieder von neuem glauben und mißglauben, bis sie schwindlicht werden, den Scherz gerade für Ernst und den Ernst für Scherz halten."[313]

Die Romantiker wußten das Lachen zu schätzen. Sie sahen im Lachen, in der Ironie ein Mittel, das Denken zu entfesseln, denn Freiheit des Geistes war das erklärte Ziel der Romantik. Der Romantik wurde vorgeworfen, um des Lachens willen zu lachen und nichts Heiliges anzuerkennen. Dieser

Vorwurf ist ungerecht. Die Romantik war nicht nur negierend, wollte nicht nur ein Idol entthronen, sondern hatte ihr Ideal: das Ideal der freien Persönlichkeit.
Wenn Fichte vom „Ich" sprach, meinte er das „Wir", das heißt das ursprüngliche Moment allgemeinmenschlicher Aktivität. Für die Romantiker dagegen ist der konkrete, lebendige Mensch von Bedeutung. „Das Individuum interessiert nur, daher ist alles Klassische nicht individuell."[314] Dieses Interesse am Individuellen schlägt aber nicht in Individualismus, in egoistische Eigenliebe, in Geringschätzung anderer, gar ihre Unterdrückung um. Die Romantik ist universell, sie tritt für die Überwindung jeglicher Intoleranz und Borniertheit ein. Den Romantiker interessiert jede Individualität – sei es der Mensch, ein Volk oder die gesamte Menschheit – als etwas Einmaliges in der gottgeschaffenen Welt.
Über ihre Ideale vermochten die Romantiker nicht nur mit ironischer Distanz, sondern auch in erhaben-pathetischer Form, mit aufrichtigem Enthusiasmus, zu sprechen. Im gleichen Jahr, als der „Gestiefelte Kater" (1797) aufgeführt wurde, erschien auch eine anonyme ästhetische Abhandlung, „Herzensergießungen eines kunstliebenden Klosterbruders". Der Verfasser war Wilhelm Heinrich Wackenroder, sein Mitautor Ludwig Tieck.
Genaugenommen handelte es sich dabei nicht um eine Abhandlung, sondern um eine Sammlung philosophischer und kunstwissenschaftlicher Aufsätze ohne System, wobei das Unsystematische zur Tugend erhoben wird: „Wer an ein System glaubt, hat die allgemeine Liebe aus seinem Herzen verdrängt! Erträglicher noch ist Intoleranz des Gefühls als Intoleranz des Verstandes; Aberglaube besser als Systemglaube."[315]
Der Titel des Aufsatzes, dem dieses Zitat entnommen wurde, lautet: „Einige Worte über Allgemeinheit, Toleranz und Menschenliebe in der Kunst". Der Schöpfer, führt Wackenroder aus, welcher unsere Erde und alles, was darauf ist, gemacht hat, verstreute tausenderlei unendlich mannigfaltige Keime über unsere Kugel, die zu dem größten, buntesten Garten ausgewachsen sind und eine unendliche Vielfalt von Früchten tragen. Die Menschen jedoch halten nur ihr eigenes Kunstgefühl für das Maß der Schönheit, ver-

gessend, daß niemand sie in dieses Richteramt einsetzte und daß zum Richter nur der berufen werden kann, dem sie ihre Schöpfung verdanken. Man kann nicht einen Indianer verurteilen, weil er indianisch spricht. „Wollet ihr das Mittelalter verdammen", fragt Wackenroder, „daß es nicht solche Tempel baute wie Griechenland?"[316] „O lasset doch jedes sterbliche Wesen und jedes Volk unter der Sonne bei seinem Glauben und seiner Glückseligkeit! und freuet euch, wenn andere sich freuen – wenn ihr euch auch über das, was ihnen das Liebste und Werteste ist, nicht mit zu freuen versteht."[317]

Äußerst aufschlußreich für die Geisteshaltung der Romantik ist Novalis' Romanfragment „Die Lehrlinge zu Sais" (1797). Eigentlich handelt es sich hierbei nicht um belletristische Prosa, sondern um eine philosophische Abhandlung. Es fehlt das Sujet, es gibt keine Charaktere, handelnde Personen sind nur angedeutet, es dominiert das philosophische Nachsinnen über die Natur. Einer der Abschnitte trägt die Überschrift „Die Natur". Wir erinnern uns des ebenso überschriebenen Aufsatzes aus der Umgebung Goethes. War jener ein Panegyrikus auf die „Urmutter", so klingt aus Novalis' Aufsatz Sorge und Unruhe über die verlorengegangene Harmonie, die Zersplitterung in den Verhältnissen zwischen Mensch und Natur; deutlich hört man die Frage heraus, wie der alte, ursprüngliche Naturzustand wiederhergestellt werden könnte.

Im Text kommt ein Fichteaner zu Wort, der weder die Erhabenheit noch die Selbständigkeit der ihn umgebenden Natur anerkennen will. Die Natur ist für ihn Gedankenspiel, Einbildung, Fiebertraum. „Der wachende Mensch sieht ohne Schaudern diese Brut seiner regellosen Einbildungskraft, denn er weiß, daß es nichtige Gespenster seiner Schwäche sind. Er fühlt sich Herr der Welt, sein Ich schwebt mächtig über diesem Abgrund und wird in Ewigkeiten über diesem endlosen Wechsel erhaben schweben. ... Wer also zur Kenntnis der Natur gelangen will, übe seinen sittlichen Sinn, handle und bilde dem edlen Kerne seines Innern gemäß, und wie von selbst wird die Natur sich vor ihm öffnen."[318]

Die Romantiker orientierten sich ursprünglich als Strömung an Fichte, ihnen imponierte sein Appell an die

schöpferischen Potenzen der Menschheit, das moralische Pathos seiner Lehre. Sein Rigorismus jedoch ließ sie aufhorchen, er widersprach ihrer Tendenz zur Toleranz, und seine geringschätzige Behandlung der Natur stieß sie ab.
Die Romantiker sahen in der Natur nicht „eine wüste Phantasie ihres Traumes", sondern die absolute Realität. (Ihr Kult der Natur erklärt, daß sie sich bald zu Schelling hingezogen fühlten.) Die Natur ist nicht Objekt der Unterwerfung, sondern der Verehrung. Die Poesie, die Kunst sind Mittel, in ihre Geheimnisse einzudringen, ohne dabei die ursprünglich bestehende Harmonie zu stören. Der Dichter und der wahre Naturforscher sprechen eine gemeinsame Sprache: die Sprache der Natur selbst. Nur die gesamte Skala der entfalteten menschlichen Wesenskräfte macht den Menschen zu einem Naturwesen, führt zur Vereinigung mit der Natur.
In das Romanfragment „Die Lehrlinge zu Sais" ist ein kleines Märchen über den jungen Hyazinth, der seine geliebte Rosenblüte verläßt und sich in unerklärlicher Sehnsucht auf die Suche nach dem Geheimnis aller Seienden, der Mutter der Dinge, begibt, eingewoben. Nach langer Wanderschaft gelangt er nach Sais und erblickt im Isis-Tempel, nachdem er den leichten glänzenden Schleier, der die Jungfrau verhüllte, gehoben hatte, seine Rosenblüte. Die Moral des Märchens ist einfach: Das Geheimnis des Seins ist neben dir, im einfachen Gefühl der Liebe. Die Romantiker verstanden es, sich nicht nur nach der Ferne und dem Unerfüllbaren zu sehnen und sich Träumereien hinzugeben, sondern auch im Naheliegenden, Alltäglichen, Menschlichen ihre Ideale zu finden. Wer wollte sie da der Widersprüchlichkeit bezichtigen? Das Leben selbst ist voller Widersprüche. Und das steht für die Romantiker über allem. Sie meiden das abstrakte Denken, sehen darin erloschenes Gefühl, graues und verkümmertes Dasein ausgedrückt.
In der Literatur suchten sie nach einer universellen Form, die dem Reichtum des Lebens am ehesten entspräche. Sie waren gegen die strenge Abgrenzung der künstlerischen Genres. Die universelle Form erblickten sie im Roman (hierher resultiert auch ihre Bezeichnung als „Romantiker") nach dem Vorbild von Goethes „Wilhelm Meister".
Friedrich Schlegel zählte auch Shakespeares Dramen zu

den „Romanen". Der Terminus ist noch nicht endgültig festgelegt, der Begriff tritt noch nicht eindeutig hervor. Das „Romantische" bedeutet mal „universell", mal „dem Leben entsprechend", mal „der Historie verpflichtet". Gleichzeitig bildet sich eine andere Bedeutung des Begriffs, nämlich „über das Alltägliche hinausgehend", heraus.
Das wichtigste Grundmotiv der Romantik ist der Kult um die Liebe (nicht ohne Grund ist das Romantische Synonym für „Liebendes"). Der Frau kam in der Romantik eine besondere Rolle zu. Sie verkörperte das Ferment des Schöpfertums, war Objekt der Anbetung, aber auch Mitstreiterin in der Auseinandersetzung. Auch die Erotik wurde bejaht. Im Traktat über das Naturrecht hatte Fichte die „Vernünftigkeit" der Befriedigung des Geschlechtstriebes des Mannes behauptet und die „Unvernünftigkeit", bezogen auf die Frau. Friedrich Schlegel setzte sich in seinem Roman „Lucinde" (1799) für das gleiche Recht beider Geschlechter auf Genuß ein. Darüber hinaus hielt er es für ein Merkmal von Männlichkeit, nicht nur zum Genießen fähig zu sein, sondern auch das Verlangen seiner Geliebten zu erfüllen. Über den „höheren Kunstsinn der Wollust" schreibt Schlegel, daß er sowohl eine Gabe der Natur als auch ein Ergebnis der Erziehung sei.
Der Roman „Lucinde" rief in der Berliner Gesellschaft einen Skandal hervor und stieß auf feindselige Ablehnung bei Kritik und Publikum. „Geniale Schamlosigkeit", „erotische Geschmacklosigkeit", „Fadheit und Ekel, Verwunderung und Verachtung, Schande und Gram", derartige Einschätzungen finden sich in der Presse sowie im privaten Briefwechsel jener Zeit. Zu den wenigen, die für den Autor Partei ergriffen, zählte Schleiermacher. Er veröffentlichte nicht nur eine positive Rezension des Buches, sondern verfaßte auch eine spezielle, der Verteidigung des Romans gewidmete Arbeit „Vertraute Briefe über Schlegels ‚Lusinde'". „Wie könnte es an Poesie fehlen", schrieb Schleiermacher, „wo so viel Liebe ist! Durch die Liebe eben wird das Werk nicht nur poetisch, sondern auch religiös und moralisch."[319]
Schleiermachers Hauptwerk aus dieser Zeit trägt den Titel „Über die Religion, Reden an die Gebildeten unter ihren Verächtern" (1799). Schleiermacher hat diese Reden nie gehalten, aber sie sind vom Pathos der Predigt durchdrungen.

Schleiermacher wendet sich an eine intelligente und denkende Zuhörerschaft, sieht seine Aufgabe daher in erster Linie darin, das Wesen der Religion zu erklären (so wie Kant das selbständige Wesen der Moral erklärt hatte). Der Religion komme in der menschlichen Seele eine besondere Sphäre zu, die von der Sphäre der Metaphysik (Philosophie) und der der Moral abgesondert sei. Ihr Wesen sei weder Denken noch Handlung, sondern Anschauung und Gefühl. Sei die Metaphysik bestrebt, die Welt, das Universum als Ganzes zu erklären, so sei es das Ziel der Religion, das Gefühl des Teilhabens am Universum zu verbreiten. „Die Religion lebt ihr ganzes Leben auch in der Natur, aber in der unendlichen Natur des Ganzen, des Einen und Allen."[320]

Die Moral habe ihren Ausgangspunkt in der Freiheit, die Religion verwandle Freiheit wieder in Natur. Spekulation und Praxis ergänze sie durch das „Streben nach Unendlichkeit".

Die Natur, „welche von so vielen für den ersten und vornehmsten Tempel der Gottheit gehalten wird, für das innerste Heiligtum der Religion, ist nur der Vorhof derselben. Nicht Furcht vor den materiellen Kräften, die in der Natur geschäftig sind, weckte erstmalig das religiöse Gefühl im Menschen, sie bildet somit auch nicht den Stoff der Religion. Den Weltgeist zu lieben und freudig seinem Wirken zuzuschauen, das ist das Ziel unserer Religion, und Furcht ist nicht in der Liebe."[321]

Die Aufgabe der religiösen Erziehung besteht nach Schleiermacher vor allem im Erwecken des religiösen Gefühls der Liebe im Menschen. Dies erklärt auch, wieso er in Schlegels „Lucinde" einen religiösen Ausgangspunkt zu erkennen glaubte.

Im Zusammenhang mit dem Jenaer Kreis muß noch ein Name, der unsere Vorstellungen von der Romantik bereichert, genannt werden: der des Physikers Johann Wilhelm Ritter (1776–1810). Mit Ritter geht die Romantik über die Sphäre der Kunst und der Religion hinaus. Herder und Novalis führte Ritter als seine Lehrer an. J. W. Ritter, Begründer der Elektrochemie (er verfügte über keinen akademischen Grad), las das Fach Physik an der Jenenser Universität. Als Mitglied der Bayrischen Akademie hielt er seine berühmte, im Geiste der romantischen Naturwissenschaft konzipierte Rede „Die Physik als Kunst". „Und diese nämliche hohe Harmonie mit der unendlichen übrigen Natur, ist es auch, in die durch eigne Tat er sich wieder zurückzuversetzen strebt und streben soll, – nur daß bei dieser zweiten Ankunft an ihr, sie nicht vor sich selbst wieder ins Dunkel und in die Verborgenheit zurückgehn wird; ... so wird mit diesem Übergang des Menschen in jene mindere Vereintheit mit der Natur, ihm überhaupt erst eine *Natur als Gegenstand*, so wie *er selbst ihr gegenüber Etwas*, werden und entstehen, und jene wird sich seinem Blick wie seinem Wesen in demselben Maße erweitern, als er von ihr zurückgeführt wird. ... In diesem Zustand aber wird sein Leben und seine Tat ohnfehlbar die höchste Wahrheit und Schönheit selbst darstellen müssen. Er selbst in seinem Leben wird das Kunstwerk sein ... Wie aber man von einer Kunst schon dann zu sprechen pflegt, wenn sie die letzte Höhe auch noch nicht erreicht hat, die *Physik* in ihrer Gesamtheit aber nie etwas anderes bezweckt, als die Realisierung jenes höchsten Lebens und Tuns: so wage ich es ohne Anstand, ihr selbst den Namen einer *Kunst* zu geben."[322]

Wie Novalis starb auch Ritter sehr jung. In den letzten Lebensjahren war er mit Schelling befreundet, einem Denker, in dessen Werk die Rückkehr der deutschen Philosophie zur Natur ihre vollkommenste Form erreichte.

4. Der junge Schelling

Friedrich Joseph Wilhelm Schelling (1755–1854) begann als Fichte-Schüler. Die Lehrzeit war freilich sehr kurz: Der Autor der „Wissenschaftslehre" hielt sich auf seinen Reisen nur zweimal in Tübingen, Schellings Studienort, auf, und dies erwies sich als ausreichend; der hochintelligente Schelling, mit 17 Jahren bereits Magister der Philosophie, erfaßte sofort das Wesen des Philosophen Fichtes und veröffentlichte im Jahre 1774 den Aufsatz, in dem er, im Anschluß an Fichte, von der Wissenschaft der Wissenschaften sprach und die bekannte Triade: Notwendiges – Vermitteltes – Beides zusammen (Ich – Nicht-Ich – Beides zusammen) entwickelte.

Kurz darauf wurde in Schellings Arbeiten ein weiterer Orientierungspunkt sichtbar: Spinoza. „Spinoza'n war die Welt (das Objekt schlechthin, im Gegensatz zum Subjekt) – *alles;* mir ist es das *Ich*. Der eigentliche Unterschied der kritischen und dogmatischen Philosophie scheint mir darin zu liegen, daß jene vom absoluten (noch durch kein Objekt bedingten) Ich, diese vom absoluten Objekt oder Nicht-Ich ausgeht. Die letztere in ihrer höchsten Konsequenz führt auf Spinozas System, die erstere aufs Kantische."[323]
Schelling wollte diese beiden miteinander vereinen. Hierin liegt der sich bereits in dieser Zeit abzeichnende Unterschied gegenüber Fichte.
Fichtes Idee der ursprünglichen Identität von Subjekt und Objekt aufgreifend, zeigte Schelling ein immer größeres Interesse am objektiven Ausgangspunkt. Dies wird bereits in seiner folgenden Arbeit „Vom Ich als Prinzip der Philosophie oder über das Unbedingte im menschlichen Wissen" (1795) sowie in der nächsten, im selben Jahr geschriebenen Arbeit „Philosophische Briefe über den Dogmatismus und Kritizismus" deutlich.
Als Dogmatismus bezeichnet Schelling die Lehre Spinozas; gegen wen seine Kritik am Kritizismus gerichtet ist, bleibt zu untersuchen. Gewiß nicht gegen Kant; die „Kritik der reinen Vernunft" bezeichnete Schelling als Kanon. Obgleich Fichte in den „Philosophischen Briefen" ungenannt bleibt, sind viele der kritischen Angriffe gegen ihn gerichtet.
Bis zum Bruch mit Fichte war es aber noch weit. Schelling kam ihm zunächst immer näher, bezeichnete ihn als das Haupt der Richtung und den Fichteanismus als „höhere Philosophie"[324] im Vergleich zur Lehre Kants. Äußerungen hierzu finden sich in seiner „Allgemeinen Übersicht der neuesten philosophischen Literatur" (1797), die kurz darauf mit dem präziseren Titel versehen wurde: „Abhandlungen zur Erläuterung des Idealismus der Wissenschaftslehre."
Doch ungeachtet der Bewunderung Fichtes, die aus dieser Arbeit spricht, suchte Schelling nach wie vor einen eigenen Weg. Fichte war ihm zu sehr auf Angelegenheiten des Menschen fixiert, Schelling bewegte das Problem der Natur. Schelling sprach von einer Hierarchie der Organisation des

Seins, vom Übergang von der unbelebten zur belebten Natur, und er sah hierin die Schöpferkraft des Geistes.
Schellings Orientierung auf die Natur hing mit bedeutenden Entdeckungen und Erfindungen zusammen, die während seiner Kindheit und Jugend gemacht wurden. Ein Jahr vor seiner Geburt hatte Priestley den Sauerstoff entdeckt. 1777 legte Lavoisier die Oxydationstheorie vor, Forster begab sich auf eine Weltreise, deren Beschreibung die Kenntnisse der Europäer über die Staaten in Übersee bedeutend erweiterte. Im Jahre 1781 wurde der Planet Uranus durch Herschel entdeckt. Zwei Jahre darauf erhob sich der Fesselballon der Gebrüder Montgolfier in die Luft, Lavoisier gelang die Synthese des Wassers. Ein weiteres Jahr darauf konstruierte Watt die Dampfmaschine. Im Jahre 1785 formulierte Coulomb das Gesetz der Wechselwirkung elektrischer Ladung. In den neunziger Jahren entbrannte der Streit zwischen Galvani und Volta über die tierische Elektrizität, als dessen Ergebnis der elektrische Strom entdeckt wurde.
Schelling war über die neuesten Entdeckungen in den Naturwissenschaften informiert. Diese Erkenntnisse einer theoretischen Analyse unterziehend, verfaßte er seine erste ihn breiteren Kreisen bekannt machende Arbeit unter dem Titel „Ideen zu einer Philosophie der Natur als Einleitung in das Studium dieser Wissenschaft" (1797). Hierin stellte er Überlegungen über das gerade entdeckte und die Gemüter bewegende Rätsel der Natur, die Elektrizität, an. Beim Vergleich von Elektrizität und Magnetismus fand er viele Analogien zwischen beiden.
In der Natur gibt es keine – wie seit der Antike angenommen – voneinander isolierten Substanzen, unteilbaren Urelemente, zu denen Luft, Wasser und Feuer gezählt wurden. Vielmehr ist die Materie für Schelling „das allgemeine Samenkorn des Universums, worin alles verhüllt ist, was in den späteren Entwicklungen sich entfaltet. Gebt mir ein Atom der Materie ..., und ich lehre euch, das Universum daraus zu begreifen"[325], so lautet seine Devise. Noch hält er die Materie für einen unbeweglichen Ausgangspunkt. „Bewegung der Materie ohne äußere Ursache ist unmöglich."[326]
Seine Auffassung von der Bewegung ist umfassender, sie

schließt nicht nur die mechanische Ortsveränderung der Körper, sondern auch andere Formen der Bewegung, u. a. die chemische, ein. Das Werk klingt mit Bemerkungen zu Problemen der Chemie aus. Die Untersuchung sollte zu einer Theorie der organischen Natur und zu einer wissenschaftlichen Psychologie weitergeführt werden.

Ein Jahr nach der Veröffentlichung der „Ideen zu einer Philosophie der Natur als Einleitung in das Studium dieser Wissenschaft" gab Schelling eine neue Arbeit heraus: „Von der Weltseele" (1798). Alles scheint sich darin zu wiederholen, wieder ist die Rede von Licht und Oxydation, Magnetismus und Elektrizität. Doch einige Akzente sind nun anders gesetzt. Vor allem die These, daß die Materie ursprünglich bewegt ist, verdient Aufmerksamkeit. „Jede Ruhe, also auch jedes Beharren eines Körpers ist lediglich *relativ*. Der Körper *ruht* in Bezug auf diesen *bestimmten* Zustand der Materie."[327]

An zentraler Stelle steht hier ein weiterer wichtiger Gedanke, der in den „Ideen zu einer Philosophie der Natur ..." nur gestreift wurde, der Gedanke, daß die Materie eine Einheit von Widersprüchen darstellt. Schelling untersucht das Gesetz der Polarität als ein allgemeines Weltgesetz. „Wo Erscheinungen sind, sind schon entgegengesetzte Kräfte. Die *Naturlehre* also setzt als unmittelbares Princip eine allgemeine *Duplicität*, und um diese begreifen zu können, eine *allgemeine Identität* der Materie voraus. Weder das Princip absoluter Differenz noch das absoluter Identität ist das wahre; die Wahrheit liegt in der *Vereinigung beider*."[328]

Schelling versuchte, das Geheimnis des Lebens zu enträtseln, indem er sich auf die Einheit der Gegensätze stützte. Bekanntlich hatte Kant in der „Kritik der Urteilskraft", nachdem er die Spezifik der organischen Erscheinungen charakterisiert hatte, festgestellt, daß es unmöglich sei, sie aufgrund der in der Wissenschaft geltenden Prinzipien zu erklären (Wissenschaft wurde zu dieser Zeit mit Mechanik identifiziert); denn der Mechanismus der Natur reiche nicht zu, um einen Organismus als möglich zu denken. Warum im Organismus alle Bestandteile und Lebensprozesse in zweckmäßigem Einklang stehen, könne der Mensch mit seinem begrenzten Verstand nicht einsehen, er könne nur davon ausgehen, daß die Prozesse hier so ablaufen, *als ob* sie einer Zwecksetzung unterlägen. Die Idee des Zwecks gehöre zu den Vernunftideen, die der menschlichen Erkenntnis unzugänglich seien und nur von einem übersinnlichen Verstand eingesehen werden könnten. Dennoch sei im Bereich der organischen Natur die Teleologie erlaubt – als Arbeitshypothese.

Kant hatte mit diesen Ausführungen ganz deutlich gemacht, daß die menschliche Erkenntnis angesicht der Erklärung der organischen Welt versagt. Andererseits hatte Alexander von Humboldt, wie wir uns erinnern, die Hypothese einer „Lebenskraft", die das organische Leben erklären sollte, auf experimentellem Wege widerlegt. Schelling erklärte dazu: „Ich bin vollkommen überzeugt, daß es möglich ist, die organisierten Naturprocesse auch als *Naturprincipien* zu erklären."[329]

Innerhalb des lebenden Organismus realisiert die Natur das Prinzip der Individualität: In jedem Lebewesen verlaufen ähnliche, aber einzigartige Prozesse. Das Leben ist die Einheit von Allgemeinem und Individuellem.

Die allgemeine Eigenschaft des lebenden Organismus ist die Reizbarkeit, die Fähigkeit, auf die Störung des inneren und äußeren Gleichgewichts zu reagieren. Wenn man Ursachen entdecken könnte, hätte man das Geheimnis des Lebens entdeckt. Das Leben bildet nach Schelling eine Einheit zweier materieller Prozesse – des Zerfalls und des Wiederaufbaus der Stoffe. Im lebenden Organismus muß ein ständiger Wechsel der Materie aufrechterhalten werden. Nahrungsaufnahme und Oxydationsprozesse machen die Lebenstätigkeit aus. Der „Erste Entwurf eines Systems der Naturphilosophie. Für Vorlesungen" (1799) stellt den dritten Versuch einer Darlegung der Prinzipien der Philosophie der Natur dar. Schelling gebraucht hier erstmals den Terminus „Naturphilosophie" zur Kennzeichnung seiner Lehre (so wie Kant seine Philosophie als Kritizismus, Fichte seine als Wissenschaftslehre bezeichnete).

Im „Ersten Entwurf" ist die These vom tätigen, produzierenden Wesen der Natur, ihrer Entwicklung, klar herausgearbeitet: Ursprünglich ist die Natur nicht Produkt, sondern Produktivität. Schelling spricht von der Evolution der Natur. Es wäre ein Fehler, seinen Worten die moderne Evolutionstheorie zu unterlegen. Im 18. Jahrhundert wurde die

Entwicklung bereits vorhandener Merkmale (die bisher in unentfalteter Form vorlagen) als Evolution bezeichnet. Der Evolution geht eine Involution voraus – eine Einwicklung, Präformation, das heißt die vorbereitende Ausbildung der Merkmale. Die von Schelling in seinem Buch formulierte Schlußfolgerung lautet: „Es wurde vorausgesetzt, die Natur sey Entwickelung aus einer ursprünglichen Involution. Die Involution kann aber dem Obigen nichts Reelles seyn: sie kann also nur als *Akt* vorgestellt werden, als *absolute Synthesis*, welche nur ideell ist und gleichsam den Wendepunkt der Transcendental- und Naturphilosophie bezeichnet."[330] Schelling entwirft das Bild einer beseelten Natur, die eine Evolution vom Organismus zum Mechanismus durchläuft. Er spricht von Stufen, „über welche die Natur allmählich vom Organischen zum Unorganischen herabsteigt"[331]. Der Zerfall des Organismus liefert organische Stoffe. Die tote Materie fungiert als Friedhof der belebten.

Die Entstehung des Universums kann nicht, wie Kant dies tat, mit Hilfe mechanischer Gesetze erklärt werden. Unser Planetensystem entstand nicht im Ergebnis einer Konzentration und Erhitzung einer ursprünglich kalten Masse, sondern ist Resultat einer Explosion und Expansion der Materie. Möglich ist auch ein umgekehrter Prozeß – die Rückkehr der Natur zu sich selbst. Schelling zeichnet das Bild eines pulsierenden Alls, das absterbend und sofort sich erneuernd lebt.

Es vergingen einige Monate, und es erschien eine weitere Arbeit Schellings. Er gab ihr den Titel „Einleitung zu dem Entwurf eines Systems der Naturphilosophie oder über den Begriff der speculativen Physik und die innere Organisation eines Systems dieser Wissenschaft" (1799). In Wirklichkeit diente diese Schrift weniger einer „Einleitung" in die genannte Theorie als einer Korrektur derselben.

Nunmehr unterteilt Schelling sein Wissensgebiet in zwei selbständige Wissenschaften mit diametral entgegengesetzten Grundsätzen – in die Naturphilosophie und die Transzendentalphilosophie. Die erste, die Wissenschaft von der Natur, leitet das Ideale aus dem Realen her, die Wissenschaft vom Geiste verfährt umgekehrt. Wir haben eine spezifische Variante des Dualismus vor uns. Das Bestreben, die Gegensätze zu vereinen, wirkte sich auch unmittelbar auf die Weltanschauung Schellings aus. „Spinozismus der Physik", so bezeichnet Schelling nun seine Naturphilosophie. „Es folgt von selbst daraus, daß in dieser Wissenschaft keine idealistischen Erklärungsarten stattfinden, dergleichen die Transcendentalphilosophie wohl geben kann ... Denn jede idealistische Erklärungsart aus ihrem eigentlichen Gebiet in das der Naturerklärung herübergezogen, artet in den abenteuerlichen Unsinn aus, wovon die Beispiele bekannt sind. Die erste Maxime aller wahren Naturwissenschaft, alles auch aus Natur-Kräften zu erklären, wird daher von unserer Wissenschaft in ihrer größten Ausdehnung angenommen und selbst bis auf dasjenige Gebiet ausgedehnt, vor welchem alle Naturerklärung bis jetzt stillzustehen gewohnt ist."[332]

Und erneut wiederholt Schelling: Betrachtet die Natur nicht lediglich als Produkt, sie selbst bringt ihre Phänomene hervor. Wird die Natur nur als Objekt betrachtet, so bleibt die Quelle der Bewegung verborgen. Diese liegt in der Natur selbst. Um sie zu entdecken, muß der subjektive Ausgangspunkt, die in ihr selbst liegende Zweiteilung, aufgefunden werden. Die Elektrizität verkörpert das allgemeine Schema der Struktur der Materie.

In der „Einleitung zum Entwurf eines Systems der Naturphilosophie" erinnert Schelling erneut an die Seinsstufen (Potenzen) der Natur. Jetzt meint er nicht den Niedergang, sondern die Höherentwicklung der Form. Hieran knüpft Schelling eine prinzipiell neue Schlußfolgerung: „Die anorganische Natur ist das Produkt der *ersten*, die organische das Produkt der *zweiten* Potenz. Darum wird die anorganische Natur überhaupt erscheinen als von jeher gewesen, die organische als entstanden."[333]

Zweifel, Schwankungen sowie die fortwährende Suche veranlaßten Schelling zu äußerst entschiedenen Erklärungen. Marx verglich den jungen Schelling nicht zufällig mit Feuerbach. In einem seiner Briefe an Feuerbach schrieb Marx: „Der aufrichtige Jugendgedanke Schellings, der bei ihm ein phantastischer Jugendtraum geblieben ist, er ist Ihnen zur Wahrheit, zur Wirklichkeit, zu männlichem Ernst geworden."[334]

Kurze Zeit nach Veröffentlichung der „Einleitung zum Entwurf" verfaßte Schelling das Poem „Epikurisch Glaubensbekenntnis Heinz Widerporstens". Hierbei handelt es sich um ein außergewöhnliches Werk. Hätte er im Anschluß an dieses Poem nichts mehr geschrieben oder wäre nur dieses eine erhalten geblieben, könnten wir annehmen, die deutsche Philosophie hätte in der Person Schelling einen leidenschaftlichen Materialisten und Atheisten aufzuweisen.

> „Die Materie sei das einzig Wahre,
> Unser aller Schutz und Rather,
> Aller Dinge rechter Vater,
> Alles Denkens Element,
> Alles Wissens Anfang und End.
> Halte nichts vom Unsichtbaren,
> Halt nicht allein am Offenbaren,
> Was ich kann riechen, schmecken, fühlen,
> Mit allen Sinnen drinnen zu wühlen.
> Mein einzig Religion ist die,
> Dass ich habe ein schönes Knie,
> Volle Brust und schlanke Hüften,
> Dazu Blumen mit süssen Düften,
> Aller Lust voller Nährung,
> Aller Liebe süsse Gewährung.
> Drum sollts eine Religion noch geben
> (Ob ich schon kann ohne solche leben),
> Könnte mir von den andern allen
> Nur die katholische gefallen,
> Wie sie war in alten Zeiten,
> Da es gab nicht Zank noch Streiten.
> Waren alle ein Muss und Kuchen,
> Thäts nicht in der Ferne suchen,
> Thäten nicht nach dem Himmel gaffen,
> Hätten von Gott 'n lebendigen Affen,
> Hielten die Erde fürs Centrum der Welt,
> Zum Centrum der Erde Rom bestellt,
> Darin der Stadthalter residirt
> Und der Weltheile Scepter führt,
> Und lebten die Layen und die Pfaffen
> Zusammen wie im Land der Schlaraffen.
> Dazu sie im hohen Himmelshaus
> Selber lebten in Saus und Braus,

> War ein täglich Hochzeit halten
> Zwischen der Jungfrau und dem Alten;
> Dazu das Weib im Haus regiert
> Und wie hier unten die Herrschaft führt.
> Hätte über das alles gelacht,
> Doch mir es wohl zu Nutz gemacht.
> Allein das Blatt hat sich gewandt;
> Ist eine Schmach, ist eine Schand,
> Wie man jetzund aller Orten
> Ist gar vernünftig geworden,
> Muß mit Sittlichkeit stolziren,
> Schönen Sprüchen paradiren;
> Dass allewegen selbst die Jugend
> Wird geschoren mit der Tugend,
> Und auch ein christkatholischer Christ
> Ebenso wie ein andrer ist.
> Drum hab' ich aller Religion entsagt,
> Keine mir jetzt mehr behagt,
> Geh weder zur Kirch noch Predigt,
> Bin alles Glaubens rein erledigt."[335]

Die ironischen Ausfälle gegen den Katholizismus waren ein Seitenhieb gegen Novalis. Mit Goethes Unterstützung hatte Schelling 1798, im Alter von 23 Jahren, eine Professur in Jena erhalten. Hier näherte er sich, wenn auch nicht völlig, den Romantikern an. Ein Beispiel für seine Haltung ist das erwähnte gotteslästerliche Poem, das als Antwort auf den prokatholischen Aufsatz Novalis' „Die Christenheit oder Europa"[336] angesehen werden kann, in dem die Sehnsucht nach der guten alten Zeit anklingt, einer Zeit, in der der katholische Glauben den gesamten Kontinent einte. Schelling entschied sich, den soeben zitierten gotteslästerlichen Teil des Poems zu Lebzeiten nicht zu veröffentlichen, lediglich der naturphilosophische Teil wurde publiziert, der folgenden Gedankengang enthält: Sobald die Natur bis ins einzelne erkannt ist, verwandelt sie sich aus einer Bestie in ein träges, gefügiges Tier, das niemanden bedroht. Alles unterliegt Gesetzen, eigne sie dir an, so wird es dir zu Füßen liegen. In ihm ist eine gigantische Kraft verborgen, in einen Panzer eingeschlossen, aus dem sie sich nur schwer befreien kann. Im Zwerg, genannt Mensch, kam die Welt zu

Selbsterkenntnis. Der Geist des Riesen erwacht und erkennt sich nicht wieder. Ähnlich dem Gott Saturn, der seine eigenen Kinder verschlang, ist er bereit, den Zwerg hinunterzuschlingen, kommt jedoch bald zur Ruhe, da er begreift, daß er es selbst ist. In der Welt vollzieht sich durch die Arbeit des schöpferischen Menschen ein zweiter Schöpfungsakt.

Vergleicht man das „Epikurisch Glaubensbekenntnis" mit dem Goethe zugeschriebenen „Natur"-Artikel und dem, was Novalis in den „Lehrlingen zu Sais" sagt, zeigt sich die unterschiedliche Schwerpunktlegung. Jeder macht, wenn auch auf seine Weise, der Natur eine Liebeserklärung. Jeder hat auf seine Art recht. Die Wahrheit hätte darin bestanden, die Position zu vereinen – Goethes Verehrung der Natur, die romantische Sorge um ihr Schicksal sowie Schellings Kult um die Naturerkenntnis.

Noch hatte Schelling nicht die Kraft, seine eigene Philosophie zu vollenden. Ihre beiden Teile, Naturphilosophie und transzendentaler Idealismus, bestehen für sich, solange sie nicht in ein System vereint werden. Sein nächstes und heute wohl bekanntestes Werk nennt Schelling „System des transzendentalen Idealismus" (1800). Das Buch wird mit einer Problematik eingeleitet, die wir heute als Grundfrage der Philosophie bezeichnen.

Was ist primär: Geist oder Natur? Alle Philosophie muß darauf ausgehen, *„entweder* aus der Natur eine Intelligenz *oder* aus der Intelligenz eine Natur zu machen"[337].

Die notwendige Tendenz aller Naturwissenschaft ist also, von der Natur aufs Intelligente zu kommen. Der Naturforscher entdeckt Gesetze, bringt Theorie in die Naturerscheinungen, im Ergebnis dessen wird Naturwissenschaft zur Naturphilosophie, „welche Eine notwendige Grundwissenschaft der Philosophie" ist.

Antipode der Naturphilosophie ist die Transzendentalphilosophie. Sie geht aus vom Primat des subjektiv-geistigen Prinzips. Schelling bezeichnet die Transzendentalphilosophie als die andere notwendige Grundwissenschaft der Philosophie. (Noch bleibt völlig unbestimmt, wovon die Erklärung ausgehen, was sie zum ersten und was sie zum zweiten machen soll.) Hierbei handelt es sich um das „Wissen vom Wissen". Der einfachste Erkenntnisakt ist die

Empfindung. Die Adäquatheit der Erkenntnis fußt auf der Empfindung. Schelling bezeichnet „eine Philosophie, welche die Empfindung nicht erklären kann", als „eine schon mißlungene"[338]. Die alten Rationalisten ignorierten die Empfindung, die Empiriker erkannten ihre Bedeutung, waren jedoch nicht in der Lage, genau zu erklären, worum es sich dabei handelte. Äußere Einflüsse allein können die Empfindung nicht hinreichend erklären. Ein gestoßener elastischer Körper stößt einen anderen zurück, ein Spiegel reflektiert das auf ihn fallende Licht, doch das ist noch längst keine Empfindung. Die Frage ist, auf welche Art und Weise das Ich, das Subjekt, die äußere Einwirkung in seine Anschauung überträgt, sie zu einem Bewußtseinsfaktor macht.

Das Objekt geht nie in sich selbst zurück, bezieht keinen Eindruck auf sich; es ist eben deswegen ohne Empfindung. Das Ich empfindet, weil das Ich nur Tätigkeit ist. Die Frage nach dem Ursprung der Empfindung zu beantworten heißt, die hervorbringende Ursache zu benennen. Das Gesetz der Kausalität gilt nur zwischen gleichartigen Dingen.

Das Prinzip der ideellen Tätigkeit führt logisch zu einem anderen Prinzip, das bereits in der Erkenntnistheorie Kants angedeutet und von Schelling aufgegriffen wurde: der geschichtlichen Methode. Schelling skizziert hier ein Begriffssystem, das seiner Meinung nach mit dem wirklichen Gang der Erkenntnis sowie der realen Konstruktion der Welt übereinstimmt. „Die Philosophie ist also eine Geschichte des Selbstbewußtseins, die verschiedene Epochen hat ..."[339]

In der „ersten Epoche" durchläuft das Selbstbewußtsein den Weg von der ursprünglichen Empfindung bis zur produktiven Anschauung. Der Begriff der produktiven oder intellektuellen Anschauung ist der wichtigste im System des transzendentalen Idealismus. Ihm sind wir bereits bei Fichte begegnet. Das ist das Wissen vom Gegenstand und seine gleichzeitige Hervorbringung. Auf welche Weise wird der materielle Gegenstand konstruiert? Die Materie existiert in drei Dimensionen, die durch die Wirkung dreier Grundkräfte hervorgebracht werden: Magnetismus, Elektrizität und chemischer Prozeß. Die magnetische Kraft wirkt linear, so entsteht das Maß der Länge, die Elektrizität brei-

tet sich in der Ebene aus, der chemische Prozeß wirkt im Raum.
Die „zweite Epoche" erstreckt sich von der produktiven Anschauung bis zur Reflexion (Selbstanschauung).
Die „dritte Epoche" reicht von der Reflexion bis zum absoluten Willensakt. Somit erhebt sich das Ich, das Selbstbewußtsein, von der unbelebten Materie zur belebten, geistigen, bis hinauf zum Menschen.
Unser Denken vollzieht sich in Kategorien, in relativ allgemeinen Begriffen. Schelling bleibt nicht bei ihrer Aufzählung stehen – Verhältnis, Substanz, Akzidenz, Ausdehnung und Zeit, Ursache und Wirkung, Wechselwirkung usw. Er versucht, sie hierarchisch zu ordnen, darzulegen, wie die Kategorien in gegensätzliche zerfallen, wie sich diese Gegensätze wieder zu einem inhaltsreicheren Begriff vereinen und sich so der praktischen Sphäre der menschlichen Tätigkeit annähern. Möglichkeit, Wirklichkeit und Notwendigkeit bilden die letzten Stufen der Kategorienleiter, die uns zu einer neuen, höheren Ebene führt, auf der der freie Wille herrscht. Das, worüber Schelling noch schüchtern urteilt – von Fall zu Fall mit äußerster Klarheit, im ganzen aber sehr schematisch –, wird von Hegel umfassend entwickelt und bildet den Inhalt zweier umfangreicher Bände, seiner „Logik", die bis auf den heutigen Tag ein Beispiel für dialektisches Denken sind.
Dennoch hat Schelling gegenüber Hegel einen Vorzug aufzuweisen: In seinem Werk liegen die irdischen Wurzeln der Dialektik, der Bezug zu den Naturwissenschaften, zum Entwicklungsprozeß der Natur auf der Hand. Hegel wird die Entwicklung der Natur negieren. Für Schelling hingegen ist diese eine unbestreitbare Tatsache.
In der praktischen Philosophie greift Schelling den Kantischen Kategorischen Imperativ als Verhaltensprinzip des Menschen auf, stimmt dem von Kant formulierten Prinzip des ursprünglich Bösen im Menschen und den Anlagen zum Guten, die im Ergebnis der moralischen Erziehung die Oberhand gewinnen müssen, zu.
Die Moralität des Menschen entspricht seinem Wesen. Doch sie allein genügt nicht, um die Möglichkeit auszuschließen, daß die Freiheit der Individualität durch die Wechselwirkung mit den anderen Individualitäten aufgeho-

ben wird. Hierfür bedarf es des Zwangs eines Gesetzes. Über der ersten Natur muß eine zweite, höhere, die nur zum Zweck der Freiheit existiert, errichtet werden.
Die zweite Natur entspricht der Rechtsverfassung. Kant folgend, sieht Schelling das Ideal einer Gesellschaftsordnung in der Festschreibung einer allgemeinverbindlichen Rechtsordnung, die auch auf die Beziehungen zwischen den Staaten ausgedehnt werden muß. Es ist kein sicheres Bestehen auch nur einer einzelnen Staatsverfassung zu denken, wenn nicht eine zwischenstaatliche Organisation, ein „Staat der Staaten", eine Föderation aller Staaten ins Leben gerufen wird, deren Mitglieder einander Unantastbarkeit garantieren. Für den Fall von Streitigkeiten unter den Völkern muß ein allgemeiner Völkerareopag einberufen werden, dem Mitglieder aller kultivierten Nationen angehören.
Bis zu diesem Punkt interpretiert bzw. gibt Schelling Kants Gedanken wieder. Hieran schließt sich ein neuer, genaugenommen alter, auf den Mystiker Jacob Böhme zurückgehender Problemkreis an. Warum, so fragt Schelling, wird der Freiheit etwas zugerechnet, das ihr eigentlich fremd sein müßte – die Gesetzmäßigkeit? Aus dem Grunde, lautet seine Antwort, weil über diesem und jenem etwas Drittes, Höheres steht. Jenes Höhere selbst kann weder Subjekt noch Objekt, auch nicht beides zugleich, sondern „nur die *absolute Identität* sein"[340].
Aus dem bisherigen erklärt sich Schellings Gott-Begriff: „Denn Got *ist* nie, wenn Sein das *ist*, was in der objektiven Welt sich darstellt; *wäre er*, so wären *wir* nicht: aber er *offenbart* sich fortwährend."[341]
(Einen derart unpersönlichen Gott zu lästern ist ungefährlich. Im „Epikurisch Glaubensbekenntnis", das fast parallel zum „System des transzendentalen Idealismus" geschrieben wurde, führt Schelling seine hier konzipierte Kritik aus.)
Die Weltgeschichte selbst ist eine nie ganz zu Ende geführte Offenbarung des Absoluten. Sie weist drei Hauptperioden auf: in der ersten herrscht das Schicksal, in der zweiten offenbart sich die Natur, die dritte Periode ist die der Vorsehung. Die Schicksal-Periode umfaßt die alte Welt, den Aufschwung und den Untergang alter Reiche, von denen kaum die Erinnerung übriggeblieben ist. Die zweite Periode setzt mit der Ausbreitung der großen römischen

Republik ein. Die Naturgesetze wirken, es bildet sich die Kommunikation zwischen den Völkern heraus, die in einen Völkerbund, den „Weltstaat", münden muß. Erst dann, wenn die Gesetze der Natur zu einem Instrument der Vorsehung umgestaltet werden können, beginnt die dritte Periode. „Wann diese Periode beginnen werde, wissen wir nicht zu sagen. Aber wenn diese Periode sein wird, dann wird auch Gott *sein*."[342] Mit diesen Worten schließt Schelling die Darstellung der Weltgeschichte ab.

Doch hiermit endet sein Buch noch nicht. Sein Werk umschließt den gesamten Themenkreis der Kritiken. Es bleibt noch die „Kritik der Urteilskraft", in der Fragen der organischen Struktur der belebten Materie sowie das Schöpfertum in der Kunst diskutiert werden.

Im „System des transzendentalen Idealismus" finden sich zwei Abschnitte, die diesem Thema gewidmet sind. Der Abschnitt über Teleologie bleibt kurz; Schelling hat sich im theoretischen Teil des Buches ausführlich dazu geäußert, was er unter belebter Natur versteht.

Zum Thema Philosophie der Kunst hat er mehr mitzuteilen. Vergleicht Kant den natürlichen Organismus mit der organischen Struktur des Kunstwerkes, so arbeitet Schelling zwei wichtige Unterschiede heraus. Der Organismus wird als Ganzes geboren, der Künstler nimmt diese Ganzheit wahr, kann sie aber nur Teil für Teil reproduzieren und erst am Ende zu einem unteilbaren Ganzen zusammenfügen. Die Natur fängt bewußtlos an und gelangt schließlich im Ergebnis ihrer Entwicklung zum Bewußtsein. Die Kunst geht den umgekehrten Weg – bewußte Produktion und bewußtlose Ansehung des Produkts.

Ein weiterer Unterschied ist ebenfalls von Bedeutung. Das Werk der Natur muß nicht unbedingt schön sein. Der Grundcharakter jedes Kunstwerkes ist die Schönheit. Ohne Schönheit ist kein Kunstwerk. Ein Künstler, im weitesten Sinne des Wortes, vollendet sich durch zwei voneinander völlig verschiedene Tätigkeitsformen. Eine davon, die Kunst als Können, kann durch Übung erreicht werden, ist mit Bewußtsein, Überlegung und Reflexion verbunden und stützt sich auf die Überlieferung. Die zweite Form kann weder durch Übung noch auf andere Art erlangt werden, sie kann nur durch die freie Gunst der Natur angeboren sein.

Sie ist dasjenige, was als Poesie in der Kunst bezeichnet werden kann. Das Poetische ist unbewußt.
Das Unbewußte ist unendlich. Der Künstler scheint in seinem Werk außer dem, was er mit offenbarer Absicht darein gelegt hat, instinktmäßig gleichsam eine Unendlichkeit dargestellt zu haben. Deshalb kann ein wahres Kunstwerk nie erschöpfend ausgelegt werden, es hat den Anschein, daß die Unendlichkeit im Künstler selbst gelegen habe. Dagegen fallen an einem Produkt, welches den Charakter des Kunstwerkes nur heuchelt, Beschränktheit und Umgrenztheit sofort ins Auge. Bei einem solchen Produkt handelt es sich um einen getreuen Abdruck der bewußten Tätigkeit des Künstlers, gut genug für die Reflexion, nicht aber für die Anschauung, welche nur auf dem Unendlichen zu ruhen vermag. Die ästhetische Anschauung ist die höchste Form der produktiven Anschauung. Dieser Anschauungsform sind Objektivität, Vollständigkeit und Allgemeingültigkeit eigen. „Die Philosophie [kann] als Philosophie nie allgemeingültig werden, da sie im Unterschied zur ästhetischen Anschauung im gemeinen Bewußtsein überhaupt nicht vorkommt."[343]
Schelling wurde oft ein Aristokratismus des Geistes vorgeworfen. In Wirklichkeit wollte Schelling im Gegenteil das Wissen allgemein zugänglich machen. Und er vertrat die Auffassung, daß das durch die Kunst möglich werde. Die produktive Natur findet im künstlerischen Schöpfertum ihre Vollendung. Die „Odyssee des Geistes" ist abgeschlossen. Dies ist der Endpunkt, der zum Ausgangspunkt wird. In der Kunst findet das Selbstbewußtsein wieder zur Natur. Je mehr sich Schelling dem Ende seiner Abhandlung nähert, desto poetischer drückt er sich aus, um so entschiedener preist er die Poesie als Inbegriff des Schöpfertums: „Ein System ist vollendet, wenn es in seinen Anfangspunkt zurückgeführt ist. Aber eben dies ist der Fall mit unserem System. Denn eben jener ursprüngliche Grund aller Harmonie des Subjektiven und Objektiven, welcher in seiner ursprünglichen Identität nur durch die intellektuelle Anschauung dargestellt werden konnte, ist es, welcher durch das Kunstwerk aus dem Subjektiven völlig herausgebracht und ganz objektiv geworden ist, dergestalt, daß wir unser Objekt, das Ich selbst, allmählich bis auf den Punkt geführt,

auf welchem wir selbst standen, als wir anfingen zu philosophieren."[344]

Im „System des transzendentalen Idealismus" kamen die Kategorien erstmalig in Bewegung, wurde das System der Philosophie als Entwicklung des Bewußtseins untersucht. Was Fichte gefordert hatte, wurde hier konkret verwirklicht. Einige Jahre später wird Hegel mit der „Phänomenologie des Geistes" ein noch beeindruckenderes historisches Panorama der Höherentwicklung des Bewußtseins in immer komplizierterer und vollendeterer Form schaffen. Für Schelling war die Kunst der Gipfel. Hegel wird das Problem auf andere Weise lösen.

KAPITEL 5
Die Idee der „Alleinheit"

1. Schelling. Die Philosophie der Identität

Fichtes Entgegnung auf Kants Kritik an seiner Wissenschaftslehre in der „Erlanger Literaturzeitung" enthielt u. a. den folgenden Satz: „Wer weiß, wo schon jetzt der junge feurige Kopf arbeitet, der über die Prinzipien der Wissenschaftslehre hinauszugehen und dieser Unrichtigkeiten und Unvollständigkeit nachzuweisen versuchen wird."[345]

Es war Ironie des Schicksals, daß der „feurige Kopf", von Fichte nicht als solcher erkannt, schon an seiner Seite tätig war. Der half ihm sogar aus der Not: Fichtes Antwort auf Kants Kritik an der „Wissenschaftslehre" veröffentlichte Schelling in Form eines von Fichte an ihn adressierten Briefes. Schelling brachte Fichte freundschaftliche Gefühle entgegen, er war unzufrieden, daß Kant mit seiner „Erklärung" zu einem Zeitpunkt hervortrat, als die Kampagne gegen Fichtes angeblichen Atheismus auf ihrem Höhepunkt war. Im Mai 1800 wandte sich Schelling mit der Bitte an Fichte, ihm seine Meinung über das „System des transzendentalen Idealismus" und andere Schriften mitzuteilen. Fichte ließ sich mit der Antwort Zeit.

Schelling begann in dieser Zeit die „Zeitschrift für spekulative Physik" herauszugeben. In einer der ersten Ausgaben wurde sein Artikel „Über den wahren Begriff der Naturphilosophie" veröffentlicht.

Schelling war völlig eingenommen von der allgemeinen Idee, die Details beschäftigten ihn weniger. Der tragende Gedanke des Artikels ist präzise ausgedrückt: Die Subjektivität wird aus der Objektivität geboren. Letztere wird (wozu die alte dogmatische Philosophie nicht in der Lage war) als aktiv gedacht. Die Tätigkeit der Natur geht der Tätigkeit des Menschen voraus. Schelling versprach, in der folgenden Ausgabe eine Darlegung seines Systems zu veröffentlichen.

Die Notwendigkeit dazu war herangereift. Die Differenzen mit Fichte wurden deutlicher, die Kollision unvermeidlich. Fichte hatte endlich begriffen, daß Schelling, in dem er seinen treuen Adepten sah, eine eigene Meinung hatte. Gelesen hatte Fichte nur das „System des transzendentalen Idealismus" – und es abgelehnt.

„Etwas anderes ist die *Realität der Natur*. Die letztere erscheint in der Transzendentalphilosophie als durchaus *gefunden*, und zwar *fertig* und *vollendet*; und dies zwar (gefunden nemlich) nicht nach *eignen* Gesetzen, sondern nach *immanenten* der *Intelligenz* (als ideal-realer)."[346] Die Natur lebt also nach Gesetzen des Geistes.

Schelling antwortete sofort auf Fichtes Brief, wobei er das Primat und die Unabhängigkeit der Natur verteidigte. Ihre „Wissenschaftslehre", wandte er sich an Fichte, das ist doch nicht die ganze Philosophie, auch löst sie nur das logische Problem des Aufbaus des Wissens. (Erinnern wir uns, daß Kant in seiner „Erklärung" genau diesen Vorwurf gegen Fichte erhoben hatte. Damals, vor einem Jahr, war Schelling über diesen Vorwurf entrüstet gewesen und hatte für Fichte Partei ergriffen. Jetzt argumentierte er ähnlich.)

Im Dezember konzipierte Fichte eine Entgegnung, die scharfe Einwände sowie die entschiedene Erklärung – die „Wissenschaftslehre", das ist die ganze Philosophie! – enthielt. Diese Entgegnung schickte Fichte allerdings nicht ab. Nach Jena ging ein anderer Brief, ein zurückhaltender. Differenzen werden darin erwähnt, aber nicht, weil sie die Zusammenarbeit hinderten, sondern um unter Beweis zu stellen, wie gründlich Schellings Arbeiten gelesen wurden. Am Ende des Briefes wurde eine Korrektur zur Schellingschen Naturphilosophie angefügt: Das Individuum könne nur unter der Bedingung, daß in der Natur selbst etwas Geistiges vorhanden sei, was das Individuum bestimme und auch in ihm sei, als höchste Stufe der Natur angesehen werden. Fichte schlug vor, es dabei zu belassen. Die Zeit für den entscheidenden Streit war noch nicht gekommen. Schelling las diesen Brief sehr aufmerksam, versah ihn mit zahlreichen Bemerkungen. Mit der Antwort ließ er sich diesmal Zeit.

Die Antwort erschien in Form einer neuen Arbeit. Im Mai 1801 wurde in der „Zeitschrift für spekulative Physik" Schellings „Darlegung meines Systems der Philosophie" veröffentlicht. Erstmals sprach der junge Professor von „seinem" System. Wie gelang es ihm, die Philosophie der Natur mit dem transzendentalen Idealismus, den Geist mit der Natur zu vereinen?

Auf radikalste Weise – indem er sie in eins verschmolz. Schelling kennzeichnete Fichtes Idealismus als subjektiven, er selbst vertrete dagegen einen objektiven Idealismus. Jetzt befriedigte ihn die idealistische Position nicht mehr. Auch der Realismus (Spinozismus) genügte ihm nicht mehr. Das ist ein wichtiger Umstand – hören wir, was Schelling selbst darüber sagt: „Fichte z. B. könnte den Idealismus in völlig subjektiver, ich dagegen in objektiver Bedeutung gedacht haben; Fichte könnte sich mit dem Idealismus auf den Standpunkt der Reflexion halten, ich dagegen hätte mich mit dem Princip des Idealismus auf den Standpunkt der Produktion gestellt: um diese Entgegensetzung aufs Verständlichste auszudrücken, so müßte der Idealismus in der subjektiven Bedeutung behaupten, daß Ich sey Alles, der in der objektiven Bedeutung umgekehrt: Alles sey = Ich, und es existire nichts als was = Ich sey, welches ohne Zweifel verschiedene Ansichten sind, obgleich man nicht leugnen wird, daß beide idealistisch sind. ... Nicht anders als mit dem Idealismus möchte es sich wohl mit dem verhalten, was man bis daher Realismus genannt hat; und fast kommt es mir vor, als sey die folgende Darstellung Beweis, daß man bis auf den heutigen Tag den Realismus in seiner erhabensten und vollkommensten Gestalt (ich meine im Spinozismus) in allen öffentlich bekannt gewordenen Ansichten durchaus verkannt und mißverstanden habe. Dies alles sage ich nur zu dem Ende, damit erstens der Leser, welcher überhaupt sich über meine Philosophie unterrichten will, vorerst sich entschließe, die folgende Darstellung mit Ruhe und Überzeugung, nicht als die Darstellung von etwas ihm bereits Bekanntem, wobei bloß die Form der Darstellung interessiren könnte, sondern als von etwas vorläufig unbekanntem zu lesen."[347]

Das Neue besteht darin, daß nach Überzeugung Schellings weder das Denken noch das Sein als Urgrund alles Seienden zu betrachten sind. Weder das Eine noch das Andere, sondern das Eine und das Andere zusammen – das ist es, wovon man auszugehen hat. Die Identität von Geist und Natur. Die absolute Identität nennt er Vernunft. „Ich nenne *Vernunft* die absolute Vernunft, oder die Vernunft, insofern sie als totale Indifferenz des Subjektiven und Objektiven gedacht wird."[348] Zwischen Objekt und Subjekt sind nur qualitative Unterschiede möglich.

Die absolute Identität ist nicht Ursache des Universums, sondern das Universum selbst. Der Idealismus sieht im Geist die Ursache für die Entstehung des Materiellen. Für Schelling stellt sich das Problem der Entstehung in der Zeit nicht. Die Stufenleiter des Seins mit allen ihren Sprossen gibt es von jeher. Die Potenzen sind absolut gleichzeitig, es gibt keinen Grund, mit der einen oder der anderen zu beginnen. Alle Kausalableitung entfällt damit. „Das Denken so wenig aus dem Seyn, als das Seyn aus dem Denken. Der Fehler des Idealismus ist, *eine Potenz* zur ersten zu machen."[349]

Dies ist eine wichtige Aussage. Schelling spricht über den Fehler des Idealismus überhaupt (er meint sowohl den objektiven als auch den subjektiven Idealismus. Ihr Unterschied ist Schelling bekannt.) Schelling kann seine Leidenschaft für die Natur nicht verbergen. Er ist aber nicht bereit, den Weg des Materialismus einzuschlagen. Die Materie ist für ihn ein erregendes, anziehendes und unlösbares Rätsel. Sie existiert nicht unabhängig vom Geist, wie der Geist nicht ohne Materie existiert – und das sogar in Gott!

Die Geschichte der Philosophie kennt Versuche, eine Mittelstellung zwischen Materialismus und Idealismus einzunehmen. Spinozas Philosophie ist ein Beispiel. Seine Substanz, sie ist sowohl Gott als auch Natur, weist zwei Attribute – Denken und Ausdehnung – auf. Für Schelling ist Spinozismus nicht umfassend genug. (Fichte hätte gerade das Gegenteil formulieren können.) Ein wahrhaft philosophisches System müsse alle möglichen Gegensätze in sich vereinen. Das sei die Bestimmung der Identitätsphilosophie. Und Schelling sucht seinen Platz in der Nähe Spinozas, zwischen Spinoza und Fichte.

Diese Suche ist mit der Preisgabe einiger dialektischer Errungenschaften verbunden: Es entfällt das Problem der Entwicklung in der Natur, das Problem des Übergangs von der unbelebten zur belebten Materie; eine anorganische Natur als solche existiert danach nicht. Die sogenannte tote Materie – das sind nur gestorbene Pflanzen und Tiere. Schelling ist damit zur Auffassung der Welt als eines lebenden Orga-

nismus, die er bereits im „Ersten Entwurf eines Systems der Naturphilosophie" ausgesprochen hatte, zurückgekehrt.
Ebenfalls aufgegeben wird das historische Herangehen an das Denken. Später, wenn andere das Thema aufgreifen werden, wenn die „Phänomenologie des Geistes" veröffentlicht sein wird, wird er sich darauf besinnen und, wenn auch erfolglos, an seine Priorität erinnern.
Das philosophische System ist geschaffen. Schelling wird ihm stets treu bleiben, er wird, ständig die Wissensgebiete wechselnd, immer neue Bereiche erschließen und bei aller Unbeständigkeit im Detail das Prinzip der ursprünglichen Identität des Realen und Idealen, von Objekt und Subjekt, Materie und Bewußtsein beibehalten.
Sein System stellt Schelling in schematischer Form wie folgt dar:

„Das All

relativ-reales All		relativ-ideales All
Schwere, Materie		Wahrheit, Wissenschaft
Licht, Bewegung		Güte, Religion
Leben, Organismus		Schönheit, Kunst
Das Weltsystem	Vernunft	die Geschichte
Der Mensch	Philosophie	der Staat."[350]

Die Präzisierung einzelner Aspekte seiner neuen Lehre nimmt Schelling in der Arbeit „Weitere Darstellung meines Systems der Philosophie" (1802) vor. In dieser Arbeit wird u. a. die Grundfrage der Erkenntnis – nach dem Verhältnis von Allgemeinem und Einzelnem, eine Frage, die sowohl die Erkenntnistheorie als auch die Ästhetik beschäftigt, präzisiert. Schelling suchte dieses Problem mit der intellektuellen Anschauung (Fichte fortsetzend) zu lösen: Der Mensch, hob er hervor, vermag im Einzelnen das Allgemeine zu sehen, in der Erscheinung das Wesen. Das ist bei weitem mehr als einfache Wahrnehmung. Hierbei handelt es sich um einen schöpferischen Akt, um Erkenntnis und gleichzeitig um schöpferische Hervorbringung. Der Mensch als ein lebendiger Organismus schafft die Kultur und schaut das Werk seiner Hände an, wobei er sich auf die intuitive Fähigkeit, den „anderen Verstand" stützt, vermittels dessen er das Besondere im Allgemeinen und das Allgemeine im Besonderen erkennt.

Doch wie kann man Begriffe schauen? Kant meinte, dies sei in der Mathematik möglich. Ein Mathematiker könne das Allgemeine anschaulich-konkret ausdrücken (indem er zum Beispiel ein Dreieck zeichnet); in der Philosophie sei Konstruktion unmöglich, Philosophie operiere ständig mit Abstraktionen. Fichte sprach als erster von der Möglichkeit der Konstruktion in der Philosophie: Bei der intellektuellen Anschauung handle es sich um Begriffskonstruktion.
Schelling greift dieses Thema auf. Es gibt eine Möglichkeit der philosophischen Verallgemeinerung, die Kant unbekannt war, in der das Allgemeine mit dem Einzelnen identisch ist, in der eine notwendige Beziehung zwischen beiden besteht und künstliche Reglementierung ausgeschlossen ist.
Die philosophische Konstruktion besteht in der Feststellung der notwendigen Beziehung zwischen Erscheinungen, wenn eine durch die andere, durch ihren Platz in der Gesamtkonstruktion erklärt wird.
Die Art und Weise der Konstruktion, die „absolute Methode" besteht darin, daß eine These formuliert und ihr eine Antithese gegenübergestellt wird. Die Vereinigung beider ist die Synthese. „In dem System hat jeder Begriff seine bestimmte Stelle, an der er allein gilt, und die auch seine Bedeutung, so wie seine Limitation bestimmt."[351]
Schelling griff Fichtes Gedanken, nur präziser formuliert, auf: Der Begriff wird zu einem konkreten Begriff in einem philosophischen System, in dem jede Kategorie durch ihren Platz und Zusammenhang zum Ganzen bestimmt wird. Es blieb Hegel vorbehalten, diese Forderung mit einer Gründlichkeit, die sich weder Fichte noch Schelling vorstellen konnten, zu realisieren.
Schelling spricht viele Gedanken aus, verfolgt sie jedoch oftmals nicht weiter, löst sich wieder davon – eine neue Problemstellung löst die frühere ab. Auch methodisch versuchte Schelling sich in den unterschiedlichsten Formen. Die „Darstellung meines Systems der Philosophie" war wie die „Ethik" Spinozas aufgebaut: Lehrsatz, Beweis, Zusatz. Doch schon die „Weitere Darstellung meines Systems der Philosophie" war in freier Manier gehalten. Das fast zur gleichen Zeit entstandene Gespräch „Bruno oder über das göttliche und natürliche Prinzip der Dinge" ahmt in der

Form Platon und Bruno nach. Inhaltlich ist es ein Ausfall gegen Fichte und eine Apologie des Prinzips der Alleinheit, wie Schelling es interpretiert.
Darauf folgen die „Vorlesungen über die Methode des akademischen Studiums" (1803). Das Thema dieses Vorlesungszyklus ist das System der Wissenschaften. So wie die Welt ein lebendiger Organismus ist, so sind auch die Wissenschaften von der Welt durch notwendige Beziehungen zu einem organischen Ganzen verbunden. Der Baum der wissenschaftlichen Erkenntnis wächst aus seiner Wurzel, der „Wissenschaft der Wissenschaften" – der Philosophie.
Allen Wissenschaften gemeinsam ist das Schöpfertum. Hier schließt sich der Kreis zur Kunst. Die Kunst in der Wissenschaft ist das Schöpfertum. Das Wissen ist nur eine Vorbedingung der wissenschaftlichen Tätigkeit. Ohne das Wissen geht es nicht, doch das Wissen allein ist unzureichend. „Alle Regeln, die man Studiren vorschreiben könnte, fassen sich in der einen zusammen: lerne nur, um selbst zu schaffen. Nur durch dieses göttliche Vermögen der Produktion ist man wahrer Mensch, ohne dasselbe nur eine leidlich klug eingerichtete Maschine."[352]
Daher ist das Reich der Wissenschaft aristokratisch eingerichtet, hier herrschen die Besten. Dieser Gedanke klingt, verglichen mit dem, was im „System des transzendentalen Idealismus" behauptet wurde, wie eine Dissonanz. Doch das darf uns nicht abschrecken. Hier ist die Rede vom Schöpfertum. Das Wissen ist allen zugänglich, Schöpfertum dagegen eignet wenigen. Schelling zitiert Horaz: „Odi profanum vulgo et arceo."[353]
Seinerzeit hatte sich Goethe gegen das „literarische Sansculottentum" gewandt, worunter er das Streben der Mittelmäßigen, den Platz der Begabten einzunehmen, verstand. Schelling befürchtete, daß die Lehre von der Gleichheit der Fähigkeiten zu einer allgemeinen Zerrüttung der Kräfte führen werde.
Das Schöpfertum besteht darin, das Allgemeine und Einzelne in wechselseitiger Durchdringung zu sehen, im Einzelfall das Gesetz, in der Verallgemeinerung den Einzelfall. Das Mittel, in dieses Geheimnis einzudringen, ist die intellektuelle Einbildungskraft. Das gilt für die Kunst wie für die Wissenschaft und auch für die Philosophie.

Schelling spricht von der „Poesie in der Philosophie". Damit meint er die Dialektik. Sie ist es, die ein dogmatisches Herangehen an die Sache ausschließt, wenn vom Philosophen die Wahrheit als bare, klingende Münze verlangt wird. Die Dialektik bringt auch den Skeptizismus zu Fall, der die Grundpfeiler der Erkenntnis untergräbt. Schließlich existiert noch eine weitere Gefahr für die Weisheit – die „analytische und formale Philosophie", die nicht über empirische Fakten hinausgeht. Die wahre Philosophie führt, wie auch die Poesie, an das Absolute heran.

Philosophie ist unmittelbare Aneignung der Welt von ihrer idealen Seite her. Ihre reale Seite erschließen die anderen Wissenschaften. Der Fortschritt der Verwirklichung des Wissens drückt sich als Geschichte aus. Sich der bürgerlichen Geschichte zuwendend, untersucht Schelling die in ihr vorhandenen Standpunkte: den empirischen, den pragmatischen und den poetischen Standpunkt. Die Vertreter des empirischen Standpunktes operieren mit allen Fakten, die an der Oberfläche der Ereignisse zu finden sind. Die Vertreter des zweiten bedienen sich eines Auswahlkriteriums – eines didaktischen oder eines politischen. Der höchste Typ der Stellung zur Geschichte ist die historische Kunst. Die wahre Historie ist frei von Subjektivismus und beruht auf einer Synthese des Wirklichen mit dem Idealen. Die Philosophie hebt einzelne Tatsachen auf, die Kunst läßt das Wirkliche ganz bestehen. Das ist es, was der Historiker braucht.

„Es versteht sich, daß der Historiker nicht, einer vermeinten Kunst zu lieb, den Stoff der Geschichte verändern kann, deren oberstes Gesetz Wahrheit seyn soll. Ebensowenig kann die Meinung seyn, daß die höhere Darstellung den wirklichen Zusammenhang der Begebenheiten vernachlässige, es hat vielmehr hiermit ganz dieselbe Bewandtniß wie mit der Begründung der Handlungen im Drama, wo zwar die einzelne aus der vorhergehenden und zuletzt alles aus der ersten Synthesis mit Nothwendigkeit entspringen muß, die Aufeinanderfolge selbst aber nicht empirisch, sondern nur aus einer höheren Ordnung der Dinge begreiflich seyn muß. Erst dann erhält die Geschichte ihre Vollendung für die Vernunft, wenn die empirischen Ursachen, indem sie den Verstand befriedigen, als Werkzeuge und Mittel der

Erscheinung einer höheren Notwendigkeit gebraucht werden. In solcher Darstellung kann die Geschichte die Wirkung des größten und erstaunenswürdigsten Drama nicht verfehlen, das nur in einem unendlichen Geiste gedichtet seyn kann."[354] Die Universalgeschichte müßte im epischen Stil verfaßt sein. Schelling führt folgende Geschichtsschreiber der Neuzeit an: Gibbon, Machiavelli und Johannes Müller.

Als den Gegenstand der Historie im engeren Sinne bestimmt Schelling den Staat – als „die Bildung eines objektiven Organismus der Freiheit". Hier vereint sich die Geschichte mit der Rechtswissenschaft. Im vollkommenen Staat sind das Besondere und das Allgemeine absolut eins, alles, was notwendig ist, ist zugleich frei.

In den „Vorlesungen über die Methode des akademischen Studiums" ist weiter von den Naturwissenschaften im allgemeinen die Rede. Empirie allein ist auch auf diesem Gebiet unzureichend. Das empirische Wissen kann sich nicht über die mechanische Betrachtungsart der Natur erheben. Die Einheit der Natur bleibt solchem Denken verschlossen. Die wahre Philosophie der Natur ist die Philosophie der Identität. Zu ihr gelangt die Physik, die Chemie, die organische Naturlehre, die Medizin und die Wissenschaft der Kunst, in der Schelling eine notwendige Komponente des akademischen Studiums sah.

Neben den Vorlesungen über die Methode des akademischen Studiums hielt Schelling Vorlesungen über die Philosophie der Kunst. Sie wurden erst nach dem Tode des Philosophen veröffentlicht.

Wenn man mit der Lektüre der „Philosophie der Kunst" beginnt, kann man nicht umhin, über das Verhältnis von Schellings Philosophie der Kunst zur Ästhetik der Romantik nachzudenken. Sieht man von den Besonderheiten ab, die aus der Individualität der einzelnen Romantiker herrühren, so lassen sich auf dem Gebiet der Ästhetik für die Romantik drei Merkmale anführen: die Anbetung der Kunst, der Natur und der schöpferischen Individualität.

Für die Romantiker ist die Kunst die höchste Form der geistigen Tätigkeit, die selbst Verstand und Vernunft noch übertrifft. „Die Poesie ist der Held der Philosophie. ... Phil[osophie] ist die Theorie der Poesie."[355] So Novalis.

Er war überzeugt, daß die Menschen in Zukunft nur noch schöne Literatur lesen würden. Der Dichter erfasse die Natur besser als der Wissenschaftler. Poesie resultiere unmittelbar aus der Natur. Die Natur sei unerschöpflich, sie sei reicher und komplizierter, als was die Wissenschaft darüber wisse. Wenn ein Dichter der Romantik von Natur spricht, meint er mehr, als ein gewöhnlicher Mensch unter Natur versteht; der Romantiker erblickt darin etwas Geheimnisvolles, Unerforschliches, Übernatürliches. Als solche übernatürliche Kraft stellt sich den Romantikern auch die Begabung des Künstlers dar. Der Künstler ist ein bewußtloses Werkzeug in einer höheren Macht. Er gehört seinem Produkt an, nicht dieses ihm.

Schelling teilt, wenn auch mit wesentlichen Korrekturen und Einwänden, die genannten Auffassungen. Ja, Kunst ist die höchste geistige Potenz, doch das bedeutet nicht, daß im Kopf des Philosophen künstlerische Unordnung herrschen müßte. Philosophie ist Wissenschaft und Nicht-Wissenschaft in einem. Als Nicht-Wissenschaft appelliert sie an die Anschauung und die Einbildungskraft, als Wissenschaft verlangt sie ein System. Die Methode des Konstruierens, des Systemsaufbaus, die sich in der Naturphilosophie bewährt hat, versucht Schelling nun auf die Philosophie der Kunst anzuwenden. Einen Begriff zu bestimmen heißt, seinen Platz im System des Universums anzugeben. „Die Kunst konstruieren heißt, ihre Stellung im Universum bestimmen. Die Bestimmung dieser Stelle ist die einzige Erklärung, die es von ihr gibt."[356] Hier ist Schelling nicht Romantiker, sondern unmittelbarer Vorläufer des Gegners und Kritikers der Romantik, Hegels. Es ist, als habe man einen Paragraphen aus der „Wissenschaft der Logik" gelesen. Dieses Zitat aber ist der „Philosophie der Kunst" entnommen. Wir treffen hier auch auf die von Hegel verwendeten Begriffe „Negation" und „Aufhebung" als Prinzipien der Konstruktion eines Systems. Schelling vergleicht die logische Auffassung von Kunst mit der historischen, spricht von dem Gegensatz zwischen antiker und zeitgenössischer Kunst. „Es wäre ein wesentlicher Mangel der Konstruktion, wenn wir die Rücksicht darauf bei jeder einzelnen Form der Kunst vernachlässigen wollten. Da aber dieser Gegensatz als ein bloß formeller angesehen wird, so die Konstruktion eben in der Negation oder Aufhebung bestehend. Wir werden, indem wir diesen Gegensatz berücksichtigen, unmittelbar zugleich die *historische* Seite der Kunst darstellen, und können hoffen, nur dadurch unserer Konstruktion im ganzen die letzte Vollendung zu geben."[357]

Die „Philosophie der Kunst" ist der erste Versuch, ein Begriffssystem der Ästhetik unter Einbeziehung der historischen Entwicklung der Kunst zu schaffen. Schelling führte sein Vorhaben nicht zu Ende, doch der Weg war gewiesen; es war dies ein Schritt von den Romantikern hin zu Hegel.

Schelling greift dabei der Hegelschen Theorie der Ästhetik nicht nur vor, sondern geht sogar in wesentlichen Punkten über diese hinaus. Für Hegel ist das Schöne das Auffinden des Geistes, für Schelling ist es die Identität von Geistigem und Materiellem. „Die Schönheit, kann man sagen, ist überall gesetzt, wo Licht und Materie, Ideales und Reales sich berühren"[358], heißt es in der „Philosophie der Kunst".

Wir wissen, daß Schelling die romantische Anbetung der Natur teilte, wir kennen seine Leidenschaft für das Organische, Lebendige. Und in der idealen Welt nimmt die Kunst den Platz ein, der in der realen Welt dem Organismus zukommt. Das organische Werk der Natur stellt die ursprüngliche, ungetrennte Harmonie dar, das Kunstwerk die nach der Trennung wiederhergestellte Harmonie. Der Künstler stellt die Welt als Kunstwerk wieder her. Die Einbildung schafft nichts neu, sie vereint etwas mit dem Urbild. Demnach sind die Formen der Kunst die Formen der Dinge, wie sie in Gott oder wie sie an sich sind. Haben wir bisher eine Vorwegnahme der weiteren Entwicklung der Philosophie im Werk Schellings konstatiert, so sehen wir uns jetzt einer Retrospektive gegenüber – einer Reminiszenz an den Platonismus. Worin besteht der Unterschied zu den Romantikern? In der Betonung der moralischen Seite der Sache. Die Romantiker fürchteten das Moralisieren, Schelling nicht. Die Schönheit, hebt er hervor, verschmilzt nicht nur mit dem Wahren, sondern auch mit dem Guten. Wir können uns an der Meisterschaft eines Künstlers erfreuen, dem es gelungen ist, die Natur wirklich zu erfassen. Wenn es dem Kunstwerk aber an göttlicher Güte mangelt, so entbehrt es auch der göttlichen Schönheit. Nur eine harmo-

nisch gestimmte Seele (wo die Harmonie die wahre Sittlichkeit einschließt) ist wirklich befähigt, Kunst zu empfinden.
Die Sittlichkeit ist übernatürlich, ist der göttliche Funke, der unmittelbar im Menschen, in seinem Bewußtsein entzündet wird. Trotz aller Leidenschaft für die Natur kann Schelling Kants Theorie nicht verleugnen. Der Moment der Bewußtheit im Schöpfertum des Künstlers wird von Schelling nicht ignoriert. Auch hierin unterscheidet er sich von den Romantikern.
Dem Geist der Romantik entspricht auch das Interesse an der Mythologie, das Schelling nie aufgeben wird. Der Mythos ist die notwendige Bedingung und der erste Stoff aller Kunst. Dies ist der Boden, auf dem ein Kunstwerk erwächst. Die Mythologie ist die erste Anschauung des Universums, das sein charakteristisches Sein noch nicht verloren hat. Minerva ist nicht das Bild und der Begriff der Weisheit, sondern sie ist die Weisheit selbst. Ohne Mythologie gibt es keine Poesie. Die schöpferische Individualität schafft ständig aufs neue Mythen. Große Künstler sind immer auch bedeutende Mythenschöpfer. Don Quichotte, Macbeth, Faust zählen zu den ewigen Mythen.
Zu Schellings Zeiten hatte sich noch keine feststehende ästhetische Terminologie herausgebildet (genaugenommen wird sie auch heute noch sehr willkürlich gehandhabt). Daher ist es verständlich, daß Schelling den Begriff des Mythos sehr weit faßt und darunter oft das künstlerische Bild versteht. Er bedient sich nicht des Terminus „Bild", Bild ist für Schelling eine leblose Kopie des Gegenstandes. „Das Bild ist immer konkret, rein besonders, und von allen Seiten so bestimmt, daß zur völligen Identität mit dem Gegenstand nur der bestimmte Teil des Raumes fehlt, worin letzterer sich befindet."[359]
Der zentrale Begriff der Kunst ist nach Schelling der des Symbols. Schelling unterscheidet zwischen Symbol, Schema und Allegorie. Im Schema wird im Allgemeinen zugleich das Besondere geschaut. Der Handwerker hat ein Schema, nach dem er arbeitet. Was nun die Allegorie betrifft, so ist sie die Umkehrung des Schemas: Das Besondere wird hier als Allgemeines angeschaut. Dantes Dichtung ist allegorisch im höheren, die Voltaires allegorisch im groben Sinne des

Wortes. Im Symbolischen sind das Besondere und das Allgemeine absolut eins.

Dies ist das Grundproblem der Kunst, über das, wie wir wissen, Lessing nachdachte, Goethe und Schiller diskutierten und auch Fichte seine Ansicht formulierte.

Schelling war es auch, der in der „Philosophie der Kunst" die durch Schiller (in der Arbeit über naive und sentimentalische Dichtung) formulierte Diade mit der Triade Goethes aus „Einfache Nachahmung der Natur, Manier, Stil" verglich und nachwies, daß beide Dichter über ein und dasselbe reden. Die naive Dichtung entspricht dem Stil, die sentimentalische der Manier. Über die einfache Nachahmung muß nicht gesprochen werden, da diese sich außerhalb der Kunst befindet. Darin stimmt Schelling Schiller zu. Mit Entschiedenheit wendet er sich jedoch gegen Schillers Vorstellung von der Gleichrangigkeit beider Methoden. „Das Poetische und Genialische ist immer und notwendig naiv; das Sentimentale ist also das Entgegengesetzte nur in seiner Unvollkommenheit."[360] An anderer Stelle heißt es: „Der Charakter des naiven Genies ist vollständige – *Nachahmung* nicht sowohl, wie Schiller sich ausdrückt, als vielmehr *Erreichung* der Wirklichkeit."[361]

Diese Äußerung widerspiegelt das Wesen der Meinungsverschiedenheiten zwischen Schiller und Schelling. Für Schelling ist das Ideale identisch mit dem Realen, die Kunst ist Fortsetzung der Natur, eine Errungenschaft der Wirklichkeit. Schelling schätzt die Mythologie, weil in ihr Bewußtsein und Sein identisch sind. Jeglichen Dualismus in der Kunst lehnt er ab. Bei Schiller resultiert der Dualismus notwendig aus seiner allgemeinphilosophischen (Kantischen) Konzeption, die zwischen Sein und Bewußtsein unterscheidet. Die Geisteswelt wird in Gegenüberstellung zur Natur geschaffen und kann selbst Objekt der Kunst sein.

Wer hat recht? Ist, wie Schelling meinte, Kunst nur im Individuum zu entdecken? Schiller dagegen kennzeichnete die Individuen auch als Sprachrohre von Ideen, die „Schaubühne als moralische Anstalt". Die Kunst hat danach nicht nur das Individuelle, das Lebendige und Unwiederholbare zum Inhalt, sie operiert auch mit Abstraktionen, spielt mit Begriffen, ihr kommt das Recht auf vermittelte Darstellung zu. Die Kunstpraxis bestätigte die Richtigkeit eines umfassenderen, das heißt des Schillerschen Herangehens. Schelling selbst sind übrigens die schwachen Seiten seiner Argumentation bald bewußt geworden. Im Vorlesungszyklus „System der gesamten Philosophie und der Naturphilosophie insbesondere" (1804) führt er u. a. aus: „Wo es an der allgemeinen Symbolik fehlt, wird sich die Poesie nothwendig zu zwei Extremen hinneigen müssen, nach dem einen hin wird sie der Rohheit des Stoffs unterliegen, nach dem andern wo sie sich bestrebt ideal zu seyn, wird sie die Ideen selbst und unmittelbar als solche, nicht aber durch existierende Dinge darstellen."[362] Diese Abkehr Schellings von der ehemals eingenommenen Position ist bedeutungsvoll. Sie kennzeichnet ihn als exakten und ehrlichen Theoretiker, der bereit ist, sich zu korrigieren, und zeugt überhaupt davon, daß die Wahrheit als Ergebnis einer Polemik gefunden werden kann.

Wurde das Sentimentalische vorher als „Entgegengesetztes nur in seiner Unvollkommenheit" dem Naiven gegenübergestellt, so wird nun die Existenz zweier entgegengesetzter Auffassungen in der Dichtkunst als notwendig anerkannt. Schelling mußte zu dieser Lösung gelangen, die er übrigens, im Widerspruch zu seiner eigentlichen Auffassung, bereits in den Vorlesungen über die Philosophie der Kunst, im Zusammenhang mit seiner Besprechung Shakespeares, formuliert hatte: „Er kann nicht jene hohe, im Schicksal sich bewährende, gleichsam geläuterte und verklärte Schönheit, die mit der sittlichen Güte in Eins fließt, – und auch diejenige Schönheit, die er darstellt, nicht so darstellen, daß sie *im Ganzen* erschiene und das Ganze jedes Werks ihr Bild trüge. Er *kennt* die höchste Schönheit nur als einzelnen Charakter."[363] Shakespeare hat ihm zufolge keine „idealische Welt", das heißt, es fehlt das „Sentimentalische" Schillers. Shakespeare lebt ganz in der Welt; nicht nur, weil er nicht im Zustand der glücklichen Begeisterung gedichtet habe wie ein „bewußtloses Sturm- und Drang-Genie". Das Ganz-in-der-Welt-Leben bestand vor allem darin, nur die Wirklichkeit wiederzugeben; die ideale sittliche Welt erschließt sich erst der Vernunft. Als Beispiel eines idealen Tragikers führt Schelling nicht Schiller an, dessen Werk er gut kannte, aber nicht schätzte (im Abschnitt über die dramatische Poesie wird Schiller nur einmal erwähnt – noch dazu als negatives Beispiel für den mißlungenen Einsatz des Chores), sondern ruft Calderon, von dem er, wie er selbst sagt, nur ein einziges Stück in der Übersetzung von A. W. Schlegel kannte, zum Zeugen dafür an, daß die Tragödie eine sittliche Perspektive aufweisen müsse. Bei Calderon findet Schelling jene Gefühle, die in der christlichen Symbolik, die als unwiderlegbare Mythologie in Erscheinung tritt, ihren Ausdruck finden.

Das System der Künste gliedert Schelling analog seinem allgemeinphilosophischen System. Letzteres besteht, wie wir uns erinnern, aus zwei parallelen Reihen, der realen und der idealen. Die reale Reihe in der Kunst schließt Musik, Malerei und Plastik ein, die ideale Reihe die literarischen Genres. Über die Musik urteilt Schelling sehr allgemein, er kennt sie nur oberflächlich. Seine Urteile über die bildende Kunst dagegen zeigen eine profunde Kenntnis des Gegenstandes.

Von den Malern schätzt er Raffael am höchsten. Der erste Platz unter den Zeichnern gebühre Michelangelo. Correggio zeichne sich durch Beherrschung des Helldunkels aus, Tizian sei in der Kunst des Kolorits überlegen.

Die Musik ist nach Schelling indifferent. Das Bild hat seinen Anfang in der Malerei. Äußeres fällt hier mit Innerem zusammen, die Wahrheit der Malerei ist der Schein. Der Künstler, der die Wahrheit erreichen will, muß sie viel tiefer suchen, als die bloße Oberfläche der Gestalten zeigt. Auf strenge Nachahmung des Allerkleinsten kann verzichtet werden. Wenn ein Künstler die menschliche Gestalt bildet (und das ist der einzige wahre Gegenstand der bildenden Kunst), muß er in den tiefsten Zusammenhang, das Spiel und die Schwingungen der Sehnen und Muskeln eindringen und die menschliche Gestalt überhaupt nicht so zeigen, wie sie von Fall zu Fall erscheint, sondern frei nach dem Urbild der Natur.

Die Plastik – im weitesten Sinne des Wortes – faßt Musik, Malerei und Plastik im engeren Sinne in sich. Die Musik der Plastik ist die Architektur. Schelling bezeichnet die Architektur als „erstarrte Musik", als „Musik im Raume", als „konkrete Musik". Hegel schrieb die Definition der Architektur als erstarrte Musik Friedrich Schlegel zu, Schopenhauer verwies auf Goethe. Wahrscheinlich entstand dieser bildhafte Ausdruck während der Gespräche im Jenaer Kreis. Schelling fügte ihn in das System seiner Urteile über die Kunst ein. In der Architektur findet Schelling ebenfalls Rhythmus, Harmonie sowie Melodie. Die drei antiken Architekturformen seien Beispiele hierfür. Die dorische Säulenordnung sei vorzugsweise die rhythmische, die ionische Säulenordnung die harmonische, die korinthische Säulenordnung sei die melodische.

Schelling gibt die Erzählung des Vitruvius von der Erfindung der korinthischen Säulenordnung wieder. „Ein junges Mädchen, das eben verheiratet werden sollte, starb, und ihre Amme setzte auf ihren Grabhügel in einem Korb einige kleine Gefäße, die dieses Mädchen im Leben geliebt hatte, und damit diese durch die Witterung nicht so bald verdorben würden, wenn jener offen stände, legte sie einen Ziegel auf den Korb. Da nun dieser zufälligerweise auf die Wurzel einer Akanthuspflanze gesetzt war, so geschah es, daß im Frühling, da die Blätter und Ranken hervorsproßten, diese an dem auf der Mitte der Wurzel stehenden Korb rings emporwuchsen, und die Ranken, welche dem Ziegel begegneten, genötigt wurden, sich an ihrer Extremität umzubeugen und Voluten zu bilden. Der Architekt Kallimachos ging vorbei und sah den Korb, wie er von den Blättern umgeben, und da ihm diese Form ausnehmend gefiel, ahmte er sie in den Säulen nach, die er nachher den Korinthern machte."[364] Die vollendete Form der Kunst wird, so Schelling, durch die Natur selbst hervorgebracht.

Die Malerei innerhalb der Plastik ist das Basrelief; Plastik im eigentlichen Sinne ist freistehende Plastik. Die Plastik, der unmittelbare Ausdruck der Vernunft, drückt ihre Ideen vorzugsweise durch die menschliche Gestalt aus. Der Mensch ist das lebendige Ebenbild des Universums. Die Teile des Leibes symbolisieren, so Schelling, die Struktur des Weltganzen. Diese Symbolik schöpft Schelling aus der alten fernöstlichen Mythologie: Der Mensch ist der Mikrokosmos, der Kosmos verkörpert einen Makroanthropus.

Schellings Resümee lautet: Mit der Skulptur sind wir zum Ausgangspunkt – zum Universum, zur ewigen Natur, zurückgekehrt. Die reale Kunstreihe ist erschöpft, der Kreis geschlossen. Um weiterzuschreiten, müssen wir die Sphäre

des Realen verlassen und uns der idealen Sphäre der Kunst, der Poesie, zuwenden.
Die redende Kunst ist eine höhere geistige Potenz als die bildende Kunst, sie stellt die Ideen dar – im Unterschied zur bildenden Kunst, die diese nur ausdrückt. Kunstwerke sind Sein, sind körperlich; Poesie ist Produzieren; Kunst ist gestorbenes Wort, Poesie belebt die Sprache.
Wie und warum wird Poesie möglich? Der Dichter organisiert das Chaos Sprache zu einem vollendeten Ganzen. Poesie unterscheidet sich von Prosa nicht allein durch Rhythmus, sondern auch durch eine teils einfältigere, teils schönere Sprache. Die Sprache wird in den Händen des Poeten zu einem höheren Organ, er darf sich kürzere Wendungen, ungewöhnlichere Worte und eigentümlichere Biegungen der Worte erlauben, aber alles in den Grenzen der wahren Begeisterung, nicht als Schwulst. Was Metaphern betrifft, so gehören sie mehr der Rhetorik an, die einen Zweck hat, den Zweck, durch Bilder zu reden, Leidenschaften zu wecken oder zu täuschen. Poesie hat nie einen Zweck außer sich selbst.
Die lyrische Poesie ist die subjektivste Dichtart, in ihr herrscht Freiheit. Im Epos hat die Notwendigkeit Übergewicht. Das Epos in der Poesie entspricht dem Gemälde unter den bildenden Künsten.
Über die moderne epische Form sprechend, verweist Schelling auf den Roman als ihren höchsten Ausdruck. „Der Roman soll ein Spiegel der Welt, des Zeitalters wenigstens, sein, und so zur partiellen Mythologie werden. Er soll zur heiteren, ruhigen Betrachtung einladen und die Teilnahme allenthalben gleich festhalten; jeder seiner Teile, alle Worte sollten gleich golden sein, wie in ein innerliches höheres Silbenmaß gefaßt, da ihm das äußerliche mangelt. Deswegen kann er auch nur die Frucht eines ganz reifen Geistes sein. ... Er ist gleichsam die letzte Läuterung des Geistes ..."[365]
Der Roman ist schon nicht mehr Epos in reiner Form, er stellt die Verflechtung von Epos und Drama dar. Daher ist er für die moderne Kunst so wichtig. Schelling schätzte, hierin Romantiker, die Verflechtung der Genres.
Der Vorzug des Dramas gegenüber dem Epos besteht darin, daß das Drama Freiheit und Notwendigkeit syntheti-

siert, in ihm siegt die Notwendigkeit, ohne daß die Freiheit unterliegt – und die Freiheit triumphiert, ohne sich die Notwendigkeit unterzuordnen. Denn auch im Leben kann die Person, die der Notwendigkeit unterliegt, sich wieder über sie erheben. Beide müssen, besiegt und siegend zugleich, in ihrer höchsten Indifferenz erscheinen.
Das Drama interpretiert Schelling vor allem als Tragödie. Das Wesen des Tragischen erblickt er in dem Unglück, das durch die Notwendigkeit vorherbestimmt, gleichzeitig aber auch frei gewählt wurde. Freiwillig die Strafe für Unvermeidliches auf sich zu nehmen, um durch den Verlust seiner Freiheit eben diese Freiheit zu beweisen, das kennzeichnet den tragischen Helden. Bei den Alten verfolgt das Unglück den Menschen. Bei Shakespeare, dem bedeutendsten Tragiker der Neuzeit, geht der Mensch an seinem Charakter zugrunde. Shakespeare legt ein so mächtiges Fatum in den Charakter, daß dieser als unüberwindliche Notwendigkeit erscheint.
Kehrt man die Verhältnisse der Tragödie um, verlegt die Notwendigkeit aus dem Objekt ins Subjekt, entsteht die Komödie. Wird der Feige gezwungen, tapfer zu sein, der Geizige verschwenderisch, oder muß eine Frau die Rolle des Mannes spielen bzw. ein Mann die Rolle der Frau, so ist dies eine Art des Komischen. Die antiken Komödien des Aristophanes sind die höchste Art dieses Genres.
Die „Philosophie der Kunst" blieb ein geniales Fragment. Schelling führte sie nicht als Überleitung zum nächsten Glied seines Systems zu Ende. Auch verzichtete er darauf, das Manuskript für den Druck vorzubereiten. Nach 1804 kam er auf diese Vorlesungen nicht mehr zurück.
Mit den Jahren nahm Schellings Interesse an der Ethik zu. Immer weniger Aufmerksamkeit brachte er der Naturphilosophie entgegen, immer mehr dem Problem des Menschen. 1809 wurden die „Philosophischen Untersuchungen über das Wesen der menschlichen Freiheit und die damit zusammenhängenden Gegenstände" veröffentlicht.
Wie können göttliche Weltordnung und menschliche Willensfreiheit zu einem Ganzen verbunden werden? Die Vorstellung von Gott und die Realität des Bösen? Diese alte Frage wird von jetzt ab für Schelling akut. Das Böse existiert – demzufolge will Gott es so, oder er kann es nicht

verhindern. Das eine widerspricht der Vorstellung von Gott als einem allmächtigen, das andere der von einem gütigen Wesen. Folglich gibt es entweder keinen Gott, oder er ist nicht gütig oder nicht allmächtig.

Schelling neigt zur dritten der Möglichkeiten. Er weist auf seine Arbeit „Darlegung meines Systems der Philosophie" hin, in der er zwischen der Existenz eines Wesens und dem Grund der Existenz unterschieden hatte. Keine Sache genügt sich selbst, ihr Sein ist durch ein Anderes bestimmt. Gott aber hat seinen Existenzgrund in sich selbst. Es gibt in Gott also etwas Un-Göttliches, einen regellosen Urgrund, mit dem Gott selbst erst fertig werden muß. (Schelling hat diesen Gedanken von Jakob Böhme.) Wenn die Vernunft zu wirken beginnt, kommt es zu einer Kräfteteilung, das Licht löst sich von der Finsternis. Auf jeder neuen Stufe der Differenzierung bilden sich neue Wesen mit einer vollkommeneren Seele. Im Menschen erreicht diese Polarisierung die Stufe der Gegensätzlichkeit von Gut und Böse. Weder in der ursprünglichen Regellosigkeit noch in Gott ist das Böse, da es keine Differenzierung der Prinzipien gibt. Das Goldene Zeitalter geht dem Sündenfall voraus. Der Mensch erst schafft das Böse.

Schelling besteht darauf, daß das Böse wie das Gute durch die menschliche Freiheit hervorgebracht wurde. Von allen Lebewesen ist allein der Mensch zum Bösen fähig, und zwar bewußt und obwohl er sich darüber im klaren ist. Der zivilisierte Mensch kann etwas anrichten, was dem Wilden überhaupt nicht einfällt oder dessen Kräfte übersteigt. Der Hang zum Bösen ist eine Krankheit, die die moderne Gesellschaft stärker befällt als die Gesellschaft in der Vergangenheit, davon zeugen der Umfang und die große Fertigkeit des bösen Tuns. Und während einer schlecht handelt, tut ein anderer unter gleichen Bedingungen Gutes. Und jeder ist persönlich verantwortlich für sein Verhalten. Kann der Mensch folglich frei zwischen Gut und Böse wählen? Ja und Nein. Schelling erkennt die Willensfreiheit an, negiert sie aber gleichzeitig.

Der Mensch ist nicht zufällig gut oder böse, sein freier Wille ist vorherbestimmt. Judas verriet Christus freiwillig, doch er konnte nicht anders handeln. Der Mensch verhält sich entsprechend seinem Charakter – und diesen kann er sich nicht aussuchen. Das Schicksal kann man nicht fliehen! Die Lehre von der Entscheidungsfreiheit nennt Schelling „die Pest aller Moral". Moral kann nicht auf einer solch schwankenden Grundlage wie persönlichem Wollen oder persönlicher Entscheidung beruhen. Die Grundlage der Moral ist die bewußt gewordene Notwendigkeit eines bestimmten Tuns. „Hier stehe ich! Ich kann nicht anders, Gott helfe mir. Amen." Diese Worte Luthers, der sich als Werkzeug Gottes verstand, sind ein Musterbeispiel des moralischen Bewußtseins. Die wirkliche Freiheit besteht in der Vereinigung mit der Notwendigkeit. Freiheit und Notwendigkeit bedingen sich in ihrer Existenz. Schellings Lehre von der Freiheit ist eine spezifische Antwort auf die von Kant formulierte Antinomie: Es ist Freiheit im Menschen; es gibt keine Freiheit. Die Lösung dieser Antinomie geschah in der „Kritik der reinen Vernunft". In der Welt der Erscheinungen, sagte Kant, herrscht die Notwendigkeit, in der Welt der Dinge an sich ist der Mensch frei. Doch was ist Freiheit im Kantischen Sinne? Sie besteht darin, der moralischen Pflicht zu folgen, das heißt, der Mensch wird erneut einer Notwendigkeit untergeordnet.

Die Aufgabe besteht darin, die richtige Notwendigkeit zu wählen. Schelling hat sich bereits für den Menschen entschieden. Er spricht von der Verantwortung, die allerdings zum Teil an eine höhere Instanz weitergegeben wird. (Kant ist rigoroser gegen die Person, er fordert Sittlichkeit und verspricht keine Gegenleistung.) Schelling entwirft ein utopisches Bild vom Sieg des Guten über das Böse. Das Böse ist mit Notwendigkeit entstanden und wird mit Notwendigkeit untergehen. Die Bedingung dafür: Das Gute muß sich völlig vom Bösen lösen. Das Böse ist nur stark durch die Bindung an das Gute, das Böse an sich hat keine Energie. Der Gedanke Schellings ist so einfach wie genial: Kein Bösewicht gibt sich als solcher, er ruft zu Güte und Gerechtigkeit auf; Ströme von Blut sind im Namen des Allgemeinwohls vergossen worden, das entlarvte Böse ist kraftlos. Gleichzeitig ist Schellings Gedankengang naiv: Das Böse ist listig und tritt unter der Larve des Guten auf.

Das Problem ist nicht das Wissen. Das Böse kenntlich gemacht zu haben bedeutet noch nicht, es besiegt zu haben. Einzig Liebe, nur die Kraft der Liebe vermag den Haß und

das Böse zu entkräften. Liebe übersteigt alles, sie überwindet alle Widersprüche, sie ist Alles: „In dem Geist ist das Existirende mit dem Grunde zur Existenz eins; in ihm sind wirklich beide zugleich, oder er ist die absolute Identität beider. Aber über dem Geist ist der anfängliche Ungrund, der nicht mehr Indifferenz (Gleichgültigkeit) ist, und doch nicht Identität beider Principien, sondern die allgemeine, gegen alles gleiche und doch von nichts ergriffene Einheit, das von allem freie und doch alles durchwirkende Wohlthun, mit Einem Worte die Liebe, die Alles in Allem ist."[366]
Das Wort Philosophie vereint Liebe und Weisheit.

Das Jahr 1809 war für Schelling ein Jahr des Umbruchs; nach der Abhandlung über die Freiheit veröffentlichte er keine bedeutende Arbeit mehr. Eine Erklärung hierfür ist schwer zu finden (durchaus möglich ist, daß der Tod Carolines, der geliebten Frau, eine Rolle spielte); Schelling arbeitete weiter an seinem System, popularisierte es in Vorlesungen, wandte sich dabei neuen Problemen zu, doch alles blieb unvollendet.

Von außerordentlicher Bedeutung ist ein Vorlesungszyklus aus dem Jahre 1810, die sogenannten „Stuttgarter Privatvorlesungen". Eingeleitet werden sie mit einer Kritik der vorangegangenen philosophischen Theorien. Die meisten der Systeme seien mehr oder weniger gelungene Werke ihrer Urheber, ähnlich historischen Romanen. Indessen kann Philosophie nicht erfunden werden, sie muß dem Wesen entnommen werden. Das System muß ein folgerichtig durchgeführtes Prinzip aufweisen, es muß allumfassend sein und sich auf eine strenge Methode gründen.

Von der philosophischen Methode ist in den „Stuttgarter Privatvorlesungen" nicht die Rede, Schelling geht auch nicht auf seine vielversprechende Konzeption der „Konstruktion" und Ausbildung des Konkreten aus dem Abstrakten ein. Dafür legt er sein Identitätsprinzip sehr ausführlich und populär dar. Er präzisiert: Die Identität ist nicht formal zu verstehen, nicht dahingehend, daß eins nicht vom anderen zu unterscheiden wäre (in der Nacht sind alle Katzen grau – hatte sein Gegner Hegel ironisch gesagt). Doch das ist hier nicht gemeint. Es ist die Rede von der organischen Einheit der Gegensätze. Identität des Idealen und Realen bedeutet nicht, daß dies ein und dasselbe ist. Neben der

Identität erkennt Schelling einen spezifischen Dualismus von Sein und Denken an.

Und hierin unterscheidet er sich von Fichte. Für letzteren existierte die Übereinstimmung von Objekt und Subjekt nur im menschlichen Bewußtsein. „Fichte kennt also nur eine Form des Daseyns, die Thätigkeit: während Herr Schelling zwey Formen hat, die Thätigkeit im Geistigen und die Ruhe, die sich in der Natur oder in Materiellen ausdrückt."[367]

Schelling spricht in den Vorlesungen nicht nur über Fichte, er äußert sich auch zu anderen Systemen: „Cartesius statuirt zwey absolut verschiedene Substanzen.

A.:	und B.:
Ideale oder geistige Substanz	reale, ausgedehnte oder materielle Substanz

Er ist absoluter Dualist. Spinoza ist absoluter Anti-Dualist, d. h. er setzt A = B. Die denkende und ausgedehnte Substanz als Eins ersetzt Identität, hebt aber allen Dualismus auf, indem ihm die denkende und die ausgedehnte Substanz wirklich numerisch einerlei sind.

Leibniz nimmt B ganz weg und statuirt blos A. ...

Die Franzosen (z. B. das Systeme de la Nature) nehmen A, d. h. das Geistige ganz hinweg; und damit zwar auch eine Identität, die aber durch einen an allem Geistigen begangenen Todtschlag entsteht. ...

Kant, und noch entschiedener Fichte haben vollends das B auch unter A weggenommen.

Nach Fichte kommt dem Körper – oder der Aussenwelt nicht einmal eine ideale – sondern eben gar keine Existenz zu. Das Ideale ist nicht das einmal subjectiv (in uns) das anderemal objectiv (ausser uns), sondern es ist überall nur subjectiv gesetzt. – Idealismus in seiner höchsten Steigerung oder äussersten Einseitigkeit ... was mich betrifft, so besteht meine Grundansicht in der Verknüpfung der absoluten Identität der Einheit und des Gegensatzes.

Ich unterscheide mich

a) von Cartesius dadurch, dass ich keinen absoluten Dualismus behaupte, d. h. einen solchen, der Identität ausschliesst;

b) von Spinoza dadurch, dass ich keine absolute Identität in dem Sinn behaupte, dass sie allen Dualismus ausschlösse;
c) von Leibniz dadurch, dass ich Reales und Ideales (A und B) nicht wieder ins blose Ideale (A) auflöse, sondern einen realen Gegensatz beider Principien bei ihrer Einheit behaupte;
d) von den eigentlichen Materialisten dadurch, dass ich nicht Geistiges und Reales blos ins Reale (B) auflöse; was übrigens nur noch bei den geistreicheren Materialisten – den Hylozoisten – der Fall ist. Denn die eigentlichen französischen Materialisten haben auch von A und B unter B wieder A hinweggenommen, und also ein bloses B zurückgelassen (Atomistiker und Mechaniker), die also das Gegenstück zu Fichte sind, der von A und B unter A nur A zurückgelassen hat;
e) von Kant und Fichte dadurch, dass ich weit entfernt, auch das Ideale wieder blos subjectiv (im Ich) zu setzen, vielmehr diesem Idealen ein reelles Reales entgegensetzte – also zwei Principien, deren absolute Identität Gott ist."[368]

Schelling hält sein philosophisches System für allumfassend, weil es sowohl Natur als auch Gott und den Menschen in sich schließt. In den meisten der vorhergehenden Systeme war die Natur nicht enthalten, sein System hingegen kann als Naturphilosophie bezeichnet werden. Was Gott betrifft, so klammerte Kant das Wissen von Gott aus der Philosophie aus, Schelling nimmt eine entgegengesetzte Position ein. Er wandelt damit die Philosophie nicht in Theologie um. Für die Theologie ist Gott ein besonderer Gegenstand der Forschung, für den Philosophen lediglich der höchste Grund des Seienden. Die Erkenntnis Gottes ist nicht möglich, seine Existenz kann nicht bewiesen werden, das ist auch nicht erforderlich. Wozu muß ein Geometer die Existenz des Raumes beweisen?

Die Vielfalt der Naturdinge ist Folge der Differenzierung der ursprünglichen Identität. Die Identität wird nicht aufgehoben, die neue Differenz ist eine bloß quantitative (obwohl der Unterschied zwischen dem Realen und Idealen ein qualitativer ist). Das Reale ist seiner Würde nach ein niederes, dafür aber ist es primär. Schelling spricht von drei Perioden der Offenbarung Gottes. „Die erste Periode ist, wenn das Absolute sich auf das Reale beschränkt oder zurückzieht, ... die zweite, wenn das Absolute vom Realen ins Ideale übergeht, die dritte Periode, wenn alle Differenz wieder aufgehoben wird."[369]

Der Schöpfungsakt ist die Selbst-Einschränkung des Absoluten. („Wer Grosses will, muss sich zusammenraffen, / In der Beschränkung zeigt sich erst der Meister" – zitiert Schelling Goethe.)

Die Einschränkung Gottes ist eine freiwillige. Heißt das, daß die Welt zufällig entstanden ist? Nein, keineswegs; denn absolute Freiheit ist absolute Notwendigkeit – es kann weder vom Wählen noch von freier Willensäußerung die Rede sein. Das Problem des Wählens tritt dort auf, wo es Zweifel gibt, wo es dem Willen an Klarheit mangelt und er folglich unfrei ist. Wer weiß, was er nötig hat, handelt ohne zu wählen.

Gemäß den traditionellen Vorstellungen ist Gott eine fertige und unveränderliche ursprüngliche Wesenheit. Der Pantheismus identifiziert Welt und Gott. Schelling sieht in Gott die Einheit der Gegensätze. Diese Einheit ist sowohl die Person als auch die Welt. In Gott sind zwei Urkräfte vereint – Egoismus und Liebe. Der Egoismus ist das Reale, die Liebe das Ideale in Gott. Die Liebe bedeutet die Überwindung des Egoismus, Aufopferung für den Anderen, für sich kann Liebe nicht existieren. Aus diesem Grunde schafft die göttliche Liebe, den göttlichen Egoismus überwindend, die Welt, ihr Anderes.

Insofern Gott eine Person verkörpert, weist er die Attribute dieser Person auf: Werden und Entwicklung. Heißt das, Gott (die Welt) hatte einen Anfang? Gott hatte einen Anfang, nur nicht in der Zeit, da die Zeit in Gott, im Universum selbst ist. Eine Zeit an sich, außerhalb der Dinge, existiert nicht. Jeder Gegenstand (von Gott gar nicht zu reden) hat die Zeit in sich.

Gott schafft sich selbst. Alles belebte Sein hat seinen Ursprung in einem unbewußten Zustand. Das trifft auch für Gott zu. „Dieses Dunkle, Bewusstlose, was Gott beständig von sich, als Wesen, von seinem eigentlichen Inneren hinwegzudrängen, auszuschliessen *sucht*, ist die *Materie* (freilich nicht die schon gebildete), und die Materie also nichts anderes als der bewusstlose Theil von Gott. Aber in dem er sie von der einen Seite von sich auszuschliessen sucht, sucht er sie von der andern auch wieder zu sich zu ziehen, sie zu sich hinauf zu bilden, sie – obgleich untergeordnet – doch in sein höheres Wesen zu verklären, *aus* diesem Bewusstlosen, *aus* der Materie das Bewusste hervorzurufen."[370]

Dieses Zitat ist von Bedeutung. Es zeigt, daß Schelling, ungeachtet seiner Absage an die Naturphilosophie, der naturwissenschaftlichen Schule treu blieb, bei allem Spiritualismus blieb er Naturalist. Die Identität beider Potenzen – der materiellen und der geistigen – anerkennend, setzte er an den Anfang des Prozesses ihrer Herausbildung die Materie. Schellings Gott ist ursprünglich materiell und bewußtlos, das Bewußtsein existiert in ihm lediglich als Potenz.

Als Pantheist kommt Schelling Spinoza sehr nahe, er unterscheidet sich von Spinoza nur durch die dialektischere Flexibilität des Gedankens. Eine weitere, uns bereits bekannte Besonderheit des Schellingschen Denkens ist die poetische Unbestimmtheit der Formulierungen.

Dies widerspiegelt sich in den „Stuttgarter Privatvorlesungen", vor allem im Abschnitt über die Naturphilosophie. Schelling spricht von vier Elementen, die noch im Altertum als Urgrund der Welt galten und „zu denen die neuere Chymie zurückkehrt". Dies ist in erster Linie das Erd-Prinzip, der sogenannte „Kohlen-Stof". Zerfallend wird er zum Idealen, der Luft.

Die lebendige Identität, durch welche beide Prinzipien verbunden sind, ist die Lebens-Flamme, das Feuer. Das Feuer ist der Feind von Eigenheit und Selbstheit. Die Negation des Feuers ist das Wasser, dieses negative Element entsteht aus dem Widerstreit des Produkts mit dem Produzierenden. „Wasser ist die objektive Flamme." Schelling erinnert an das fünfte Element der Alten, die Urmaterie, wo das Produkt in der völligen Gleichheit mit dem Produzierenden ist, die neue Physik nennt es „Stik-Stof". Auf diese fünf Elemente lassen sich alle Qualitäten der Materie zurückführen. Die Qualität ist eine in dem Untätigen ruhende Tätigkeit.

Weiter wendet sich Schelling dem dynamischen Prozeß und seinen Erscheinungsformen zu: dem Magnetismus, der Elektrizität und chemischen Reaktionen. Und erneut wiederholt er seine These von der widersprüchlichen Natur des Lichts: „Weder die Neutonische Hypothese, welche das Licht für Emission einer Materie aus der Sonne hält, noch die Eulerische, die das Licht für einen bewegten Aether ausgiebt, mithin aus dem Licht eine blos mechanische Erscheinung macht, sind richtig. Sondern das Licht ist der positive Gegensatz der Materie; in sofern geistige Materie."[371]

Sich der organischen Natur zuwendend, konstruiert Schelling erneut eine Triade: Pflanze – Tier – Mensch; der höchste Zweck und die Tendenz des Ganzen ist, daß die Natur ins Geistige übergehe. Die drei Stufen komplizierter werdender Tierinstinkte bestätigen dies: der Instinkt der Selbsterhaltung, die Fähigkeit, vorauszusetzen und dementsprechend zu handeln, die Charakterfähigkeit der Tiere (wir beobachten am Fuchs die List, am Tiger die Grausamkeit, am Löwen den Mut etc.).

Der Mensch ist das Band zwischen dem Göttlichen und dem Natürlichen, zwischen Natur und Geist. Doch der Mensch hat seine Bestimmung nicht erfüllt: er hätte die Natur dem Geist unterordnen müssen, herausgekommen ist das Gegenteil – die Natur, das Materielle begann über den Menschen zu herrschen, die Materie wurde ihm zu Gott. Die Schuld daran liegt in der Freiheit des Menschen begründet.

Das Scheitern der Mission des Menschen macht sich erstens in seinem Wechselverhältnis zur Natur bemerkbar: es kommt zur Zerrüttung der Natur als Ganzes. Zweitens kündet hiervon die unleugbare Gegenwart des Bösen; drittens äußert sich dies im Tod und seiner Notwendigkeit. Der Mensch muß sterben, weil es keine Harmonie zwischen Natur und Geist gibt.

Nichts belegt das Übergewicht des Materiellen, der physischen Natur im Menschen so sehr wie der Staatsaufbau. Der Mensch sucht nach Einheit. Die wahre Republik kann nur in Gott sein, die natürliche Einheit ist der Staat. Daher ist ein Vernunft-Staat etwas Unmögliches. Man beruft sich auf Platos Republik und bemerkt nicht, daß sie in mancher Hinsicht mehr Scherz als Ernst ist: Versucht doch, sie zuwege zu bringen! Die Französische Revolution und Kant träumten davon, eine Staatsordnung zu schaffen, die dem Individuum maximale Freiheit garantiert. Und was ist dabei

herausgekommen? Wer vom Grundsatz eines vollkommenen Staates nicht abgeht, wird ungewollt zum Theoretiker des Despotismus. (So auch Fichte mit seinem Entwurf eines „Geschlossenen Handelsstaates".)
Aus der Tatsache der Existenz des Staates resultiert mit Notwendigkeit der Krieg. Krieg wird es so lange geben, solange die Gattung Mensch nicht gütiger wird.
Zehn Jahre zuvor, im „System des transzendentalen Idealismus", hatte Schelling es für möglich gehalten, auf dem Wege eines Vertrages den ewigen Frieden zwischen den Staaten herbeizuführen. Als Jüngling hatte er Freiheit für sein Land erhofft. Doch da drangen die Franzosen in Deutschland ein und knechteten es im Namen der Freiheit. Ganz natürlich, daß ihm die Freiheit mit dem Bösen verbunden zu sein schien.
Die letzte Vorlesung widmet Schelling den geistigen Fähigkeiten des Menschen. Es gibt ihrer drei: Charakter, Geist, Seele. Der Charakter formiert die Neigungen und Gefühle, er ist die „dunkle", ungewisse Seite der Psyche. Der Geist ist dem Bewußtsein untergeordnet, hier herrscht der Verstand. Die höchste geistige Potenz des Menschen ist die Seele. Hierzu gehören die Kunst, die Philosophie, die Moral und die Religion.
Dabei ist neu, daß Schelling die Kunst als eine im Vergleich zur Philosophie niedere Stufe auffaßt. Bei der Analyse der Philosophie wirft Schelling wieder die Frage nach dem Verhältnis von Verstand und Vernunft auf – und beantwortet sie anders als zuvor. Jetzt ist er der Auffassung, daß es sich dabei im Prinzip um ein und dasselbe handelt. Der Verstand ist der Person näher, die Vernunft ist unpersönlich. Das oberste Moralprinzip lautet: Handele als ein Allgemeinwesen. Dieses Verhalten wird in der Religion erreicht.
Der Tod tötet Geist und Seele nicht, das Individuelle gewinnt nach dem Tod an Kraft; das Geistige und das Physische werden mit der Zeit einander wiederfinden, dies wird der letzte Akt der Weltgeschichte, die Epoche der Auferstehung und des Jüngsten Gerichts sein. Gott wird das All sein, der Pantheismus findet seinen adäquaten Ausdruck.

2. Fichte. Die Berliner Periode

Kehren wir noch einmal zum Fichte – Schelling-Briefwechsel zurück. Nach Erhalt von Schellings „Darstellung meines Systems der Philosophie", im Mai 1801, antwortete Fichte dem Autor mit einem ausführlichen Brief. Darin erinnerte er daran, daß Differenzen zwischen ihnen seit der Veröffentlichung des Artikels „Über Dogmatismus und Kritizismus" bestanden hatten. Seit dieser Zeit hatte Schelling auf seinem Mißverständnis der „Wissenschaftslehre", der einzigen und allumfassenden Philosophie, beharrt. Alle Versuche Fichtes, Schelling auf seine Seite zu bringen, waren gescheitert. Auch die neue Arbeit Schellings zeigte das alte Unverständnis, erinnerte an die bereits konstatierten Fehler. „Es kann nicht von einem *Sein* ..., sondern es muß von einem *Sehen* ausgegangen werden."[372]

Das Sehen sei eine subjektive Fähigkeit, Schelling ging auf das Wortspiel ein. Vom Sehen ausgehen, vom Subjekt, wandte er ein, könne man nur zeitweilig, propädeutisch. Fichte sagte, daß der Idealismus keinen Realismus neben sich dulde. Schellings Überzeugung nach könne die wahre Philosophie weder ein Idealismus noch ein Realismus sein. In der Tat, in den „Briefen über Dogmatismus und Kritizismus" hatte er angedeutet, daß die Wahrheit über dem liege, was der Idealismus erreichen könne.

„Nicht undeutlich sind Sie der Meinung, durch ihr System die Natur anihilirt zu haben, da Sie vielmehr mit dem größten Theil desselben nie aus der Natur herauskommen. Ob ich die Reihe des Bedingten reell oder ideell mache, ist, speculativ betrachtet, völlig gleichgültig, denn in dem Einen Falle so wenig wie in dem andern, komme ich aus dem Endlichen heraus. Sie glauben durch das Letztere die ganze Forderung der Spekulation erfüllt zu haben; und hier ist ein Hauptpunkt unserer Differenz."[373]

Außerordentlich interessant ist Fichtes Antwort an Schelling vom 15. Januar 1802.

„Es gibt ein *relatives Wissen, Nebenglied vom Sein. – UNTER* diesem relativen Wissen gibt es freilich wieder ein anderes Sein. In dem Standpunkte *dieses Wissens* haben Sie nun immer meine Wissenschaftslehre gefunden. Das Nebenglied *dieses* Wissens ist das höchste und eben darum absolute

Sein, – *Sein* sage ich. Zu dem Begriffe dieses Seins glauben Sie nun über die W[issenschafts]l[ehre] hinweg sich erhoben zu haben; und vereinigen nun die Nebenglieder, – nicht *materialiter* durch Einsicht, sondern *formaliter*, weil das Bedürfnis des Systems Einheit ist, nicht durch *Anschauung* (die ja etwas Positives liefern müßte,) sondern durch *Denken* (das nur ein *Verhältnis* postuliert) – in eine *negative Identität* d. i. *Nichtverschiedenheit* des Wissens u. Seins, in einen Indifferenzpunkt usw. Aber sehen Sie vorderhand z. B. das absoluteste Sein, das Sie aufstellen mögen, nur darauf an, so finden Sie in ihm das deutliche Merkmal einer Zusammensetzung, die begreiflich nicht ohne *Scheidung* vorgegangen sein kann; daher Sie auch ganz richtig aus diesem Sein das (relative) Wissen und aus diesem Wissen wiederum das Sein ableiten. Desgleichen finden Sie im relativen Wissen auch. – Ihr Punkt liegt also allerdings höher als der im relativen Wissen, den Sie der W[issenschafts]l[ehre] zuschreiben, und ist Nr. 2. wenn jener Nr. 3. ist. Aber es gibt einen noch höhern, in welchem eben das Sein, und sein *Nebenglied* Wissen erst sowohl geschieden als zusammengesetzt wird; dieser Punkt ist eben auch ein Wissen (nur *nicht von etwas*, sondern das *absolute*) und in diesem hat die W[issenschafts]l[ehre] stets gestanden und ist eben darum *transzendentaler Idealismus*, und ihn unter anderm durch den Ausdruck des Ich, *in* welchem erst das Ich – versteht sich das relative – und das Nicht-Ich geschieden wird, angedeutet. – Dies wollte ich auch in einem frühern Briefe zu verstehen geben, in dem ich sagte, das Absolute der Philosophie, versteht sich, bleibe doch immer ein *Sehen*. Sie erwiderten, es könne kein Sehen von Etwas sein, was denn sehr richtig ist, ich auch nicht vermeinte; und wodurch denn sie Sache auf sich beruhen mußte. – So ergeht es Spinoza. Das *Eine* soll *Alles* (bestimmter, das *Unendliche*, denn es gibt hier keine Totalität) sein und umgekehrt; was denn ganz richtig ist. Aber *wie* das Eine zu Allem und das All zu Einem *werde* – den Übergangs-, Wende- und *realen Identitätspunkt* derselben kann er uns nicht angeben, daher hat er das Eine verloren, wenn er aus dem All greift, und das All, wenn er das Eine faßt. Drum stellt er auch die *beiden* Grundformen des Absoluten, Sein und Denken, eben ohne weiteren Beweis hin, wie Sie eben auch, – durch die W[issenschafts]l[ehre] keineswegs berechtigt, tun. – Aber es scheint mir an sich klar, daß das Absolute nur eine absolute, d. h. in Beziehung auf Mannigfaltigkeit, durchaus nur *eine*, einfache, sich ewig gleiche, *Äußerung* haben kann; und diese ist eben *das absolute Wissen*. Das absolute *selbst* aber ist kein Sein, noch ist es ein Wissen, noch ist es Identität oder Indifferenz beider: sondern es ist eben – *das absolute* – und jedes zweite Wort ist vom Uebel."[374]

In Fichtes Brief sind zwei Sachverhalte von Bedeutung. Erstens spricht er nicht mehr von der Tätigkeit des Subjekts als Ausgangspunkt des Philosophierens; diese Stelle nimmt nun das „absolute Wissen" ein. Zweitens ist Fichte um die Interpretation des pantheistischen Grundsatzes „Eins ist Alles" besorgt. Er meint, nur er habe die richtige Bestimmung getroffen. Das Problem der Alleinheit ist der Dreh- und Angelpunkt des Streits zwischen Fichte und Schelling. Im Verlauf der Diskussion löst sich Fichte von den Prinzipien des subjektiven Idealismus, wird er zu einem Verfechter des objektiven Idealismus.

In den Briefen an Schelling äußert Fichte seine Absicht, in Kürze eine neue Darlegung der Wissenschaftslehre herauszugeben. Er hielt in den Jahren 1801 und 1802 einen Vorlesungszyklus zu diesem Thema. Die Manuskripte dazu enthalten eine Passage, die mit einem Satz aus dem Brief an Schelling beginnt. „Das absolute ist weder ein Wissen, noch ist es ein Seyn, noch ist es Identität, noch ist es Indifferenz beider, sondern es ist durchaus bloß und lediglich das Absolute. Da wir aber in der Wissenschaftslehre, und vielleicht auch ausser derselben in allem möglichen Wissen, nie weiter kommen, denn bis auf das Wissen, so kann die W. L. nicht vom Absoluten, sondern sie muß vom absoluten Wissen ausgehen."[375]

Das Material der Vorlesungen aus den Jahren 1801–1802 blieb unveröffentlicht, Fichte hatte Gründe, die Veröffentlichung nicht zu forcieren.

Das gleiche geschah mit einem Vorlesungszyklus aus dem Jahre 1804, in dem Fichte die Position des absoluten Wissens als Ausgangspunkt des Philosophierens verteidigt. „Daß in einer solchen Philosophie der *Unterschied* zwischen Sein und Denken, als an sich gültig, durchaus verschwindet. Freilich, alles, was in ihr vorkommen kann, ist in der Erschauung, ... in der Einsicht, daß kein Sein ohne Denken sei, und umgekehrt – durchaus Sein und Denken *zugleich* ..." vorkommen kann, „daß das Absolute nicht eine Hälfte, sondern die unzertrennliche Einheit sei."[376]

Im Jahre 1806 bestimmt Fichte seinen Ausgangspunkt bereits anders: Das Wissen ist dem Absoluten gleichberechtigt: „und es ist zwischen dem Absoluten, oder Gott, und dem Wissen, in seiner tiefsten Lebenswurzel, gar keine Trennung, sondern beide gehen völlig in einander auf"[377]. Dieses Zitat ist der „Anweisung zum seligen Leben" (1806) entnommen.

In dem Werk „Die Wissenschaftslehre in ihren allgemeinen Umrissen", das vier Jahre darauf erschien, ordnete Fichte das Wissen dem Absoluten unter.

Von manchen Philosophiehistorikern wird bestritten, daß sich die Berliner Periode Fichtes in zwei Abschnitte unterteilt, in die Zeit, in der er vom absoluten Wissen, und in die Zeit, in der er vom absoluten Sein ausging. Die von uns zitierten Passagen bezeugen das jedoch. Der Wandel in seinen Auffassungen, der sich etwa 1805 (oder ein Jahr zuvor) vollzog, erklärt wohl, warum Fichte dem Publikum die zweimal geschriebene (1802 und 1804) neue Darlegung der Prinzipien der Wissenschaftslehre vorenthielt.

Jedenfalls darf man Fichtes Behauptung, daß sich seine philosophischen Ansichten zwischen 1793 und 1806 in keinem Stücke geändert hätten,[378] nicht vorbehaltlos zustimmen. Die Jenenser Periode Fichtes war dadurch gekennzeichnet, daß er das Sein aus der Tätigkeit ableiten wollte. In Berlin nahm im System der Fichteschen Auffassungen das absolute Wissen den Platz der Kategorie „Tätigkeit" ein, das Sein wurde wie bisher als etwas Sekundäres, Abgeleitetes aufgefaßt. Und erst in den drei Arbeiten aus dem Jahre 1806, „Über das Wesen des Gelehrten", „Die Grundzüge des gegenwärtigen Zeitalters", „Anweisung zum seligen Leben", die Fichte als Einheit verstand, ist das Wissen nicht übergeordnet, sondern mit dem Sein identisch. Strenggenommen, erkennt Fichte in diesen Arbeiten das objektive Sein (Leben) als primär gegenüber den Erscheinungsformen des Subjekts (Tätigkeit und Wissen) an.

Erst 1806 war die Rede von einer „verbesserten" Fassung der Wissenschaftslehre. Fichte ging einen entschiedenen

Schritt auf Schelling zu. Trotzdem war Schellings Reaktion auf Fichtes drei Werke ablehnend. Zuerst erschien eine schroffe Rezension Schellings zu den Vorlesungen „Über das Wesen des Gelehrten", darauf folgte eine ausführliche und nicht minder schroffe Arbeit „Darlegung des wahren Verhältnisses der Naturphilosophie zu der verbesserten Fichteschen Lehre" (1806).

Schellings Empörung resultierte daraus, daß Fichte, obwohl er den Anspruch erhob, das eleatische „Hen kai pan", „Eins und Alles", als einziger richtig interpretiert zu haben, in seinem System für die Natur nur auf dem Hinterhof des Seins Platz gelassen hatte. Gott – das ist das Leben, schrieb Fichte in den Vorlesungen „Über das Wesen des Gelehrten", das Leben ist geistig, die Natur hingegen geistlos und folglich tot. Fichte sprach nur von der „sogenannten Natur", und „diese ist nicht lebendig, sowie die Vernunft, und einer unendlichen Fortentwicklung fähig, sondern tot, ein starres und in sich beschlossenes Dasein. ... so hat die Natur ihren Grund freilich auch in Gott, aber keineswegs als etwas, das da absolut da ist und da sein soll, sondern nur als Mittel und Bedingung eines anderen Daseins, des Lebendigen im Menschen, und als etwas, das durch den steten Fortschritt dieses lebendigen immer mehr aufgehoben werden soll. Lassen Sie sich darum nicht blenden oder irremachen durch eine Philosophie, die sich selbst den Namen der Naturphilosophie beilegt, und die alle bisherige Philosophie dadurch zu übertreffen glaubt, daß sie die Natur zum Absoluten zu machen und sie zu vergöttern strebt."[379]

Das war ein direkter Angriff auf Schelling: Nachdem dieser ein System der Identität geschaffen hatte, bezeichnete er weiterhin seine Lehre als Naturphilosophie, gab er seine Wertschätzung der Naturforschung nicht preis. Fichte dagegen sah weder in seiner Jugend noch im Alter die Natur als etwas, was die Aufmerksamkeit eines Philosophen hätte erwecken können; das Leben selbst sah er als außerhalb der Natur befindlich, als eine rein geistige Erscheinung an.

Fichte zufolge lebt nur der Geist; wurde in der ersten Fassung der Wissenschaftslehre dieses Leben als komplizierter, in sich widersprüchlicher und sich selbst entwickelnder Ausgangspunkt dargestellt, so verliert seine Lehre immer mehr an Historizität und Dialektik, nimmt einen didakti-

-schen und moralisierenden Charakter an. Das absolute Sein ist von Anfang an durch das absolute Wissen ausgeleuchtet, die Menschheit hat keinen Grund, dieses Wissen zu schaffen: sie hat von Anfang an an diesem teil. Somit werden alle Probleme aufgehoben, mit denen sich die Geschichte der Philosophie herumschlägt. „Es läßt sich, weder durch den Philosophen, noch durch den Historiker, eine Theorie seines" [des Wissens; d. Übers.] „Ursprungs geben: das *faktische* Dasein in der Zeit, erscheint, als anders sein könnend, und darum zufällig ... So gewiß daher Wissen ist – und dieses ist, so gewiß Gott ist; denn es ist selber sein Dasein, – so gewiß ist eine Menschheit, und zwar, als ein *Menschengeschlecht von mehreren;* und, da die Bedingung des gesellschaftlichen Zusammenlebens des Menschen die Sprache ist, *mit einer Sprache versehen.* Keine Geschichte unternehme daher, die Entstehung des Menschengeschlechts überhaupt, oder seines gesellschaftlichen Lebens, oder der Sprache erklären zu wollen."[380]

Fichte artikuliert hier Ideen, die der Voraufklärung entsprechen. Wie steht es um die Fakten der empirischen Geschichte? Zu Fichtes Zeit waren Tatsachen genug bekannt, die eine Vorwärtsentwicklung der Gesellschaft nahelegten. Herder war bereits ein viertel Jahrhundert früher zu solchen Schlußfolgerungen gelangt, indem er zahlreiche empirische Fakten verallgemeinerte. Fichte negiert keineswegs die empirische, die Geschichte a posteriori, begrenzt aber ihre Bedeutung; das Wichtigste ist für ihn das Schema, das a priori besteht; wenn die Fakten vom Schema abweichen, um so schlimmer für diese. „Der Philosoph bedient sich der Geschichte allerdings nur, inwiefern sie zu seinem Zwecke dient, und ignoriert alles andere, was dazu nicht dient; und ich kündige freimütig an, daß ich ihrer in den folgenden Untersuchungen mich also bedienen werde. Dieses Verfahren, welches in der bloßen empirischen Geschichtsforschung durchaus tadelhaft sein und das Wesen dieser Wissenschaft vernichten würde, ist es nicht an dem Philosophen; – wenn und inwiefern er den Zweck, dem er die Geschichte unterwirft, unabhängig von der Geschichte schon vorher erwiesen hat. ... aber er verdient nie Tadel, wenn er *verschweigt,* was freilich auch gewesen ist."[381]

Fichte meint damit sich selbst. Er beansprucht für sich das

Recht, einige längst bekannte Tatsachen der alten Geschichte zu verschweigen, nachdem er einige apriorische Schlußfolgerungen formuliert hat. Ihr Wesen besteht in folgendem: Das Menschengeschlecht hat immer existiert, nämlich als vernünftiges und kulturvolles. „Aus nichts wird nichts, und die Vernunftlosigkeit kann nie zur Vernunft kommen; wenigstens in einem Punkte seines Daseins daher, muß das Menschengeschlecht, in seiner allerältesten Gestalt, rein vernünftig gewesen sein, ohne alle Anstrengung oder Freiheit. ... Wir werden, von diesem Schlusse aus, getrieben zur Annahme eines ursprünglichen Normalvolkes, das durch sein bloßes Dasein, ohne alle Wissenschaft oder Kunst, sich im Zustande der vollkommenen Vernunftstruktur befunden habe. Nichts aber verhindert, zugleich anzunehmen, daß zu derselben Zeit, über die ganze Erde zerstreut, scheue und rohe erdgeborene Wilde, ohne alle Bildung, außer der dürftigen, für die Möglichkeit der Erhaltung ihrer sinnlichen Existenz, gelebt haben; ... Diesem zufolge wolle keine Geschichte, weder die Entstehung der Kultur überhaupt, noch die Bevölkerung der verschiedenen Erdstriche, erklären! ... Vor nichts aber hüte – sowohl die Geschichte; als eine gewisse Halbphilosophie, – sich mehr, als vor der völlig unvernünftigen und allemal vergeblichen Mühe, die Unvernunft, durch allmähliche Verringerung ihres Grades, zur Vernunft hinaufzusteigen; und wenn man ihnen nur die hinlängliche Reihe von Jahrtausenden gibt, von einem Orang-Utan zuletzt einen Leibniz oder Kant, abstammen zu lassen."[382]

Somit war das abstrakte Wissen der Menschheit immer eigen, und in seinen Erfolgen muß man nicht eine Vorwärtsbewegung der Geschichte suchen. Die ursprüngliche Vernunft lag nicht in wissenschaftlicher Form vor; Fichte schätzt aber die Wissenschaft auch nicht mehr so hoch ein, die Religion, in der er die allumfassende und allgemeinzugängliche Form der Idee sieht, die bewußte Verschmelzung jeglicher Tätigkeit mit der Urquelle des Lebens, steht für ihn höher. Fichte will nun seine Lehre nicht mehr als „Wissenschaftslehre", sondern als Lehre von der Weisheit bezeichnen.

Vorwärtsbewegung der Geschichte ist nach Fichte nur als Annäherung an die Freiheit möglich. Das Leben des Menschengeschlechts weist zwei große Perioden auf: die Periode vor Erreichung der Freiheit und die Periode danach. Solange die Vernunft nicht über die Freiheit wirkt, wirkt sie als dunkler Instinkt. Fichte unterscheidet fünf Epochen des Erdenlebens. „1. Die Epoche der unbedingten Herrschaft der Vernunft durch den Instinkt: *der Stand der Unschuld des Menschengeschlechts.* 2. Die Epoche, da der Vernunftinstinkt in eine äußerlich zwingende Autorität verwandelt ist: das Zeitalter positiver Lehr- und Lebenssysteme, die nirgends zurückgehen bis auf die letzten Gründe, und deswegen nicht zu überzeugen vermögen, dagegen aber zu zwingen begehren und blinden Glauben und unbedingten Gehorsam fordern: *der Stand der anhebenden Sünde.* 3. Die Epoche der Befreiung, unmittelbar von der gebietenden Autorität, unmittelbar von der Botmäßigkeit des Vernunftinstinkts und der Vernunft überhaupt in jeglicher Gestalt: das Zeitalter der absoluten Gleichgültigkeit gegen alle Wahrheit und der völligen Ungebundenheit ohne einigen Leitfaden: *der Stand der vollendeten Sündhaftigkeit.* 4. Die Epoche der Vernunftwissenschaft: das Zeitalter, wo die Wahrheit als das Höchste anerkannt und am höchsten geliebt wird: *der Stand der anhebenden Rechtfertigung.* 5. Die Epoche der Vernunftkunst: das Zeitalter, da die Menschheit mit sicherer und unfehlbarer Hand sich selber zum getroffenen Abdrucke der Vernunft aufbauet: *der Stand der vollendeten Rechtfertigung und Heiligung.*"[383] Die ersten drei Epochen gehören zur ersten Periode, erst die vierte führt in das Reich der Freiheit. Fichte unterzog sein Zeitalter einem strengen Urteil, er zählte es zur dritten Epoche, es war, so Fichte, gekennzeichnet durch absolute Gleichgültigkeit gegen alle Wahrheit, durch völlige Ungebundenheit und Zügellosigkeit. Die Menschheit ist im Besitz der wahren Religion, des Christentums, doch ist diese Religion vom Verfall gezeichnet, seit den Zeiten der Apostel war keine Einheit mehr in ihr. Fichte unterscheidet zwischen dem Christentum der Apostel Paulus und Johannes. Paulus habe Elemente der jüdischen Religion in das Christentum eingebracht. Die Reformation habe daran nichts geändert. Beide Parteien, Katholizismus wie Luthertum, vertreten das Paulinische System, die Aufgabe besteht jedoch darin, dieses fallenzulassen und zum eigentlichen Christentum, wie

es im Evangelium des Johannes erscheint, zurückzukehren.
Einen wichtigen Platz in Fichtes Kritik am Alten Testament nimmt die Ablehnung des Schöpfungsmythos ein. Aus nichts kann nichts entstehen, daher ist die Idee der Erschaffung der Welt falsch. Das Johannisevangelium (Am Anfang war das Wort, und das Wort war bei Gott, und Gott war das Wort) interpretiert Fichte im Sinne der Anerkennung der Ewigkeit von Vernunft und Sein. „In Summa: ich würde diese drei Verse in meiner Sprache also ausdrücken. Eben so ursprünglich als Gottes inneres Seyn ist sein Daseyn, und das letztere ist vom ersten unzertrennlich, und ist selber ganz gleich dem ersten: und dieses göttliche Daseyn ist seiner eigenen Materie, nothwendig Wissen: und in diesem Wissen allein ist eine Welt, und alle Dinge, welche in der Welt sich vorfinden, wirklich geworden."[384]
Schelling lehnte eine solche Auslegung des Johannisevangeliums als nicht korrekt ab und verglich Fichte mit den Gnostikern.
Doch Fichte selbst hatte die Gnostiker kritisiert, als er ihre Ansichten aus der rationalistischen Paulinischen Theorie ableitete. Der Vorwurf des Gnostizismus, der auch heute noch gegen Fichte erhoben wird, gründet sich darauf, daß Fichte in der „Anweisung zum seligen Leben" fünf Einstellungen des Menschen zur Welt bestimmt hatte. Die erste, die oberflächlichste Weise, die Welt zu nehmen, sei die sinnliche; die zweite, die rationale, die das Aufdecken von Gesetz und Ordnung beinhaltet; die dritte Ansicht sei die vom Standpunkt der Sittlichkeit aus. In diesem Falle ordne das Gesetz nicht, sondern schaffe; die vierte Ansicht der Welt sei die vom Standpunkt der Religion; die fünfte Ansicht – das Wissen, die Wissenschaft. Doch ist, laut Fichte, die letztgenannte Beziehung bei weitem nicht die höchste. „Da wir hier diesen wissenschaftlichen Standpunkt keineswegs, als zu unserem eigentlichen Zwecke gehörig, sondern nur um der Vollständigkeit willen, angeben, so sey es genug, über ihn nur folgendes hinzuzusetzen."[385] Die wichtigste ist die dritte Position, bekräftigt durch die vierte. „Wirkliche und wahre Religiösität ist nicht lediglich betrachtend, und beschauend, nicht bloß brütend über andächtige Gedanken, sondern sie ist nothwendig thätig."[386]

Fichte blieb hier Kant (und sich selbst, da er sich ein für allemal das Kantische Moralitätsdenken zu eigen gemacht hatte) treu. Kant hatte im Alter das Sittengesetz begründen und dabei die Moralität mit den Geboten des Neuen Testamentes vereinen wollen. Fichte vollendete in der „Anweisung zum seligen Leben", was Kant begonnen hatte. Leben ist Liebe – heißt es schon auf der ersten Seite. „Liebe ist der *Affekt des Seyns*."[387] In der Liebe sieht der Autor der „Anweisung zum seligen Leben" die Quelle des kategorischen Imperativs; nicht in der Eigenliebe, versteht sich, sondern in der Selbstlosigkeit, in der Liebe zum Sein, die zur Verwirklichung des Prinzips der Alleinheit führt. „So lange der Mensch noch irgend etwas selbst zu seyn begehrt, kommt Gott nicht zu ihm, denn kein Mensch kann Gott werden. Sobald er sich aber rein, ganz, und bis in die Wurzel, vernichtet, bleibt allein Gott übrig, und ist Alles in Allem. ... Diese Selbstvernichtung ist der Eintritt in das höhere, dem niedern, durch das Daseyn eines Selbst, bestimmten, Leben, durchaus entgegengesetzte Leben; und nach unserer ersten Weise zu zählen, die Besitznehmung vom dritten Standpunkte der Weltansicht; der reinen, und höheren Moralität."[388]

Schelling war mit der „Anweisung zum seligen Leben" nicht einverstanden. Seiner Meinung nach entstellte Fichte das Prinzip der Alleinheit, obwohl er einiges direkt der Naturphilosophie entlehnte. Beide Philosophen interpretierten ähnliche Sujets, die Übereinstimmung ihrer Auffassungen war unausbleiblich. Beide gingen von der Kantischen Morallehre und dem Neuen Testament aus, beide einte die Ethik der Liebe. Der Unterschied lag im Herangehen an die Natur und an das Problem des Wissens. Für Fichte, auch den alten Fichte, begleitet das Wissen das Sein, und die Aufgabe des Menschen ist, an diesem ursprünglichen Wissen festzuhalten, sich dementsprechend zu verhalten.

Als Fichte behauptete, daß sich seine Philosophie in keinem Stück geändert habe, war er in einer Beziehung im Recht: Am moralischen Pathos, am Streben hin zu den praktischen Fragen seiner Zeit, am Wunsch, sich in die Ereignisse einzumischen, hatte sich nichts geändert. Und diesem Umstand verdankte er, daß er bald darauf zu einem der geistigen Führer der Nation wurde.

Es war das Jahr 1807. Deutschland war von Napoleons Truppen besetzt. Auch in Berlin waren die Franzosen. Fichte begann einen neuen Vorlesungszyklus: die „Reden an die deutsche Nation". Fichte sprach von der Notwendigkeit, sich über die Ursachen der Niederlage klarzuwerden, davon, die Kraft für eine nationale Wiedergeburt zu finden. Tage zuvor war der Buchhändler Johann Philipp Palm wegen der Verbreitung der Flugschrift „Deutschland in seiner tiefsten Erniedrigung" erschossen worden. Fichte wog sorgsam alle „Für und Wider" ab, wobei er seiner Gewohnheit, alle Gedanken sofort zu Papier zu bringen, treu blieb. Fichte rechnete täglich mit seiner Verhaftung. Doch er konnte den Vorlesungszyklus zu Ende lesen und ihn ein Jahr darauf veröffentlichen.

Das Buch wird mit dem Hinweis eingeleitet, daß die „Reden an die deutsche Nation" als eine Fortsetzung der Vorlesungen über die „Gründzüge des gegenwärtigen Zeitalters" zu verstehen seien. In jenen Vorlesungen hatte Fichte sein Zeitalter der dritten Epoche der Weltgeschichte zugeordnet, der Epoche, in der die Selbstsucht herrschte. Dieser Zeitabschnitt war nun vollkommen abgelaufen, die Zeit eilte mit Riesenschritten voran. Innerhalb von drei Jahren hatte sich das Bild vollständig gewandelt. Die zweite Hauptperiode der Weltgeschichte hatte begonnen; der Menschheit eröffnete sich die Perspektive der Freiheit, und „Deutschland [hat] ... einen allgemeinen und dauernden Einfluß auf das Ausland gehabt und durch diesen Einfluß dieses Ausland wieder zum Vorgänger für sich selbst und zu seinem eignen Anreger zu neuen Schöpfungen sich zubereitet"[389].

Wie sehr mußte man an sein Volk glauben, um unter Bedingungen einer allgemeinen nationalen Erniedrigung solche Gedanken zu äußern! Deutschland war ein Konglomerat aus zum Teil winzigen Monarchien, die vor Napoleon, dem europäischen Tyrannen, zitterten. Es gab aufgeklärte Deutsche (Goethe und Hegel gehörten dazu), die in der napoleonischen Herrschaft kein Unheil erblickten, sondern die Franzosen als Befreier von der überlebten feudalen Ordnung begrüßten. Für Fichte war das Wichtigste die nationale Unabhängigkeit und Selbständigkeit, die Einheit des Volkes. Was die überlebten Institutionen betrifft, so müsse jedes Volk sein Schicksal selbst gestalten, ohne Einmischung von außerhalb.

Fichte spricht von der Umerziehung des Volkes, von der Notwendigkeit, den Deutschen Nationalgefühl zu vermitteln, die Liebe zu Deutschland, die Bereitschaft, dafür persönliche Opfer zu bringen. In der Vergangenheit war die Erziehung vom Materiellen, Gegenständlichen, Sinnlichen ausgegangen. Von nun an ist vom höchsten Ideal auszugehen, von der Vaterlandsliebe, sie ist der Ausgangs- und Endpunkt der Erziehung, aus solcher Liebe erwächst ein mutiger Verteidiger des Vaterlandes und ein ordentlicher Bürger.

Fichte verstieg sich zu hochmütigen Behauptungen über die Überlegenheit der Deutschen gegenüber anderen Völkern. Er, ein Mensch der Extreme, hielt sich in der Äußerung nationaler Gefühle nicht zurück. So, wie er zur Zeit der Französischen Revolution bereit gewesen war, Franzose zu werden, so dankte er nun Gott dafür, als Deutscher auf die Welt gekommen zu sein. In beiden Fällen handelte es sich um ehrliche Überzeugung; Fichte dachte nicht im geringsten daran, persönlichen Nutzen aus seinen Überzeugungen zu ziehen. Er fühlte sich dazu berufen, seine Landsleute über die kritische Situation, über das Schicksal der Nation aufzuklären. „Gehet ihr ferner so hin in eurer Dumpfheit und Achtlosigkeit, so erwarten euch zunächst alle Übel der Knechtschaft: Entbehrungen, Demütigungen, der Hohn und Übermut des Überwinders, ihr werdet herumgestoßen werden in allen Winkeln, weil ihr allenthalben nicht recht und im Wege seid so lange, bis ihr durch Aufopferung eurer Nationalität und Sprache euch irgendein untergeordnetes Plätzchen erkauft, und auf diese Weise allmählich euer Volk auslöscht."[390]

Die Zeit, zu wählen, ist gekommen. Ein wahrer Deutscher hat seine Wahl längst getroffen. Willensfreiheit wird eins mit der absoluten Notwendigkeit – der Rettung der Nation.

Mit der Einheit von Freiheit und Notwendigkeit äußerte Fichte Gedanken, die auch von Schelling ausgesprochen wurden. Doch es gibt keinen Frieden zwischen den beiden Vertretern der Idee der Alleinheit. Einheit der Nation heißt nicht Einheit in der Philosophie. Die Gelegenheit nutzend,

erinnert Fichte an seinen Ausgangspunkt, und lehnt, ohne Namen zu nennen, den Standpunkt seines Kontrahenten ab. „Alles als nicht geistiges Leben erscheinende beharrliche Dasein ist nur ein aus dem Sehen hingeworfener, vielfach durch das Nichts vermittelter leerer Schatten, ... In diesem Schatten von den Schatten der Schatten bleibt nun jene totgläubige Seinsphilosophie, die wohl gar Naturphilosophie wird, die erstorbenste von allen Philosophien."[391]
Das Schellingsche System ist für Fichte kein geringerer Feind als die Armee Bonapartes.

Der Staat ist, sagt Fichte, führend in der nationalen Erziehung. Die etatistischen Bestrebungen, die schon im „Geschlossenen Handelsstaat" zutage traten, sind nicht geringer geworden. Und doch war Fichte kein preußischer „Hurra-Patriot", er äußerte sich ironisch denen gegenüber, die widerspruchslos und begeistert alles aufnahmen, was von der Regierung ausgesprochen wurde. Hiervon zeugt der folgende Auszug aus dem Gespräch „Der Patriotismus und sein Gegenteil" (1807).

„A. Wenn ich es Ihnen denn frei heraussagen soll, so möchte ich mir Ihren Besuch auf eine andere Zeit erbitten. Es hat 5 Uhr geschlagen! Diese Stunde ist in meiner Tagesordnung zur Ausübung des Patriotismus angesetzt ...
B. Nun, es wird doch damit nicht so eilen. – Ausübung des Patriotismus? Wie machen Sie denn das, wenn Sie patriotisch sind?
A. Ich erkundige mich, welche neuen öffentlichen Einrichtungen und Anordnungen gemacht worden sind, ergründe sodann die Weisheit derselben und preise diese Weisheit endlich laut und öffentlich!
B. Finden Sie denn diese Einrichtungen allemal nur weise und preiswürdig?
A. Das versteht sich. Ein guter Patriot muß nur loben und immer loben, und alles ausschließend also, wie es bei ihm ist, loben. Fände, wider Verhoffen, sich ja etwas, das sich durchaus nicht loben ließe, so muß man dieses mit Stillschweigen übergehen. Dadurch wird so recht das schöne Band der Liebe und des Vertrauens der Regierten zur Regierung, und hinwiederum das Vertrauen der letzteren, – welcher unser Job ja unendlich schmeichelhaft sein muß, und die nicht anders wissen kann, als daß dasselbe nur der

Ausdruck der allgemeinen Stimmung sei, – zu den Regierten geknüpft und befestigt."[392]
So ist Pseudopatriotismus beschaffen. Was die wahre Vaterlandsliebe betrifft, so konnte Fichte mehr als nur darüber räsonieren. Er nahm als einziger deutscher Theoretiker seiner Zeit persönlich am Kampf gegen den Feind teil, seine Frau arbeitete in einem Militärhospital. Fichte infizierte sich mit Typhus und starb 1814, ohne das Frühjahr des Sieges zu erleben.
Abschließend wollen wir an zwei Arbeiten Fichtes, die im Jahre 1812 geschrieben wurden, erinnern. Es sind zwei Vorlesungszyklen. „Die Rechtslehre" und „Über das Verhältnis der Logik zur Philosophie oder die transzendentale Logik". Die erste Arbeit macht uns mit der Rechtslehre des alten Fichte bekannt, die faktisch seit den frühen Schriften keine Veränderung erfuhr. Die wenigen Änderungen betrafen eine Verstärkung der staatlichen Reglementierung, Kontrolle und Planung. Nicht nur der Boden, auch der gesamte Handel sollte sich in den Händen des Staates befinden. Die Landwirtschaft betrachtete Fichte als den wichtigsten Zweig der Volkswirtschaft. „Der Staat hat drum das Zwangsrecht auf jeden, daß er sich dieser ersten der Staatsarbeiten widme, falls es seiner Hände dazu bedarf."[393]
Besondere Aufmerksamkeit gebührt den Vorlesungen „Über das Verhältnis der Logik zur Philosophie". Fichte unterscheidet, Kant folgend, zwei Arten von Logik – die formale und die transzendentale. Die letztere untersucht den Inhalt und die Herkunft des Wissens, ist daher der wichtigste Bestandteil der Philosophie. Fichte lehnt es ab, die formale Logik zu den philosophischen Wissenschaften zu zählen.
Fichtes transzendentale Logik verweist (im Unterschied zur Kantischen) auf den absoluten Grund der Dinge. Wissen ist nicht Sein, doch sind beide untrennbar miteinander verbunden. „Als absolute Grundlage der ursprünglichen Vorstellung finden wir nun die Einsicht des Unterschieds zwischen [dem] Seyn u. [dem] Bilde. Diese Einsicht, *als* weder Bild des Einen, noch des andern, sondern Bild ihres Unterschiedes sowie ihrer Gleichheit."[394]
Wie erklärt Fichte die Entstehung des Wissens und seiner Vielfalt? Der Philosoph bedient sich wiederum des Begriffs

„Konstruktion". Bereits in seinen Frühschriften hatte er die These von der Konstruktion der Begriffe in der Philosophie formuliert. Wenn ich den Raum begrenze, konstruiere ich eine geometrische Figur; wenn ich die Tätigkeit begrenze, den Begriff des Rechts, usw. Schelling griff diesen Gedanken auf und stellte die Frage nach der Konstruktion als notwendiger Beziehung zwischen den Begriffen. Im Vorlesungszyklus über die transzendentale Logik spricht Fichte von der genetischen Konstruktion der Begriffe. Als Kriterium der Wahrheit bestimmt er die Übereinstimmung in den Ergebnissen.

Die Resultate seiner Konstruktion „müssen mit den Resultaten der Konstruktionen anderer übereinstimmen, oder falls [sich eine solche Übereinstimmung] nicht [findet], so muß man durch eigene richtige Vollziehung der Konstruktion [dar] zeigen, daß andere falsch construiert haben"[395].

Willkür in der Ordnung ihrer Konstruktionen ist unzulässig. „Doch giebt es auch eine bestimmte Ordnung dieser Konstruktion; und der Folge ihrer Glieder; diese zu finden ist die Aufgabe: die Ph[ilosophie]."[396] Fichte vermochte es jedoch nicht, diese Aufgabe zu lösen.

Hier sehen wir die Grenze, die er nicht zu überschreiten vermochte. Sein Schicksal war tragisch: er starb früh, und sein Lebenswerk war noch nicht vollendet. Fichte hat den von Kant aufgestellten Kanon der Erkenntnis gesprengt, den Bereich der produktiven Einbildungskraft und der subjektiven Aktivität des Menschen erweitert, und dann, als wäre er erschrocken über die Konsequenzen seines Werks, trat er den Rückzug an, wendete sich offensichtlich Schelling zu. Eine feste und sichere Stütze im Objekt fand er jedoch nicht, schuf kein System des objektiven Wissens. Mit der Proklamation eines neuen Systems war Schelling auf den Plan getreten. Über die Ankündigung ging auch er nicht hinaus. Kant, Fichte und Schelling trugen zur Hervorbringung der idealistischen Dialektik bei. Jetzt galt es, die Dialektik ausreifen zu lassen, in ein System zu bringen. Diese Aufgabe blieb für Hegel.

KAPITEL 6
Die List der Vernunft (Hegel)

1. Am Ursprung der Lehre

Georg Wilhelm Friedrich Hegel (1770–1831) erhielt eine theologische Ausbildung. Er studierte an der Theologischen Fakultät des Tübinger Stifts (zu seinen Studiengenossen zählten Friedrich Hölderlin, der gleichzeitig mit Hegel das Studium aufnahm, und später auch Schelling), verteidigte eine Magisterdissertation über die Kirchengeschichte Württembergs, wollte aber nicht die geistliche Laufbahn einschlagen. Dennoch spielen Fragen der Religion über einen langen Zeitraum die dominierende Rolle in seiner Geisteswelt, durch ihr Prisma betrachtet er viele andere Probleme der Weltanschauung, darunter auch die Politik, die im Zentrum der geistigen Interessen des radikal gesinnten Jünglings, der sich für die Ideen Rousseaus und der Französischen Revolution begeisterte, standen.

Im Herbst 1793 verließ Hegel Tübingen und reiste nach Bern, um dort eine Stelle als Hauslehrer in einer Patrizierfamilie anzutreten. Hier setzte er die Arbeit an seinem ersten selbständigen Werk, das er schon an der Universität begonnen hatte, fort. Es blieb unvollendet und kam erst nach Hegels Tode unter dem Titel „Volksreligion und Christentum" heraus. Die Volksreligion ist nach Hegel der heidnische Glaube der antiken Gesellschaft, deren demokratische Ordnung für den jungen Hegel das Ideal einer staatlichen Ordnung verkörperte. Die Volksreligion ist sowohl Produkt als auch Grundlage der Freiheit, unter deren Bedingungen sich der Mensch als organischer Teil des Staatsganzen fühlt. Vom Christentum kann man das nicht behaupten. Seine Dogmen sind nicht auf die Gattung, sondern aufs Individuum gerichtet. Es ist die Religion von Völkern, die ihre Freiheit eingebüßt haben, sie gründet nicht auf der Harmonie von Individuum und Gemeinschaft, sondern auf Autorität und Tradition. Das Christentum ist „positiv".

In Bern schreibt Hegel eine Arbeit, die speziell der Positivität des Christentums gewidmet war. „Ein positiver Glauben ist ein solches System von religiösen Sätzen, das für uns deswegen Wahrheit haben soll, weil es uns geboten ist von einer Autorität, der unseren Glauben zu unterwerfen wir uns nicht weigern können. In diesem Begriff kommt vorerst ein System religiöser Sätze oder Wahrheiten vor, die unabhängig von unserem Führwahrhalten, als Wahrheiten angesehen werden sollen, die, wenn sie auch von keinem Menschen nie für wahr gehalten worden wären, dennoch Wahrheiten blieben ..."[397] Das ist keine schmeichelhafte Kennzeichnung für die Religion, in deren Schoß der Denker aufgewachsen ist.

Georg Lukács ist die aufmerksame Lektüre und die tiefgehende Interpretation einer Reihe früher Schriften des künftigen bedeutenden Dialektikers zu danken. Unter der theologischen Hülle sah Lukács den sozialkritischen Inhalt, Hegels Bestreben, sich mit den Problemen der bürgerlichen Gesellschaft und der zeitgenössischen politischen Kämpfe auseinanderzusetzen. Im Begriff der „Positivität" erkannte er zu Recht den Keim der künftigen „Entfremdung". Über die frühen Arbeiten Hegels schrieb Lukács, daß sie „in ihrer Grundtendenz gegen die christliche Religion gerichtet sind"[398].

Diese Kennzeichnung trifft zweifellos auf „Volksreligion und Christentum" und „Die Positivität der Religion" zu. Lukács schloß aus seinen Betrachtungen jedoch Hegels Arbeit „Das Leben Jesu" aus, obwohl diese ihm nicht unbekannt sein konnte; in dem Buch „Der junge Hegel" wird diese Arbeit nicht einmal erwähnt. Hierher rührt die Unvollständigkeit des Bildes, eine gewisse Vereinfachung der Sache. Laut Lukács denkt Hegel in der Berner Periode nur in sozialen Kategorien. Erst nach seiner Übersiedlung nach Frankfurt (1797) gibt es bei Hegel, laut Lukács, einen Bruch. „Der Frankfurter Subjektivismus Hegels ist dagegen ein Subjektivismus im wörtlichen Sinne. Hegel geht wirklich und unmittelbar vom Individuum, von seinen Erlebnissen und Schicksalen aus."[399] In Wirklichkeit versucht Hegel indessen auch schon in Bern (in der Arbeit „Das Leben Jesu") „unmittelbar vom Individuum" auszugehen. Und das hinderte ihn nicht, in anderen Berner Arbeiten „von der Gesellschaft" auszugehen. Vielleicht gingen die Impulse zur Schaffung der Dialektik überhaupt von dem Streben aus, unterschiedliche Positionen miteinander zu vereinen. Doch wir wollen nicht vorgreifen. „Das Leben Jesu" wurde im Sommer 1795 geschrieben, nach Abbruch der Arbeit am Manuskript der „Volksreligion", aber vor Beginn der Niederschrift der „Positivität der christlichen Religion". Im Zeitraum zwischen den beiden kritischen, fast antichristlichen Werken schreibt er ein apologetisches, fast prochristliches. Da Hegel nicht für den Druck, sondern ausschließlich zur Klärung der eigenen Position schrieb, muß man schlußfolgern, daß diese nicht ausgeglichen war. Wilhelm Dilthey, der als erster die Aufmerksamkeit auf die Frühschriften Hegels gelenkt hat, hat den jungen Hegel völlig im Banne der christlichen Vorstellungen gesehen, nach seiner Darstellung durchlief Hegel eine Evolution vom Kantischen Rationalismus zum mystischen Pantheismus. Während Lukács „Das Leben Jesu" ignorierte, legte Dilthey im Gegenteil einen besonderen Akzent auf diese Arbeit. In Diltheys Buch „Die Jugendgeschichte Hegels" (1905) gibt es einen Abschnitt „Drei Schriften über die christliche Religion"[400], in dem entgegen der chronologischen Folge zuerst „Das Leben Jesu" ausführlich analysiert wird und erst danach – und durch das Prisma dieser Arbeit – die „Volksreligion" und die „Positivität" kurz betrachtet werden, wodurch auch der Eindruck einer einheitlichen – freilich anders als bei Lukács gesehenen – Position Hegels in der Berner Periode entsteht.

Die Wahrheit liegt nicht in den entgegengesetzten Vereinfachungen Diltheys und Lukács', sondern in der komplizierten Bewegung des Hegelschen Denkens, das bei der Suche zuweilen um direkt entgegengesetzte Konzeptionen kreist.

Der erste Eindruck vom „Leben Jesu" – man glaubt, man habe ein Kompendium zum Neuen Testament vor sich. Doch hinter der äußeren Einfachheit, den Texten des Evangeliums (die übrigens sehr frei ausgelegt werden), hinter einer für Hegel ungewohnten Leichtigkeit der Sprache verbirgt sich eine klare philosophische Position, die für die schöpferische Entwicklung des Denkens von außerordentlicher Bedeutung ist. Im „Hegelschen Evangelium" findet sich kein Wort von Mariä Verkündigung, der Unbefleckten Empfängnis, den Wundern und der Auferstehung. Hegels Christus ist ein an die Vernunft des Menschen appellierender Moralist.

„Die reine aller Schranken unfähige Vernunft ist die Gottheit selbst – Nach Vernunft ist also der Plan der Welt überhaupt geordnet; Vernunft ist es, die dem Menschen seine Bestimmung, einen unbedingten Zweck seines Lebens kennen lehrt; oft ist sie zwar verfinstert, aber doch nie ganz ausgelöscht worden, selbst in der Finsternis hat sich immer ein schwacher Schimmer derselben erhalten."[401]
So beginnt Hegels Bericht über „Das Leben Jesu".
In den Mund Christi legte er den kategorischen Imperativ Kants: „Was ihr wollen könnt, daß (es) als allgemeines Gesetz unter den Menschen, auch gegen euch gelte, nach einer solchen Maxime handle – das ist das Grundgesetz der Sittlichkeit", und Sittlichkeit ist der einzige Maßstab für Gottgefälligkeit. Jeder wird an seinen Taten gemessen. Über allem aber steht der Mensch. Liebe jeden Menschen wie dich selbst. Der Mensch ist mehr als ein Tempel, zwischen Mensch und Gott gibt es keine Mittelglieder. Die göttliche Vorsehung ist weder auf ein Volk noch auf einen Glauben beschränkt, sie umfaßt mit gleicher Liebe die ganze Menschengattung.
Nach dieser Zurückhaltung in bezug auf gesellschaftliche Fragen klingt die folgende Feststellung Hegels für uns sonderbar: „Ihr werdet oft auch wünschen, das Reich Gottes auf Erden errichtet zu sehen; oft wird man euch sagen, hier oder dort gibt es eine solche glückliche Verbrüderung von Menschen unter Tugendgesetzen – lauft solchen Vorspiegelungen nicht nach; hofft das Reich Gottes nicht in einer äußern glänzenden Vereinigung von Menschen zu sehen – etwa in einer äußern Form eines Staates, in einer Gesellschaft, unter den öffentlichen Gesetzen einer Kirche."[402]
Es handelt sich aber keineswegs um eine zufällige Äußerung: In die Berner Periode fällt ein weiteres Werk Hegels, in dem er ebenso entschieden den Staat – seinen späteren Abgott – ablehnt. Wir meinen das im Frühsommer 1796 geschriebene Fragment „Ältestes Systemprogramm des Deutschen Idealismus". Der Staat wird darin im Geiste Herders als etwas Mechanisches, Antihumanes – durch Gewalt hervorgebracht und zum Verschwinden verurteilt –, als eine Maschine bewertet. „Wir müssen also über den Staat hinaus! – Denn jeder Staat muß freie Menschen als mechanisches Räderwerk behandeln; und das soll er nicht; also soll

er *aufhören*." Der Philosoph will ... „das ganze elende Menschenwerk von Staat, Verfassung, Regierung, Gesetzgebung – bis auf die Haut entblößen"[403]. Hegel glaubt an die Möglichkeit eines „ewigen Friedens", sieht die Idee der Schönheit als höchste Idee an und ruft auf, eine neue Mythologie, eine Mythologie der Vernunft, zu schaffen.

In Frankfurt nimmt Hegels Interesse am Christentum noch zu. Doch etwas Neues tritt auf den Plan: das Bestreben, das, was in Bern getrennt für sich existierte, zu vereinen – das Soziale und das Individuelle, den aufklärerischen Rationalismus und den „Dienst am Gefühl". Im „Leben Jesu" fallen der Ursprung der Religion und der des Staates nicht mehr zusammen. Jetzt lehnt Hegel diese (Kantische) Position ab. Die Kirche als Ganzes muß Rudiment bleiben, wenn der Mensch in einen Staatsbürger und ein Kirchenmitglied gespalten ist.

Die wichtigste in Frankfurt entstandene Arbeit Hegels ist das unvollendet gebliebene Manuskript „Der Geist des Christentums und sein Schicksal". Jesus ist wie vordem die zentrale Figur. Allerdings tritt er nicht mehr als Sprecher der Kantischen Ethik, sondern als ihr Opponent auf.

Wenn Hegel sich Christus und dem Christentum zuwendet, ist er nicht Theologe, nicht Historiker, sondern Philosoph, der allgemeine weltanschauliche Probleme löst.

Die verschiedenen Hypostasen Christi bedeuten Wandel der Position, Evolution der Überzeugung Hegels. In der „Volksreligion" ist Christus der Träger der „Positivität", im „Leben Jesu" ihr Antipode. In der „Positivität der christlichen Religion" kehrt Hegel zu seiner ursprünglichen Auffassung zurück, in der Arbeit „Der Geist des Christentums" distanziert er sich erneut von ihr. Jetzt wird die jüdische Religion zum Träger der Positivität. Die Gesetze von Moses sind als Wort Gottes vorgetragen, schreibt Hegel, und sie liegen nicht als Wahrheit, sondern als Befehl vor. Die Juden waren unfrei, von ihrem Gott abhängig, und das, wovon der Mensch abhängt, kann nicht die Form der Wahrheit für ihn annehmen. Herrschaft und Unterordnung sind unvereinbar mit Wahrheit, Schönheit und Freiheit.

Christus wollte den im alten Judäa herrschenden äußerlichen, formalen Charakter der Normen überwinden und auf den Geist der Gesetze orientieren, auf die Liebe zu Gott und dem Nächsten, in der persönliche Neigung und gesellschaftliche Pflicht untrennbar zusammenfallen. Im weiteren geht es schon nicht mehr um den Streit zwischen Christus und Moses, denn Hegel beginnt direkt gegen Kant zu polemisieren. Nach Kant sei die Moralität „die Unterjochung des Einzelnen unter das Allgemeine, der Sieg des Allgemeinen über sein entgegengesetztes Einzelnes". Hegel will dagegen „Erhebung des Einzelnen zum Allgemeinen, Vereinigung – Aufhebung der beiden Entgegengesetzten durch Vereinigung"[404]. Ein außerordentlich wichtiger Gedanke Hegels zeichnet sich ab, da hier die künftige Hegelsche Dialektik zu entstehen beginnt. Das Problem war damit schon gestellt: Wie kann ein nichtformales Allgemeines gefunden werden, das mit dem Einzelnen und Besonderen eins werden kann? Die Aufgabenstellung geht hier allerdings noch nicht über die Grenzen der Ethik hinaus.

Die oben genannten Gedanken finden sich in den Entwürfen und Vorarbeiten zum „Geist des Christentums". In dieser Arbeit polemisiert Hegel gegen die „Kritik der praktischen Vernunft". Kant kennzeichnete das christliche Gebot „Liebe deinen Nächsten wie dich selbst!" als das Ideal der Heiligkeit, das von einem endlichen Wesen nie verwirklicht werden kann, da dieses nie frei von Wünschen und Neigungen ist, die nicht mit dem Moralgesetz in Übereinstimmung zu bringen sind. Hegel meint, daß Kant im Unrecht sei, da bereits die Bergpredigt das Problem gelöst habe. Christus erreichte darin die Einheit von persönlicher Neigung und Moralgesetz.

„So hatte Kant sehr Unrecht, diese zum Lebendigen nicht gehörige Art des Ausdrucks: Liebe Gott über alles und deinen Nächsten als dich selbst, als ein Gebot anzusehen, welches Achtung für ein Gesetz fordert, das Liebe befiehlt. Jesus erreichte in der Bergpredigt die Übereinstimmung der Neigung mit dem Gesetz. Gesetz und Neigung sind nicht mehr verschieden. „Und der Ausdruck Übereinstimmung der Neigung mit dem Gesetz wird darum ganz unpassend, weil in ihm noch Gesetz und Neigung als Besondere, als Entgegengesetzte vorkommen und leicht eine Unterstützung der moralischen Gesinnung, der Achtung für [das] Gesetz und des Bestimmtseins des Willens durchs Gesetz – durch die davon verschiedene Neigung verstanden werden könnte, und da die Übereinstimmenden Verschiedene sind, auch die Übereinstimmung nur zufällig, nur die Einheit Fremder, ein Gedachtes wäre. Da aber hier in dem Komplemat der Gesetze Pflicht, moralische Gesinnung und dergleichen aufhört, Allgemeines der Neigung [entgegengesetzt], und die Neigung aufhört, Besonderes, dem Gesetze entgegengesetzt zu sein, so ist jene Übereinstimmung Leben und, als Beziehung Verschiedener, Liebe."[405]

Das Gebot des Alten Testamentes „Du sollst nicht töten!" könnte zum Prinzip einer allgemeinen Gesetzgebung werden (eine Anspielung auf den kategorischen Imperativ), aber Jesus setzte diesem den „höheren Genius der Versöhnlichkeit" entgegen, „der nicht nur nicht gegen jenes Gesetz handelt, sondern es ganz überflüssig macht, so viel reicher lebendiger Fülle in sich schließt, daß für ihn so etwas Dürftiges als so ein Gesetz gar nicht ist"[406].

Die Liebe vermittelt die Gegensätze. „In der Liebe hat der Mensch sich selbst in einem anderen wiedergefunden; weil sie eine Vereinigung des Lebens ist."[407]

Doch das gilt für ein wirkliches, den Menschen umgebendes, sinnlich wahrnehmbares Leben. Die Liebe zum Nächsten – das ist die Liebe zu dem Menschen, mit dem man ins Verhältnis tritt. Das nur in Gedanken Vorgestellte kann nicht das Geliebte sein. Deshalb hat es keinen Sinn, von der Liebe zu den Menschen überhaupt, zu denen, die man nicht kennt, zu sprechen. Daher ist die Liebe nicht die höchste menschliche Potenz. Höher als die Liebe ist die Religion. „Diese Liebe ist ein göttlicher Geist, aber noch nicht Religion; daß sie dazu würde, [dazu] mußte sie zugleich in einer objektiven Form sich darstellen; sie, eine Empfindung, ein Subjektives mußte mit dem Vorgestellten, dem Allgemeinen zusammenschmelzen und damit die Form eines anbetungsfähigen und würdigen Wesens gewinnen."[408]

In der Religion werden die Widersprüche aufgehoben, doch Hegel dehnt dieses Prinzip noch nicht auf die Philosophie aus. Die Hegelsche Dialektik wird als Mittel zur Begründung der christlichen Dogmen geboren. Im „Leben Jesu" hatte Hegel noch diese gefährlichen Fragen mit Stillschweigen zu übergehen versucht, im „Geist des Christentums" wollte er Antworten darauf finden. Wie sind die biblischen Wunder zu verstehen? Man kann sie nicht verstehen, antwortet Hegel, wenn man sich nur auf das Verstandesdenken stützt, doch auch außerhalb des Verstandes existieren Wunder nicht: sie sind einfach nicht wahrnehmbar. „Nicht die Aufhebung des Gebietes des Verstandes, sondern daß es *zugleich* gesetzt und aufgehoben wird, ist das Unnatürliche."[409]

In Frankfurt kam 1798 Hegels erste gedruckte Arbeit heraus. Das war ein den Verfasser anonym haltendes kleines Buch mit dem Titel „Vertrauliche Briefe über das vormalige Staatsrechtliche Verhältnis des Waadtlandes (Pays de Vaud) zur Stadt Bern. Aus dem Französischen eines verstorbenen Schweizers übersetzt und mit Anmerkungen versehen." Übersetzt und kommentiert hatte dieses Büchlein Hegel. Der Autor der „Briefe", der Schweizer Advokat J. J. Cart (der sich zur Zeit des Erscheinens dieser Ausgabe noch voller Gesundheit erfreute), prangerte darin die in Bern bis zum Einmarsch der Franzosen herrschende despotische Ordnung an. Hegel machte auf einige Gedanken des Verfassers aufmerksam, die er mit eigenen Überlegungen verknüpfte.

Hegels Interessen waren vorrangig auf die Politik, die sozialen Zustände und die Religion gerichtet. Neu erwacht war das Interesse für die politische Ökonomie. Zu Beginn des Jahres 1799 las Hegel die „Untersuchung über die Grundsätze der politischen Ökonomie" des englischen Ökonomen James Steuart. Hegel fing an, über die Probleme des Eigentums nachzudenken, und erriet in ihm die Wurzel der sozialen Konflikte. *„In den Staaten der neueren Zeit*", lesen wir in einem der Frankfurter Fragmente, *„ist Sicherheit des Eigentums* der Angel, um den sich die ganze Gesetzgebung dreht. Man hat dem System des Sansculottismus in Frankreich vielleicht Unrecht getan, wenn man die Quelle der durch dasselbe beabsichtigten größeren Gleichheit des Eigentums allein in der Raubgier suchte."[410]

Es scheint, als ob eigentlich philosophische Probleme den jungen Denker nicht bewegt hätten, aber das war durchaus nicht so. Obgleich sie in den Hintergrund gedrängt wurden, kann man doch bei genauerem Hinsehen ihre verborgene, teils sogar dominierende Rolle in Hegels Geisteswelt beobachten. Im „Systemfragment" (1800) ist der Gedanke der

Identität der Gegensätze schon in allgemeiner Form nachweisbar. „Dieses Teilsein des Lebendigen hebt sich in der Religion auf, das beschränkte Leben erhebt sich zum Unendlichen; und nur dadurch, daß das Endliche selbst Leben ist, trägt es die Möglichkeit in sich, zum unendlichen Leben sich zu erheben. Die Philosophie muß eben darum mit der Religion aufhören, weil jene ein Denken ist, also einen Gegensatz teils des Nichtdenkens hat, teils des Denkenden und des Gedachten; sie hat in allem Endlichen die Endlichkeit aufzuzeigen und durch Vernunft die Vervollständigung desselben [zu] fordern."[411] Das ist schon die Denkweise des reifen Hegel. Obwohl nach Hegel die Religion nach wie vor höher steht als die Philosophie, hatte er doch zum dialektischen Denken gefunden.

Gewiß, er zeichnete sich vorläufig noch nicht durch Originalität aus. Nach Fichte die Identität der Gegensätze anzuerkennen war keine Errungenschaft. Nach Schellings naturphilosophischen Arbeiten auf der Objektivität der Widersprüche bestehen war keine Neuigkeit. Im Streit zwischen Fichte und Schelling ergriff Hegel für seinen Tübinger Schulkameraden Partei. Dies wird in der ersten unter dem eigenen Namen publizierten philosophischen Arbeit, „Differenz des Fichteschen und Schellingschen Systems der Philosophie" (1801), deutlich. Sie wurde in Jena geschrieben, wohin Hegel mit Schellings Hilfe übergesiedelt war, um an der dortigen Universität zu lehren. Gemeinsam mit Schelling gab Hegel dort das „Kritische Journal der Philosophie" heraus. Allmählich zeichnete sich bei ihm ein eigenständiges Interessengebiet und ein eigenständiges Herangehen an philosophische Probleme ab.

In diesem Zusammenhang ist die Arbeit „Das System der Sittlichkeit" (1802/03) von besonderer Bedeutung. Hegel spricht hier von der menschlichen Arbeit als von der Sphäre des Zusammenfallens der Gegensätze, der Identität von Subjekt und Objekt. Das Wichtigste für die Arbeit ist das Werkzeug. „Im Werkzeug macht das Subjekt eine Mitte, zwischen sich und das Objekt, und diese Mitte ist die reale Vernünftigkeit der Arbeit."[412]

In der Arbeit wurzelt das Verhältnis von Herrschaft und Knechtschaft. „Die Gleichheit ist nichts anders als die Abstraktion, und der formelle Gedanke des Lebens, der ersten

Potenz, der bloß ideell und ohne Realität ist. In der Realität hingegen ist die Ungleichheit des Lebens gesetzt, und damit das Verhältnis [von Herrschaft] und Knechtschaft."[413] Der Herr verfügt über einen Überfluß des physisch Notwendigen, der Knecht lebt im Mangel und ist zur Arbeit gezwungen.
Hegel betrachtet das Problem der Sittlichkeit auf neue Weise. Ihm scheint, daß er die gesuchte harmonische Einheit von Allgemeinem und Einzelnem im Verhalten des Menschen gefunden hat. „Dieses Allgemeine in der ideellen Form der Besonderheit angeschaut, ist der Gott des Volkes."[414] Im Volksganzen sieht sich das Individuum in jedem anderen. Gleichzeitig ist das Volk, obwohl es ein Ganzes bildet, in Teile untergliedert – die Stände. Jedem Stand entspricht eine bestimmte Standesmoral.
Der absolute Stand (es ist offenbar vom Adel die Rede) verfügt über die absolute Sittlichkeit. Der Stand der Rechtschaffenheit (damit ist die Bourgeoisie gemeint) ist für die Tugend wie für den Mut ungeeignet, das Höchste, was dieser Stand zu erringen vermag, ist die produktive Tätigkeit. Es folgt der Stand der rohen Sittlichkeit (der Bauernstand). Fichte hatte im „Geschlossenen Handelsstaat" die Arbeit der Bauern idealisiert, da er der Auffassung war, nur diese sei wirklich produktiv. Hegel hält die Landarbeit weder für ganz und gar vernünftig, noch gesteht er ihr zu, daß sie Gegenstände für den unmittelbaren Verbrauch produziert. Die Sittlichkeit des Bauernstandes besteht im Vertrauen auf den „absoluten Stand". Was die Knechte betrifft, so bilden sie keinen Stand, sie stellen etwas Vereinzeltes dar, sind folglich frei von Sittlichkeit.
In zahlreichen Fragmenten und unvollendeten Manuskripten der Jenaer Periode[415] ist Hegels Suche dokumentiert, die letzten Endes zur „Phänomenologie des Geistes" (1807) führte. Marx bezeichnete dieses Werk als die „wahre Geburtsstätte und das Geheimnis der Hegelschen Philosophie"[416]. Hegel machte damit erstmals von sich als eigenständigem Theoretiker ersten Ranges reden.
Ihrem Grundgedanken nach war die „Phänomenologie" nicht originell: Schelling hatte sich im „System des transzendentalen Idealismus" ebenfalls das Ziel gestellt, die historische Entwicklung des Bewußtseins zu verfolgen. Die

Hegelsche Arbeit zeichnet sich durch Originalität der Ausführung aus. Der Autor des „Systems" hatte die letzte Wahrheit im künstlerischen Schöpfertum gefunden. Nach Hegel ist die Gestalt, in der die Wahrheit existiert, das wissenschaftliche System.

Die Zeit war reif, die Philosophie in den Rang einer Wissenschaft zu erheben. Damit ist nicht jene flache Spielart des Verstandeswissens gemeint, das auf Wissenschaftlichkeit Anspruch erhebt, aber mit bloßen Faktenwahrheiten operiert, mit Antworten auf Fragen wie: Wann wurde Cäsar geboren? Wieviel Fuß zählt ein Stadion? usw. Hegel ist nicht gegen den Verstand, der den Nährboden der Wissenschaft und des Alltagsbewußtseins bildet, der die Garantie dafür gibt, daß das Gebiet der Wissenschaft allen offensteht; die wahre Wissenschaft aber geht über die Grenzen des Verstandes hinaus. Ihre Sphäre ist die Vernunft, und das Vordringen des Geistes in diese Sphäre zu verfolgen ist die Aufgabe, die sich der Autor der Phänomenologie stellt.

Er lehnt auch eine andere Art und Weise des pseudowissenschaftlichen Philosophierens ab, nämlich die, die vorrangig in der Anschauung, der Intuition das Erkenntnismittel der Wahrheit sieht. Hegel meint damit Fichte und Schelling. Eine Wissenschaft, die auf Intuition beruht, entbehrt der Allgemeinverständlichkeit und hat den Anschein, esoterisches Besitztum erlesener Geister zu sein. Ein anderer Vorwurf gegenüber dem intuitiven Wissen ist der des „eintönigen Formalismus". Die Sache ist die, daß die Intuition dahin tendiert – ähnlich wie der Verstand –, bloße Faktenwahrheiten zu geben; Entwicklung ist dabei ausgeschlossen, im besten Falle erfolgt eine Wiederholung ein und derselben Formel. Die Identität der Gegensätze ist so erfaßbar, aber nicht die Entwicklung.

Wie stellt sich nun Hegel die Entwicklung der Erkenntnis vor? Das Wissen ist Besitz des Individuums. Der Mensch aber ist zur Gesellschaft geboren; das ist ein Gedanke, mit dem Hegel Kant, Fichte und Herder folgt. Der Mensch wird von der Geschichte erzeugt – das ist ein weiterer wichtiger Gedanke, der vor Hegel ausgebildet worden war. Und schließlich, drittens, war bekannt, daß die Entwicklung des Individuums in allgemeinen Zügen die Geschichte der Gattung reproduziert. Diese Gedanken nimmt Hegel zum Ausgangspunkt für seine Überlegungen. Das Bewußtsein des Individuums ist sozial und historisch, die Entwicklung des individuellen Bewußtseins wiederholt die Geschichte der Gesellschaft, das hat der Autor der Phänomenologie vor Augen, wenn er sagt: „Das besondre Individuum ist der unvollständige Geist, eine konkrete Gestalt, in deren ganzem Daseyn Eine Bestimmtheit herrschend ist, und worin die andern nur in verwischten Zügen vorhanden sind. ... Diese Vergangenheit durchläuft das Individuum, dessen Substanz der höher stehende Geist ist, in der Weise, wie der, welcher eine höhere Wissenschaft vornimmt, die Vorbereitungskenntnisse, die er längst inne hat, um sich ihren Inhalt gegenwärtig zu machen, durchgeht; er ruft die Erinnerung derselben zurück, ohne darin sein Interesse und Verweilen zu haben. Der Einzelne muß auch dem Inhalte nach die Bildungsstufen des allgemeinen Geistes durchlaufen, aber als vom Geist schon abgelegte Gestalten, als Stufen eines Wegs, der ausgearbeitet und geebnet ist; so sehen wir in Ansehung der Kenntnisse das, was in frühern Zeitaltern den reifen Geist der Männer beschäftigte, zu Kenntnissen, Übungen und selbst Spielen des Knabenalters herabgesunken."[417]

Vor den Augen des Philosophen läuft die Entwicklung des Individuums, die Evolution der Gesellschaft und der Wechsel ihrer Bewußtseinsformen ab. Der Leser der „Phänomenologie" vollzieht dreimal den Aufstieg zu den Höhen des Geistes. Wenn wir die Terminologie der späteren Arbeiten Hegels benutzen, so können diese drei Sphären der Denkbewegung als „subjektiver Geist", „objektiver Geist" und „absoluter Geist", gemeint ist individuelles Bewußtsein, Gesellschaft und gesellschaftliches Bewußtsein, bezeichnet werden. Die Kapitel der „Phänomenologie" sind anders gegliedert und benannt worden; das schafft zusätzliche Schwierigkeiten für die Aneignung des Stoffes. Die ersten fünf Kapitel sind der „Embryologie" des Geistes, der Analyse des individuellen Bewußtseins, gewidmet. Hier kann wieder eine dreigliedrige Struktur festgestellt werden: Bewußtsein, Selbstbewußtsein und Vernunft. Die erste Stufe des Bewußtseins, das sich auf einen außerhalb seiner liegenden Gegenstand richtet, ist die sinnliche Gewißheit der

Empfindung. Obwohl scheinbar die reichste Erkenntnis, hat sie in Wirklichkeit den ärmsten Inhalt des Wissens. Die Sinnesorgane erlauben uns, das Sein einer Sache an einem bestimmten Ort und in einem bestimmten Zeitraum festzuhalten. „Dieses", „Hier" und „Jetzt" sind die allgemeinsten Bestimmungen, die für jeden Fall gelten. Das Ding als Ding von Eigenschaften wird nicht empfunden, es wird uns erst in der Wahrnehmung gegeben. Das Ding ist mannigfaltig, stellt eine Einheit von Bestimmungen dar. Das Salz, zum Beispiel, ist weiß, hat einen scharfen Geschmack, eine kubische Form usw. Die Wahrnehmung enthält schon eine gewisse Verallgemeinerung, und als solcher haftet ein Widerspruch an ihr: Einerseits ist das Ding einmalig, andererseits besitzt es allgemeine Merkmale. Wenn das Bewußtsein versucht, diesen Widerspruch aufzuheben, geht es zum Denken über, dessen erster Träger der Verstand ist. Das Gebiet der empirischen Naturwissenschaft, die Herrschaft der Gesetze, eine spezifische übersinnliche, das heißt über der unmittelbar sinnlichen Empfindung und Wahrnehmung liegende, Welt eröffnet sich.

Dann erwartet den Leser der „Phänomenologie des Geistes" ein unerwarteter Gedankensprung, eine philosophische Überraschung. „Das ruhige Reich von Gesetzen" geht in sein Gegenteil über, Hegel entdeckt hinter diesem eine *„zweite übersinnliche Welt"*, eine *„verkehrte Welt"*. Was im Gesetz der ersten süß, ist in dem der zweiten sauer, was in jenem schwarz, ist in diesem weiß. „Wenn nun diese Verkehrung, welche in der *Strafe* des Verbrechens dargestellt wird, zum Gesetze gemacht ist, so ist auch sie wieder nur das Gesetz der einen Welt, welche eine *verkehrte* übersinnliche Welt sich *gegenüberstehen* hat, in welcher das, was in jener verachtet ist, zu Ehren, was in jener in Ehren steht, in Verachtung kommt. Die nach dem *Gesetze der ersten* den Menschen schändende und vertilgende Strafe verwandelt sich in ihrer *verkehrten* Welt in die sein Wesen erhaltende und ihn zu Ehren bringende Begnadigung."[418]

Die Antiwelt Hegels ist eine poetische Metapher, der Philosoph nimmt zu ihr Zuflucht, um die Beschränktheit der Verstandeserkenntnis zu zeigen. Kein Gesetz der Wissenschaft darf als Wahrheit in letzter Instanz aufgefaßt werden. Schon oft hat sich in der Geschichte der Naturwissenschaft

eine für allgemeingültig geltende These plötzlich als zufälliger Einzelfall erwiesen.
Daher gibt es keinen Grund, zu sehr auf den Verstand zu vertrauen, der selbst der Kontrolle bedarf. Wenn der Verstand zum Objekt der Erkenntnis wird, geht das Bewußtsein in Selbstbewußtsein über. Hier werden in das Gewebe der Hegelschen Reflexionen immer mehr soziale Fäden eingeknüpft. Obwohl immer noch vom individuellen Bewußtsein die Rede ist, wird dieses durch das Prisma der wichtigsten gesellschaftlichen Beziehung – der Arbeit – betrachtet.
Einen großen Einfluß auf die Herausbildung von Hegels Weltanschauung hatte die industrielle Revolution in England, welche ihren theoretischen Ausdruck in der klassischen englischen Ökonomie fand. Während seines Aufenthaltes in Jena beschäftigte Hegel sich intensiv mit Adam Smith, dessen ökonomische Ansichten er in vielem teilte. In der „Phänomenologie" versuchte er, die Entwicklung des Bewußtseins und der menschlichen Gesellschaft im ganzen als Resultat der Arbeitstätigkeit darzustellen. „Das Große an der Hegelschen *‚Phänomenologie'*", schrieb Karl Marx, „... ist also einmal, daß Hegel die Selbsterzeugung des Menschen als einen Prozeß faßt, ... daß er also das Wesen der *Arbeit* faßt und den gegenständlichen Menschen, wahren, weil wirklichen Menschen, als Resultat seiner *eignen Arbeit* begreift."[419]
In dieser Beziehung bietet der Teil der „Phänomenologie des Geistes", der mit „Herrschaft und Knechtschaft" überschrieben ist, die interessantesten Gedanken. Die Fragestellung ist uns aus dem „System der Sittlichkeit" geläufig: Die Arbeit fordert Unterordnung. Hegel hebt nun auch noch etwas anderes hervor: Die Arbeit formiert und erhebt den Menschen. Der Knecht formiert die Dinge, aber gleichzeitig formiert er auch sich selbst. Arbeit ist Bildung, und infolgedessen erhebt sich das knechtische Bewußtsein über seine ursprünglich niedere Stufe, der Knecht wird selbstbewußt, er begreift, daß er nicht nur für den Herrn existiert, sondern auch für sich selbst. Der Herr, der genießt, was ihm der Knecht schafft, gerät in eine vollständige Abhängigkeit vom Knecht, und der die Dinge formierende Knecht gewinnt die Herrschaft nicht nur über sie, sondern auch

über seinen Herrn. Schließlich kehren sich ihre Beziehungen um: Der Herr wird zum Knecht und der Knecht zum Herrn. „Die Herrschaft zeigte, daß ihr Wesen das Verkehrte dessen ist, was sie seyn will, so wird auch wohl die Knechtschaft vielmehr in ihrer Vollbringung zum Gegentheile dessen werden, was sie unmittelbar ist."[420] Die Knechtschaft führt zum Selbstbewußtsein, zum Kampf um die Freiheit; je härter die Knechtschaft, desto kühner und energischer die Versuche, die Ketten zu sprengen. Dabei hat Hegel überzeugend nachgewiesen, daß die Knechtschaft der allgemeine Zustand ist. Wo es Knechte gibt, wird niemand frei sein. Der dem Knecht gegenüberstehende Herr bleibt selbst so lange Knecht, solange er in dem anderen nicht sich selbst sieht. Andererseits verdient derjenige, der nicht den Mut besitzt, sein Leben um der Freiheit willen einzusetzen, ein Knecht zu sein. „Wenn ... ein Volk frei sein zu wollen sich nicht bloß einbildet, sondern wirklich den energischen Willen der Freiheit hat, wird keine menschliche Gewalt dasselbe in der Knechtschaft ... zurückzuhalten vermögen."[421]

Im Zusammenhang damit unterstrich Marx die Begrenztheit von Hegels Position. „Hegel steht auf dem Standpunkt der modernen Nationalökonomen ... er sieht nur die positive Seite der Arbeit, nicht ihre negative."[422] Man darf diesen Gedanken von Marx nicht vereinfacht verstehen. Er besagt nicht, daß Hegel jegliches Verständnis der negativen Folgen der Arbeit in der kapitalistischen Gesellschaft fremd war. In der „Jenenser Realphilosophie", dem Vorlesungszyklus, den er 1805/06 hielt, richtet Hegel die Aufmerksamkeit darauf, daß durch den Fortschritt in der Ökonomie „eine Menge zu den ganz abstumpfenden, ungesunden und unsichern und die Geschicklichkeit beschränkenden Fabrik-, Manufakturarbeiten, Bergwerken usf. verdammt [wird], und Zweige der Industrie, die eine große Klasse Menschen erhielten, versiegen auf einmal wegen der Mode oder Wohlfeilerwerden[s] durch Erfindungen in andern Länder[n] usf., und diese ganze Menge ist der Armut, die sich nicht helfen kann, preisgegeben"[423]. Folglich hatte Marx etwas anderes im Auge, als er sagte, daß Hegel die negative Seite der Arbeit nicht gesehen habe, und zwar Hegels Unfähigkeit, einen Weg zur dialektischen Negation des

Kapitalismus zu finden. Die Negation als Aufhebung des Gegenstandes selbst konnte er nicht auf die zeitgenössischen ökonomischen und politischen Verhältnisse ausdehnen und kam schließlich zur Aussöhnung mit der ihn umgebenden sozialen Wirklichkeit.

Die Dialektik von Herrschaft und Knechtschaft bei Hegel nimmt bis zu gewissem Grade die Marxsche Analyse der Entfremdung der Arbeit in der kapitalistischen Gesellschaft vorweg. Für Hegel selbst trägt die Entfremdung noch nicht den Stempel jener tragischen Kollision, aus der den Ausweg zu finden Aufgabe der künftigen Generationen ist; für ihn ist sie eher ein Schlüssel zum Verständnis der Vergangenheit. Hegel gebraucht diesen Begriff nicht eindeutig. Im weiteren Sinne bedeutet ihm der Ausdruck „Entfremdung" das Anderssein des Geistes, seine Entäußerung, seine Vergegenständlichung, Versachlichung in Form des Objekts. Das Aufheben der Entfremdung ist ihm gleichbedeutend mit Erkenntnis. „So ist die Wissenschaft, die Krone einer Welt des Geistes, nicht in ihrem Anfange vollendet. Der Anfang des neuen Geistes ist das Produkt einer weitläufigen Umwälzung von mannigfaltigen Bildungsformen, der Preis eines vielfach verschlungenen Weges und ebenso vielfacher Anstrengung und Bemühung."[424] Dieses Zitat ist der „Vorrede" zur „Phänomenologie des Geistes" entnommen. Doch dieser Terminus wird in diesem Werk auch im engeren Sinne, zur Kennzeichnung der Genesis der kapitalistischen Gesellschaft, benutzt. Davon wird noch die Rede sein.

Kehren wir zum Problem des Selbstbewußtseins zurück, das als Resultat von Abhängigkeit und von Arbeit vor uns aufgetaucht war. Zum Ziel hat das Selbstbewußtsein die Freiheit. Wie ist sie zu erreichen? Die erste Stufe ist die innere Befreiung, das negative Verhältnis zu Herrschaft und Knechtschaft, das heißt der Stoizismus. Unabhängig von seiner Lage, „wie auf dem Throne so in den Fesseln", fühlt sich der Stoiker frei. Als allgemeine Form des Weltgeistes erscheint der Stoizismus in der „Zeit einer allgemeinen Furcht und Knechtschaft, aber auch einer allgemeinen Bildung, welche das Bilden bis zum Denken gesteigert hatte"[425]. Der Stoizismus aber leidet an einem inneren Widerspruch: Nachdem er sich aus der ihn umgebenden Wirklichkeit, aus dem Dasein in sich zurückgezogen hat, führt er das Bewußtsein nicht zum Ende der Negation des Seienden. Der Stoiker fragt nach dem Wahren und Guten, doch seine Antwort fällt im Grunde tautologisch aus.

Diese Fragestellung hebt der Skeptizismus auf, der die Negation des Seins zur logischen Vollendung bringt. Dabei entsteht ein „sichselbstgleiches Selbstbewußtsein", eine spezifische „Ataraxie des sich selbst Denkens", zugleich aber die „absolute dialektische Unruhe", „verworrenes" und „verwirrendes" Bewußtsein. Diese zwei Elemente koexistieren im Skeptizismus; der Widerspruch wird nicht beseitigt, im Gegenteil, er verstärkt sich. Der Skeptiker verkündet die Nichtigkeit des Sehens und Hörens, dennoch sieht und hört er. Seine Worte und Taten befinden sich in ständigem Widerspruch zueinander.

Abgelöst wird der Skeptizismus durch die höchste Form des Selbstbewußtseins, das „unglückliche Bewußtsein", das ursprünglich mit einer Spaltung belastet ist. Hegel meint damit das Christentum. Die Gespaltenheit ist schon darin sichtbar, daß für den Christen das Bewußtsein seines Daseins und Tuns nur der Schmerz über dieses Dasein und Tun ist. Vor dem „unglücklichen Bewußtsein" liegt eine „entzwei gebrochene Wirklichkeit": Sie ist einerseits an sich nichtig, andererseits aber auch eine geheiligte Welt. Das Denken des Christen gleicht dem gestaltlosen Sausen eines Glockengeläuts, ist musikalisches Denken, das nicht zum Begriffe kommt. Trotzdem setzt das unglückliche Bewußtsein der Beschränktheit des Einzelnen eben den Gedanken des Allgemeinen und Unwandelbaren voraus, den das Selbstbewußtsein auf dieser Stufe erreicht. Damit vollzieht der Geist den Übergang vom Selbstbewußtsein zur Vernunft.

Vor dem geistigen Auge Hegels erscheint die Vernunft in drei Stufungen – als „beobachtende Vernunft, als Verwirklichung des vernünftigen Selbstbewußtseins durch sich selbst und als Individualität, an und für sich selbst reell". Die beobachtende Vernunft beschäftigt sich mit der Kritik der Wissenschaft, der empirischen und theoretischen Naturwissenschaft. Am überzeugendsten ist dies im Hinblick auf die „Physiognomik", die bestrebt ist, Gedanken vom Gesicht abzulesen, und die „Schädellehre", welche eine Be-

ziehung zwischen der geistigen Individualität der Persönlichkeit und dem Schädelbau herzustellen versucht, bei Hegel ausgeführt.
Die „handelnde Vernunft" beginnt mit der Jagd nach Lust und Genuß. Dann schlägt die Suche nach dem individuellen Glück in ihr Gegenteil um – in das Streben, das Wohl der Menschheit zu suchen. Es beginnt das Gesetz des Herzens zu wirken, das das Leid der Menschheit darin erblickt, daß sie nicht ihm, sondern dem Gesetz der Wirklichkeit folgt. Die vorgefundene herrschende Ordnung nimmt das „Gesetz des Herzens" als „todte Wirklichkeit". Es wird die Notwendigkeit geboren, sie zu beleben und zu reformieren. Das Resultat ist kläglich: Die bestehenden Gesetze kehren sich gegen die Gesetze des einzelnen Individuums, da sie keine bewußtlose, leere Notwendigkeit darstellen, sondern eine geistige Allgemeinheit, in der die Individuen leben und, obwohl sie über diese Ordnung klagen, ihr treu ergeben sind und alles verlieren, sofern diese ihnen genommen wird. „Das Herzklopfen für das Wohl der Menschheit geht darum in das Toben des verrückten Eigendünkels über ... Es spricht also die allgemeine Ordnung aus, als eine von fanatischen Priestern, schwelgenden Despoten und für ihre Erniedrigung hinabwärts durch Erniedrigen und Unterdrücken sich entschädigenden Dienern derselben erfundene und zum namenlosen Elende der betrognen Menschheit gehandhabte Verkehrung des Gesetzes des Herzens und seines Glücks", ohne zu bemerken, daß seine eigene Wirklichkeit das Unwirkliche ist.[426]
Die höchste Stufe der tätigen Vernunft ist die Tugend. Hier wird der Sieg über pomphafte Reden vom Besten der Menschheit und der Unterdrückung derselben, von der Aufopferung fürs Gute erfochten, welche das Herz erheben und die Vernunft leer lassen, erbauen, aber nicht aufbauen; es sind Deklamationen, welche aussprechen, daß das Individuum, welches für solche edle Zwecke zu handeln vorgibt und solche vortrefflichen Redensarten führt, sich für ein vortreffliches Wesen hält; das ist eine Aufschwellung, die sich und andern den Kopf groß macht, aber groß von einer leeren Aufgeblasenheit. Das Ziel der Tugend ist das bereits existierende Gute. Das Bewußtsein läßt die Vorstellung von einem an sich Guten, das noch keine Wirklichkeit hätte,

wie einen leeren Mantel fahren. Es hatte die Erfahrung gemacht, daß der Weltlauf so übel nicht ist, als er aussah, mit dieser Erfahrung fällt das Mittel, das Gute durch Aufopferung der Individualität hervorbringen zu wollen.
Die vernünftige Individualität, die hier in ihrer Entwicklung verfolgt wird, definiert Hegel als Einheit von Gegensätzen, als „gedoppelte Galerie von Bildern", deren eine die Widerspiegelung der anderen ist; die eine, die Galerie, welche sich von den äußeren Umständen abgrenzt, die andere, die sich ihrer bewußt wird; die erste die Oberfläche einer Kugel, die zweite ihr Mittelpunkt. „Diese Individualität aber ist gerade dies, *ebensowohl* das *Allgemeine* zu sein, und daher auf eine ruhige unmittelbare Weise mit dem *vorhandenen* Allgemeinen, den Sitten, Gewohnheiten usf. zusammen zu fließen und ihnen gemäß zu werden, *als* sich entgegengesetzt gegen sie zu verhalten und sie vielmehr zu verkehren."[427] Wenn es diese Umstände, Denkungsart, diese Sitten, diesen Weltzustand nicht gegeben hätte, so wäre das Individuum natürlich nicht geworden, was es ist.
Obwohl jedes Individuum der Auffassung ist, daß es egoistisch handelt, ist es in Wirklichkeit doch besser, als es von sich meint. Wenn es eigennützig handelt, sieht es nur nicht, was es eigentlich schafft, und wenn es behauptet, daß alle Menschen eigennützig handeln, so behauptet es nur, das kein einziger Mensch begreift, was Tätigsein wirklich ist. Den Menschen erscheinen ihre Handlungen und Taten als etwas, was sie nur für sich selbst tun, so daß sie nur sich und ihre Wesenheit vor Augen haben. Mit ihren Handlungen widersprechen sie direkt ihrer Behauptung, als wollten sie Öffentlichkeit und Allgemeinbewußtsein ausschließen; die Umsetzung des Vorhabens in die Tat bedeutet Heraustragen seiner Angelegenheit in die Öffentlichkeit, wodurch sie zur Sache aller wird.
Der absolut reine Wille aller aber ist das moralische Selbstbewußtsein. Die Moralität wird nicht durch das individuelle Bewußtsein hervorgebracht, sondern von ihm als ein von außen vorgeschriebenes Gesetz angeeignet. Die sittliche Gesinnung besteht eben darin, unverrückt und fest darauf, was Recht ist, zu beharren und keine Geringschätzung dessen zuzulassen. Etwas ist mir zur Bewahrung gegeben, es ist das Eigentum eines andern, und ich anerkenne das, weil

es so ist; wenn ich prüfe, ob vielleicht das Gegenteil der Fall sei, es sich vielleicht um mein Eigentum handle, bin ich schon auf unsittlichem Wege. Dadurch, daß ich das Recht akzeptiere, bin ich in der allgemeinen sittlichen Substanz. Die Grenze der Entwicklung des individuellen Bewußtseins ist so erreicht worden. Der Weltgeist betritt einen neuen Kreis, die Stufe des Geistes.
Jetzt laufen vor unseren Augen die Gestalten der realen Geschichte ab. Zwar wählt Hegel nur das aus, was sich ihm als das Wesentliche in der Geschichte der Menschheit darbietet. Nach seiner Meinung regulieren zwei Gesetze die Sphäre der Sittlichkeit, das heißt das Leben der Gesellschaft – das *„menschliche"*, das *„an der Sonne geltende"*, und das von menschlichen Vereinbarungen abhängige „göttliche", das „unterirdische" Gesetz. Ihnen entsprechen zwei soziale Bereiche – der Staat und die Familie.
Der Staat hat darauf zu achten, daß die partikularen Interessen nicht die Oberhand über das Gemeinwohl gewinnen. Die Menschen sind geneigt, zu vergessen, daß sie nur Teilchen eines Ganzen sind. Ihr Sinnen und Trachten richtet sich auf das Erreichen vorrangig persönlicher Ziele – den Eigentumserwerb und den Genuß. Damit der Geist der Gemeinschaft nicht verfliege, hat die Regierung von Zeit zu Zeit ihr Dasein durch Kriege zu erschüttern. Den Individuen, welche sich vom Ganzen losreißen und ein Leben für sich und persönliche Unantastbarkeit anstreben, wird es zum Nutzen gereichen, wenn man ihnen ihren absoluten Herrn, den Tod, zeigt.
Der auf dem Schlachtfeld gefallene Feind soll nach dem Willen der Regierenden der Schmach überlassen bleiben. Aber das Verwandtschaftsgefühl erfordert von den Nächsten, die Bestattungszeremonie zu erfüllen. So entsteht der Konflikt zwischen zwei Gesetzen, dem Staat und der Familie – die Kollision der Antigone des Sophokles. Sie bestattete den Bruder trotz des Verbots des Herrschers. Die Beziehung zwischen Bruder und Schwester ist für Hegel überhaupt der Höhepunkt der moralischen Bindungen innerhalb der Familie. Mann und Frau begehren einander, die Eltern sehen in den Kindern die Fortsetzung ihres Ichs, die Liebe zwischen Bruder und Schwester ist eine von Zusätzen freie moralische Beziehung. Anhand einer Analyse der

„Antigone" zeigt Hegel den Zusammenstoß der patriarchalischen Sitten und des staatlichen Elements. Die Tat jeder der beiden Seiten ist sowohl historisch gerechtfertigt als auch begrenzt, jeder hat auf seine Weise recht und unrecht. Dieser Widerspruch, dieser Kampf der Prinzipien innerhalb der sittlichen Welt der Antike führte diese ganzheitliche Welt zum Untergang.

Das Mittelalter als historische Periode existiert für Hegel nicht. Der Philosoph geht sofort zur Genesis der kapitalistischen Verhältnisse über, in concreto zu den geistigen Formen, welche diesem Prozeß entsprechen. Hier steht er vor einem Problem: dem Problem der Entfremdung im engeren Sinne des Wortes. Das Werden der entfremdeten Welt ist für Hegel das absolutistische Frankreich vor der bürgerlichen Revolution. Zwei Bewußtseinstypen herrschen in der Gesellschaft – das „edelmütige" Bewußtsein und das „niederträchtige" Bewußtsein, das Bewußtsein der Adligen, die für die Interessen des Staates zur Selbstaufopferung bereit sind, und das Bewußtsein der Menge, welche die Macht haßt und immer auf dem Sprunge zum Aufruhr liegt. Diese beiden Gegensätze fallen aber bald zusammen. Der „Heroismus des stummen Dienstes" am Staate transformiert sich in den „Heroismus der Schmeichelei". Die Sprache der Schmeichelei läßt den Monarchen vereinzeln und vereinsamen, sein Bewußtsein wird durch das Bewußtsein seiner Untertanen formiert. Das Gefühl der Ausgeschlossenheit entstellt das edelmütige Bewußtsein, sein Unterschied zum niederträchtigen fällt weg, traditionelle Bande werden zerrissen, es entsteht das „zerrissene" Bewußtsein.

Die Zeit der „absoluten Elastizität, des allgemeinen Betrugs seiner selbst und der anderen" rückt heran. Zur Illustration dieser Lage zitiert Hegel aus „Rameaus Neffe". Der Dialog Diderots, zu Lebzeiten des Autors nicht veröffentlicht, fiel Goethe in die Hände und wurde von ihm ins Deutsche übersetzt und 1805 herausgegeben. Diderots Gesprächspartner, ein Taugenichts, Intrigant, Verführer, spielt Diderot die Szene eines Verführers und eines jungen Mädchens souverän vor. Hegel teilt Diderots Entsetzen und unterstreicht die Unvermeidlichkeit, mit der ein solches Bewußtsein unter den Bedingungen der Entfremdung hervorbricht. Je stärker sich die Zerrissenheit des Bewußtseins äußert, je stärker es sich entlarvt, um so schneller verschwindet es. „Ein geflickter Strumpf ist besser als ein zerrissener; nicht so das Selbstbewußtsein" – lautet einer der Hegelschen Aphorismen aus der Arbeitsperiode an der „Phänomenologie".[428]

Das „zerrissene" Bewußtsein wird vom religiösen Glauben und seinem Gegensatz, der Aufklärung, abgelöst. Zu ihr verhält sich Hegel überaus kritisch und vermerkt einen bürgerlichen Utilitarismus und primitiven Atheismus als ihren kennzeichnenden Zug. Für den Aufklärer ist die Religion Ergebnis einer Lüge. Zwar läßt sich mal Kupfer als Gold verkaufen, ein Wechsel fälschen und eine verlorene Schlacht für gewonnen erklären; doch wird es gelingen, das Volk in einer derart wesentlichen Sache wie dem Glauben zu belügen – fragt Hegel und unterstreicht, daß die Religion tiefergehende Wurzeln hat als den Willen „der betrügenden Priesterschaft und des unterdrückenden Despoten".

Als Wahrheit der Aufklärung erweist sich die Revolution, welche die „absolute Freiheit und den Schrecken", das heißt den Terror, mit sich bringt. Dabei erreicht die Entfremdung ihren Höhepunkt. Der Terror ist schlimmer als die Knechtschaft, weil er unproduktiv ist, er ist nur negatives Tun, ist die „Furie des Verschwindens". Die unmittelbaren positiven Ergebnisse einer Revolution werden von Hegel nicht gesehen. „Das einzige Werk und Tat der allgemeinen Freiheit ist daher der *Tod*, und ... zwar der kälteste plattteste Tod, ohne mehr Bedeutung als das Durchhauen eines Kohlhaupts oder ein Schluck Wassers."[429] Verdächtigwerden tritt an die Stelle des Schuldigseins, mit allen Folgen. Sich auf dieser Ebene zu bewegen führt zu nichts, der Übergang in eine neue Sphäre macht sich notwendig. Der sich entfremdete Geist ist auf die Spitze seines Gegensatzes getrieben und findet sich selbst. Die Entfremdung wird aufgehoben, die Willkür durch die Rechtsordnung ersetzt, der moralische Geist entfaltet sich.

Unvernünftige Mittel haben zu einem vernünftigen Resultat geführt. „Vernunft wird Dummheit, Wohltat – Plage", heißt es im „Faust"; Hegel zeigt, daß das Umgekehrte auch möglich ist.

Das damalige Deutschland, seine geistige Kultur, Kunst

und Philosophie deutet Hegel als die Herrschaft der Moralität. Von historischem Optimismus ist die „Phänomenologie" durchdrungen. Seine Hoffnungen verknüpfte Hegel mit der Herrschaft Napoleons.
Napoleon wird von Hegel als der „große Staatsrechtslehrer" bezeichnet. Hegel begrüßte die Einführung des code civil in den Ländern des Rheinbundes. Er glaubte, daß die Politik Napoleons zu einem nationalen Aufschwung in Deutschland führen würde. „Die französische Nation ist durchs Bad ihrer Revolution nicht nur von vielen Einrichtungen befreit worden, ... die ... auf ihr, wie noch auf den andern, als geistlose Fesseln lasteten, sondern auch das Individuum hat die Furcht des Todes und das Gewohnheitsleben ... ausgezogen; dies gibt ihr die große Kraft, die sie gegen andere beweist. Sie lastet auf der Verschlossenheit und Dumpfheit dieser, die, endlich gezwungen, ihre Trägheit gegen die Wirklichkeit aufzugeben, in diese herauszutreten und vielleicht, indem die Innerlichkeit sich in der Äußerlichkeit bewahrt, ihre Lehrer übertreffen werden."[430]
Der Weltgeist aber setzt seinen Weg fort. Nachdem er seine Möglichkeiten in der realen Geschichte erschöpft hat, steigt er in die höchste Sphäre auf, die, nach unserer Terminologie, als gesellschaftliches Bewußtsein zu bezeichnen wäre. In ihr baut sich eine Hierarchie von Religion, Kunst und Philosophie auf. Später widmet Hegel der Analyse jeder dieser geistigen Formen fundamentale Forschungen. Weiter unten wird davon die Rede sein. Jetzt interessiert uns nur das von ihm erreichte Endergebnis: Am Schlußpunkt seiner Wanderungen gelangt der Geist zur absoluten Wahrheit, die sich ihm in der wissenschaftlichen Philosophie, welche als Hegelsches System erscheint, enthüllt. Zu Beginn war das Objekt für das Erkenntnissubjekt etwas Äußerliches, am Ende sind sie identisch.

2. System und Methode

Gemäß dem ursprünglichen Plan Hegels hatte die „Phänomenologie des Geistes" das System seiner Philosophie eröffnet. In der Mitteilung über die Veröffentlichung seines Buches schrieb der Verfasser: „Dieser Band stellt das werdende Wissen dar. Die Phänomenologie des Geistes soll an die Stelle der psychologischen Erklärungen, oder auch der abstracten Erörterungen über die Begründung des Wissens treten. Sie betrachtet die *Vorbereitung* zu Wissenschaft aus einem Gesichtspuncte, wodurch sie eine neue, interessante, und die erste Wissenschaft der Philosophie ist. Sie faßt die verschiedenen *Gestalten des Geistes* als Stationen des Weges in sich, durch welchen er reines Wissen oder absoluter Geist wird. ... Die letzte Wahrheit finden sie zunächst in der Religion, und dann in der Wissenschaft, als dem Resultate des Ganzen. ... Ein *zweyter Band* wird das System der Logik als speculativer Philosophie, und der zwey übrigen Theile der Philosophie, die *Wissenschaften der Natur* und des *Geistes* enthalten."[431]

In der Folgezeit änderte Hegel seine Pläne. Die „Wissenschaft der Logik" (1812–1816) erschien nicht als Fortsetzung der „Phänomenologie des Geistes", sondern als eigenständiges Werk. In dem System, das sich schließlich herausgebildet hatte, kommt der Phänomenologie ein wesentlich bescheidenerer Platz zu, als ursprünglich vorgesehen – es ist nicht die Propädeutik zum gesamten System, sondern einer der Abschnitte des dritten Teils, der „Philosophie des Geistes".

An der „Wissenschaft der Logik" arbeitete Hegel in Nürnberg, wo er im Laufe von acht Jahren den Posten eines Gymnasialdirektors bekleidete. Hegel lehrte Philosophie, die nachgelassenen Aufzeichnungen (nach seinem Tode als „Philosophische Propädeutik" veröffentlicht) künden davon, daß es gerade im Verlaufe dieser Unterrichtsstunden zur endgültigen Fixierung der Konturen des grandiosen Systems als philosophische Enzyklopädie kam.

Die Wissenschaft als Ganzes gliedert sich laut Hegel in drei Teile – die Logik, die Philosophie der Natur und die Philosophie des Geistes. Die Logik ist die Wissenschaft der Idee an sich, die Naturphilosophie die Wissenschaft der Idee in ihrem Anderssein, die Philosophie des Geistes die der Idee, die aus ihrem Anderssein in sich zurückkehrt. Das sind die drei Teile des Hegelschen Werkes „Enzyklopädie der philosophischen Wissenschaften" (1817), in der das ganze System der Hegelschen Philosophie dargelegt wird. Ihr erster Teil (auch „Kleine Logik" genannt) gibt die Ideen des

Hauptwerkes, der „Wissenschaft der Logik" – der „Großen Logik" – wieder. Im Unterschied zu Schelling blieb Hegel seinen theoretischen Grundprinzipien, obwohl er sie ständig präzisierte, treu. So findet sich in der „Enzyklopädie der philosophischen Wissenschaften" ein mit „Vorbegriff" überschriebener Abschnitt, der auch eine Erklärung des Verhältnisses von Verstand und Vernunft zum Inhalt hat. Hegel schreibt über die drei Seiten des Logischen. Die erste[432] ist die abstrakte oder bloß verständige. Obwohl es sich hier noch um beschränktes, endliches Denken handelt, stellt es eine notwendige Stufe der Logik dar. Die zweite Seite[433] des Logischen ist die dialektische oder negativ-vernünftige. In der negativen Dialektik tritt sie losgelöst vom Verstand auf, als Ergebnis dessen bildet sich der „Skeptizismus als eine durch alle Formen des Erkennens durchgeführte negative Wissenschaft"[434] heraus. Die dritte oder spekulative Seite[435] ist die positiv-vernünftige, die spekulative Logik; in ihr „ist die bloße Verstandes-Logik enthalten und kann aus jener sogleich gemacht werden"[436]. So stützt sich die spekulative Logik auch auf den Verstand. Das dialektische Denken kommt ohne den Verstand nicht aus. Verzicht auf den Verstand führt zur Sophistik, zur Wortspielerei. Die formale Logik aber kann, ohne die Höhe der Dialektik zu erklimmen, ihr gemäße Aufgaben lösen. Hegel will nicht die formale Logik abschaffen, er will die Logik reformieren.

Wir erinnern uns, daß bereits Kant eine Reform der Logik für notwendig gehalten hatte. Schon in seinen frühen, „vorkritischen" Schriften hatte er gezeigt, daß der Prozeß der Gewinnung neuen Wissens theoretisch nicht mit Begriffen der formalen Logik dargestellt werden kann. Die Idee, eine neue, inhaltliche Logik zu schaffen, beherrschte sein Denken immer mehr. Auch Fichte dachte über eine transzendentale Logik nach, darüber, wie Begriffe zu konstruieren seien; bei Schelling reifte der Gedanke einer objektiv bedingten Wechselbeziehung der Begriffe.

Hegel warf seinen Vorgängern Formalismus vor: „diese äußerliche und *leere* Anwendung der Formel die Konstruktion genannt"[437], beschritt aber den gleichen Weg. Hegels Gedanke ist, daß ein System der Kategorien, aufgebaut nach dem Prinzip der Subordination, die Form ist, in der der Begriff Konkretheit annimmt. Eine einfache mechanische Ansammlung von Begriffen gibt nicht die ganze Kompliziertheit realer Beziehungen und ihrer wechselseitigen Bedingtheit und Übergänge wieder. Der Logik ist aber aufgegeben, dieses real existierende System, das sowohl dem Sein als auch dem ihm identischen Bewußtsein zugrunde liegt, zu entdecken. Ein Kategoriensystem macht es möglich, die Welt als Ganzes wie auch jede ihrer allgemeinen Beziehungen, die durch diese oder jene Kategorie ausgedrückt werden, zu verstehen. Insofern die Kategorien Zusammenhänge von höchster Allgemeinheit ausdrücken, können sie nicht durch die Gattung und den artbildenden Unterschied definiert werden. Man kann sie nur im Vergleich miteinander, das heißt in einem bestimmten System, in dem jedes Glied mit dem vorangehenden und folgenden verbunden ist, begreifen. Ein derartiges System erlaubt es, mit einem einheitlichen Blick die ganze Wirklichkeit und zugleich jede ihrer einzelnen und wesentlichen Beziehungen zu erfassen.

Hier ist folgende Analogie angebracht. Stellen wir uns ein in Stücke geschnittenes Bild eines großen Künstlers vor. Jedes Fragment für sich genommen, kündet von der Meisterschaft des Malers und zwingt dazu, sich die Grandiosität des Ganzen vorzustellen; vollständig kann man es sich aber nur dann vorstellen, wenn alle Teile des Bildes in einer bestimmten Ordnung angeordnet werden. Erst dann begreifen wir in vollem Umfang die Kostbarkeit des Gesamtwerkes sowie jedes der Details.

Natürlich war Hegel weit von dem Gedanken entfernt, daß ein System philosophischer Kategorien den ganzen Reichtum der realen Wirklichkeit abbilden könnte, dieses System widerspiegelt nur die grundlegenden und allgemeinsten Zusammenhänge der sich entwickelnden Wirklichkeit. Die Philosophie studiert nicht die ganze Welt, sondern die Welt als Ganzes.

Anatole France hat einmal gesagt, daß die philosophische Theorie des Weltgebäudes dem Weltgebäude selbst so ähnlich sei wie ein Globus, auf dem nur Längen- und Breitengrade eingezeichnet sind, der Erde. France wollte damit die Philosophie lächerlich machen, aber er erfaßte doch ihr Wesen; sie gibt dem Menschen Orientierungspunkte, die ebenso real sind wie die Parallelen und Meridiane, die, obgleich sie auch nicht auf der Erde gezeichnet sind, nichtsdestoweniger keine phantastischen Gebilde darstellen, sondern geeignete Hilfsmittel des Menschen bei der Aneignung der Welt sind.

Hegel sprach nicht nur die allgemeine Idee von einem System der Kategorien aus, er wies auch richtig auf das Prinzip des Aufbaus eines solchen Systems hin, auf die Bewegung des Denkens vom Abstrakten zum Konkreten, das heißt vom Einseitigen zum Vielseitigen, von der Leere zur inhaltlichen Erfülltheit. Seine Darlegung folgt der immanenten Notwendigkeit. Hegel hatte für Lehrbücher der Logik, in denen man die einzelnen Abschnitte willkürlich umgruppieren konnte, nur ironische Bemerkungen übrig. Der Übergang von einem Abschnitt zum anderen werde dort oft nur verbal vorgenommen, indem man schreibe: *„Zweites Kapitel;* oder *wir kommen nunmehr* zu den Urteilen ...". In der dialektischen Logik wird hingegen untersucht, wie sich das Nachfolgende notwendigerweise aus Vorausgegangenem ergibt, „... wodurch sich der Begriff selbst weiterleitet ..."[438].

Der Fehler Hegels bestand darin, daß er die Bewegung des Denkens vom Abstrakten zum Konkreten auch als realen Weg auffaßte, bei dem Gegenstände der realen Wirklichkeit geboren und in Entwicklung gebracht werden. Logisches und Historisches fallen bei ihm vollständig zusammen. Dabei gehört das Primat der Logik: Die Geschichte ist nur die Vergegenständlichung der logischen Selbstentwicklung der Idee.

Die notwendigen Korrekturen dieser Anschauung nahm Marx vor. Er beantwortete die Frage nach dem Zusammenhang von Bewegung der Kategorien und realem Weg der Geschichte. Es ist anzufügen, daß, wenn wir Historisches und Logisches vergleichen, dem ersten Terminus zwei Bedeutungen zukommen: einerseits bezeichnen wir damit die Entwicklung des Objekts, andererseits die Entwicklung seiner Erkenntnis.

Zunächst zur Geschichte des Objekts und ihrem Verhältnis zur Logik. Die wirkliche Geschichte kennt keinen Anfang, die Bewegung verläuft nicht vom Abstrakten zum Konkreten, sondern von einer Konkretheit zur anderen. Hier sind wir mit einer anderen Abfolge der Kategorien der realen Verhältnisse konfrontiert als bei der Bewegung der Begriffe, die die Struktur des sich entwickelnden, „werdenden" Objekts aufdecken. Historisch gehen zum Beispiel die Grundrente, das Handelskapital, das Wucherkapital dem Industriekapital voraus, in der Struktur der ausgebildeten bürgerlichen Gesellschaft dominiert das Industriekapital; und mit seiner Analyse beginnt auch der Gedankengang im „Kapital". „Es wäre also untubar und falsch, die ökonomischen Kategorien in der Folge aufeinanderfolgen zu lassen, in der sie historisch die bestimmenden waren."[439] Verhältnisse, die für die Herausbildung einer Erscheinung eine wichtige Rolle gespielt haben, wandeln sich zu nebensächlichen Erscheinungen. Es erfolgt eine „Umstülpung" der historischen Abfolge der Kategorien. Die historisch gesehen vorangegangenen werden zu logisch nachfolgenden Kategorien. Der Leser sei daran erinnert, daß bereits Fichte eine derartige Problemstellung andeutete.

Doch vielleicht fällt die Logik mit der Geschichte der Erkenntnis des Objekts zusammen? Nein, auch hier kann man im Hinblick auf die allgemeine Tendenz des Wissens nach Vollständigkeit und maximaler Konkretheit lediglich bedingt von einer Übereinstimmung von Logischem und Historischem sprechen. Die Geschichte der Erkenntnis beginnt nicht mit der Abstraktion.[440] Der Anfang ist immer konkret. Es ist entweder eine konkret-sinnliche Vorstellung oder eine konkrete Gesamtheit von Begriffen, die dann komplizierter wird. Abstraktionen werden im Zuge des Fortschreitens, auf einer hohen Entwicklungsstufe, herausgearbeitet. Mit Hilfe eines Begriffssystems nach dem Prinzip des Übergangs vom Abstrakten zum Konkreten lösen wir methodologische und kommunikative Aufgaben, widerspiegeln aber nicht reale Geschichte – weder des Gegenstandes selbst noch des Wissens darüber.

Doch war Marx von der Fruchtbarkeit, mehr noch, von der einzigartigen Richtigkeit der Methode des Aufsteigens vom Abstrakten zum Konkreten für die theoretische Erkenntnis eines sich entwickelnden Ganzen überzeugt. Er wandte diese Methode an, als er das „Kapital" schrieb – ein Werk, in dem die ökonomische Entwicklung der kapitalistischen Gesellschaft als einheitliches Ganzes analysiert wird. Von hier aus wird uns auch die kategorische Behauptung Lenins verständlich: „Man kann das ‚Kapital' von Marx und besonders das I. Kapitel nicht vollständig begreifen, ohne die *ganze* Logik von Hegel durchstudiert und begriffen zu haben."[441] Lenin selbst „studierte" mit Leidenschaft Hegel. Den Hauptinhalt der Leninschen „Philosophischen Hefte", denen wir das Zitat entnahmen, bildet das Konspekt der „Wissenschaft der Logik" Hegels, das er Ende 1914 anfertigte. Es handelt sich nicht einfach um Auszüge. Lenin kommentiert Hegel, interpretiert die Gedanken des bedeutenden Dialektikers im Geiste des Materialismus, wobei er die idealistischen Überlagerungen ablehnt und verspottet.

Hegel beginnt seine Logik mit dem Begriff des „Seins". Es ist die völlig inhaltslose Abstraktion, die jeglicher Bestimmung entbehrt und darum gleich ihrem Gegensatz ist, das heißt dem „Nichts". Das ist nicht so zu verstehen, als ob das Vorhandensein eines Gegenstandes dasselbe wäre wie seine Abwesenheit, das zu behaupten wäre sinnlos; Hegel betrachtet nicht das bestimmte Sein dieses oder jenes Gegenstandes, sondern das Sein überhaupt, von dem der Gedanke so leer ist, daß er mit dem Gedanken des Nichtseins zusammenfällt. Reines Sein und reines Nichts sind absolut unterschieden und zugleich untrennbar, identisch, verschwunden jedes in seinem Gegenteil. Damit bildet sich ein dritter Begriff heraus – das „Werden". Das Werden ist schon die erste konkrete, das heißt mit einem Inhalt angefüllte Kategorie: Alle Gegenstände befinden sich im Prozeß ununterbrochener Veränderung, des Übergangs in einen anderen Zustand, das heißt des Werdens. Die Welt lebt und verbleibt im Zustand der ewigen „absoluten Unruhe des Werdens", des Entstehens und Vergehens. Ruhe – das ist der Tod.

Schon in diesen ersten drei Begriffen der Hegelschen Logik ist eine charakteristische Besonderheit ihrer Konstruktion sichtbar – das Prinzip der Triplizität beziehungsweise der Triade: These – Antithese – Synthese. Eine bestimmte These wird aufgestellt, danach wird sie negiert, und schließlich wird die Negation wieder negiert. Die Hegelsche Negation bedeutet nicht die Vernichtung des Gegenstandes, sondern vielmehr seine Entwicklung. Ein Samenkorn kann auf verschiedene Weise vernichtet werden: Man kann es verbrennen, verfaulen lassen oder zermahlen; die dialektische Negation des Samenkorns kann sich nur dann verwirklichen, wenn Bedingungen geschaffen werden, die es keimen und sich wiederum in einen Halm verwandeln lassen. Um die Negation deutlicher zu kennzeichnen, gebraucht Hegel auch den Terminus „Aufheben", der soviel wie aufbewahren, emporheben und gleichzeitig „ein Ende machen" bedeutet. Im Werden befinden sich das Sein und das Nichts im aufgehobenen Zustand.

Das Resultat des Werdens – das Gewordene – bezeichnet Hegel als das „Dasein". Es ist schon das Sein, das allen realen Gegenständen zukommt. Der Unterschied des einen Gegenstandes vom anderen wird im Begriff der „Qualität" fixiert. Qualität ist eine Bestimmtheit, welche mit der des Gegenstandes identisch ist; wenn eine Qualität negiert wird, wird Etwas ein Anderes. Diese Veränderung, konkret gewordenes Werden, geschieht überall. Geht das Etwas über seine Grenze hinaus, erhalten wir das Andere, aber dieses Andere ist ebenso endlich, und jenseits seiner Grenzen liegt ein neues Anderes. Wir erhalten einen unendlichen Prozeß, eine sich wiederholende Einerleiheit. Eine solche Unendlichkeit nennt Hegel „schlechte Unendlichkeit". Hier vermag sich das Unendliche nicht wahrhaft vom Endlichen zu befreien, dessen bloße Negation es ist. Die „wahrhafte Unendlichkeit" dagegen enthält in sich eine gewisse Abgeschlossenheit und Vollendetheit. Um das zu erreichen, ist es erforderlich, daß die Beziehung des Etwas zum Anderen verschwinde und nur die Beziehung zu sich selbst übrigbleibe. Und Hegel konstruiert noch eine Variante des Seins – das „Fürsichsein" –, das vollendete und zugleich endliche Sein. Er benötigt diese Kategorie, um die Analyse der Qualität und den Übergang zu einer neuen Kategorie – der „Qualität" – zum Abschluß zu bringen.

Die Quantität ist zunächst gleichgültig gegenüber der Bestimmtheit des Seins; quantitative Veränderungen heben das Sein des Gegenstandes nicht auf. Ein Haus bleibt, was es ist, ob es nun größer oder kleiner wird, und das Rote bleibt rot, ob es nun dunkler oder heller wird. Aber das gilt nur bis zu einer bestimmten Grenze, jenseits derer die qualitative Veränderung beginnt. Als Beispiel führt Hegel antike Sophismen an, zum Beispiel den des „Kahlen". Macht das Ausreißen eines Haares vom Kopfe einen Menschen zum Kahlkopf? Selbstverständlich nicht. Aber wenn man das Ausreißen der Haare vom Kopfe fortsetzt, dann wird früher oder später der Moment eintreten, daß der Kahlkopf zum Vorschein kommt. Die rein quantitative Veränderung geht in eine qualitative über.

Die Einheit von Qualität und Quantität ist das „Maß". Mit dieser Kategorie werden die quantitativen Grenzen bezeichnet, innerhalb derer der Gegenstand derselbe bleibt. Die Zerstörung des Maßverhältnisses führt zum Erscheinen einer neuen Qualität, die durch eine Unterbrechung der Allmählichkeit, sprungartig entsteht. Jede Geburt und jeder Tod stellen einen Sprung aus quantitativer Veränderung in qualitative dar. Entschieden lehnt Hegel die Vorstellung ab, daß die entstehende Qualität vor ihrer Entstehung schon vorhanden sei und nur infolge ihres kleinen Ausmaßes nicht wahrgenommen werden könne. Die Auffassung, die überall nur die Allmählichkeit der Veränderung sieht, „hat die der Tautologie eigene Langweiligkeit". Wirkliche Entwicklung erfolgt im Zuge des Entstehens neuer Qualitäten, das ist ein allgemeines Prinzip. „Im *Moralischen*, insofern es in der Sphäre des Seyns betrachtet wird, findet derselbe Uebergang des Quantitativen ins Qualitative statt; und verschiedene Qualitäten erscheinen, sich auf eine Verschiedenheit der Größe zu gründen. Es ist ein Mehr oder Weniger, wodurch das Maaß des Leichtsinns überschritten wird, und etwas ganz Anderes, Verbrechen, hervortritt, wodurch Recht in Unrecht, Tugend in Laster übergeht."[442]

Die Kette der sprungartigen qualitativen Veränderungen bildet eine „Knotenlinie von Maßverhältnissen". Solche sind, zum Beispiel, die Veränderungen der Aggregatzustände des Stoffes – die Verwandlung des festen Körpers in eine Flüssigkeit und bei weiterer Erhöhung der Temperatur in ein Gas. Zugleich geschehen diese Veränderungen mit ein und demselben Stoff, dessen chemische Zusammensetzung sich nicht ändert. So erhebt sich die Frage nach dem Träger der Veränderungen, nach einem gewissen Substrat, das dem vergänglichen Sein zugrunde liegt. Das Sein geht in das „Wesen" über.

Die Lehre vom Wesen ist der Hauptteil der Hegelschen Logik. Das Sein bildet die äußere Schicht der Wirklichkeit, ihre Oberfläche, dasjenige, was unmittelbar in der Wahrnehmung gegeben ist; auf der Ebene des Seins ist die Welt diskret, das heißt, sie besteht aus, wenn auch untereinander verbundenen, so doch trotzdem isolierten Gegenständen. Das Wesen – das ist die innere Welt, die tiefen Zusammenhänge, das, was dem Sein zugrunde liegt.

Das Wesen untersucht Hegel in dreierlei Hinsicht, erstens als Reflexion in ihm selbst; zweitens als heraustretend in das Dasein; drittens als Erscheinung; als Einheit des ersten und zweiten, das heißt als Wirklichkeit. Das Wissen, das zum Wesen strebt, trifft zuerst auf den Schein. Das Sein tritt als Illusion hervor. Der ins Wasser getauchte Bleistift scheint gebrochen; wir sehen, wie sich die Sonne am Firmament bewegt. In Wirklichkeit verhält es sich aber nicht so; die Brechung des Lichts im Wasser und unsere Position gegenüber der Sonne sind die Ursache dafür, daß der erste Eindruck von diesen Erscheinungen falsch ist. Die Existenz des Scheins ist der Boden, auf dem der Skeptizismus entsteht. Vom Standpunkt des Skeptikers hat es der Mensch überall nur mit Schein zu tun; die Dinge an sich, ihr Wesen ist der Erkenntnis nicht zugänglich. Das andere Extrem ist, den realen Charakter des Scheins überhaupt zu bestreiten, ihn als Phantom, als scheinbare Größe aufzufassen. In Wirklichkeit ist der Schein ebenso bestimmt wie das Wesen, obwohl er das Moment des Nichtseins in sich einschließt. Der Schein trügt, doch das Trugbild ist nicht unsere Einbildung.

Der weitere Gedankengang ist mit dem für Hegel sehr bezeichnenden Genaunehmen zwei- und mehrdeutiger Worte verbunden. Schein bedeutet auch Lichtschein. Das in sich selbst gekehrte Licht ist die Reflexion, Reflexion ist das Scheinen des Wesens in sich selbst. Die Analyse des reflektierenden Wesens beginnt Hegel mit dem Begriff der Identität. Der abstrakten Identität stellt er die wesentliche, die das Moment des *Unterschieds* in sich einschließt, gegenüber. In der realen Wirklichkeit existieren keine zwei Dinge, die einander gleich sind. Man kann nicht zweimal in ein und denselben Fluß steigen, sagte schon Heraklit.

Der bis zu seiner Vollendung vorangetriebene Unterschied ist der *Gegensatz*. Weiß und Grau sind verschieden, Weiß und Schwarz entgegengesetzt. Die Einheit der Gegensätze ist der *Widerspruch*. Der Widerspruch ist die zentrale Kategorie der Hegelschen Logik und Philosophie überhaupt. Der Widerspruch, sagte er, bewegt die Welt. Alles, was sich entwickelt, ist widersprüchlich. „Etwas ist also lebendig, nur insofern es den Widerspruch in sich enthält, und zwar diese Kraft ist, den Widerspruch in sich zu fassen und auszuhalten. Wenn aber ein Existierendes nicht in seiner positiven Bestimmung zugleich über seine negative überzugreifen und eine in der andern festzuhalten, den Widerspruch nicht in ihm selbst zu haben vermag, so ist es nicht die lebendige Einheit selbst, nicht Grund, sondern geht in dem Widerspruche zugrunde."[443] In dem von Lenin angefertigten Konspekt ist diese Stelle mit einem Doppelstrich gekennzeichnet.

Im Widerspruch gehen die Dinge zu Grunde oder gehen zugrunde. Mit diesem Wortspiel leitet Hegel zum nächsten Problem über.

Im Kapitel, das dem *Grund* gewidmet ist, zieht vor allem die Analyse der Kategorien *Form* und *Inhalt* unsere Aufmerksamkeit an. Man muß sagen, daß in der „Wissenschaft der Logik" diesem Problem wenig Raum gegeben wird. Eine ausführliche Untersuchung ist in dem entsprechenden Abschnitt der „kleinen Logik" enthalten. Hegel konstatiert die untrennbare Verbindung von Inhalt und Form: Es gibt keinen formlosen Inhalt sowie auch keine inhaltsleere Form. Darüber hinaus hat die Form eine zwiefache Beziehung zum Inhalt. Die äußere Form ist gegenüber dem Inhalt gleichgültig; für den Inhalt eines Buches ist es zum Beispiel gleichgültig, ob er von Hand geschrieben oder gedruckt ist, einen Pappeinband hat oder in Saffianleder gebunden ist. Doch es gibt eine Form, die untrennbar mit dem Inhalt verbunden und in diesem Sinne mit ihm identisch ist. „... und es ist für einen Künstler als solchen eine schlechte Entschuldigung, wenn gesagt wird, der Inhalt seiner Werke sei zwar gut (ja, wohl gar vortrefflich), aber es fehle denselben die rechte Form. Wahrhafte Kunstwerke sind eben nur solche, deren Inhalt und Form sich als durchaus identisch erweisen. Man kann von der Ilias sagen, ihr Inhalt sei der Trojanische Krieg oder bestimmter der Zorn des Achill; damit haben wir alles und doch nur sehr wenig, denn was die Ilias zur Ilias macht, das ist die poetische Form, zu welcher jener Inhalt herausgebildet ist."[444]

Der Schlußteil des Kapitels vom Grund handelt vom Übergang in die Bedingung. Hegels Denkbewegung wird hier so verwickelt, daß Lenin in seinem Konspekt notiert: „If I'm not mistaken, there is much mysticism and leere Pedanterie in diesen Schlußfolgerungen Hegels, genial aber ist der Grundgedanke: des universellen, allseitigen, *lebendigen* Zusammenhangs von allem mit allem ... in den Begriffen des Menschen, die ebenfalls abgeschliffen, zugerichtet, elastisch, beweglich, relativ, gegenseitig verbunden, eins in den Gegensätzen sein müssen, um die Welt umfassen zu können."[445]

Im Anschluß wird die Hegelsche Darstellung wieder klarer. Wenn, schreibt Hegel, alle Bedingungen einer Sache vorhanden sind, so tritt sie in die Existenz. Letztere unterscheidet sich vom Sein durch ihre Vermitteltheit. Die Existenz ist ein Sein, das seinen Grund gefunden hat, zu Grunde gegangen ist. Wie eine Erklärung dieser Definition klingt ein Brief Hegels aus der Nürnberger Zeit, in dem Hegel, auf seine Geldsorgen eingehend, schreibt: "... so bin ich zwar schon, aber existiere nicht mehr und noch nicht."[446]

In der Kategorie Existenz drängt der Gedanke, der sich im Ergebnis der Reflexion in die Tiefen der Realität, in ihre Abgründe, in ihr Wesen versenkt hatte, wieder zur Oberfläche. Das Wesen in seiner Existenz ist die *Erscheinung*. Das bedeutet, daß es das Wesen nicht in „reiner Gestalt" geben kann, an und für sich, es ist immer nur in den Erscheinungen der objektiven Welt vorhanden. Ihrerseits existieren letztere aber nicht an und für sich, sie sind immer Ausdruck eines bestimmten Wesens. Das Wesen erscheint, und die Erscheinung ist wesentlich. Das Wesen ist tiefer, aber die Erscheinung ist reicher. Das Ensemble der gesellschaftlichen Beziehungen macht, zum Beispiel, das Wesen des Menschen aus. (Dieser letzte Gedanke gehört freilich nicht Hegel an, er ist erst von Marx.) Aber kein Mensch ist einfach dieses eine „ensemble", denn jeder Mensch ist bei weitem vielfältiger und reicher als sein Wesen.

Das Wesentliche und Identische in den Erscheinungen ist das *Gesetz*. Es ist nicht jenseits der Erscheinung, sondern ist in ihr unmittelbar gegenwärtig. Das Reich der Gesetze ist das ruhige Abbild der erscheinenden Welt. „Das ist eine ausgezeichnet materialistische und wunderbar treffende (mit dem Wort ‚ruhige') Bestimmung. Das Gesetz nimmt das Ruhige – und darum ist das Gesetz, jedes Gesetz, eng, unvollständig, annähernd."[447]

Die Einheit von Wesen und Erscheinung bildet die *Wirklichkeit*. Von der unmittelbaren Existenz unterscheidet sich die Wirklichkeit durch zwei Merkmale, die sie zu einer konkreten und inhaltsreicheren Kategorie machen: Die Wirklichkeit enthält in sich erstens die *Möglichkeit* und zweitens die *Notwendigkeit*.

Die Wirklichkeit ist nicht nur realisierte Möglichkeit, sondern auch die realen Möglichkeiten weiterer Entwicklung, die sich dem eröffnen, was heute existiert. Die kapitalistische Wirklichkeit, sagen wir, schließt immer die Möglichkeit des Krieges ein. Diese reale Möglichkeit muß man von der abstrakten Möglichkeit unterscheiden. Wenn man abstrakt urteilt, schreibt Hegel, so ist es möglich, daß heute abend der Mond auf die Erde stürzt oder der türkische Sultan den christlichen Glauben annimmt. Eine strenge Grenze, die einen Typus der Möglichkeit von dem anderen unterscheidet, existiert nicht. Eine beliebige abstrakte Möglichkeit kann unter sich verändernden Bedingungen zu einer realen Möglichkeit werden, das heißt in die Wirklichkeit eingehen, und danach verwirklicht werden.

Dasjenige, was real möglich ist, ist, nach Hegel, notwendig. Freilich ist die Notwendigkeit auch eine Komponente der Wirklichkeit. Wirklich ist nur das, was durch wesentliche und gesetzmäßige Faktoren hervorgerufen wird, was also unvermeidlich, notwendig ist. Wie das Wesen, erscheint auch die Notwendigkeit vor uns jedoch nicht unmittelbar, sondern sie ist immer in die Form ihres Gegensatzes – der *Zufälligkeit* – gekleidet. Das Zufällige ist etwas, was sein kann und nicht sein kann, was dieses, aber auch ein anderes sein kann, etwas, dessen Sein oder Nichtsein den Grund nicht in sich selbst, sondern in einem anderen hat. Die Aufgabe der Wissenschaft und insbesondere der Philosophie besteht darin, die unter dem Schein der Zufälligkeit verborgene Notwendigkeit zu erkennen.

Die Lehre vom Wesen wird mit einer Analyse der Kausalität abgeschlossen. Eine *Ursache* erzeugt eine ihr gleiche *Wirkung*. In diesem Sinne ist die Kausalbeziehung tautologisch und unmittelbar. Hegel ist dagegen, Ursachen ausfindig zu machen. Nach Hegel ist die Ursache nicht die Gesamtheit der Faktoren, die die Entstehung einer gegebenen Erscheinung bedingen, sondern Ursache ist nur das, was der Erscheinung vorausgeht und genetisch mit ihr verbunden ist. Der kausale Zusammenhang ist nur ein Moment in der universellen Abhängigkeit der Erscheinungen, das künstlich herausgesondert wird und den universellen Zusammenhang nur unvollständig ausdrückt.

Die Kausalitätsbeziehung wird erweitert, wenn man zum Begriff der *Wechselwirkung* übergeht, außerdem ist in der Wirkung nicht einfach das passive Resultat sichtbar, sondern das aktive Element, welches seinerseits die Ursache beeinflußt. Indem Ursache und Wirkung wechselseitig wirken, tauschen sie gleichsam beständig die Plätze.

Doch auch die Wechselwirkung schöpft nicht alle bestimmenden Faktoren aus. „Betrachten wir z. B. die Sitten des spartanischen Volkes als die Wirkung seiner Verfassung und so umgekehrt diese als die Wirkung seiner Sitten, so mag diese Betrachtung immerhin richtig sein, allein diese Auffassung gewährt um deswillen keine letzte Befriedigung, weil durch dieselbe in der Tat weder die Verfassung noch die Sitten dieses Volkes begriffen werden, welches nur dadurch geschieht, daß jene beiden und ebenso alle die übrigen besonderen Seiten, welche das Leben und die Geschichte des spartanischen Volkes zeigen, als in diesem Begriff begründet erkannt werden."[448] Die Grundlage der Wechselwirkung ist für den Idealisten Hegel der Begriff, als die geistige Grundlage, die den Verlauf eines beliebigen Prozesses bestimmt. So erfolgt der Übergang zum dritten Teil der „Wissenschaft der Logik", der Lehre vom Begriff.

Die ersten zwei Teile seiner Arbeit (die Lehre vom Sein und die Lehre vom Wesen) nennt Hegel die objektive Logik, den dritten Teil die subjektive Logik. Aber diese Gegenüberstellung ist bedingt: Objekt und Subjekt sind für Hegel identisch. Darum ist die objektive wie die subjektive Logik in gleichem Maße eine Logik der Dinge selbst und auch eine Logik des sie erkennenden Denkens.

In seiner objektiven Logik besaß Hegel fast keine Vorgänger, wohingegen die subjektive Logik mit der Betrachtung der Fragen beginnt, die den traditionellen Inhalt der Lehrbücher zur formalen Logik ausmachen: *Begriff, Urteil, Schluß*. Seine Aufgabe sieht Hegel hier darin, das in Jahrhunderten angereicherte, aber verknöcherte Material „in Flüssigkeit zu bringen, und den lebendigen Begriff in solchem toten Stoffe wieder zu entzünden"[449]. Er ist bestrebt, den Erkenntniswert der verschiedenen Typen von Urteilen zu bestimmen, eine Klassifikation in Übereinstimmung mit der realen Entwicklung der Erkenntnis aufzubauen und in den Figuren des Syllogismus die gewöhnlichen Beziehungen der Dinge zu erblicken. Insgesamt aber ist die Hegelsche Kritik der formalen Logik wenig überzeugend; seine eigenen Konstruktionen sind gekünstelt und verworren. Es sind eben jene Seiten der „Wissenschaft der Logik", die Lenin als das beste Mittel, um Kopfschmerzen zu bekommen, bezeichnet hat.[450]

Die Hegelsche Logik schließt mit der Analyse der *Idee* (der Wahrheit) ab. Hegel hat immer sehr eindringlich von der Wahrheit gesprochen, mit besonderem Pathos aber in der „Kleinen Logik": „Wahrheit ist ein hohes Wort und die noch höhere Sache. Wenn der Geist und das Gemüt des Menschen noch gesund sind, so muß diesem dabei sogleich die Brust höher schlagen."[451] Schonungslos geißelt der Philosoph alle Bemühungen, auf die Wahrheit zu verzichten oder sie zu mißachten. Die Bescheidenheit (Wie kann ich armer Erdenwurm denn die Wahrheit erkennen?) geht oft einher mit Bequemlichkeit und der Suche nach einer Rechtfertigung dafür, „daß man in der Gemeinheit seiner endlichen Zwecke fortlebt"[452]. Solche Demut ist nichts wert. Nicht weniger gefährlich ist der selbstgefällige Glaube, daß die Wahrheit schon erreicht worden sei. Die Menschen bilden sich ein, daß sie die Wahrheit von Natur aus besäßen. Nachdem sie sich eine Auswahl flacher Banalitäten zu eigen gemacht haben, nehmen sie an, daß sie in die Geheimnisse der Weltweisheit eingedrungen seien. Es hält sie hier nicht die Bescheidenheit von der Erkenntnis der Wahrheit zurück, sondern ihre Anmaßung.

Es gibt auch Eitelkeit, Vornehmtun gegenüber der Wahrheit – die Geringschätzung des Menschen, der den Glauben an alles verloren hat. Was ist Wahrheit? Einst legte der

römische Prokonsul Pontius Pilatus, als er sich höhnisch an Jesus Christus wandte, seine Verachtung des Wissens und der Moral in diese Frage. Die Frage des Pilatus hatte denselben Sinn wie die Worte des Königs Salomon: Alles ist eitel.
Auch die Furchtsamkeit verhindert die Erkenntnis der Wahrheit. Der träge Geist möchte, daß man sich nicht allzu ernsthaft zum Philosophieren verhalten solle. Solche Menschen denken, daß es zu nichts Gutem führe, wenn die Grenzen des gewöhnlichen Vorstellungskreises überschritten werden: Man vertraue sich einem Meere an, die Wellen des Gedankens verschlagen einen da- und dorthin, und am Ende lande man trotzdem auf der Sandbank alltäglicher Interessen. Um ein routinierter Beamter zu sein, sind freilich weder große Fähigkeiten noch viel Wissen nötig. Eine andere Sache ist es, sich ein großes Ziel zu setzen und es Wirklichkeit werden zu lassen. Man möchte glauben, daß in der Jugend ein Verlangen nach Höherem aufgegangen ist, das sich nicht mit dem Stroh der rein äußeren Erkenntnis begnügen will.
Die Wahrheit ist das Zusammenfallen des Begriffes und der Objektivität. Eine abstrakte Wahrheit gibt es nicht, die Wahrheit ist immer konkret. Die Einzelwissenschaften zeigen abstrakt die Wirklichkeit nur von irgendeiner Seite, indem sie von ihrer Vielfalt abstrahieren, deshalb enthalten sie keine Wahrheit. Die Wahrheit ist der Gegenstand der Philosophie, in der das Wissen seine Konkretheit und Vielseitigkeit gewinnt. Das ist aber schon nicht mehr die Konkretheit des sinnlich wahrgenommenen einzelnen Gegenstandes, sondern eine andere, die logische Konkretheit, die dadurch erreicht wird, daß die Begriffe nicht isoliert voneinander, sondern in ihren wechselseitigen widersprüchlichen Zusammenhängen und Übergängen, in einem System, gedacht werden. Die Welt ist ein sich entwickelndes organisches Ganzes, das Wissen um sie ist ein System von Kategorien, die Dialetik.
Freilich langt das nicht aus. Die Wahrheit ist nicht nur die Übereinstimmung des Begriffs mit dem Gegenstand, sondern auch des Gegenstandes mit dem Begriff. Wenn wir einen Gegenstand betrachten, dann müssen wir bestimmen, ob er seinem Begriff entspricht oder nicht, ob er so ist, wie

er sein soll. Ein ähnlich tiefes Verstehen der Wahrheit treffen wir mitunter auch im gewöhnlichen Gebrauch des Wortes „Wahrheit" an: Wir sprechen, zum Beispiel, von einem wahren Freunde und verstehen darunter einen Menschen, dessen Verhalten dem Begriff der Freundschaft entspricht. Das Unwahre bedeutet in diesem Falle das Schlechte, das sich nicht selbst entspricht, es zeigt einen Widerspruch zwischen der Existenz des Gegenstandes und seinem Begriff an. Von einem schlechten Gegenstand können wir eine richtige Vorstellung besitzen, aber der Inhalt dieser Vorstellung ist unwahr innerhalb ihrer selbst. Daher muß der Philosoph zwischen „richtig" und „wahr" unterscheiden. Um zu erfahren, was an den Dingen wahr ist, reicht Aufmerksamkeit allein nicht aus – dafür bedarf es unserer subjektiven Tätigkeit, die das unmittelbar Existierende umgestaltet.

Dabei bricht sich Wahrheit erst dann Bahn, wenn ihre Zeit gekommen ist, nicht früher. Nichts Großes wird ohne Leidenschaft vollbracht, aber keine Leidenschaft, kein Enthusiasmus kann etwas ins Leben rufen, dessen Zeit noch nicht herangereift ist.

So erscheint die Idee, die Wahrheit, als theoretische und als praktische. Letztere steht höher als die erstere, da sie nicht nur die Würde des Allgemeinen, sondern auch unmittelbare Wirklichkeit besitzt. „Die Praxis ist höher als die (theoretische) Erkenntnis, denn sie hat nicht nur die Würde des Allgemeinen, sondern auch der unmittelbaren Wirklichkeit"[453] – so faßt Lenin Hegels Gedanken zusammen. Die Einheit von Theorie und Praxis bildet die „absolute Idee". Damit ist der Höhepunkt der logischen Selbstentwicklung des Geistes erreicht. Die Seiten der „Wissenschaft der Logik", die der absoluten Idee vorbehalten sind, enthalten in zusammengefaßter Form eine allgemeine Charakteristik der dialektischen Methode.

Lenin konspektierte aufmerksam die letzten Seiten der „Wissenschaft der Logik": „Fazit und Resümee, das letzte Wort und der Kern der Hegelschen Logik ist die *dialektische Methode* – das ist äußerst bemerkenswert. Und noch eins: In diesem *idealistischsten* Werk Hegels ist *am wenigsten* Idealismus, *am meisten* Materialismus."[454]

Der Idealismus Hegels mußte im Zuge der weiteren Entwicklung des Systems der Wissenschaft in den Vordergrund treten. Auf die Logik folgt, gemäß den Plänen des Philosophen, der zweite Teil des Systems – die Philosophie der Natur. Ist der Übergang der logischen Idee in ihr Anderssein, in die Natur, als Akt der Schöpfung zu verstehen? Einerseits könnte die Frage mit „ja" beantwortet werden. „Warum hat Gott sich selbst bestimmt, die Natur zu erschaffen?" fragt der Philosoph in der Enzyklopädie. Aber andererseits versteht Hegel die Erschaffung der Natur derart, daß kein Kirchenmann sich damit einverstanden erklären würde. Die logische Entwicklung der Idee geht der Natur nicht zeitlich voraus. Die Kategorie Zeit erscheint zwar in der Philosophie der Natur, eine Entwicklung in der Zeit aber vollzieht die Idee nur auf der Stufe des Geistes, das heißt im Leben des Menschen und der Gesellschaft.

Ebenso unerklärt bleibt bei Hegel auch das Erscheinen des Menschen. Die biblische Version hält er für eine poetische Legende, aber auch die Evolutionslehre akzeptiert er nicht. Er ist überzeugt, daß in der Natur das Höhere nicht aus dem Niederen entsteht und die anorganische Natur nicht ohne die organische, ohne das Leben existiert. Folglich auch nicht ohne den Menschen? Hegel führt seinen Gedanken nicht zu Ende. Bei den mittelalterlichen Häretikern, die sich gegen die Autorität der Heiligen Schrift auflehnten, gibt es die Idee von der Ewigkeit der menschlichen Gattung. Vom Interesse Hegels für die Mystik und für Häresien haben wir schon gesprochen.

Die Hegelsche Philosophie der Natur hinterläßt einen zwiespältigen Eindruck: In ihr sind im gleichen Maße sowohl Ergebnisse der empirischen Naturwissenschaft als auch eigene Gedanken enthalten, in denen geniale Vermutungen und Phantastereien miteinander vermischt sind. Mitunter ist es schwer, das eine vom anderen zu trennen.

Die Natur ist für Hegel das Anderssein der Idee, der veräußerlichte Geist. Darum darf man die Natur nicht als göttlich verehren, und Gestirne, Tiere, Pflanzen können nicht – etwa als göttliche Schöpfungen – höher als menschliche Taten gestellt werden. In der Natur ist deutlich ein System aufeinanderfolgender Stufen sichtbar, von denen die höchste das Leben darstellt. Jedoch lehnt Hegel den Evolutions-

gedanken wie auch die teleologische Betrachtung der Natur ab.
Die Philosophie der Natur besteht aus drei Teilen: der Mechanik, der Physik und der „organischen Physik" (vor allem Physiologie). Raum und Zeit machen die Grundprobleme der Mechanik aus. Diesen Kategorien liegt ein Widerspruch – die Identität von Kontinuität und Diskontinuität – zugrunde. Das Vergehen und das Wiedererzeugen des Raumes in der Zeit und der Zeit im Raum ist die Bewegung, deren Realität die Materie ist. Hegel akzeptiert daher nicht die Ansicht Newtons, daß Raum und Zeit an und für sich leer seien und erst mit Materie erfüllt werden müßten. Ebenso lehnt Hegel, der fehlerhaften Theorie Goethes folgend, Newtons Lehre von der Brechung des Lichts ab.
Auch die Atomistik verwarf Hegel. Er erkannte, den Naturphilosophen des Altertums folgend, verschiedene Elemente an. Weil die Materie in den „Elementen" eine individuelle Struktur gewinnt, hat Hegel den entsprechenden Abschnitt als „Physik der Individualität" bezeichnet. Die höchste Stufe der Individualität des anorganischen Stoffes bildet der chemische Prozeß.
Eine wichtige Hypothese auf dem Gebiet der Chemie gehört Hegel an: Er sagte das periodische System der Elemente voraus. Schon in der „Wissenschaft der Logik" hatte er bemerkt: „Es wäre die Aufgabe vorhanden, die Verhältnisexponenten der *Reihe der spezifischen Schweren* als ein *System* aus einer *Regel* zu erkennen, welche eine bloß arithmetische Vielheit zu einer Reihe harmonischer Knoten spezifizierte. – Dieselbe Forderung fände für die Erkenntnis der angeführten chemischen Verwandtschaftsreihen statt."[455]
Hegel faßte die Natur als ein System, aber um keinen Preis wollte er dieses System in Bewegung bringen. Der große Dialektiker verschloß die Augen vor dem überzeugendsten Beweis der Dialektik; er stritt sogar den natürlichen Ursprung des Lebens ab. War er in der ersten Ausgabe der „Enzyklopädie" in dieser Beziehung sehr entschieden, so machte er in den folgenden Ausgaben kleine Zugeständnisse: Er erkannte die Selbsterzeugung einer punktuellen und vorübergehenden Lebendigkeit an, als generatio aequivoca, nicht als Entwicklung.[456]
Die echte Lebenstätigkeit beginnt in der vegetabilischen

Natur. Aber nur im Tier erreicht die organische Individualität die Stufe konkreter Subjektivität. Der tierische Organismus ist durch Sensibilität (Empfindlichkeit), Irritabilität (Erregbarkeit) und Reproduktion (Selbsterhaltung) gekennzeichnet. Der Organismus lebt in enger Verbindung mit der anorganischen Natur; wird dieser Zusammenhang zerstört, so äußert er sich als ein Gefühl des Mangels, als Bedürfnis. Die Tätigkeit des Organismus ist ein beständiger Kampf um die Befriedigung der Bedürfnisse, in diesem Kampf läßt sich das Tier vom Instinkt leiten. Das ist die Grenze, deren Überschreiten in die Sphäre des Geistes führt.

Eine zusammenfassende Kennzeichnung der Hegelschen Philosophie der Natur nimmt Engels vor: Die alte Naturphilosophie, namentlich in der Hegelschen Form, fehlte darin, „daß sie der Natur keine Entwicklung in der Zeit zuerkannte, kein ‚Nacheinander‘, sondern nur ein ‚Nebeneinander‘. Das war einerseits im Hegelschen System selbst begründet, das nur dem ‚Geist‘ eine geschichtliche Fortentwicklung zuschrieb, andererseits aber auch im damaligen Gesamtstand der Naturwissenschaften. So fiel Hegel hier weit hinter Kant zurück."[457]

Der dritte Teil des Hegelschen Systems ist die Philosophie des Geistes. Auf der Stufe des Geistes kommt die Idee schließlich zur Selbsterkenntnis. Die Philosophie des Geistes schließt in sich die Lehre vom subjektiven, objektiven und absoluten Geist. Diese Terminologie kennen wir schon von der „Phänomenologie" her. Es ist vom individuellen Bewußtsein, der Geschichte der Gesellschaft und den Formen des gesellschaftlichen Bewußtseins die Rede.

Die Lehre vom subjektiven Geist zerfällt in Anthropologie, Phänomenologie und Psychologie. Die „Anthropologie" erforscht die „Seele", das heißt jenen Teil der geistigen Tätigkeit des Menschen, welcher unmittelbar mit seiner Körperlichkeit verbunden ist. Hegel spricht von der natürlichen Determination der Psyche und führt als Beispiele nationale Unterschiede und Rasseunterschiede an. Doch der Mensch als solcher ist vernünftig; darin liegt die Möglichkeit der Gleichberechtigung aller Menschen beschlossen. Andererseits ist die Spezifik des geistigen Antlitzes der Völker eine unbestreitbare Tatsache.

Die natürliche Abhängigkeit der geistigen Tätigkeit des

Menschen analysiert Hegel an den Unterschieden des Alters und des Geschlechts, am Mechanismus der Empfindungen und Affekte sowie an den krankhaften Abweichungen der Psyche. Trotzdem bleibt Hegel bei der Interpretation all dieser Erscheinungen seinen idealistischen Prinzipien treu: „Die Seele ist der *existierende* Begriff, die Existenz des Spekulativen."[458]

Freilich ist die Seele nur der Traum des Geistes. Dieser erwacht im Bewußtsein, dessen Studium den Gegenstand der Phänomenologie ausmacht. In seinem Werk von 1807 hatte Hegel diese Disziplin sehr ausführlich behandelt; mit ihr sollte sein philosophisches System beginnen. Jetzt begrenzte er ihren Rahmen streng und wies ihr einen anderen Platz zu. Die „Phänomenologie" untersucht das Bewußtsein als solches, das Selbstbewußtsein und die Vernunft. Anfangs schaut der Mensch auf sich wie auf ein ihm gegenüberstehendes Objekt. Auf der nächsten Stufe erkennt der Mensch sich selbst, indem er über ein anderes Bewußtsein zu dieser Erkenntnis kommt, er lernt seine eigene Persönlichkeit über eine andere Persönlichkeit kennen. Auf der Stufe der Vernunft entdeckt der Mensch seine Identität mit der geistigen Substanz der Welt, er „entgegenständlicht" die objektive Welt.

In der „Psychologie" sind die Formen des Wissens und der Tätigkeit des Menschen, losgelöst von ihrem Inhalt, die Gegenstände der Forschung. Wahrnehmung, Vorstellung und Denken (der „theoretische Geist"), Gefühle, Triebe und der Wille (der „praktische Geist") werden Gegenstand der Forschung. Mit Inhalt füllen sie sich in der Sphäre des objektiven und absoluten Geistes – in Recht und Moral, in Kunst, Religion und Philosophie.

Die „Philosophie des Rechts" zerfällt in drei Teile: das abstrakte Recht, die Moralität und die Sittlichkeit. Ausgangspunkt des Rechts ist der freie Wille. Die Verkörperung des Willens in den Dingen ist die Sphäre des formalen und abstrakten Rechts, der Eigentumsverhältnisse. Im Grunde ist die Rede von gesellschaftlichen ökonomischen Verhältnissen, die in sozialen Institutionen und juristischen Normen fixiert sind. Ihr bürgerlicher Inhalt ist offensichtlich. Das erste Gebot des Rechts lautet nach Hegel: Sei eine Rechtsperson und achte die anderen als solche. Indem ein beliebiger

Mensch seinen Willen in eine äußere Sache hineinlegte, erlangte er das Recht auf Aneignung von Dingen. Ursprünglicher Impuls der Aneignung ist das Bedürfnis, es regt zum Besitz der Dinge an. Da der Wille des Einzelnen sein Bedürfnis nach Eigentum nur in der Gemeinschaft realisiert, nimmt letzteres den Charakter von Privateigentum an. Und obgleich Hegel anerkennt, daß die Nutzung spontaner (das heißt natürlicher) Gegenstände ihrem Charakter nach nicht privat sein kann, daß in der Geschichte der Menschheit Gemeineigentum existiert hat, stellt sich ihm das Privateigentum als das einzig Vernünftige dar.

Der Übergang vom abstrakten Recht zur Moral ist völlig logisch. Die erste Art der Freiheit, die sich in den Dingen verwirklicht, im Eigentum, ist ihrem Begriff nicht adäquat und muß aufgehoben werden. Der Wille der Persönlichkeit muß nicht nur in etwas Äußerlichem erscheinen, sondern auch in der inneren Welt. Die innere Welt der Persönlichkeit ist die Moral.

Der moralische Wille kommt nicht in Gedanken und Maximen, sondern in Taten zum Ausdruck. Wir müssen nicht nur etwas Großes wollen, sondern auch in der Lage sein, es zu erreichen, sonst sind unsere Wünsche nichtig. Die Lorbeeren bloßen Wollens sind trockne Blätter, die niemals gegrünt haben.

Keinerlei gute Absicht kann als Rechtfertigung einer schlechten Tat oder einer Rechtsverletzung gelten. Aber in der äußersten Not gestattet Hegel, dem abstrakten Recht zuwiderzuhandeln. Wenn das Leben eines Menschen durch das Stehlen eines Brotes gefristet werden kann, wäre es unrecht, diese Handlung als gewöhnlichen Diebstahl zu betrachten. So entsteht das „Recht auf eine unrechtliche Handlung", das Recht zu verlangen, „daß man nicht gänzlich dem Recht hingeopfert werde"[459]. Die Grenzen dieses „Rechtes" fixiert Hegel nicht, sie sind zu schwankend, zu unbeständig.

Höher als die Moral stellt Hegel die Sittlichkeit. Beides sind für ihn verschiedene Begriffe. Die Moralität charakterisiert das Individuum, die Subjektivität des Willens, in der Sittlichkeit werden die organischen Formen der menschlichen Gemeinschaft offenbar – die Familie, die bürgerliche Gesellschaft und der Staat. In diesen sozialen Institutionen erkennt sich der Geist als etwas Objektives und als echte Freiheit. „Ob das Individuum sei, gilt der objektiven Sittlichkeit gleich, welche allein das Bleibende und die Macht ist, durch welche das Leben der Individuen regiert wird."[460] Die Sittlichkeit ist die ewige Gerechtigkeit, gegen die das eitle Treiben der Individuen nur ein anwogendes Spiel ist.

Der inhaltsreichste Teil der „Philosophie des Rechts" ist der Abschnitt „Die bürgerliche Gesellschaft". Mit diesem Terminus bezeichnete Hegel eine soziale Ordnung, die auf persönlichem und ökonomischen Interesse beruht, in der jeder sich Zweck ist und alle anderen ihm Nichts sind; zugleich kann aber der besondere Zweck nur befriedigt werden, indem er zugleich das Wohl des andern mit befriedigt. Hegel betrachtet diese Gesellschaft als Produkt der Neuzeit, das heißt, es ist von der Gesellschaft der Bourgeoisie die Rede.

Dennoch gibt es einen Doppelsinn in dem von ihm gebrauchten Terminus „bürgerliche Gesellschaft", denn das deutsche Wort „Bürger" ist sowohl im Sinne von „citoyen" als auch im Sinne von „bourgeois" zu verstehen. Der bürgerlichen Gesellschaft liegt ein System von Bedürfnissen zugrunde. Das Tier hat seinen Instinkt und ist in den Mitteln seiner Befriedigung beschränkt; es gibt Insekten, die nur an eine Pflanze gekettet sind, andere Tiere besitzen einen weiteren Kreis, der Mensch aber ist in seinem Wirkungsfeld universell. Der Mensch findet in seiner Umgebung wenig Material, das für ihn unmittelbar nützlich wäre. Erst durch die Arbeit schafft er sich Mittel für die Befriedigung seiner Bedürfnisse. So entsteht ein ökonomisches System, welches mit dem Planetensystem etwas gemein hat, denn das Auge sieht zu Beginn nur die unregelmäßigen Bewegungen, hinter denen sich aber bestimmte Gesetze verbergen. Diese Gesetze studiert die politische Ökonomie oder die Staatsökonomie, wie Hegel sagt.

Als soziales Verhältnis erforscht Hegel die Arbeit. Er zeigt, daß der allgemeine Inhalt der Arbeit nicht durch die einzelnen erzeugten Produkte, sondern durch die Werkzeuge der Arbeit bestimmt wird, daß die Arbeitsteilung zu einer Vereinfachung der Operationen führt, die die Anwendung von Maschinen ermöglicht. In der manufakturellen und maschinenmäßigen Produktion liegt eine der Ursachen der geistigen Verkümmerung der modernen Gesellschaft versteckt.

Hegel bleibt auch die Tatsache, daß der sozialen Differenzierung ökonomische Verhältnisse zugrunde liegen, nicht verborgen. Damit kommt er, obgleich er auch von einer Einteilung der Gesellschaft in Stände spricht, der Erkenntnis der Klassen sehr nahe. Die natürliche Ungleichheit der Menschen wird durch die bürgerliche Gesellschaft (bourgeoise Gesellschaft) zu einer Ungleichheit der Geschicklichkeit, des Vermögens, der intellektuellen und moralischen Bildung, ausgeweitet; „... die Forderung der *Gleichheit* ... gehört dem leeren Verstande an ..."[461]. Und die Gerichte schützen das Eigentum.

Die Rechtsordnung läßt alles Zufällige – Gefühle und Meinungen – im Leben der Gesellschaft unberücksichtigt, es gilt nur das Gesetz. Letzteres ist nur auf die äußeren Erscheinungsformen der menschlichen Tätigkeit anwendbar. Die innere Welt des Menschen bleibt außerhalb der Rechtssphäre. Das Recht widerspiegelt nun den jeweiligen Zustand der Gesellschaft. Ist die Gesellschaft in sich fest, verhält sie sich mit Nachsicht zu Rechtsverletzern. Ist die Lage der Gesellschaft an sich wankend, dann müssen durch harte Strafen Exempel statuiert werden. Aus diesem Grunde kann ein und dasselbe Strafgesetzbuch nicht für alle Zeiten geeignet sein.

Vor dem Gericht sind alle gleich. Das gilt auch für die Vertreter der Macht. In der Epoche des Feudalismus erwies das Gericht der Macht Gefälligkeiten, in der Neuzeit erkennt der Herrscher die Macht des Gerichts selbst dann an, wenn es um seine Privatangelegenheiten geht. In freien Staaten verliert er meist die Prozesse. Das Rechtsbewußtsein fordert nicht nur öffentliche Abstimmung über die Gesetze, sondern auch, daß man erfahren kann, wie die Gesetze umgesetzt werden. Die Gerichtsbarkeit muß öffentlich sein, nur dann sind die Bürger überzeugt, daß wirklich Recht gesprochen wird. Geheimprozesse gehören barbarischen Zeiten an, sind Attribut der Rache, nicht des Rechts. Weiten Raum räumt Hegel (wie schon Fichte) der Polizei im Leben der bürgerlichen Gesellschaft ein, er sieht in ihr eine In-

stanz, die für die täglichen Bedürfnisse sowie für die Moralität Sorge zu tragen hat.
Der Philosoph sieht, daß das Wachstum der Industrie und der Bevölkerung nicht zum Ausgleich, sondern zur Verschärfung der sozialen Widersprüche führt. Bei Übermaß des Reichtums ist die Gesellschaft doch nicht reich genug, um dem Übermaß an Armut zu steuern. Diese Dialektik zwingt die bürgerliche Gesellschaft, ihre Grenzen zu überschreiten. Nach außen geschieht das als Kolonisation, nach innen als Korporation. Damit erreicht die Sittlichkeit ihre letzte Stufe – den Staat.
Der Staat ist „der Gang Gottes in der Welt"[462], ist die Wirklichkeit der konkreten Freiheit. Noch in der „Wissenschaft der Logik" hatte Hegel die Freiheit als Einsicht in die Notwendigkeit und Realisierung der Notwendigkeit bestimmt und an diesem Beispiel die Identität der Gegensätze demonstriert. Gesellschaftlich gesehen ist aber der Gegensatz von Freiheit die Knechtschaft.
Die Garantie für die Stabilität eines Staatsgebildes ist das Beamtentum. Im Unterschied zur Aristokratie bilden die Beamten keine isolierte Schicht, sie sind mit dem Volk verbunden, verkörpern dessen beste Eigenschaften – Geist, Bildung und Rechtsbewußtsein. Um mit Marx zu sprechen: „Hegel geht hier fast bis zur Servilität. Man sieht ihn durch und durch angesteckt von dem elenden Hochmut der preußischen Beamtenwelt."[463]
Die „Grundlinien der Philosophie des Rechts" (1820) sind das lezte von Hegel selbst geschriebene Buch. Einen bedeutenden Teil des literarischen Erbes von Hegel bilden die Vorlesungszyklen. Sie wurden postum herausgegeben, und ihr Grundtext setzt sich aus Aufzeichnungen von Studenten zusammen. Die Vorlesungen schließen unmittelbar an die „Philosophie des Rechts" an und enthalten die abschließenden Teile des Systems von Hegel.
Die „Vorlesungen über die Philosophie der Weltgeschichte" fing Hegel 1822 an, und er wiederholte sie viermal erfolgreich. Als von Hegel selbst geschriebenes Manuskript blieb nur die Einführung in den Vorlesungszyklus erhalten. Sie ist mit „Die Vernunft in der Geschichte" überschrieben. In diesem Titel ist die Konzeption ausgedrückt. Außerdem ist hier ein Problem formuliert, und zwar eines,

das heute aktueller ist als vor 150 Jahren. Welcher Art ist der Zusammenhang zwischen vernünftigem Ausgangspunkt und Entwicklung der Gesellschaft?
Hegel ist Panlogist. Letztlich ist die Geschichte die Verwirklichung der Vernunft, die Manifestation der komplizierter werdenden Erscheinungen. „Was vernünftig ist, das ist wirklich; und was wirklich ist, das ist vernünftig"[464] – so lautet seine Formel.
Bis in unsere Zeit erfährt diese Formel verschiedene Interpretationen.
Hegel selbst erläuterte diesen Gedanken in der neu geschriebenen Einleitung zur „Enzyklopädie der philosophischen Wissenschaften" von 1827. Er verwies darauf, daß nur Gott allein „wahrhaft wirklich" sei,[465] daß die Existenz nur einen Teil der Wirklichkeit ausmache. Im alltäglichen Leben bezeichne man jeden Einfall, den Irrtum, das Böse usw. als Wirklichkeit, aber tatsächlich verdiene diese zufällige Existenz nicht den emphatischen Namen des Wirklichen.
„Nun ist aber die Wirklichkeit nach Hegel", schrieb F. Engels, „keineswegs ein Attribut, das einer gegebnen gesellschaftlichen oder politischen Sachlage unter allen Umständen und zu allen Zeiten zukommt. Im Gegenteil ... Die französische Monarchie war 1789 so unwirklich geworden, d. h. so aller Notwendigkeit beraubt, so unvernünftig, daß sie vernichtet werden mußte durch die große Revolution, von der Hegel stets mit der höchsten Begeisterung sprach. Hier war also die Monarchie das Unwirkliche, die Revolution das Wirkliche. Und so wird im Lauf der Entwicklung alles früher Wirkliche unwirklich, verliert seine Notwendigkeit, sein Existenzrecht, seine Vernünftigkeit; an die Stelle des absterbenden Wirklichen tritt eine neue, lebensfähige Wirklichkeit – friedlich, wenn das Alte verständig genug ist, ohne Sträuben mit Tode abzugehen, gewaltsam, wenn es sich gegen diese Notwendigkeit sperrt. Und so dreht sich der Hegelsche Satz durch die Hegelsche Dialektik selbst um in sein Gegenteil. Alles, was im Bereich der Menschengeschichte wirklich ist, wird mit der Zeit unvernünftig, ist also schon seiner Bestimmung nach unvernünftig, ist von vornherein mit Unvernünftigkeit behaftet; und alles, was in den Köpfen der Menschen vernünftig ist, ist bestimmt, wirklich

zu werden, mag es auch noch so sehr der bestehenden scheinbaren Wirklichkeit widersprechen."⁴⁶⁶

Im Kontext der Vorrede zur „Philosophie des Rechts" klang dieser Gedanke Hegels eher konservativ, in der Vorlesung formulierte Hegel offenbar seinen Aphorismus anders, im „Engelsschen Sinne". Das bezeugt eine vor nicht zu langer Zeit (zwischen anderen Papieren in einem Heidelberger Antiquariat!) entdeckte Mitschrift des Vorlesungszyklus „Philosophie des Rechts" aus dem Jahre 1817. Der Jurastudent Wannemann notierte folgende Worte des Professors: „Was vernünftig ist, muß sein."⁴⁶⁷

Hegel setzte die Tradition der Aufklärung fort und brach zugleich mit ihr. Wenn die Aufklärer vom Recht der Vernunft sprachen, dann meinten sie die Menschenrechte. Für Hegel ist Vernunft ein überindividueller welthistorischer Ausgangspunkt. Das Recht als Verkörperung des Weltgeistes steht über dem partikularen Recht. Der Weltgeist hat das Recht, verschwenderisch und gnadenlos zu sein. „Daß er einen ungeheuren Aufwand des Entstehens und Vergehens macht – darauf kommt es ihm auch nicht an. Er ist reich genug für solchen Aufwand, er treibt sein Werk im Großen, er hat Nationen und Individuen genug zu depensieren."⁴⁶⁸

Die Vernunft, sagt Hegel, ist nicht nur mächtig, sondern auch listig; ihre List besteht in der „... vermittelnden Tätigkeit, welche, indem sie die Objekte ihrer eigenen Natur gemäß aufeinander einwirken und sich aneinander abarbeiten läßt, ohne sich unmittelbar in diesen Prozeß einzumischen, gleichwohl nur *ihren* Zweck zur Ausführung bringt"⁴⁶⁹.

Was meint Hegel damit? Die historische Tätigkeit der Menschheit setzt sich zusammen aus Handlungen der Menschen, die durch Einzelinteressen hervorgerufen werden. Jeder Mensch verfolgt seine eigenen individuellen Ziele, aber im Resultat ergibt sich aus seinen Handlungen etwas anderes, was zwar in seinen Handlungen, nicht aber in seinen Absichten enthalten war. Die Suche nach der Vernunft in der Geschichte führt zur Entdeckung der historischen Gesetzmäßigkeit.

Die Geschichte schreitet mit Notwendigkeit voran. Doch war Hegel kein Fatalist. Das Pathos dieses Buches besteht in der Behauptung der Aktivität des Menschen. „... so müssen wir überhaupt sagen, daß *nichts Großes in der Welt* ohne Leidenschaft vollbracht worden ist."[470]

Das Substrat der empirischen Geschichte ist für Hegel die Entwicklung der absoluten Idee, des Weltgeistes. Hegel konkretisiert diesen Begriff und spricht vom Geist eines Volkes, der das Rechtssystem, die politische Verfassung, die Religion, die Kunst und die Philosophie prägt. Der Fortschritt in der Weltgeschichte realisiert sich jeweils durch ein einziges Volk, dessen Geist der Träger des Weltgeistes auf einer bestimmten Stufe seiner Entwicklung ist. Es gibt auch Völker, die niemals zum Träger des höchsten Begriffs werden, sie spielen in der Weltgeschichte eine untergeordnete Rolle.

Die Weltgeschichte hat nach Hegel auch ein Ziel – es besteht in der Selbsterkenntnis des Weltgeistes. Auf der Grundlage dieser Konzeption konstatiert Hegel auch ein vollkommen bestimmtes Kriterium des gesellschaftlichen Fortschritts, auf dessen Grundlage er die Periodisierung der Geschichte vornimmt. Das ist das Fortschreiten im Bewußtsein der Freiheit. Die sich entwickelnde Menschheit kommt allmählich zu einem immer tieferen Verständnis der Freiheit. In der orientalischen Welt wissen die Völker noch nicht, daß der Geist oder der Mensch als solcher an sich frei ist; weil sie es nicht wissen, sind sie nicht frei. Sie wissen nur, daß Einer frei ist, aber eben darum ist eine solche Freiheit nur Willkür, Wildheit und Dumpfheit der Leidenschaft, nur Naturzufall oder Willkür. Dieser Eine ist deshalb nur Despot, aber selbst kein freier Mensch. Erst die Griechen hatten das Bewußtsein der Freiheit, darum waren sie frei, aber sie, wie auch die Römer, wußten nur, daß Einige frei sind, aber nicht der Mensch als solcher. Auch Platon und Aristoteles wußten das nicht. Darum hatten die Griechen nicht nur Sklaven, denen ihr Leben und der Bestand ihrer schönen Freiheit zu verdanken waren, sondern diese Freiheit selbst blieb teils eine zufällige, unausgearbeitete, vergängliche und beschränkte Blume. Erst die germanischen Völker gelangten im Christentum zu dem Bewußtsein, daß der Mensch als solcher frei ist und die Freiheit des Geistes seine eigenste Natur ausmacht.

Das Gesagte bedeutet nicht, daß im Mittelpunkt der geschichtsphilosophischen Konzeption Hegels die menschliche Persönlichkeit in ihrer unwiederholbaren Individualität stände. Die Frage nach der freien Entwicklung der geistigen und körperlichen Potenzen des Individuums wird von Hegel überhaupt noch nicht gestellt. Denn der Mensch, von dem hier die Rede ist, ist ausschließlich der abstrakte Vertreter der menschlichen Gattung, der Mensch überhaupt. Das Individuum ist dem Wesen nach nicht Zweck, sondern Mittel; ein Mittel der allgemeinen Idee und konkret der Entwicklung des Staates. Das Recht des Weltgeistes steht höher als alle partikularen Rechte. Die Geschichte fängt erst mit der Entstehung des Staates an und „vollendet sich" mit der Errichtung der idealen, der „wahren" Staatsordnung.

Zweifach gerät das Hegelsche System in Widerspruch mit seiner Geschichtsdialektik. Erstens bringt es vollkommen willkürlich den Entwicklungsprozeß der menschlichen Gesellschaft und der Erkenntnis an einem Punkt zum Stehen, den der Philosoph für den idealen Zustand hält. Der junge Hegel, Zeitgenosse der Revolution, lebte mit der utopischen Hoffnung auf Rückkehr des „Goldenen Zeitalters", auf die Wiedergeburt der antiken Demokratie. Später, nach dem Scheitern der Französischen Revolution und der Monarchie Bonapartes, urteilt Hegel wesentlich vorsichtiger, aber nicht weniger mythologisch über die Geschichte. Der mythologische Gedankenaufbau widerspiegelt sich auch darin, daß die gesamte Vorgeschichte als Vorbereitung der historischen Situation verstanden wird, in der der Philosoph lebte, sowie der Staatsform, die er herbeiwünschte. Friedrich Engels bemerkte, daß im gegebenen Falle von „derjenigen ständischen Monarchie, die Friedrich Wilhelm III. seinen Untertanen so hartnäckig vergebens versprach"[471], die Rede ist.

Wichtiger noch ist allerdings ein anderer Umstand: Die historische Methode als Denkmethode setzt die Untersuchung der sozialen Struktur in einer kontinuierlichen Entwicklung voraus, in der alte Gesetzmäßigkeiten verschwinden und neue erscheinen. Marx hob hervor, daß man nicht zum Verständnis der geschichtlichen Entwicklung gelangt, wenn man sich des „Universalschlüssels einer allgemeinen geschichtsphilosophischen Theorie, deren größter Vorzug darin besteht, übergeschichtlich zu sein"[472], bedient. Beim

Aufstellen einer sozialen Prognose berücksichtigt der Marxist immer, daß die Gesellschaft über mehrere Entwicklungsvarianten verfügt und daß es häufig sehr schwer ist, vorauszusagen, welche von ihnen sich realisieren wird.
Eine große Bedeutung bei der Herausbildung des historischen Prozesses gewinnt die Zufälligkeit. Die Dialektik unterscheidet zwei Typen von Zufälligkeiten: Die einen treten als mehr oder minder adäquate Verkörperung der Notwendigkeit auf, indem sie sich in einem massenhaften Prozeß „auslöschen" oder indem sie das Erscheinen und Wirken einer bestimmten Gesetzmäßigkeit ermöglichen; der andere Typus der Zufälligkeit, der für einen bestimmten Prozeß etwas Fremdes ist, der als etwas von außerhalb in den Prozeß eindringt, kann an der Notwendigkeit ernsthafte, mitunter fatale Berichtigungen vornehmen. Hegel sah in der Geschichte nur den ersten Typus der Zufälligkeit, der Marxismus erblickt sowohl den einen als auch den anderen.
Für Hegel existiert die Geschichte immer als Weltgeschichte, als abgeschlossenes, finaldeterminiertes vernünftiges System. Der Marxismus betrachtet die Weltgeschichte als ein offenes System, das in sich verschiedene Möglichkeiten enthält, darunter auch solche, die ihm der Zufall bereitet.

3. Formen des absoluten Geistes

Den ersten Teil seines Systems legte Hegel in zwei Bänden der „Wissenschaft der Logik" dar, den zweiten Teil in einem Band der „Philosophie der Natur", für den dritten, die Philosophie des Geistes, benötigte er über zehn Bände; acht davon sind den Formen des absoluten Geistes gewidmet: Kunst (drei Bände); Religion (zwei Bände) und Philosophie (zwei Bände). Obwohl diese acht Bände nicht vom Philosophen selbst geschrieben sind, sondern auf Mitschriften von Studenten zurückgehen, kommt ihnen, nicht zuletzt wegen ihrer Materialfülle, eigenständige Bedeutung zu. Die Lehre Hegels stellt sich als grandioser Versuch dar, den kulturhistorischen Prozeß zu begreifen.
Der vom Philosophen proklamierte Systemgedanke rückt in

den Hintergrund. Im Vordergrund steht die Geschichte selbst. In den Vorlesungen zur Ästhetik geht dem systematischen Teil ein bedeutender historischer voraus, in der Philosophie der Religion überwiegt die Geschichte gegenüber der Systematik, die zur Philosophie behandeln ausschließlich Geschichte der Philosophie. Das Vorhaben des Philosophen, das System der Wissenschaft als logische Konstruktion zu schaffen, blieb unausgeführt.

Auf diesen Umstand wies unlängst Heinz Kimmerle hin: „Die *Logik* ist also der einzige als gültig beibehaltene Teil des ‚Systems der Wissenschaft‘, der eine ausgeführte systematische Bearbeitung erhalten hat. Das berechtigt zu der Aussage, daß es das System Hegels, von dem so viel die Rede ist, gar nicht gibt. Was die übrigen Teile dieses Systems betrifft, neben der *Logik*, ist es bei einer Systemintention geblieben. Diese Systemintention ist von Hegel nicht in einer gültigen, von ihm selbst als wissenschaftlich anerkannten Form verwirklicht worden. Wenn man diese These einmal eingesehen hat, wird man aufgeschlossener sein für die Feststellung, daß die Berliner Vorlesungen, die dazu bestimmt zu sein scheinen, den enzyklopädischen Rahmen des Systems auszufüllen, in eine ganz andere Richtung gehen als diejenige, die der strengen wissenschaftlichen Ausarbeitung vorgezeichnet ist. Die Hereinnahme großer Mengen historischen Materials ist das auffälligste Kennzeichen dieser Vorlesungen."[473]

Hegels System blieb in der Tat Entwurf, beim Versuch, es zu entwickeln, stieß der Philosoph auf die Unvereinbarkeit des Materials mit den Prinzipien des Systems, in einigen Fällen opferte er das Material, zumeist jedoch das Prokrustesbett des Systems. Daher studieren wir heute mit großem Gewinn die Hegelschen Vorlesungen über die Geschichte des gesellschaftlichen Bewußtseins, das er den absoluten Geist nannte. Diese Vorlesungen hielt Hegel an der Universität Heidelberg (1816–1818), später in Berlin während seiner letzten Schaffensperiode.

Die Ästhetik Hegels ist eine Theorie der Kunst. Die Schönheit der Natur schließt der Philosoph aus seinen Untersuchungen aus, des Schemas wegen, nach dem die Natur eine schon durchlaufene Etappe darstellt. Die Idee blickt nicht zurück; sie lenkt ihr Auge nach vorn und nach oben, zu den glänzenden Höhen des Geistes. Die Schönheit der Kunst steht, so Hegel, höher als die natürliche Schönheit, insofern der Geist die Natur übertrifft.

Alexander von Humboldt verblüffte einmal seine Gesprächspartner mit einer Anekdote: Hegel habe gesagt, der gewöhnlichste Berliner Witz sei, als Geistesprodukt, mehr als die Sonne. Das hatte sich der Naturforscher keineswegs ausgedacht. Hier die Argumentation des Philosophen: „Dem *Inhalt* nach freilich erscheint z. B. die Sonne als ein *absolut notwendiges* Moment, während ein schiefer Einfall als *zufällig* und vorübergehend verschwindet; aber für sich genommen ist solche Naturexistenz wie die Sonne indifferent, nicht in sich frei und selbstbewußt."[474] Das Schöne in der Natur ist nur ein Reflex der Schönheit des Geistes. Die einzelnen lebenden Naturprodukte sind vergänglich, ihr äußeres Ansehen ist veränderlich, während die Kunstwerke dauerhaft erhalten bleiben.

N. G. Tschernyschewski versuchte später, Hegel vom materialistischen Standpunkt zu widerlegen, indem er behauptete, das Naturschöne stehe höher als das Kunstschöne. Auch Kunstwerke seien vergänglich, und infolge ihrer Leblosigkeit und Unbeweglichkeit stünden sie niedriger als die Werke der Natur und des Lebens.

Heute scheint uns dieser Streit erkünstelt. Einem dialektischen Materialisten geht es nicht darum, die Natur gegenüber den Anschlägen des Idealisten zu „verteidigen". Es kommt darauf an, im Menschen und in der Gesellschaft den materiellen Angelpunkt zu finden. Nicht die Natur als solche spielt die bestimmende Rolle bei der Formierung des Bewußtseins, sondern ihre Veränderung durch den Menschen. Und folglich muß das ganze geistige Leben, darunter auch die Kunst und das Schöne, als Frucht der materiellen Tätigkeit des Menschen verstanden werden.

Hegels Ästhetik ist vom Pathos der Tätigkeit durchdrungen, und darin liegt ihre Nähe zum dialektischen Materialismus. „Die Naturdinge sind nur *unmittelbar* und *einmal*, doch der Mensch als Geist verdoppelt sich, indem er zunächst wie die Naturdinge *ist*, sodann aber ebensosehr für sich ist, sich anschaut, sich vorstellt ... Dies Bewußtsein von sich erlangt der Mensch in zwiefacher Weise: *Erstens theoretisch* ... *Zweitens* wird der Mensch durch *praktische* Tätigkeit für sich ...

Diesen Zweck vollführt er durch Veränderung der Außendinge, welchen er das Siegel seines Innern aufdrückt und in ihnen nun seine eigenen Bestimmungen wiederfindet. Der Mensch tut dies, um als freies Subjekt auch der Außenwelt ihre spröde Fremdheit zu nehmen und in der Gestalt der Dinge nur eine äußere Realität seiner selbst zu genießen."[475] Hiermit sind schon de facto die Grundideen der Arbeitstheorie der Kunst formuliert.

Das ästhetische Verhältnis ist anthropomorph, wir nennen Tiere schön, vermerkt Hegel, wenn sie geistige Eigenschaften offenbaren, die dem Menschen entsprechen: die menschliche Schönheit der Gestalt, Kraft, Geschicklichkeit, Gutmütigkeit usw. Das Krokodil ist nicht an sich schlecht, sondern nur, weil es eine Gefahr für uns ist. Schönheit ist immer menschlich.

Die Schönheit definiert Hegel (im Anschluß an Herder) als die sinnliche Form der Wahrheit, als sinnliches Scheinen der Idee. Die Kunst kann ohne sinnliches Material nicht auskommen. Bei weitem nicht alle Sinne haben am künstlerischen Erleben teil: Geruch, Geschmack, Gefühl bleiben vom Kunstgenuß ausgeschlossen. Nur die sogenannten theoretischen Sinne – Gesicht und Gehör – können mit den Gegenständen der Kunst zu tun haben. Das Sichtbare und Hörbare treten als Oberfläche des ästhetischen Objekts auf, die sich zudem von der unmittelbaren Sinnlichkeit des materiellen Dinges unterscheidet. Sinnlichkeit in der Kunst ist Schein (über den Sinn und die Bedeutung dieser Kategorie haben wir im Zusammenhang mit der Analyse der „Wissenschaft der Logik" gesprochen); das Kunstwerk bildet die Mitte zwischen der unmittelbaren Sinnlichkeit und dem ideellen Gedanken. Das Sinnliche vergeistigt sich in der Kunst, und das Geistige erhält eine sinnliche Form.

Diese Hegelsche Auffassung über die sinnliche Natur des Ästhetischen ist weit verbreitet. Ohne lebhafte Wahrnehmung gibt es keine Schönheit. Auf den ersten Blick ist dies eine unbestreitbare Aussage, gegen die nichts einzuwenden ist. Jedoch nur auf den ersten Blick. Denn bereits in der Antike wurde ein ähnlicher Standpunkt in Zweifel gezogen, es entstanden Theorien einer nichtsinnlichen, nur vom Verstand erfaßbaren Schönheit. Später bemerkte man, daß das Wort der Anschaulichkeit entbehrt, daß die Wirkung der

Poesie durchaus nicht auf der Intensität der Sinneseindrücke beruht. Lesen Sie ein beliebiges Gedicht, nichts Bildliches wird dabei hervorgebracht. Es entstehen höchstens verschwommene Assoziationen; Einbildung und Erinnerung, Wissen und Einfall fließen in einen Komplex zusammen, der das ästhetische Erleben auslöst. Das Ästhetische ist immer emotional, aber Emotionen hervorzurufen vermag nicht nur die sinnliche, sondern auch die intellektuelle Tätigkeit.

Wir sprechen von der Schönheit des Gedankens nicht nur im übertragenen Sinne. Das Künstlerische durchdringt die Wissenschaft, besonders dort, wo man auf der Suche nach neuen theoretischen und technischen Lösungen ist, wo der Gedanke sich müht, den Gegenstand in seinen vielseitigen Zusammenhängen, in der Einheit der widersprüchlichen Tendenzen zu fassen. Andererseits befruchtet das Intellektuelle die Kunst, oft gibt es zwischen einigen Humanwissenschaften und der Kunst nicht nur eine Annäherung, sondern eine Verschmelzung im buchstäblichen Sinne. Hegel war in seinen systematischen Bestrebungen zu pedantisch. Dort, wo er exakte Grenzen zu ziehen versuchte, erfolgt in Wirklichkeit eine wechselseitige Durchdringung der nebeneinanderliegenden Sphären des Geisteslebens – Kunst und Wissenschaft.

Die Hegelsche Definition der Schönheit – als sinnliches Scheinen der Wahrheit – fordert einen weiteren grundlegenden Einwand heraus. Wahrheit ist Übereinstimmung zwischen Gegenstand und Wissen; die Kunst stellt nach Hegel eine Stufe der Selbsterkenntnis der absoluten Idee dar. Einige Bereiche der Kunst sind aber nicht mit Erkenntnis verbunden. Zwar vermittelt die schöngeistige Literatur dem Menschen Wissen, aber das Entscheidende in der Prosa wie in der Poesie – im Unterschied zur wissenschaftlichen Literatur – bleibt etwas anderes, nämlich das ästhetische Erlebnis. Die Erkenntnisfunktion spielt eine gewaltige Rolle in der Kunst, sie erschöpft sie aber nicht. Die Kunst erfüllt auch andere Funktionen – der Kommunikation, der Erziehung, der Erholung, aber keine dieser Funktionen drückt die Spezifik des Künstlerischen aus. Die Spezifik liegt nur im ästhetischen Erleben, das schwer definierbar ist, aber allgemein zu charakterisieren als eine besondere

Art von Freude, die mit der Fähigkeit des Menschen verknüpft ist, frei zu schaffen und sich am Schaffen zu erfreuen.

Derart sind die zwei wesentlichen Korrekturen zur Hegelschen Theorie des Schönen, die uns gestatten, die Wurzeln anderer schwacher Seiten dieser Theorie aufzudecken. Vorerst aber zu ihren Vorzügen. Hierzu gehört vor allem die universelle Betrachtung der Probleme. Das Schöne ist für Hegel die allgemeinste ästhetische Kategorie. Ihre Rolle in der Ästhetik entspricht der Rolle der Kategorie Sein in der Logik. Das Kunstwerk ist ein Werk der Kunst nur insofern, als es schön ist. Außerhalb des Schönen gibt es keine Kunst. Allerdings bedeutet das nicht, daß der Künstler sich allein auf die Schönheit des Lebens und der Natur beschränkt. Ein schöner Jüngling kann von einem Maler stümperhaft nachgeahmt werden, dann entsteht etwas Häßliches, das mit Kunst nichts zu tun hat. Wenn aber ein Künstler zur Charakteristik des Schlechten und Bösen die Abnormität und das Mißgestaltete menschlicher Figuren und Physiognomien talentvoll darstellt, ist das Kunstwerk trotzdem ein Phänomen der Schönheit.

Alle Begriffe der Kunsttheorie stellen eine Konkretisierung der Ausgangskategorie – des Schönen – dar und sind in jener Reihenfolge angeordnet, in welcher nach Meinung Hegels der Wechsel der verschiedenen Kunstetappen, -gattungen, -genres, -arten stattfand. Die Basistriade liegt hier in drei Kunstformen – der symbolischen, der klassischen und der romantischen – vor. Als Bewertungskriterium gibt Hegel die Wechselbeziehung zwischen künstlerischem Inhalt und seiner Gestaltung an. In der symbolischen Kunst hat der Inhalt noch nicht seine adäquate Form gefunden, in der klassischen befindet sich beides in einer harmonischen Einheit, und in der romantischen Kunst zerfällt diese Einheit wieder; der Inhalt wächst über die Form hinaus. Die symbolische Kunst dominiert im Osten, die klassische in der Antike und die romantische im christlichen Europa. Aber nur die Klassik bringt zum Ausdruck, was wahre Kunst ihrem Wesen nach ist. Was ihr vorausgeht, ist nach Hegel nur Vorkunst, und die romantische Kunst kennzeichnet den Zerfall, den Untergang der Kunst: Denken und Reflexion lassen das künstlerische Schaffen hinter sich, welches gesetzmäßig seinen Platz anderen Arten der geistigen Tätigkeit abtritt. Unsere Zeit, sagte Hegel, ist der Kunst nicht günstig; diese gewährt nicht mehr die Befriedigung, die frühere Epochen und Völker in ihr suchten und nur in ihr fanden. Es steht die Forderung nach einer Wissenschaft der Kunst auf der Tagesordnung, die Kunst lädt zu ihrer theoretischen Durchdringung ein, doch nur, um das künstlerische Schöpfertum zu begreifen, nicht um es zu beleben. Natürlich kann man der Hoffnung Ausdruck verleihen, daß einzelne Kunstformen auch weiter wachsen und erblühen werden, im ganzen jedoch ist die Kunst nicht mehr der adäquate Ausdruck des Geistes auf der Stufe, die er nunmehr erreicht hat.

Was die Feindlichkeit der Neuzeit gegenüber dem künstlerischen Schöpfertum betrifft, so hat Hegel zweifellos recht, doch das bedeutet nicht das Ende der Kunst überhaupt. Man kann nicht davon ausgehen, daß die Kunst sich als Form der Selbsterkenntnis der absoluten Idee überlebt hätte. Den wirklichen Zusammenhang hat Marx aufgedeckt: Die Welt des Kapitalismus ist kunstfeindlich. Der Kapitalist betrachtet die Wirklichkeit nur vom Standpunkt des Krämers, die Kunstprodukte als Waren, was die Möglichkeit des ästhetischen Verhältnisses zum Leben ausschließt. Der Kapitalismus ist kunstfeindlich, so wie die wirkliche Kunst dem Kapitalismus feindlich gegenübersteht; die unter Bedingungen des Kapitalismus hervorgebrachte Kunst drückt ihrem Wesen nach den Protest gegen die Unmenschlichkeit der kapitalistischen Verhältnisse aus. Die Kunst ist ein einzigartiger Akkumulator des Geisteslebens der Menschheit, ein Barometer, das exakt das soziale Klima vorhersagt, ein kompromißloser Kämpfer für die Menschlichkeit. Hegel entzog ihr vorzeitig das Existenzrecht. Die Kunst hat nicht aufgehört, adäquater Ausdruck und Bedürfnis des Geistes zu sein.

Nachdem wir unser Verhältnis zu Hegels Schema bestimmt haben, wollen wir uns seinem Gedankengang zuwenden. Die erste Stufe der symbolischen Form der Kunst ist die unbewußte Symbolik. Hegel findet die Beispiele solcher Kunst im alten Ägypten. Und das hervorstechende Beispiel ist die Figur der Sphinx. Sie ist gleichsam das Symbol des Symbolismus selbst.

Im altgriechischen Mythos von Ödipus stellt die Sphinx eine Frage: Wer ist es, der morgens auf vier Beinen geht, mittags auf zweien und abends auf dreien? Ödipus fand schnell die Lösung. Er antwortete, daß es der Mensch sei, und stürzte die Sphinx vom Felsen. Die Enträtselung des Symbols, resümiert Hegel, liegt im Geist. Das Licht des Bewußtseins läßt den konkreten Inhalt durch die ihm angehörige gemäße Form hindurchscheinen. Die Symbolik wird erkannt. So gelangt Hegel zur Kategorie des Erhabenen. Die Kantische Analyse des Problems lag vor. Der Königsberger Philosoph hatte den Sinn des Erhabenen richtig darin gesehen, daß es alles den Menschen Erhebende ausdrückt. Die Suche nach einem geistigen Inhalt des Erhabenen steht Hegel sehr nah, allerdings ist er nicht einverstanden mit seiner völligen Übertragung in das *bloß Subjektive des Gemüts*. Das Erhabene drückt einen gewissen objektiven Inhalt des Geistes aus, der sich in bestimmten historischen Formen der Kunst – der Poesie der Inder, der Perser und der alten Juden – verkörpert.

Im Symbol war das Wesentliche die Gestalt. Letztere verfügte über eine Bedeutung, obgleich sie diese nicht gänzlich ausdrücken konnte. Diesem Symbol mit seinem undeutlichen Inhalt steht jetzt die klar verstandene Bedeutung gegenüber; das Kunstwerk wird zum Erguß des reinen Wesens, das jedoch keine plastische Verwirklichung finden kann. Gott als Schöpfer des Weltalls ist, so Hegel, der reifste Ausdruck des Erhabenen. Die bildenden Künste sind hier machtlos, nur vermittels des Wortes, nur duch die Poesie der Vorstellung kann ein Bild der Gottheit entworfen werden.

Die symbolische Kunst wird von der klassischen Kunst des antiken Griechenland abgelöst. Grundlage der klassischen Kunst ist die absolute Harmonie von Inhalt und Form. „Hier hat die Kunst ihren eigenen Begriff insoweit erreicht, daß sie die Idee als geistige Individualität unmittelbar mit ihrer leiblichen Realität in so vollendeter Weise, daß nur zuerst das äußerliche Dasein keine Selbständigkeit mehr gegen die Bedeutung, die es ausdrücken soll, bewahrt, und das Innere umgekehrt in seiner für die Anschauung herausgearbeiteten Gestalt nur sich selber zeigt und in ihr sich affirmativ auf sich bezieht."[476]

Für Hegel ist die griechische Kunst das wirkliche Dasein des klassischen Ideals. Die Griechen blieben nicht auf der Stufe des östlichen Despotismus stehen, auf der der Mensch in der allgemeinen Substanz der Sittlichkeit und des Staates untergeht, und sie erreichten auch nicht die Subjektivität des christlichen Europa, wo die Persönlichkeit sich abtrennt vom Ganzen und Allgemeinen. Die griechische Freiheit wurde sich bewußt als glückliche Harmonie des Individuellen und des Allgemeinen, zu dessen schönster Verkörperung die griechische Poesie und Plastik gelangte. Die Skulptur ist die entsprechendste Form für die Darstellung des klassischen Ideals in der Form schöner menschlicher Individualität.

Aber die klassischen Götter tragen den Keim ihres Untergangs in sich. Sie waren nur in Stein und Erz ins Dasein getreten. Dem Anthropomorphismus der griechischen Götter fehlte die geistige Individualität, ihre Bestimmtheit war zufällig, und dieses Element der Endlichkeit widersprach der Hoheit, Würde und der Schönheit ihres Daseins. Sie waren beschränkt gegenüber dem Schicksal, dem sie unterliegen und gehorchen mußten. Wahre Totalität hat erst das Christentum, in dem der menschliche Geist beginnt, in die Unendlichkeit des inneren Lebens zurückzukehren.

Schöneres als die klassische Kunst kann es und wird es nicht geben, meint Hegel. Jedoch existiert etwas Höheres als die schöne Erscheinung des Geistes in unmittelbar sinnlicher Gestalt, wenn auch diese Gestalt vom Geist selbst als eine ihm adäquate geschaffen wurde. Indem sich die Schönheit erhebt, wird sie zur geistigen. Der klassischen Kunst folgt die romantische.

Hier konzentriert sich der ganze Inhalt auf die innerliche Gestalt der Seele, das Äußere ist diesem gegenüber gleichgültig. Das Heiligenbild ist kanonisiert, alles Leibliche dient lediglich dazu, die Heiligkeit zu demonstrieren, die Intensität des Leidens und die göttliche Ruhe. Es ist von der religiösen Kunst des Mittelalters die Rede, deren einziges Sujet die Heilige Schrift war.

Strenggenommen, folgt man Hegel, ist dies schon keine Kunst mehr; die religiöse Liebe, das Leben der Märtyrer, die Bilder vom Jüngsten Gericht können nicht in die Formen des Schönen gegossen werden.

Die romantische Kunst ist mit dem Aufkommen einiger neuer Empfindungen verbunden, die die Antike in diesem Ausmaß nicht kannte. Das sind die Vorstellungen von subjektiver Ehre, Liebe und Treue. Diese drei Motive, zusammengenommen und miteinander verschlungen, machen den Hauptinhalt des Rittertums aus, den weltlichen Stoff der mittelalterlichen Künstler. Die Bewegung der romantischen Kunst auf ihrer abschließenden Etappe geht einher mit einer immer stärkeren Gleichgültigkeit des Materials der Kunst. Je mehr die Meisterschaft vervollkommnet wird, desto entschiedener verschwindet das substantielle Element. Die Kunst hat ihren Inhalt ausgeschöpft. Die Kunst enthält nichts Geheimes mehr, sie gleicht einer Leiche in der Anatomie vor dem analytischen Blick des Forschers. Ihren Platz hat längst die Religion eingenommen.
Nachdem Hegel die Kunst auf diese Weise begraben hat, hat er dennoch keine Eile, sich von ihr zu verabschieden. Der Philosoph ergänzt das historische Entwicklungsschema der Kunst durch ein logisches – durch die Analyse des Systems der einzelnen Arten und Genres.
Bemerkenswert ist Hegels Analyse der Kunst des poetischen Ausdrucks. Diese Kunstform setzt an die Stelle sinnlicher Formen geistige. In der Polemik mit Lessing hatte schon Herder bemerkt, daß der Autor des „Laokoon" den prinzipiellen Unterschied zwischen Malerei und Poesie herausgefunden habe. Die Zeichen, die die bildende Kunst benutzt, beruhen auf den Eigenschaften des abgebildeten Gegenstandes. Die Ausdrucksmittel der Poesie sind bedingt, es sind artikulierte Töne und Symbole, die üblich geworden sind und die nichts mit dem Gegenstand gemein haben, den sie bezeichnen. Mit anderen Worten, die Wirkung der Malerei geht von der unmittelbaren Wahrnehmung aus, die Wirkung der Literatur ist durch Denken und Sprache vermittelt.
Hegel, dem diese Polemik bekannt war, gibt der Poesie den Rat, die Mitte zwischen Allgemeinheit des Denkens und sinnlich konkreter Körperlichkeit zu halten. Aber das echte künstlerische Schaffen ist für Hegel sinnlich-konkret. Durch diesen Gang der Betrachtung ergibt sich für Hegel „die Poesie als diejenige besondere Kunst, an welcher zugleich die Kunst selbst sich aufzulösen beginnt"[477].

Das poetische (ältere) Bewußtsein stellt Hegel dem prosaischen gegenüber. Das letztere, das auch mit der Sprache operiert und Meisterschaft erfordert, weiß, wovon es sich lösen muß – der künstlerisch schöpferischen Individualität. Ein Beispiel für die Prosakunst ist die Geschichtsschreibung, ein anderes die Redekunst. Freilich bemerkt Hegel, daß eine neue Kunstgattung – die künstlerische Prosa – entstanden ist und Bedeutung gewinnt. Den Roman nennt er die moderne bürgerliche Epopöe, aber er macht ihn nicht – wie die anderen Kunstgattungen – zum Gegenstand einer detaillierten Analyse. Das ist nicht zufällig, denn die Entwicklung der schöngeistigen Literatur, die im 19. und 20. Jahrhundert ein hohes Niveau erreichte, widerlegt überzeugend die Hegelsche These vom Untergang der Kunst. Die Literatur ist eine besondere Kunstgattung, sie existiert im Grenzgebiet der Welt des Schönen, überschreitet sie von Zeit zu Zeit, kehrt dann wieder in sie zurück. Zu Hegels Zeit sahen sich seine Opponenten, die Romantiker, mit diesem Problem konfrontiert. Ihre Interessen waren an das Schicksal des Romans als universeller Kunstform gebunden. In die Zukunft blickend, sagten sie nicht den Untergang der Kunst, sondern ihr Aufblühen auf dem Wege der gegenseitigen Annäherung von Literatur und Philosophie voraus.

Die künstlerischen Interessen Hegels sind fast ausschließlich auf die ferne Vergangenheit bezogen. Wenn er das Problem des Epos betrachtet, so spricht er mit großer Liebe und Sachkenntnis von der „Ilias" und der „Odyssee". Das „Nibelungenlied" findet Hegels Sympathie weniger. Wohl gebe es in diesem echt germanischen Werk einen nationalen substantiellen Gehalt, aber die Charaktere seien allzu geradlinig, sie erinnerten an rohe Holzbilder und seien der menschlich ausgearbeiteten geistvollen Individualität der Homerischen Helden nicht vergleichbar.

Wir möchten auf Hegels gehaltvolle Analyse des Tragischen hinweisen. Die tragische Handlung ist die Sphäre des Zusammenstoßes substantieller Kräfte. Der Tragödie liegt ein Konflikt zugrunde, bei dem beide Seiten, für sich gesehen, gleichermaßen im Recht sind, obwohl sie ihr Ziel nur dadurch erreichen können, daß die eine die andere negiert und verletzt und dadurch ebensosehr in Schuld gerät.

Ebenso notwendig wie die tragische Kollission ist die tragische Lösung dieses Zwiespalts: Ausübung der Gerechtigkeit durch den Untergang der die Ruhe störenden Individualität. Der tragische Ausgang erregt Furcht und Mitleid; über ihn wird die Aussöhnung herbeigeführt. Angst einflößen kann ein Schuft, Mitleid ein Lump hervorrufen, doch im gegebenen Fall ist von etwas anderem die Rede – nämlich von einem inhaltlichen Affekt. Auch ist nicht eine beliebige traurige Geschichte eine Tragödie. Ein wahrhaft tragisches Leiden wird über die handelnden Individuen nur als Folge ihrer eigenen – ebenso berechtigten wie durch ihre Kollision schuldvollen – Tat verhängt, für die sie auch mit ihrem ganzen Selbst einzustehen haben. Der tragische Tod ist unvermeidlich, der Zufall tritt hier lediglich als Erscheinung einer Notwendigkeit auf. Äußerlich genommen, erscheint der Tod Hamlets zufällig durch den Kampf mit Laertes und die Verwechslung der Degen herbeigeführt. Doch auf dem Grunde von Hamlets Gemüt liegt von Anfang an der Tod. Die flache Endlichkeit genügt ihm nicht; bei solcher Melancholie und Weichheit, bei diesem Gram, diesem Ekel an allen Zuständen des Lebens spüren wir schon von Anfang an, daß er in dieser grauenhaften Umgebung ein verlorener Mann ist.

Hegel versucht, die sozialen Bedingungen und historischen Grenzen tragischer Kollisionen zu skizzieren. Für eine echt tragische Handlung ist es notwendig, daß das Prinzip der individuellen Freiheit und Selbständigkeit, die Selbstbestimmung, für die eigene Tat und deren Folgen selbst einzustehen, schon erwacht sind. Der Orient kennt die Tragödie kaum; ihre Heimat ist Griechenland; und die letzte Epoche, die von Tragischem erfüllt ist, ist der Ausgang des Mittelalters. Der bürgerlichen Gesellschaft mit ihrer entwickelten Rechtsordnung und den politischen Normen ist Heroismus fremd, sie ist frei von tragischen Kollisionen. In der modernen Welt gehört auch jeder einzelne Mensch der existierenden gesellschaftlichen Ordnung an, aber er hat nicht mehr das Pathos des Allgemeinen, sondern die Zwecke der Individuen tragen privaten, partikulären Charakter, die einzelne Person ist nicht mehr unmittelbar Träger gesellschaftlicher Kräfte. Die Individuen handeln aus der Subjektivität ihres Herzens und Gemüts, sie stehen in einer Breite zufälliger Verhältnisse und Bedingungen und können so oder auch anders handeln, ihre Entscheidung hat nicht substantielle Berechtigung, sondern fällt jeweils ihrem besonderen Charakter gemäß aus. Andererseits ist nach Auffassung Hegels die bürgerliche Ordnung gesetzmäßig und vernünftig. Sich gegen sie aufzulehnen bedeutet, sich gegen die Vernunft zu stellen.

Die moderne Epoche entwickelt sich nach Hegel unter dem Zeichen des Antipoden des Tragischen – des Komischen. Dieses ist auch eine Lösungsweise von Kollisionen, jedoch eine äußerst subjektive, die, der Sache nach, nur eine Pseudolösung bringt, richtiger: einfach Beruhigung. Das Wesen des Komischen aber verbirgt sich nicht nur in den individuellen Fähigkeiten, es muß auch eine gewisse objektive Grundlage dasein, und ein witziger Geist bemerkt diese schneller als andere. Als lächerlich erweist sich ein beliebiger Kontrast, eine beliebige Nichtübereinstimmung zwischen Innerem und Äußerem, zwischen Wesen und Erscheinung, zwischen Zweck und Mittel usw.

Lachen bedeutet, sich gleichzeitig seiner Überlegenheit wie seiner Schwäche bewußt zu sein; die Komödie ist daher ein spezifischer Höhepunkt der Kunst, der auch gleichzeitig ihren Zerfall bezeichnet. Hegel erkennt im Lachen kein schöpferisches Element und ist über dessen zerstörende Möglichkeiten besorgt. Am meisten schreckt ihn die Ironie, die unbemerkt die Grundfesten der bestehenden Weltordnung unterhöhle.

Die Ästhetik Hegels ist ein grandioses Gebäude, das auch heute noch durch die Gewaltigkeit seines Vorhabens und der Ausführung in Erstaunen setzt. Lebendiges steht hier neben Abgestorbenem. Hegels Ideen vom tätigen Charakter der Schönheit, von der allumfassenden Bedeutung dieser Kategorie für die Kunst, seine historische Sicht und Kunst, seine Betrachtungen über das Heranwachsen, Blühen und Welken ihrer verschiedenen Formen sind heute noch lebendig. Eine Fülle treffender Analysen von Kunstepochen und des Gesamtwerkes einzelner Künstler begeistern den Leser. Wie seine ganze Dialektik ist in besonderem Maße die Ästhetik Hegels auf die Vergangenheit gerichtet. Der gleiche Denker, der beharrlich die Idee des Fortschritts in der Kunst verficht, beschränkt diesen Prozeß auf vergangene Zeiten. Man kann nicht sagen, daß Hegel die moderne Kunst seiner Zeit nicht kannte, aber nichts vermochte ihn von seinem tief verwurzelten Vorurteil abzubringen, das durch ein ganzes System von Ansichten gestützt war: Die Jahrhunderte der Kunst lägen hinter uns, die Epoche der Religion und Wissenschaft sei angebrochen.

Im System Hegels kommt der Religion ein Ehrenplatz zu. Zusammen mit der Philosophie, fast gleichberechtigt, krönt sie das grandiose Gebäude des menschlichen Wissens. Fast – weil die Philosophie das letzte Wort hat. Das Wechselverhältnis zwischen diesen, wie wir heute sagen würden, Formen des gesellschaftlichen Bewußtseins ist das für Hegel am schwersten zu entwirrende Problem. Einerseits behauptet er entschieden: „So fällt Religion und Philosophie in Eins zusammen; die Philosophie ist in der That selbst Gottesdienst, ist Religion, denn sie ist dieselbe Verzichtung auf subjective Einfälle und Meinungen in der Beschäftigung mit Gott. Die Philosophie ist also identisch mit der Religion."[478] Doch dies ist eine dialektische Identität, sie schließt das Moment des Unterschieds ein. Beide unterscheiden sich durch ihre Methode, Gott zu erfassen, voneinander.

Die Identifizierung von Religion und Philosophie war sowohl für die Philosophie wie für die Religion gefährlich. Es stand die Frage: Wer wen (in dieser Identifizierung verschlingt)? Hegel selbst versuchte, diese Frage zu umgehen. Nach dem Tode des Philosophen beantwortete der „rechte" Flügel der Hegelianer diese Frage zugunsten der Religion; die „Linkshegelianer" sahen in der Religion, womit sie den Ideen des Meisters mehr entsprachen, eine der Vergangenheit angehörende Form des Bewußtseins, „aufgehoben" durch die Bewegung der philosophischen Theorie.

Hegel rationalisiert den Glauben an Gott. Er polemisiert gegen Schleiermacher, der die Religion auf das Gebiet der Gefühle, vor allem auf das Gefühl der Abhängigkeit, begrenzte. Wenn dem so ist, spottete Hegel, dann ist ein Hund der beste Christ: denn er lebt von diesem Gefühl, er hat sogar das Gefühl der Glückseligkeit – wenn der Herr ihm einen Knochen hinwirft. Religiöses Erleben ist eine notwendige, aber keine hinreichende Bedingung des Glau-

bens. Jedes Gefühl ist zufällig, subjektiv, individuell. Gott aber muß in seiner Allgemeinheit erkannt werden. Die Form der Allgemeinheit ist die Vernunft.
Individuell ist die Religion nur insofern, als das Individuum einem Ganzen zugehört: der Familie, der Nation, dem Staat. Mag sich das Individuum auch einbilden, selbständig zu sein, es kann doch nicht über die festgesetzten Grenzen hinaus. Jedes Individuum nimmt, da es mit dem Volksgeist verbunden ist, mit der Geburt den Glauben der Väter an, der Glauben der Väter ist für das Individuum heilig und Autorität.
Weiter wird vom Individuum ein aktives Verhältnis zum Glauben, zur Religion gefordert – hier handelt es sich nicht um Theorie. Die Konkretheit der Religion ist der Kult. Er (der Kult) „ist so die Gewißheit des absoluten Geistes in seiner Gemeinde, das Wissen derselben von ihrem Wesen"[479].
Von hier aus ist es nur ein Schritt bis zur Anerkennung der Rolle der Religion für den Staat. Ihn zu gehen fällt Hegel nicht schwer, da Staat und Religion für ihn bloß unterschiedliche Vergegenständlichungen der Vernunft sind. Zwei Größen, die einer dritten gleich sind, sind einander gleich. Und hier der Beleg: „Im Allgemeinen ist die Religion und die Grundlage des Staates Eins und dasselbe; sie sind *an und für sich identisch.*"[480] Der religiöse Kult, das heißt das Ritual, welches das Leben des Volkes reglementiert, schafft die Grundlage der Staatsdisziplin. Der junge Hegel hatte die Kirche und den Staat beschuldigt, Despotismus zu säen. Jetzt sind Religion und Staat für ihn Ausdruck, Verkörperung der Freiheit.
Die von Hegel erreichten Resultate gehen, hier wie auch in anderen Bereichen der Philosophie, mit einigen Verlusten im Vergleich mit seinen Vorgängern einher. Kant hatte die religiösen Kulthandlungen einer vernichtenden Kritik unterworfen, lehnte sie als „Götzendienst", „Fetischismus", „religiöse Illusion" ab. Kant sah das Problem mit den Augen des Aufklärers, Hegels Position widerspiegelte die Situation, die sich inzwischen in der bürgerlichen Gesellschaft herausgebildet hatte.
Beachtlich an dieser Position war vor allem das historische Herangehen. Das Christentum brachte erste Ansätze histo-

rischen Denkens in die religiöse Welt ein, der Protestantismus verstärkte sie. In beiden Fällen bestand die Aufgabe in der Rechtfertigung und Begründung eines neuen Glaubens. Hegel setzt die protestantische Tradition fort, untersucht eingehend die Abfolge der Religionen. Für ihn sind die Religionen notwendige Stufen einer immer tieferen Gotteserkenntnis. Sein Ausblick auf die Zukunft allerdings schließt Atheismus aus. Daran werden seine Nachfolger arbeiten.
Hegels Vorlesungen zur Philosophie der Religion enthalten einen grandiosen Versuch, die Geschichte der Religionen als einen einheitlichen, gesetzmäßigen Prozeß darzustellen. Vor dem Leser breitet sich ein gigantisches Panorama der Geburt und des Untergangs von Göttern. Im Prozeß der Entwicklung der Religion „vermenschlicht" sich Gott immer mehr, nähert sich dem Menschen immer stärker an. Dieser Prozeß geht Hand in Hand mit einer Vertiefung des Bewußtseins der Freiheit, die, laut Hegel, den Inhalt der Weltgeschichte ausmacht. Letzten Endes müssen Gott und Mensch Eins werden. Zu dieser Schlußfolgerung gelangt aber erst Hegels Schüler Feuerbach, der den Glauben an Gott auf den Glauben an den Menschen, die Liebe zu Gott auf die Liebe zum Menschen zurückführt.
Hegel nennt das Christentum die *absolute und vollendete Religion,* die nicht mehr übertroffen werden kann. Im Christentum, sagt Hegel, geschieht endlich die Versöhnung Gottes mit dem Menschen. Die Religion ist das Selbstbewußtsein Gottes, der sich von sich selbst unterscheidet, sich im endlichen Bewußtsein Gegenstand ist, aber in diesem Unterschied schlechthin mit sich identisch ist. Auch im Christentum selbst gibt es noch eine Entwicklung. Hegel will erklären, warum der Katholizismus, der sich als eine falsche Form des Christentums erwiesen hat, über viele Jahrhunderte hinweg herrschen konnte. Hierbei bedient er sich des Begriffs der Positivität. In seiner Jugend hatte Hegel mit diesem Terminus die Erstarrung einer beliebigen traditionellen Religion bezeichnet. Jetzt ist ihm Positivität die zufällige Form gewonnener Wahrheit, das äußerliche, unvernünftige Erscheinen der Vernunft. „Die Gesetze der Freiheit haben immer eine positive Seite, eine Seite der Realität, Äußerlichkeit, Zufälligkeit in ihrer Erscheinung."[481] Die Bibel ist positiv, die in ihr beschriebenen

Wunder existieren nicht für die Vernunft. Der bloße Verstand mag versuchen, die Wunder natürlich zu erklären; die Position der Vernunft ist: Die Religion, das Geistige kann nicht durch Ungeistiges, Äußerliches beglaubigt werden. Wahrer Theologie muß die Dialektik immanent sein.

Hegel gibt dafür auch ein Beispiel. Er interpretiert die göttliche Dreieinigkeit (Gott-Vater, Gott-Sohn, Gott-Heiliger Geist) als Triade, die seinem philosophischen System zugrunde liegt. Das „Reich des Vaters" ist das Sein Gottes vor der Erschaffung der Welt, reine Idealität, die Sphäre der Kategorien. Das „Reich des Sohnes" ist die geschaffene Welt (nicht nur die Natur, sondern auch der endliche Geist); Christus stirbt in dieser Welt und ersteht im „Reich des Geistes" auf, das die Synthese der ersten zwei „Reiche" darstellt, die geistige Gemeinde der Gläubigen, die sich weltlich realisiert durch einheitliche Prinzipien des sittlichen und staatlichen Lebens.

Ein charakteristisches Detail: In der von ihm erarbeiteten Geschichte der Religionen fehlt der Islam. Hegel „vergaß" um des Schemas willen das Muselmanentum, welches ja Jahrhunderte später als das Christentum die Weltbühne betrat. Es in die Definition einer immer adäquateren Gotteserkenntnis einzufügen, war unmöglich; nach der wahren „absoluten Religion" durfte nicht plötzlich eine „unwahre" entstehen, die sich einen Großteil des Orients erobert und bis nach Europa und Afrika dringt.

Abgesondert in Hegels System stehen die „Vorlesungen über die Beweise vom Dasein Gottes". Der im Jahre 1829 gehaltene Vorlesungszyklus hatte großen Erfolg, die Zahl der Hörer betrug zweihundert. Hegel betrachtete diesen Vorlesungszyklus weniger als Ergänzung der Vorlesungen über die Philosophie der Religion, sondern als Vorlesungen zur Logik. Hier demonstrierte er glänzend seine dialektische Meisterschaft. Daraus erklärt sich sicher auch der Erfolg dieser Vorlesungen.

Nach der „Kritik der reinen Vernunft" schienen Versuche einer logischen Begründung der Religion von vornherein zum Scheitern verurteilt. Alle traditionellen Gottesbeweise hatte Kant einer vernichtend-folgerichtigen Untersuchung unterzogen und dabei ihre Unhaltbarkeit demonstriert. Das Gebäude der „philosophischen Theologie" schien zerstört,

Glauben und Wissen waren als zwei völlig unterschiedene Sphären der geistigen Tätigkeit erwiesen. Unter dem Vorbehalt, daß nicht das unmittelbare Wissen gemeint sei, war sogar Kants Opponent Jacobi bereit, dieser These zuzustimmen. Er war der Auffassung, daß der Glaube mit dem unmittelbaren Wissen identisch sei, daß die Existenz Gottes nicht beweisbar, sondern evident sei.

Hegel verspottete dieses „unmittelbare Wissen", er war der Auffassung, daß Wahrheit nur auf logischem Wege begründbar ist, die Wissenschaft kann nicht auf Glauben setzen. Er lehnte den Gottesbeweis ex consensu gentium: *Wenn alle Völker zu jeder Zeit an Gott glaubten – so muß er existieren*, als vage ab. Das sei reine Empirie, und noch dazu keine allgemeingültige; der Philosoph wußte, daß es Völker gab, die kein Bewußtsein von einem höheren Wesen hatten. Daher beeilt sich Hegel, das Niveau des empirischen Alltagsurteils hinter sich zu lassen und die metaphysischen Höhen zu erklimmen, um hier ebenbürtig mit Kant zu fechten.

In allen drei traditionellen Gottesbeweisen, dem kosmologischen, teleologischen und dem ontologischen, wies Kant logisch anfechtbare Stellen nach. Davon war schon die Rede. Den kosmologischen Gottesbeweis analysierend, vermerkte Kant, daß Urteile über eine allgemeine kausale Abhängigkeit auf der Ebene der sinnlichen Erfahrung anwendbar seien, es aber keinen Grund gebe, sie auf eine übersinnliche Welt zu übertragen (wo dieses Wesen sich befinden müßte). Um so mehr gebe es keine Gründe, die Möglichkeit einer unendlichen Reihe von zufälligen Ursachen und Folgen zu verneinen.

Eine schwache Stelle in diesen Überlegungen Kants ist die Gegenüberstellung von sinnlicher Welt der Erscheinungen und übersinnlicher Welt der „Dinge an sich". Hegel zögerte nicht, diese auszunutzen. Gott ist kein unerkennbares „Ding an sich", denn die Erkenntnis ist allen zugänglich; Kant setzt die Vernunft herab, die wahre Sphäre der Vernunft ist gerade nicht die sinnliche, sondern die vom Geist begreifbare Welt. So lautet der erste Einwand Hegels. Der zweite Einwand demonstriert glänzend gerade jene „dialektische Kunst", die Kant nicht ohne Grund fürchtete. Wieso, fragt Hegel, kann man die Zufälligkeit und die Notwendigkeit einander gegenüberstellen? Wo Zufälligkeit ist, dort ist auch Notwendigkeit und Substantialität, die selbst die Voraussetzung der Zufälligkeit ist. Der Gedanke vom Zusammenhang der Notwendigkeit mit der Zufälligkeit ist widersprüchlich. „Es ist diese Zärtlichkeit gegen die Dinge, welche auf diese keinen Widerspruch will kommen lassen, obgleich selbst die oberflächlichste wie die tiefste *Erfahrung* überall zeigt, daß diese Dinge voller Widersprüche sind."[482]

Weiter geht Hegel zum teleologischen Gottesbeweis (es ist der physiko-theologische) über. Die ganze Welt bescheinigt die Weisheit des Schöpfers, da alles in ihr geordnet und zweckmäßig ist. Das Gegenargument Kants lautet: Die Zweckmäßigkeit und die Harmonie der Natur berühren die Form der Dinge und nicht ihre Materie, ihre Substanz, folglich läßt sich mit Hilfe des physiko-theologischen Arguments höchstens die Existenz eines Bildners der Welt, eines Meisters, der das fertige Material bearbeitet, aber nicht eines Weltschöpfers beweisen.

Hegel erwidert Kant, indem er wieder die Dialektik zum Einsatz einbringt: Kann denn die Form losgelöst vom Inhalt betrachtet werden? Es ist Unsinn, von einer Materie ohne Form zu sprechen. In der gleichen Weise darf der Zweck nicht vom Mittel isoliert werden. Zwecke existieren nicht an sich. In der Natur gibt es viel Zweckmäßiges, aber auch nicht weniger Unzweckmäßiges und Sinnloses. Die Vernunft ist dialektisch, und es ist naiv, zu denken, daß in der Welt alles bis ins kleinste durchdacht ist.

Auch im ontologischen Gottesbeweis, meinte Kant, ist es nicht schwer, den formalen Fehler zu finden: Sein ist keine Eigenschaft. Der Menge der Merkmale nach unterscheiden sich der wirkliche und der eingebildete Gegenstand nicht; hundert wirkliche Taler sind dem Begriff nach nicht das mindeste mehr, sagt Kant, als hundert mögliche, der Unterschied besteht nur darin, ob sie sich in meiner Tasche befinden. Die Vermischung des einen und des anderen liegt auch den ersten zwei „Beweisen" zugrunde, sie lassen sich auf dieses Problem zurückführen.

Hegel wendet sich zum drittenmal den Paragraphen der „Wissenschaft der Logik" zu. Entscheidend ist, daß der Gedanke von den hundert Talern kein Begriff, sondern ein

Abstraktum, ein Resultat der Verstandestätigkeit ist; der echte Begriff ist konkret, er ist ein Produkt der Vernunft. Was die Beziehung des Begriffs zum Sein angeht, so genügt es zur Erhellung der Frage, auf das System der dialektischen Kategorien zu schauen: Das Sein ist der Ausgangspunkt, und der Begriff krönt die Logik, er enthält in sich alle vorangehenden Bestimmungen, also auch das Sein. Gewöhnlich wird der Begriff als etwas Subjektives angesehen, das dem Objekt und der Realität gegenübersteht. Für Hegel ist der Begriff objektiv, besitzt er selbständiges Sein.

Kant hatte zweifellos recht: Die Existenz Gottes kann nicht bewiesen werden. Aber die Logik, auf die sich Kant berief, war die formale Logik. Die Vernunft ist. Der Dialektiker Hegel geht darüber hinaus. Hat Hegel die Existenz Gottes bewiesen? Er hat lediglich die Grenzen der Kantischen Logik gezeigt und die unerschöpflichen Möglichkeiten des dialektischen Denkens bewiesen. Der Gott Hegels, wenn er dem Wesen nach auf den Begriff gebraucht wird, ist die sich selbst entwickelnde Welt, in welcher der Tätigkeit des Menschen der wesentliche Platz zugeordnet ist.

Hegels Philosophie der Religion löste die naive Gottlosigkeit der Aufklärer ab, die in der Religion eine Erfindung geschickter Betrüger und Scharlatanerie sahen. Hegel zeigte die gesetzmäßige Herausbildung und Entwicklung der Religionen. Die Schlußfolgerung, daß die Religion überhaupt überlebt sei, hat er nicht gezogen. Hegel sprach der Kunst ein Todesurteil, die Religion sprach er frei. Die Geschichte hat anders entschieden.

Die vollendete Stufe des Hegelschen Systems bildet die Philosophie. In ihr ist der „absolute Endpunkt" der Selbstentwicklung des Geistes fixiert; die Lehre Hegels bildet dabei den Höhepunkt und Abschluß.

Allerdings lag es Hegel völlig fern, sich persönlich oder seinem Genie das Verdienst zuzuschreiben, die absolute Wahrheit gefunden zu haben. In seiner Philosophie erblickte er nur die letzte, die abschließende Etappe des langen Weges der Selbsterkenntnis des Geistes.

Schon vor Hegel hatte es Darstellungen der Geschichte der Philosophie gegeben. Aber sie hatten zwei Mängel: Teils war in ihnen die Aufeinanderfolge philosophischer Systeme eine Art Galerie sich widersprechender Meinungen, teils waren sie eine bloße Sammlung von Kenntnissen. Die Verfasser solcher Geschichten vergleicht Hegel mit Tieren, die alle Töne einer Musik durchgehört haben, die aber das Wichtigste, die Harmonie dieser Töne, nicht erfassen.

Die Geschichte der Philosophie ist nach Hegels Auffassung dagegen eine innerlich notwendige Vorwärtsbewegung des Denkens. Sie macht uns nicht mit einer Galerie widersprechender Meinungen, sondern mit einer Galerie von Heroen der denkenden Vernunft bekannt, welche (jeder immer tiefer) in das Wesen der Dinge, der Natur und des Geistes eindrangen und für die folgenden Generationen den größten Schatz, den Schatz der Vernunfterkenntnis, erarbeiteten. Die Geschichte der Philosophie – das ist der Weg zur Wahrheit.

Die Ereignisse und Taten dieser Geschichte sind in Inhalt und Gehalt nicht durch Persönlichkeit und Charakter einzelner Individuen geprägt, vielmehr sind die Hervorbringungen um so vortrefflicher, je weniger vom besonderen Individuum darin eingeht; das eigentümlichkeitslose Denken selbst ist hier das produzierende Subjekt. In dieser Beziehung steht, so Hegel, die Geschichte der Philosophie der politischen Geschichte gegenüber, wo das Individuum mit der Besonderheit seines Naturells, Genies, Charakters das Subjekt der Taten und Begebenheiten ist. In der Geschichte der Philosophie spielt die Tradition eine Rolle, die uns wie eine heilige Kette an die Vergangenheit bindet, aber nicht als ein unbewegtes Steinbild, sondern lebendig wie ein mächtiger Strom, der sich immer mehr vergrößert.

Natürlich kommt es vor, bemerkt Hegel, daß eine neue philosophische Lehre für sich beansprucht, alles Vergangene widerlegt zu haben und die Wahrheit zu besitzen. Die bisherige Erfahrung zeigt, daß auf solche philosophische Systeme zutrifft, was „der Apostel Paulus zu Ananias spricht: ‚Siehe, die Füße derer, die dich hinaustragen werden, stehen schon vor der Türe.' Siehe, die Philosophie, wodurch die deinige widerlegt und verdrängt werden wird, wird nicht lange ausbleiben, sowenig als sie bei jeder anderen ausgeblieben ist." Für sich selbst allerdings machte Hegel da eine Ausnahme.

Aber kein System verschwindet spurlos, es fährt fort, im

„aufgehobenen" Zustand zu existieren; das heißt, jede nachfolgende Stufe in der Entwicklung der Philosophie entspringt nicht nur notwendig aus der vorhergehenden, sondern sie nimmt alles in sich auf, was die vergangene Stufe an Wertvollem enthielt. So fällt auch in diesem Gebiet Logisches und Historisches zusammen: Die Theorie der Erkenntnis fällt mit ihrer Geschichte zusammen, die logische Aufeinanderfolge der Begriffe im System der Philosophie entspricht ihrer historischen Herausbildung. Darum, schließt Hegel, ist das Studium der Geschichte der Philosophie das Studium der Philosophie selbst.

Tatsächlich ist in keiner anderen Wissenschaft die Geschichte so unmittelbar in den Forschungsgegenstand einbezogen wie in der Philosophie. Auch geht es hier nicht in erster Linie darum, wie dieser oder jener Denker eine neue Stufe auf dem Wege zum Gipfel des Wissens erklomm; Hegel kam, als er eine einheitliche Stufenleiter der philosophischen Systeme schaffen wollte, die die Kategorienfolge der Logik reproduziert, nicht ohne Schematismus aus. Wichtiger ist etwas anderes: Das philosophische Wissen ist aufgrund seines Charakters der Welt als Ganzem zugewandt, es arbeitet die allgemeinsten Prinzipien des Herangehens an die Wirklichkeit heraus, die ständig vervollkommnet werden, in ihren Grundlagen aber unerschütterlich bleiben. In diesem Sinne ist die Philosophie der Kunst analog, in der das Studium ihrer Geschichte gleichzeitig Aneignung des Gegenstandes selbst ist.

Der historischen Bewegung des philosophischen Wissens liegt dasselbe Prinzip wie der Konstruktion des Kategoriensystems zugrunde – das Aufsteigen vom Abstrakten zum Konkreten. Je älter eine philosophische Lehre ist, desto abstrakter ist sie, je jünger, desto inhaltsreicher und konkreter. Wir dürfen nicht darauf hoffen, bei den Alten Antworten auf Fragen zu erhalten, die von der Gegenwart gestellt sind, Bestimmungen von ihnen erwarten, die einem tieferen Bewußtsein zukommen. Mit Recht wehrte sich Hegel entschieden gegen eine Überinterpretation der Vergangenheit; nur ließ er sich dazu hinreißen, jede Lehre als Konstituierung jeweils einer Kategorie seines logischen Systems abzubilden und alle anderen Bestimmungen einer Philosophie der Entwicklung dieser Kategorie unterzuordnen. Die

Alten kannten unsere Probleme nicht, aber ihre Fragen waren inhaltsreich und konkret genug.
Hegel nahm nicht nur die einheitliche Kette der Lehren gewahr, sondern auch die Abhängigkeit jedes Kettengliedes von den sie umgebenden Bedingungen. Darin hatte er keine Vorgänger. Die Philosophie, sagt Hegel, ist ihre Zeit, in Gedanken gefaßt. Jedes beliebige philosophische System ist Philosophie seiner Zeit, und darum können in unseren Tagen weder Platoniker noch Aristoteliker, weder Stoiker noch Epikureer, höchstens ihre Epigonen vorkommen. Die Restauration dieser Systeme wäre dasselbe wie die Verwandlung eines reifen Mannes in ein Kind. Auch begünstigt nicht jede Epoche das Philosophieren; nur eine hohe Stufe und Reife der Kultur macht den Weg für das philosophische Denken frei.
Die Dialektik Hegels kann man ausgezeichnet anhand seiner philosophiehistorischen Darlegungen studieren. Was in der „Wissenschaft der Logik" wie eine spekulative Konstruktion aussieht, erhält hier, soweit das möglich ist, eine philosophiehistorische Bestätigung.
Engels bezeichnete die „Vorlesungen über die Geschichte der Philosophie" als „eins der genialsten Werke"[483]. Lenin hob hervor, daß „Hegel ... vorwiegend dem *Dialektischen* in der Geschichte der Philosophie nachspürt"[484]. Wir haben wirklich eine unübertroffene Untersuchung der Geschichte der Dialektik vor uns.
Über zwei Drittel des Textes sind der Antike gewidmet. Mit der Eleatischen Schule beginnt die Dialektik. Das sinnliche, das veränderliche Sein besitzt keine Wahrheit; wenn wir es vernünftig begreifen wollen, stoßen wir auf Widersprüche. Am prägnantesten wird dieser Gedanke in den Aporien des Zenon ausgedrückt, dessen Ziel die Widerlegung der Bewegung war. Die Sinne zeigen uns, daß sich die Gegenstände bewegen, aber es ist unmöglich, die Bewegung zu verstehen, der Gedanke an sie enthält immer einen Widerspruch, folglich, schließt Zenon, existiert die Bewegung nicht in Wirklichkeit.
Betrachten wir die Aporie des „fliegenden Pfeils". Während des Fluges befindet sich der Pfeil in einem gegebenen konkreten Zeitmoment an einem gegebenen konkreten Ort. Im folgenden Moment befindet er sich an einem anderen Ort,

usw. Wenn der Pfeil sich an einem gegebenen Ort befindet, bedeutet das jedoch, daß er an dem Orte ruht, aber aus einer Summe von Ruhezuständen kann sich keine Bewegung ergeben. Der sich bewegende Gegenstand bewegt sich an keinem Ort, weder dort, wo er ist, noch dort, wo er nicht ist.
Die andere Aporie ist die vom „schnellfüßigen Achilles". Wenn man logisch vorgeht, kann man nicht beweisen, daß der Läufer Achilles den Vorsprung der langsam dahinkriechenden Schildkröte einholen wird. Solange er den Abstand zwischen ihnen durchläuft, wird sie mindestens ein wenig vorwärts gehen. Während Achilles diesen neuen Abstand überwindet, wird sie von neuem einen, wenn auch nur ganz geringen, Weg zurückgelegt haben, und so bewegen sie sich bis ins Unendliche hintereinander fort. Zenon wollte nicht die sinnliche Gewißheit der Bewegung leugnen, er stellte die Frage, wie sie in den Begriffen der Logik auszudrücken ist. Die Widerlegung der Aporien Zenons kann nur die dialektische Logik geben, die die Existenz von Widersprüchen in der Wirklichkeit selbst anerkennt. Die Bewegung ist an sich widersprüchlich. Sich bewegen bedeutet in Wirklichkeit gerade, an diesem Ort sein und zugleich nicht; an diesem und zugleich an einem anderen Ort sein – darin besteht die Kontinuität der Zeit und des Raumes, die allein erst die Bewegung möglich macht. „Bewegen heißt aber: an diesem Orte sein und zugleich nicht; dies ist die Kontinuität des Raums und der Zeit – und diese ist es, welche die Bewegung erst möglich macht. Zenon hat in seiner Konsequenz diese beiden Punkte streng gegeneinandergehalten."[485] Die Eleaten entdeckten die Dialektik von der negativen Seite, das heißt, sie stellten ein Problem, das sie nicht zu lösen vermochten. Hegel vergleicht hierin Zenon mit Kant. Die positive Ausarbeitung der dialektischen Ideen enthält die Philosophie Heraklits. „... es ist kein Satz des Heraklit, den ich nicht in meine Logik aufgenommen"[486] – so schreibt Hegel. Die Natur ist ein Kreis, in dem Anfang und Ende zusammenfallen. Auch andere Gegensätze fallen zusammen; Sein und Nichtsein sind ein und dasselbe. Die vorheraklitischen Lehren, meint Hegel, brachten es bis zu den ersten dialektischen Kategorien. Heraklit ging zur nächsten über – zum Werden.

Eine neue Etappe in der Entwicklung der antiken Philosophie hebt mit den Sophisten an. Das Wort „Sophistik" genießt keine gute Reputation: es bedeutet, daß willkürlich entweder Wahres durch falsche Gründe widerlegt oder Falsches plausibel, wahrscheinlich gemacht wird. Aber dieser Sinn des Wortes entstand erst später, und ursprünglich bedeutete Sophist – Lehrer der Weisheit. Die Sophisten richteten die Philosophie auf den Menschen, sie bezogen die menschlichen Beziehungen in sie ein. Die Sophisten waren zu ihrer Zeit Lehrer der Bildung, sie lehrten Mathematik, Musik und Redekunst. Allerdings fanden sie im Denken keinen festen Halt, deshalb artete ihre Lehre in prinzipienlose Wortspielerei aus.

An dieser Stelle tritt Sokrates auf. Er ist, nach den Worten Hegels, die interessanteste Figur in der antiken Philosophie. Sokrates knüpft unmittelbar an die Sophisten im Bemühen an, die Philosophie zu „vermenschlichen", aber er steht den Sophisten gegenüber, weil er das Vorhandensein absoluter Elemente behauptet, die Höheres als private Interessen sind. Dies sind das Wahre, das Gute, Sittliche, Rechtliche. Jeder Mensch soll selbständig, „aus sich selbst", zur Erkenntnis seiner selbst gelangen und in Übereinstimmung damit leben. Sokrates hat die Moral entdeckt. Bis zu ihm gab es in Athen unbefangene Sittlichkeit, aber nicht Reflexion über das Gute, Moralität. Wir erinnern uns: Sittlichkeit stellt Hegel höher als die Moral, doch im gegebenen Fall, vermerkt er, befand sich der athenische Staat im Zustand des Verfalls, die Sitten verfielen, das Individuum mußte Maßstäbe in sich selbst finden.

Die der Suche nach Wahrheit dienende sokratische Ironie bestimmte Hegel als subjektive Dialektik. Hegel polemisierte gegen Friedrich Schlegels Ironieauffassung und den Ironiebegriff der Romantik überhaupt. Er verglich letzteren sogar mit dem Lachen des Mephistopheles, mit Heuchelei.

Dabei hätte Friedrich Schlegel gar nichts gegen Hegels Bestimmung der Ironie einzuwenden gehabt. Im Sokrates-Abschnitt seiner „Vorlesungen über die Geschichte der Philosophie" führte Hegel aus: „Alle Dialektik läßt das gelten, was gelten soll, als ob es gelte, läßt die innere Zerstörung selbst sich daran entwickeln – allgemeine Ironie der Welt."[487]

Hegel verglich die Ironie mit der objektiven Dialektik. Das Herangehen der Romantiker war ähnlich. Daher ist Hegels polemischer Ausfall gegen Schlegel ungerechtfertigt.

Die nächste große Gestalt, an der die Aufmerksamkeit Hegels haftenbleibt, ist der größte Schüler von Sokrates, Platon. Die uns umgebende Welt der sinnlich wahrnehmbaren, veränderlichen und instabilen Dinge ist, nach Platon, eine blasse Abbildung der wirklichen, über die Erfahrung hinausgehenden Welt der Ideen. Jedes Ding besitzt seine Idee, die unabhängig vom Ding existiert und sein wahres Sein, sein Wesen ist. Jedes konkrete Haus ist nur eine Erscheinung der entsprechenden ewigen und unveränderlichen Idee des Hauses überhaupt. Die Idee im Sinne Platons ist nichts anderes als der allgemeine Begriff, der metaphysisch den sinnlich wahrnehmbaren Einzeldingen gegenübergestellt und zur selbständigen Existenz erhoben wird.

Aber Platon ist Philosoph, und der ihn aufmerksam Lesende spürt hinter der mythologischen Hülle tiefe Gedanken über die Natur des Wissens auf. (Übrigens wird auch der Terminus „Dialektik" zum erstenmal bei Platon angetroffen.) Die Hegelsche Analyse ist eben in dieser Beziehung interessant. Lenin hob im Konspekt der Vorlesungen folgendes Zitat aus Platon hervor: „Das Schwere und Wahrhafte ist dieses, zu zeigen, daß das, was das Andere ist, Dasselbe ist, und was Dasselbe ist, ein Anderes ist, und zwar in einer und derselben Rücksicht."[488] Es geht um das Zusammenfallen der Gegensätze. Dergleichen sagte in bildhafter Form schon Heraklit, als er die uns umgebende Welt beobachtete. Hier wird diese Idee in Form des Begriffes ausgedrückt und auf das Wissen bezogen, das, wie auch die Welt selbst, in sich die Einheit widersprüchlicher Bestimmungen einschließen soll. Die Wahrheit ist die Identität der Gegensätze, resümiert Hegel die Überlegungen Platons. Platon war Schüler des Sokrates, aber im Unterschied zu seinem Lehrer ging er in den menschlichen Angelegenheiten nicht vom Einzelnen, sondern von der organisierten Gesellschaft von Menschen, vom Staat aus. Platon predigt nicht Moral, er legt ein System der Sittlichkeit dar. Damit steht er Hegel besonders nahe. Platon vertraut, wie später der Berliner Philosoph, ganz auf den Staat als die Grundlage des sittlichen Lebens.

Wie Platon mit seinem Lehrer Sokrates, so war sein Schüler Aristoteles noch entschiedener mit Platon nicht einverstanden. Dieser war Erzieher Alexander von Mazedoniens, und er spielte in der griechischen Philosophie eine Rolle, die der politischen des ihm Anvertrauten entsprach: Besitz des mazedonischen Königs war die ganze zivilisierte Welt; das System des Aristoteles umspannte alle damals existierenden Wissensbereiche.

Der grundlegende Vorwurf, den Aristoteles gegen Platon erhebt, besteht darin, daß es unmöglich ist, das Wesen von dem zu trennen, dessen Wesen es ist. Das Wesen ist in den Dingen selbst gegründet und befindet sich nicht in einer jenseitigen Welt. In der Aristotelischen Kritik an Platon sind bestimmte materialistische Züge enthalten, die Hegel sorgfältig vertuscht. „Widerlich zu lesen, wie Hegel Aristoteles wegen seiner ‚wahrhaft spekulativen Begriffe‘ überschwenglich lobt, wobei er offenkundig idealistischen (= mystischen) Unsinn breittritt. Unterschlagen sind *alle* Punkte, wo Aristoteles zwischen Idealismus und Materialismus *schwankt*!!!"[489]

Nach einer gründlichen Analyse der nacharistotelischen Schulen – der Stoiker, der Epikureer, der Skeptiker und Neuplatoniker – geht Hegel zum Mittelalter über. Seine Darstellung wird plötzlich ausgesprochen knapp. Doch offenbar nicht deshalb, weil Hegel die mittelalterliche Philosophie unzureichend gekannt hätte, sondern deshalb, weil sie nicht in sein Schema der fortschreitenden Entwicklung des logischen Denkens hineinpaßte. Ebenso zeigte sich hier seine für den Protestanten charakteristische Feindschaft gegenüber der geistigen Welt des Katholizismus, der uneingeschränkt in der Epoche des Feudalismus herrschte.

Die Wendung zur Dialektik erfolgt erst in der „neuesten deutschen Philosophie". Die „neueste deutsche Philosophie" beginnt für Hegel nicht mit Kant, sondern mit Jacobi, der gegen das Verstandesdenken zu Felde zog. Hegel räumt Kant den größten Abschnitt von denen ein, die die nachgriechische Philosophie behandeln – etwa ebensoviel Seiten wie Sokrates, aber zweimal weniger als Platon, wobei sein Urteil nicht immer lobend ausfällt. Darauf folgen Fichte, die Romantiker und Schelling. Hegels Darstellung mündet in sein eigenes System: „Der *nunmehrige Standpunkt*

der Philosophie ist, daß die Idee in ihrer Notwendigkeit erkannt ... werde ..."[490]
Diese Darstellung klingt naiv und kurzsichtig. Der Philosoph wußte, daß Absicht und historisches Resultat nicht zusammenfallen. Die Ergebnisse, die Hegel erzielte, waren groß, auch ohne daß man seinem Anspruch auf absolute Wahrheit folgt. Die Ironie der Geschichte (das ist wahrlich die „List der Vernunft") wollte es, daß der Denker, der endgültig die Herrschaft der idealistischen Philosophie bestätigt zu haben glaubte, den Boden für einen neuen Aufschwung des Materialismus, der sich auf das dialektische Denken stützte, bereitet hat.

KAPITEL 7

Im Namen des Menschen (Feuerbach)

1. Die Kritik des Idealismus

Obwohl Hegels Lehre in den zwanziger Jahren des 18. Jahrhunderts im Geistesleben Deutschlands dominierte, herrschte sie nicht absolut. Selbst in Preußen umfaßte die Philosophie mehr als nur den Hegelianismus.
An der Berliner Universität war der Einfluß der von Jakob Friedrich Fries (1773–1843), einem Gegner der Hegelschen Philosophie, vertretenen Theorie zu spüren. Wegen seiner Teilnahme an Studentenunruhen wurde ihm verboten, Philosophie zu lehren. Daraufhin übernahm Fries den Lehrstuhl Physik. Er war Kantianer. In der Ethik (wie überhaupt in der Philosophie) war für ihn die persönliche Würde des Menschen das Wichtigste. In Eduard Beneke, der seinerzeit mit einer Kritik an Hegel hervorgetreten war, hatte Fries einen Anhänger an der Berliner Universität.
Der Inhalt des Wortwechsels zwischen Hegel und Schopenhauer während der Habilitation des letzteren ist überliefert.[491] Schopenhauer erhielt das Recht, Vorlesungen zu halten, doch über Jahre fand er keine Hörer. Sein Hauptwerk, „Die Welt als Wille und Vorstellung" (1819), blieb bis in die fünfziger Jahre unbeachtet. Schopenhauer zählte zu den entschiedensten Gegnern Hegels, doch der große Dialektiker hatte diesen Gegner nicht zu fürchten. Die Zeit für Schopenhauers Pessimismus war noch nicht herangereift.
Befürchtungen riefen bei Hegel die Romantiker, Schleiermacher und Schlegel hervor. Schleiermachers Einfluß reichte bis in die Berliner Universität und die Berliner Akademie der Wissenschaften, deren Tore Hegel verschlossen blieben. Schleiermacher ging in seinen theoretischen Überlegungen vom Primat der Persönlichkeit aus, wobei er in der Kunst das Mittel der Selbstverwirklichung sah. Er warf Hegel Dogmatismus vor. Auch Friedrich August Schlegels 1828 veröffentlichter Vorlesungszyklus „Über die Philosophie des Lebens" war gegen Hegels Panlogismus gerichtet. „Der Gegenstand der Philosophie ist also das innere gei-

stige Leben, und zwar in seiner ganzen Fülle, nicht bloß diese oder jene einzelne Kraft desselben, in irgend einer einseitigen Richtung. Was aber die Form und Methode betrifft, so setzt die Philosophie des Lebens nur das Leben voraus."[492]
Die Romantik stand der sinnlichen Realität, der Natur näher als Hegels Philosophie.
Vorbehalte gegen Hegel hatten auch die beiden Humboldts. Wilhelm von Humboldt, ein berühmter Philologe, ein Kenner des Altertums, untersuchte die Sprache als organisches Ganzes, als menschliche Tätigkeit unter bestimmten natürlichen und sozialen Bedingungen. Das historische Herangehen an die Sprache führte Wilhelm von Humboldt an ein weiteres Gebiet des Philosophierens heran – an die Theorie der Geschichte. Hier sind vor allem drei, ihrem Umfang nach kleine, aber sehr bedeutende Arbeiten zu nennen: „Betrachtungen über die Weltgeschichte" (1814); „Betrachtungen über die bewegenden Ursachen in der Weltgeschichte" (1818); und „Über die Aufgaben des Geschichtsschreibers" (1821).
Anders als die spekulativen Systeme der Geschichtsphilosophie bezieht Humboldt Überlegungen zur Physik der Geschichte mit in seine Untersuchungen ein. Wie der Begriff zeigt, ist von natürlichen, materiellen Bewegkräften der Gesellschaft die Rede. Bei der Erörterung von Ereignissen muß man nicht einfach vorangegangene Ereignisse herausziehen, sondern die Faktoren, die sowohl diese als auch jene bestimmt haben. Humboldt fordert, den Begriff „Vorsehung" abzuschaffen, weil er, als Erklärung genommen, eine weitergehende Analyse ausschließt. Die Ursachen des Weltgeschehens sind die Natur der Dinge, die Freiheit des Menschen, die Willkür des Zufalls.
Die menschliche Art entsteht auf der Erde wie die Tierarten auch, schrieb Wilhelm von Humboldt. Sie schließt sich zusammen, bildet Nationen, führt ein nomadisierendes oder seßhaftes Leben. Die Bedürfnisse der Gattung widerspiegeln sich in ihren Leidenschaften wie zum Beispiel den Revolutionen und Kriegen. Die Ursachen dieser Leidenschaften sind rein physischer, tierischer Natur. Die Entwicklung der Gattung, die die Weltgeschichte ausmacht, entsteht wie jede Bewegung der Natur im Ergeb-

nis des Handlungstriebes. Dieser Entwicklung liegen Gesetze zugrunde, die wir nicht immer zu erkennen vermögen.
Der Mangel der modernen Philosophie der Geschichte besteht nach Humboldt darin, daß die Vernunft des Menschen überschätzt, der Umstand hingegen, daß der Mensch auch ein Produkt der Natur sei, unterschätzt werde. Das brachte Hegel auf den Plan.
1827 veröffentlichte dieser eine umfangreiche Rezension von Humboldts Arbeit „Über die unter dem Namen Bhagavad-Gita bekannte Episode des Mahabharata". Hegel würdigte die mühsame Arbeit des Verfassers und interpretierte die indische Philosophie auf seine Weise. Diese, behauptete er, unterscheide sich grundsätzlich vom modernen Denken und sei insofern nur von historischem Interesse. In Hegels Artikel, so Humboldt in einem Brief, „mischt [sich] Philosophie und Fabel, Echtes und Unechtes, Uraltes und Modernes – was kann das für eine Art der philosophischen Geschichte geben? Die ganze Rezension ist aber auch gegen mich, wenngleich versteckt, gerichtet und geht deutlich aus der Überzeugung hervor, daß ich eher alles als ein Philosoph bin."[493] Humboldt verzichtete darauf, eine Antwort an Hegel zu veröffentlichen, er wollte keinen Streit, um so mehr, als sein Bruder es dem Philosophen zu dieser Zeit auf andere Weise heimzahlte.
Nach langjährigen Auslandsreisen kehrte der Nestor der deutschen Naturwissenschaft, Reformator der Akademie der Wissenschaften und angesehener Forscher, der Südamerika durchstreift und sogar Goethe mit der Vielseitigkeit seines Wissens und seiner Interessen in Erstaunen versetzt hatte, nach Deutschland zurück. Der jüngere Humboldt war berühmt in allen Schichten der Gesellschaft. Im Herbst begann er seine kostenlosen Vorlesungen über physikalische Geographie.
Das von Humboldt in seinen Vorlesungen gezeichnete Weltbild frappierte durch seine Grandiosität und Poesie. Mit Feuer und in meisterhafter Rede sprach der Gelehrte über den Kosmos und die Erde, über seltene Mineralien und exotische Pflanzen, machte seine Zuhörer mit Fakten und Theorien aus der Geschichte der Wissenschaft und aus der modernen Wissenschaft bekannt. Die sechste Vorle-

sung richtete sich unverkennbar gegen die spekulative Philosophie. Humboldt widerten die mentorhaften Allüren des deutschen Idealismus an. Die Herabwürdigung der Natur zu einem trägen Element in Hegels Lehre paßte ihm gar nicht. Zwar wurde Hegels Name in den Vorlesungen nicht genannt, doch ging es um eine „Metaphysik ohne Kenntnis und Erfahrung", die zu einem Schematismus führe, der noch enger als der mittelalterliche sei.

Die Bedeutung von Humboldts Vorlesungen in der Singakademie ist weitaus größer, als es auf den ersten Blick erscheinen mag. Es war in Deutschland der erste Versuch einer Popularisierung der Naturwissenschaften, eine direkte Herausforderung der spekulativen Philosophie. Alexander von Humbold bereitete den Boden für den Materialismus Feuerbachs vor.

In gewissem Sinne hatte Hegel auch in Goethe einen Gegenspieler. Goethe hatte zur Hegelschen Philosophie, die er achtete, ein kritisches Verhältnis. Johann Peter Eckermann berichtet über die Begegnung zwischen Goethe und Hegel am 8. Oktober 1827: „Sodann wendete sich das Gespräch auf das Wesen der Dialektik. ‚Es ist im Grunde nichts weiter', sagte Hegel, ‚als der geregelte, methodisch ausgebildete Widerspruchsgeist, der jedem Menschen inwohnt, und welche Gabe sich groß erweiset in Unterscheidung des Wahren vom Falschen.'

‚Wenn nur', fiel Goethe ein, ‚solche geistigen Künste und Gewandtheiten nicht häufig gemißbraucht und dazu verwendet würden, um das Falsche wahr und das Wahre falsch zu machen!'

‚Der gleichen geschieht wohl', erwiderte Hegel, ‚aber nur von Leuten, die geistig krank sind.'

‚Da lobe ich mir', sagte Goethe, ‚das Studium der Natur, das eine solche Krankheit nicht aufkommen läßt! Denn hier haben wir es mit dem unendlich und ewig Wahren zu tun, das jeden, der nicht durchaus rein und ehrlich bei Beobachtungen und Behandlung seines Gegenstandes verfährt, sogleich als unzulänglich verwirft. Auch bin ich gewiß, daß mancher dialektisch Kranke im Studium der Natur eine wohltätige Heilung finden könnte.'"[494]

Hegels Hauptgegner aber blieb Schelling. In dem Maße, wie Hegels Stern stieg, äußerte er sich immer schärfer gegen den Jugendfreund. Es ist schwer zu sagen, ob Schelling die „Philosophie des Geistes" jemals ganz gelesen hat, die darin enthaltenen Ausfälle gegen ihn sind ihm jedenfalls nicht entgangen. Schelling tat so, als sei nicht von ihm die Rede, sondern von seinen Epigonen. Bald darauf warf er Hegel Unverständlichkeit vor. Schelling beschloß, ein populäres, dem Volke verständliches Werk zu schreiben.
Er stellte Fragen, die jeden bewegen: Was geht jetzt vor? Was war in der Vergangenheit? Was erwartet uns in der Zukunft? Das Vergangene wird gewußt; das Gegenwärtige wird erkannt; das Zukünftige wird geahnt. Demzufolge gibt es drei Weltalter. Schelling hatte vor, drei Bände zu schreiben: über die Vergangenheit, über die Gegenwart und über die Zukunft. Im Frühjahr 1811 lagen die Korrekturfahnen des ersten Bandes vor.
In der Einleitung legt Schelling die allgemeinen Prinzipien dar: Wissenschaft ist nicht Folge und Entwicklung eigener Begriffe und Gedanken, sondern Entwicklung eines lebendigen, wirklichen Wesens, die in ihr sich darstellt. Die Aufgabe des Philosophen, der sich der Vergangenheit zuwendet, ist mit der des Historikers identisch. Die Geschichte der Natur hat ihre Denkmäler und ihre lebenden Zeugen. Der Philosoph lebt sich in diese hinein. „Wir leben nicht im Schauen; unser Wissen ist Stückwerk, d. h. es muß stückweis, nach Abtheilungen und Abstufungen erzeugt werden, welches nicht ohne alle Reflexion, geschehen kann."[495] In der Anschauung ist kein Verstand. Er aber ist Bedingung der Erkenntnis. Jedes Ding ist eine Gesamtheit von Prozessen. Sie zu sehen ist nicht möglich. Der Bauer sieht die Pflanze wie der Gelehrte auch, doch er weiß über die Pflanze weniger als ein Wissenschaftler. Daher genügt der innere Sinn für die Erkenntnis nicht, es bedarf äußerer Mittel, die der Philosoph in der Dialektik findet. Jede Wissenschaft hat die Dialektik zu durchlaufen, auch wenn letztere noch nicht zur Wissenschaft geworden ist.
In Schelling erwacht erneut das Interesse an der Dialektik der Begriffe. Leider stellt er die Dialektik dem historischen Herangehen entgegen. Dies führt ihn in eine Sackgasse. Sein Werk ist voll von historischem Pathos, doch Pathos al-

lein ist für einen Philosophen zuwenig. Er benötigt ein strenges Begriffssystem – bei Schelling finden wir es nicht.

Die uns umgebende Welt ist alt, aber nicht von Ewigkeit. Der Planet Erde ist zweifellos älter als die darauf lebenden Pflanzen und Tiere. Diese wiederum sind älter als die Menschengattung. Alles ist durch die Zeit hervorgebracht. Das Problem der Entwicklung, das für eine gewisse Zeit aus Schellings Gesichtskreis verschwunden war, kehrt nun in seine Philosophie zurück.

Und noch eine vergessene Leidenschaft kehrt wieder – das Interesse am Problem der Materie. Schelling interessiert sich für die materiellen Prozesse der Entwicklung. Als er, wie immer, den Gesichtspunkt der Identitätsphilosophie ableitet, bestimmt er die ursprüngliche Identität nicht als Vernunft, wie in der „Darstellung meines Systems der Philosophie", sondern als Materie. Es ist davon die Rede, daß „die im gegenwärtigen Augenblick sich erzeugende erste Materie noch keine dem Geist entgegengesetzte, sondern nur selbst eine geistige Materie seyn [kann], die, wenn sie auch in Bezug auf das Seyende leidende Eigenschaften hat, doch in sich und in Bezug auf alles Untergeordnete eitel Kraft und Leben ist. Gäbe es nicht einen solchen Punkt wo Geistiges und Physisches ganz ineinander sind, so würde die Materie nicht, wie es unläugbar der Fall ist, der Wiedererhöhung in dasselbe fähig seyn. In der Materie auch der rein körperlichen Dinge liegt ein innrer Verklärungspunkt."[496]

Zur selben Zeit wie die „Weltalter" entstand Hegels „Wissenschaft der Logik". Hegel und Schelling arbeiteten an der Lösung derselben Aufgabe: der philosophischen Durchdringung des Entwicklungsprozesses. Hegel löste sie konsequent idealistisch. Er begann mit dem abstraktesten Begriff – dem „Sein", knüpfte daran eine Kette immer inhaltsreicherer Begriffe und sprach: Das ist das logische Schema des historischen Prozesses, die Logik wiederholt die Geschichte.

Die Einwände gegen das Hegelsche Schema waren bereits vor der Veröffentlichung der „Wissenschaft der Logik" ausgearbeitet. In den „Weltaltern" legt Schelling dar, wovon die Philosophie auszugehen hat. Ein abstraktes leeres Sein kann es nicht geben, das Sein braucht einen Träger. Aus diesem Grunde kritisiert Schelling den Idealismus. Doch das Problem des Verhältnisses zwischen der Geschichte des Gegenstandes und seiner immanenten Logik bleibt ungelöst. Schelling hat sein Werk nicht vollendet. Dreimal wurde der von Schelling immer wieder geänderte Text des ersten Bandes der „Weltalter" neu in Druck gegeben, doch da Schelling unablässig am Text arbeitete, gab er das Manuskript nicht zur Veröffentlichung frei.

Dieses Schicksal war auch seinem Werk „Die Philosophie der Mythologie" beschieden. Dreimal gedieh die Arbeit bis zum Umbruch (1821, 1824 und 1830), in den letzten beiden Fällen auch zu einer gedruckten Auflage, doch Schelling konnte sich nicht entschließen, das Buch freizugeben. Er war mit seiner Leistung nicht zufrieden, arbeitete unablässig, die Manuskriptseiten häuften sich – herausgegeben wurden sie erst nach dem Tode des Philosophen.

Ein wichtiger Platz unter Schellings Arbeiten gebührt dem Vorlesungszyklus „Zur Geschichte der neueren Philosophie", den Schelling 1827 in München las. In diesen Vorlesungen kommen die Angriffe gegen Hegel am massivsten zum Ausdruck.

Die Hegelsche Lehre, versichert Schelling, sei lediglich eine entstellte und schlechtere Variante seiner eigenen Theorie. Die Methode habe Hegel der Naturphilosophie entnommen, nur habe er sie verschlechtert, indem er die Entwicklung der Natur durch die Bewegung der Begriffe ersetzt habe. Hegel sage, daß der Begriff sich selbst bewege – in Wirklichkeit aber könne nur der Philosoph selbst den Begriff dazu anregen. „Die Begriffe als solche existieren in der That nirgends als im Bewußtseyn, sie *sind* also objektiv genommen *nach* der Natur, nicht vor derselben; Hegel nahm sie von ihrer natürlichen Stelle hinweg, indem er sie an den Anfang der Philosophie setzte."[497] So geht dann das von der Realität erst Abstrahierte der Realität voraus.

Hegel beginnt mit dem abstrakten Sein, doch so etwas gibt es nicht, das Sein ist immer konkret, hat einen Träger. Das Werden geht dem Werdenden nicht voraus. Hegel beschäftigt sich mit leeren Abstraktionen. Dies ist mit einer Poesie, die die Poesie selbst zum Gegenstand hat, vergleichbar, aber das ist keine Poesie.

Hegel erklärt zum Gegenstand seiner „Wissenschaft der Logik" die Gedanken Gottes vor Erschaffung der Welt – vor jeder Natur und vor jeder Zeit. Wie wird dann das Ideale zum Realen, wie bringt der Gedanke die Welt hervor, die Logik die Natur? Laut Hegel ist die Natur lediglich die Agonie des Begriffs. Hegel nennt die Natur den Abfall der Idee von sich selbst. Wie geht dieser Abfall vor sich? Wie kann sich die Idee hierzu entschließen? Ist es überhaupt möglich, sich von seinem Ebenbild zu lösen? Wenn es sich wirklich um eine Ablösung handelt, so ist es eine Handlung, eine Tat. Sonst verliert dieser Begriff seinen Sinn. Bei Hegel löst sich die reale Produktivität der Natur in nichts auf.

„In der Logik liegt nichts Weltveränderndes."[498] So lautet ein weiteres Argument Schellings gegen Hegels Panlogismus. Hegel ist bestrebt, die Wirklichkeit vollständig in logische Begriffe aufzulösen, doch das mißlingt ihm; aber das ist nicht seine Schuld, denn eine solche Aufgabe ist nicht lösbar. Der Versuch, sie zu lösen, kann nur dazu führen, die Menschen von der Philosophie abzustoßen.

Wenn ein Idealist einen anderen Idealisten kritisiert, gewinnt der Materialismus. Schelling hat die Achillesverse der Hegelschen Philosophie aufgedeckt. Feuerbach wird seine Kritik der Hegelschen Philosophie genau auf diesen Punkt konzentrieren. Später wird Feuerbach auch Schelling kritisieren. Noch bedankt er sich bei Schelling. Am 18. Dezember 1828 „sendet er seine Dissertation (De ratione, una, universali, infinita – Über die eine, allgemeine und unendliche Vernunft) an Schelling – ‚zum Zeichen meiner ungeheuchelten Hochachtung und Verehrung', wie er in einem Begleitbrief dazu schreibt"[499].

Die erste Arbeit Feuerbachs, die gegen den Idealismus gerichtet war, „Zur Kritik der Hegelschen Philosophie", erschien im Jahre 1839; in ihr werden jene Argumente entwickelt, die bereits Schelling seinen Hörern darlegte.

In einem anderen Vorlesungszyklus ergänzt Schelling die schon bekannten Argumente durch neue. Hegel hat mit der Kunst abgerechnet: Der Geist, der sich zu den Gipfeln der absoluten Erkenntnis aufgeschwungen hat, kann nicht wieder zum Künstlertum, dieser niederen Stufe seines Daseins, herabsteigen. Für Poesie und Kunst sei kein Platz mehr.

Hegels Lehre klinge damit aus, daß er den Staat als göttlich betrachte. Es wäre jedoch ungerecht, Hegel Unterwürfigkeit vorzuwerfen. Die Vergötterung des Staates bleibe sein Fehler. Hegels Philosophie sei rationalistisch und habe daher keine innere Beziehung zur Religion. „Verwandle man die öffentliche Religion in einen blossen Rationalismus, so wird die Furcht vor der Langeweile vollends die Kirchen veröden."[500]

Der Hauptmangel der Hegelschen Theorie insgesamt sei ihre „Negativität", das heißt ihr rein logischer Charakter. Schelling kann im Jahre 1832 auf ein mehr oder weniger entwickeltes System einer „positiven" Philosophie verweisen. Für das Wintersemester kündigte er einen Vorlesungszyklus zu diesem Thema an. Eine ausführliche Mitschrift dieser Vorlesung ist erhalten und 1973 in Torino veröffentlicht worden.

Strenggenommen haben wir eine Einleitung, den ersten Teil des Systems vor uns. Den zweiten Teil des neuen Systems bildet die „Philosophie der Mythologie", den dritten und wichtigsten die „Philosophie der Offenbarung". Die Grenzen zwischen den einzelnen Bestandteilen sind fließend.

Der Systemgedanke ist für Schelling nach wie vor wichtig. Die Philosophie erkennt die allgemeingültigen Zusammenhänge in der Welt und nimmt daher die Form eines Systems an. Der Nachteil aller vorangegangenen Systeme ist der, daß sie einen streng logischen Charakter trugen und absolut geschlossene Systeme waren. Eine positive Philosophie kann keine geschlossene sein und daher auch nicht ein System genannt werden. Sie zeichnet sich durch einen anderen Vorzug aus: sie entwickelt systematisch etwas Positives, Endgültiges. Um etwas sanktionieren zu können, muß es etwas fest Begründetes geben; die „negative", logische Philosophie entbehrt eines solchen Fundaments und ist daher kein System.

Die positive Philosophie strebt ein allumfassendes und vollkommenes Wissen an, sie begründet ein positives Ideal. Es ist von Gott die Rede, doch Gott ist, wie Feuerbach später beweisen wird, das entfremdete Wesen des Menschen. Stellt dieses an seinen Platz, und ihr erkennt in der positiven Philosophie Schellings die moralisch-erhabene Konzeption der Freiheit des Menschen, seines, wie Kant sagen würde, noumenalen, das heißt von äußeren Einflüssen unabhängigen moralischen Verhaltens. Heute beschäftigt sich die Axiologie (die Theorie der Werte) mit diesen Fragen. Es gelang Schelling nicht, die gestellte Aufgabe zu lösen. Doch seine Fragestellung ist beachtenswert. Drei Bedingungen sind, laut Schelling, für die Realisierung eines positiven Systems notwendig. Erstens die völlige Freiheit einer wirkenden Ursache, jeglicher materielle Vorteil muß ausgeschlossen sein; zweitens die Transitivität der Handlung, das heißt die Übertragbarkeit ihrer Ergebnisse auf einen anderen Gegenstand; drittens die Einbeziehung des Handelnden in einen bestimmten Prozeß.

Alles das sagt Schelling über Gott. Kant stellte analoge Forderungen an den Menschen. Seine noumenale Persönlichkeit läßt sich nur von der Pflicht leiten, von keinen anderen Motiven sonst, sie sorgt sich um das Wohl des anderen, existiert unter bestimmten gesellschaftlichen Bedingungen. Kant säkularisierte die Gebote des Neuen Testaments, Schellings positive Philosophie stellt ihre religiöse Form wieder her. Diese Form stößt bis auf den heutigen Tag viele ab und hindert daran, den anthropologischen Gehalt der Philosophie des alten Schelling zu erkennen.

Der verborgene Sinn der Schellingschen Theologie ist die Anthropologie. Oft führt der alte Schelling den Menschen nicht vermittelt über Gott, sondern direkt, ohne einen Mittler, ein. Dies kommt in dem Fragment „Anthropologisches Schema", das in der Zeit der Arbeit an der „Philosophie der Offenbarung" entstand, zum Ausdruck. Im Fragment ist von drei grundlegenden Eigenschaften der menschlichen Seele die Rede – vom Willen, vom Verstand und vom Geist. Der Wille ist der ursprüngliche Grund der Tätigkeit, der Verstand reguliert, der Geist gibt die eigentlichen Ziele vor.

Schelling widmet, während er das Bewußtsein in seiner historischen Entwicklung analysiert, der Mythologie sehr viel Aufmerksamkeit. In der Religion entspricht ihr der Polytheismus. Ursprünglich, meint Schelling, sei die natürliche Religion des Menschen Monotheismus gewesen. Doch damit sich eine solche Vorstellung im Bewußtsein als etwas Wahres verankert, muß sie ihre Negation durchlaufen. Auf

diese Weise bildet sich eine Triade heraus: Monotheismus – Polytheismus (Mythologie) – Monotheismus des Christentums (die Offenbarung).
Schelling tritt, im Unterschied zu Hegel, nicht als Apologet der Kirche seiner Zeit, sondern eher als Ketzer, als ihr Kritiker auf. Sein erklärtes Ziel ist, die ihm bekannten Formen des Christentums zu überwinden. Den Katholizismus (die Kirche des Apostels Petrus) hält er für eine bereits durchschrittene Etappe, den Protestantismus (die Kirche des Apostels Paulus) für eine Übergangsphase. Das neue, das Christentum der Zukunft verbindet er mit dem Namen des Apostels Johannes. Die Kirche des Apostels Johannes wird eine universelle sein, sie wird alle Völker einen.
1841 wurde Schelling nach Berlin gerufen, um den nach Hegels Tode verwaisten Lehrstuhl für Philosophie zu übernehmen. Seinen Vorlesungszyklus nannte Schelling „Die Philosophie der Offenbarung". Es handelt sich hierbei um einen Extrakt aus allen Teilen seiner neuen Philosophie. Später schätzte Schelling diesen Vorlesungszyklus als mißlungen ein.
Unter den Hörern in Berlin war der junge Friedrich Engels. In seiner Arbeit „Schelling und die Offenbarung" gab Engels eine treffende Charakteristik der Vorlesungen – und was die Hauptsache war – des greisen, ehemals berühmten, inzwischen überlebten Schelling. „Als er noch jung war, da war er ein andrer ..., ein gottestrunkener Prophet, weissagte er von einer neuen Zeit; hingerissen von dem Geiste, der über ihn kam, kannte er die Bedeutung seiner Worte oft selber nicht. Er riß die Türflügel des Philosophierens weit auf, daß der frische Hauch der Natur durch die Räume des abstrakten Gedankens wehte, daß der warme Frühlingsstrahl auf den Samen der Kategorien fiel und alle schlummernden Kräfte erweckte. Aber das Feuer brannte zusammen, der Mut entschwand, der gärende Most, noch eh' er klarer Wein geworden war, ging in sauren Essig über."[501]
Das Geheimnis der Theologie ist die Anthropologie. Nicht die Erkenntnis Gottes, sondern das Selbstbewußtsein der Menschheit, „das ist die wahre Religion eines jeden echten Philosophen, das ist die Basis der wahren positiven Philosophie der Weltgeschichte. Diese ist die höchste Offenbarung, die des Menschen an den Menschen."[502]

Engels bedient sich der Terminologie Schellings, versieht sie aber mit einem anderen Inhalt, nämlich dem durch die Hegelsche Schule hervorgebrachten. Schelling, der von einer „positiven" Philosophie träumte, leistete „negative" Vorarbeit – er brachte die Stützpfeiler des Hegelianismus ins Wanken; die Herausarbeitung neuer, positiver Ansätze war dem Materialismus vorbehalten.

Bald nach Hegels Tode begann man eine achtzehnbändige Sammlung seiner Werke herauszugeben, die Texte der Vorlesungen eingeschlossen. Marheineke bearbeitete die Ausgabe der Vorlesungen zur Philosophie der Religion, Hotho die zur Ästhetik, Michelet die zur Geschichte der Philosophie und Gans die zur Philosophie der Geschichte. Zusammen mit Göschel und Hinrichs bildeten sie die Gruppe der sogenannten „Althegelianer", der von Hegel selbst herangezogenen Schüler und nächsten Freunde. Die zwei Letztgenannten taten sich durch ihre konservativen Ansichten und das Bestreben hervor, die Hegelsche Lehre ganz und gar im Geiste der protestantischen Orthodoxie zu deuten. Sie stellten den „rechten" Flügel der Schule dar. Sie setzten Philosophie mit Religion gleich, betrachteten die absolute Idee als den Herrgott und ersetzten die Triade durch die Heilige Dreieinigkeit.
Aber im Schoße der Hegelschen Philosophie reiften neue Tendenzen heran. Vier Jahre nach dem Tod des Philosophen erschien das Buch „Das Leben Jesu" von David Friedrich Strauß, das einen starken Einfluß auf die Zeitgenossen ausübte und einige Auflagen erlebte. Durch historische Quellenkritik kam Strauß zu der Schlußfolgerung, daß das Evangelium unglaubwürdig sei. Alle Berichte der Evangelisten von den Taten Jesu seien unwahrscheinlich, die von ihm angeblich bewirkten Wunder seien unmöglich. Zugleich seien aber die Evangelien keine bewußten Erfindungen, sondern Mythenschöpfungen, und Mythen seien mehr als willkürliche Phantastereien: sie seien das Produkt einer unbewußten kollektiven Schöpfung des Volkes oder einer großen religiösen Gemeinde. Der Einfluß von Schellings Vorlesungen über die Philosophie der Mythologie auf Strauß ist spürbar. Im Unterschied zu Schelling, der im Christentum die göttliche Offenbarung sah, be-

zog Strauß auch das Christentum in den Begriff Mythologie ein.
„Das Leben Jesu" brach mit der offiziellen Hegelschen Tradition. Dieses Buch kennzeichnet den Beginn der Bewegung der „linken" Hegelianer oder der „Junghegelianer". Sie waren offene Atheisten und Republikaner. Die markanteste Persönlichkeit unter ihnen – Bruno Bauer – ging etwas später in seiner Kritik des Christentums über Strauß hinaus. Er wies nach, daß einige Berichte des Evangeliums bewußte Fabrikationen ihrer Verfasser waren. Der Fehler von Strauß bestehe darin, daß er die „Substanz" verabsolutiere, das heißt, der Geist dringe bei ihm nicht bis zum „Selbstbewußtsein" vor. Das Volk als solches könne nichts unmittelbar aus seiner Substantialität schaffen, nur das einzelne Bewußtsein verleihe einer Gedankenschöpfung sowohl die Form als auch die Bestimmtheit des Inhalts.
Man stritt über religiöse Probleme, aber hinter der Theologie verbarg sich die Philosophie. Die Frage, wie die Legenden des Evangeliums entstanden waren, ob durch bewußtlos-traditionelle Mythenbildung im Schoß der Gemeinde oder ob von den Evangelisten ausgedacht, weitete sich zu der Frage aus, ob die „Substanz" oder das „Selbstbewußtsein", die nationale Kultur oder die kritisch denkende Persönlichkeit die grundlegende und wirkende Kraft der Weltgeschichte sei.
Bauer war Atheist, er schrieb geistreiche antireligiöse Pamphlete, die den Kampf der Kirche gegen den Antichrist Hegel parodierten, aber er verließ niemals den Boden der idealistischen Philosophie. Die Hegelsche Philosophie nahm in seiner Auslegung eine Fichtesche Färbung an. Der Streit überschritt nie die Grenzen des Idealismus.
Die Situation veränderte sich gründlich, als im Jahre 1841 ein Buch erschien, das den Materialismus als philosophische Lehre wieder in seine Rechte setzte. Engels schrieb, viele Jahre danach, darüber: „Die Natur existiert unabhängig von aller Philosophie; sie ist die Grundlage, auf der wir Menschen, selbst Naturprodukte, erwachsen sind; außer der Natur und den Menschen existiert nichts, und die höhern Wesen, die unsere religiöse Phantasie erschuf, sind nur die phantastische Rückspiegelung unseres eignen Wesens. Der Bann war gebrochen; das ‚System' war gesprengt

und beiseitegeworfen, der Widerspruch war, als nur in der Einbildung vorhanden, aufgelöst. – Man muß die befreiende Wirkung dieses Buches selbst erlebt haben, um sich eine Vorstellung davon zu machen." Das Buch trug den Titel „Das Wesen des Christentums", und sein Verfasser war Ludwig Feuerbach.[503]
Ludwig Feuerbach (1804–1872) bezeichnet den Abschluß der klassischen deutschen Philosophie, und er war zugleich ihr Reformator. Die Tatsache, daß dem deutschen philosophischen Denken eine materialistische Traditionslinie stets immanent war, ist von prinzipieller methodologischer Bedeutung. Heinrich Heine irrte, als er schrieb, „Deutschland hat von jeher eine Abneigung gegen den Materialismus bekundet"[504]. Abzulehnen ist auch Wilhelm Windelbands Einschätzung, daß Feuerbach lediglich ein abtrünniger Sohn des deutschen Idealismus gewesen sei. Die Herausbildung der Feuerbachschen Philosophie ist ohne das vorhergehende philosophische Denken in Deutschland nicht zu erklären. Feuerbach selbst bestand darauf, daß es in Deutschland eine stetige materialistische Tradition gegeben habe. In einer seiner späten Arbeiten, „Über Spiritualismus und Materialismus, besonders in Beziehung auf die Willensfreiheit" (1866), widmete er dem religiösen Ursprung des deutschen Materialismus ein Kapitel. Feuerbach vertrat die Auffassung, daß die Reformation den Anstoß für die Entwicklung materialistischer Ideen gegeben habe. Er sah eine tiefe Symbolik darin, daß der Sohn des Reformators Martin Luther, Paul, nicht Theologe, sondern Arzt wurde, also den Weg der naturwissenschaftlichen Forschung, der letztlich zum Materialismus führt, einschlug. „Es ist nichts verkehrter, als wenn man den deutschen Materialismus vom ‚Systeme de la Nature' oder gar von der Trüffelpastete La Mettries ableitet. Der deutsche Materialismus hat einen religiösen Ursprung; er beginnt mit der Reformation; ... Der deutsche Materialist ist also kein Bankert, keine Frucht der Buhlschaft deutscher Wissenschaft mit ausländischem Geiste, er ist echter Deutscher, der bereits im Zeitalter der Reformation das Licht der Welt erblickte."[505]
Von einem religiösen Ursprung des deutschen Materialismus kann jedoch nur in dem Sinne die Rede sein, als im Mittelalter das gesamte Geistesleben religiös bestimmt war.

Die Neuzeit säkularisierte auch den Materialismus, knüpfte ihn fest an den Atheismus. Von ausgeprägt weltlichem Charakter waren die materialistischen Tendenzen im Schaffen Lessings und Herders. Zum Materialismus neigte auch der Freigeist Goethe. Alexander von Humboldt verkörperte die Einheit von Materialismus und naturwissenschaftlicher Forschung. Georg Forster verband den Materialismus mit dem revolutionären Denken. Von der Kraft und dem Einfluß des Materialismus zeugt auch die Tatsache, daß materialistische Züge in den philosophischen Theorien Kants und Schellings und selbst bei einem so bedeutenden Idealisten wie Hegel nachweisbar sind. Es war bereits von anderen einflußreichen materialistischen Denkern die Rede. Zu ihnen gehört auch Karl Ludwig von Knebel (1744–1834). Knebels Arbeiten enthalten zahlreiche Gedanken, die später von Feuerbach aufgegriffen und weiterentwickelt wurden. In der Arbeit „Blicke auf unser Dasein" (1788) stellte Knebel fest: „So ist Natur und Wesen des Menschen, so wie aller übrigen Geschöpfe, durchaus von Einer und derselben Beschaffenheit, und was wir Geist nennen, und nur dem Menschen vor allen übrigen Geschöpfen eigen zu sein glauben, ist nichts als eine erhöhte Kraft, auf Eigenschaften der Natur gegründet..."[506] Man muß dem Literaturhistoriker Paul Reimann zustimmen, wenn er erklärt, daß sich Knebel „als einer der klarsten deutschen Denker vor Marx"[507] erweist.

Feuerbach begann als Schüler Hegels, zwei Jahre lang hatte er aufmerksam und begeistert die Vorlesungen Hegels in Berlin gehört. „Er war es, den ich meinen zweiten Vater ... damals nannte. Er war der einzige Mann, der mich fühlen und erfahren ließ, was ein Lehrer ist; der einzige ... dem ich mich zu innigem Danke daher verbunden fühlte."[508]

1828 schickte er dem Lehrer seine Dissertation „Über die einzige, allgemeine und unendliche Vernunft" und stellte mit allem Respekt die Frage nach der Weiterführung und Weiterentwicklung der Prinzipien, die den Grundstein der Hegelschen Philosophie der Religion bildeten. Gegenwärtig ist es wichtig, schrieb Feuerbach, jahrtausendalte Anschauungsweisen zu überwinden – es kann keine zweite Wahrheit, etwa Religionswahrheit, geben. Das Christentum ist keine vollkommene und absolute Religion, die Erkenntnis seiner Endlichkeit und Nichtigkeit ist gekommen, alles wird Idee und Vernunft werden.[509] Die ersten kritischen Ideen des zukünftigen Verfassers des „Wesens des Christentums" konnten natürlich nicht das Verständnis des Autors der „Vorlesungen über die Philosophie der Religion" finden, und so blieb der Brief Feuerbachs unbeantwortet.

Im Brief an den Lehrer brachte er bei weitem nicht alles zum Ausdruck, was ihn bewegte. Die Zweifel des jungen Feuerbach erstreckten sich auf ein weiteres Gebiet. Wie verhält sich das Denken zum Sein, wie die Logik zur Natur? – stellt er sich selbst die Frage. Seine Antwort lautet: „Gäbe es keine Natur, nimmermehr brächte die unbefleckte Jungfer Logik eine aus sich hervor."[510] Eine weitere Frage: Wie verhält sich die Philosophie zur Religion? Die Antwort: „Die bestehenden Religionen enthalten allerdings unzählig Widerliches und mit der Wahrheit Unverträgliches."[511] Und eine dritte Frage: Wie verhält sich die Hegelsche Philosophie zur Gegenwart und zur Zukunft, ist sie nicht eher die Welt von gestern? Eine Antwort gab Feuerbach nicht, doch schon die Fragestellung ist deutlich genug.

Feuerbach begann sich für Herders Schaffen zu interessieren. 1829 hielt er, der junge Privatdozent, an der Erlanger Universität Vorlesungen über Logik und Metaphysik. Die im Hegelschen Geiste konzipierten Vorlesungen wurden im Geiste Herders vorgetragen. Den Gegenstand seiner Vorlesungen interpretierte Feuerbach im weitesten Sinne. Er sprach vom Menschen, davon, daß es in der Theologie weder den wirklichen noch den wahren Menschen gebe, der Mensch in der Theologie nicht mehr als eine abstrakte Vorstellung sei. Nur über die Liebe gelange Bestimmtheit in die Seele. Die Liebe ist von der Menschheit nicht zu trennen, führt Feuerbach in seinen Erlanger Vorlesungen aus. Das Kind wird erst zum Menschen, wenn es liebt. Das Wesen der Liebe kommt am deutlichsten in der Liebe zwischen Mann und Frau zum Ausdruck.

Feuerbach ist noch nicht Materialist. Er erkennt das Primat der Natur gegenüber der „Logik" an, damit befindet er sich in Schellings Nähe. Und er unterscheidet sich von diesem durch sein kritischeres Verhältnis zur Religion, durch seine irdische Interpretation der Liebe.

Der Titel des ersten veröffentlichten Werkes von Feuerbach lautet: „Gedanken über Tod und Unsterblichkeit" (1830). Auch hier ist die Rede von der Liebe – der himmlischen und der irdischen, der göttlichen und der menschlichen. Allein Gott ist unsterblich, doch Gott ist die Liebe, und der liebende Mensch hat Anteil an Gott. „Der Mensch, wie er nicht liebt, bloß für sich ist, ist da nur noch ein natürliches Wesen, sein Sein ist ein natürlich selbständiges, unvermitteltes, aber das sittliche, das Menschenwesen des Menschen ist eben, sein bloßes natürliches Selbstsein aufzugeben, einen Grund seines Seins sich zu setzen, durch ein andres zu sein, in dem Sein eines andern den Grund seines Seins zu haben. ... Alle Liebe, alle Liebesarten haben dies gemeinschaftlich, daß sie Selbstaufgebung, Selbstopferung sind."[512]

Seiner Abhandlung fügte Feuerbach „Satyrisch theologische Distichen" an. Sie mildern das Pathetische des prosaischen Textes, verspotten die idealistischen Dogmen und die kirchliche Dogmatik.

„,Wesen ist nur der Begriff'; das heißt: das Gerippe vom
                                                        Menschen
Hat mehr Realität als der lebendige Mensch."[513]

Diese Zeilen sind eindeutig gegen Hegel gerichtet, für den, laut Feuerbach, das Leben lediglich Beiwerk des Gerippes war. Wie die Hyäne begnügt sich die Hegelsche Weisheit mit den Knochen. Andere Distichen richten sich gegen die Mystiker und beschränkte Theologen, die die Bibel für ewige Weisheit ausgeben, dabei ist die Bibel nur eine Episode in dem Epos der Menschheit. Die Weltgeschichte enthält das wahre Gotteswort. Es gab eine Zeit, da war die Religion die Stütze des Staates, jetzt ist der Staat die Stütze der Religion, und die Polizei ist die Basis der Theologie. Feuerbach kritisiert die bürgerliche Bereicherungssucht, die sich für Aufklärung ausgibt.

Die erste gedruckte Arbeit blieb die einzige, die Feuerbach als Hochschullehrer verfassen konnte. Als Freigeist wurde er von der Erlanger Universität verwiesen. Daraufhin widmete er sich völlig der schriftstellerischen Tätigkeit. Es erscheint ein philosophiehistorisches Werk nach dem anderen: Die „Geschichte der neuern Philosophie von Bacon bis Spinoza" (1833), „Leibniz" (1837), „Pierre Bayle" (1838).

Ein Wesenszug der klassischen deutschen Philosophie ist das Interesse an den Vorläufern, eine hohe philosophiegeschichtliche Kultur. In seinen „Vorlesungen über die Geschichte der Philosophie" widmete Hegel der Philosophie der Antike die größte Aufmerksamkeit. Seine Helden sind Platon und Aristoteles. Schelling verlagerte den Akzent in die Neuzeit. Feuerbach hat für die Epoche Interesse, in der die empirischen Wissenschaften an Bedeutung gewannen und die pantheistischen Ideen weite Verbreitung fanden.

Ein Freund warf Feuerbach vor, er verschwende in seinen philosophiehistorischen Arbeiten zu viel Kraft für Kompilation. Feuerbach entgegnete: „Wenn Du daher meine historischen Arbeiten *gelehrte Kompilationen* nennst, so urteilst Du nur nach dem oberflächlichen *Augenschein*. Das wesentliche Moment in ihnen ist nicht die Darstellung, sondern die *Entwicklung* des Mittelpunkts der dargestellten Philosophien."[514]

Das Problem der Materie ist für Feuerbach das komplizierteste an Leibniz' Theorie. Und genau dieses Problem regt ihn an.

Von Jakob Böhmes Philosophie und seiner These, der Mensch sei das Wesen aller Wesenheit, fühlt er sich angezogen. Böhme steht mit seinen Auffassungen sowohl Hobbes und Descartes als auch Spinoza und Leibniz gegenüber. Ihrer Metaphysik und ihrem Idealismus stellt er die Sinnlichkeit entgegen. „J. B. ist der lehrreichste und zugleich interessanteste Beweis, daß die Mysterien der Theologie und Metaphysik in der Psychologie ihre Erklärung finden."[515]

Vom Grundgedanken Böhmes ausgehend, wandte Feuerbach sich der Psychologie zu. Das Ergebnis seiner Überlegungen veröffentlichte er in verständlicher, essayistischer Form, zum Beispiel in „Der Schriftsteller und der Mensch. Eine Reihe humoristisch-philosophischer Aphorismen" (1834). Die Unsterblichkeit des Individuums bestreitet Feuerbach, aber Unsterblichkeit erlangt der Mensch im Schöpfertum. Dank dessen gibt es sogar eine Art Seelenwanderung. „Die Indier kannten nur eine Seelenwanderung vor und nach dem Leben. Es gibt aber auch schon im Leben eine Metempsychose. Diese ist die Lektüre. ... Welch ein herrlicher Genuß ist es nicht, in die Seele eines Plato, eines Goethe sich zu verwandeln!"[516]

Wie kommt es zu einem solchen Wunder? Jede Art Schöpfertum erfordert die Verausgabung innerer Lebenskräfte, bis hin zur Selbstaufopferung; das schöpferische Arbeiten ähnelt einem pathologischen Zustand, es ist fesselnd und auszehrend zugleich. „Auch die rein wissenschaftliche, die philosophische Produktion, die nur gedeiht bei vollkommner Herrschaft der Vernunft, ist zugleich Ekstase, ergreift den ganzen Menschen, erregt die lebhafteste Sensation, erfordert und erzeugt die innigste persönliche Teilnahme. Jeder wahre Gedanke ist, als freies Vernunftprodukt, zugleich eine durch und durch dringende Determination unsrer unmittelbaren Individualität, ein Stich ins Herz, eine Erschütterung unsres ganzen Seins, ein Opfer unsrer Existenz."[517]
Vor Feuerbach hat niemand, und nach ihm nur wenige, das Wesen des Schöpfertums so feinfühlig zu erfassen und die Einheit von künstlerischem und wissenschaftlichem Schöpfertum so genau zu bestimmen vermocht.

Einer Synthese von Kunst und Wissenschaft maß Feuerbach entscheidende Bedeutung bei, er nannte dies „den Humor in die Wissenschaft einzuführen"[518]. Gerade darum ging es ihm, als er seine Aphorismen niederschrieb und seinen eigenen Weg in die Philosophie fand.

Noch hatte er diesen Weg nicht eingeschlagen. Er wiederholte, ohne Schellingianer zu sein, das, was man bei Schelling nachlesen kann: *„Die Materie ist, damit der Geist sich als Geist betätige;* nicht sein Sein verdankt er ihr, aber beweisen, daß er ist, daß er Geist ist, das kann er nicht ohne Materie."[519] W. I. Lenin unterstrich, als er Feuerbach las, diese Stelle und vermerkte am Rande: Das ist bereits Idealismus.[520]

Feuerbach war im Jahre 1837 noch kein Materialist. Erst ein Jahr darauf trat eine Wende in seinen Auffassungen ein. Der Artikel „Zur Kritik der Hegelschen Philosophie" (1839) kündet vom endgültigen Bruch mit dem Idealismus. Es ist nicht nur von Hegel, sondern auch von Schelling die Rede. Schelling tendiert zur orientalischen Weisheit, seine Philosophie steht für Einheit ohne Unterschied. Hegel dagegen ist eine Verkörperung des Okzidents: seine Theorie betont die Differenz, erkennt in allem die Vielfalt, flattert umher wie ein Schmetterling. „Die Naturphilosophie brachte es mit ihren Produkten nicht über die Potenzen der Zoophyten und Mollusken, zu denen bekanntlich die Acephalen und Gasteropoden gehören; Hegel versetzte uns auf eine höhere Stufe, in die Classe der *Articulata*, deren höchste Ordnung die der *Insekten* ist. Hegel's Geist in ein *logischer*, bestimmter (sit venia verbo!) ein *entomologischer* Geist."[521] Bis zu den höheren Lebewesen, bis zum Menschen, vermag der Idealismus nicht vorzudringen.

Ursprünglich, schreibt Feuerbach, hatte Schelling einen dem Idealismus entgegengesetzten Weg einschlagen wollen. Die Natur hörte für ihn auf, etwas Abgeleitetes zu sein, sie stellte sich ihm als primär und selbständig dar. Doch Schelling führte sein Vorhaben nicht zu Ende. „Die Naturphilosophie ließ daher den Idealismus in seiner vollen Integrität bestehen."[522] In der Identitätsphilosophie wurde nur der Unterschied zwischen Subjektivem und Objektivem beseitigt.

Feuerbach, obwohl er Schelling kritisiert, entnimmt sein Hauptargument gegen Hegel der Schellingschen Philosophie. „In Folge dieser Methode *verselbständigt* nun Hegel Bestimmungen, die *für sich* keine Realität haben. So ist es mit dem Sein am Anfang der Logik."[523] Das Sein und der Träger des Seins bilden eine Einheit, es ist unmöglich, das Sein als etwas Selbständiges abzutrennen.

Schelling hatte ein ähnliches Argument gegen Hegel vorgebracht, war selbst aber an diesem Problem gescheitert. Laut Schelling verwaltet Gott das Dasein. „Wie lächerlich: Gott ist der *Herr* des *Seins*, als könnte das Besondere der Herr des Allgemeinen sein, da sich der Herr nicht ohne das Sein denken läßt; denn die erste Grundbedingung, um Herr zu sein, ist, daß *er ist*. *Sein* geht der Herrschaft voraus, bleibt zugrunde liegen. Wie kann also die Herrschaft wieder über das Sein herrschen wollen, als wäre das Sein etwas Abtrennbares? Woher aber kommt dieser Unsinn? Setze statt ‚Sein' *Natur*, so ist es erklärt. Die Natur, so ist der Sinn, geht voraus dem Gott als Geist, und dann setzt sich der Geist als Herr und Besitzer der Natur."[524] Beide Spielarten des Idealismus begehen ein und denselben Fehler – das Sein hängt in beiden Fällen in der Luft, denn sie kennen kein wirkliches Dasein.

Feuerbach geht über Schelling und Hegel hinaus: „Die Realität des sinnlichen einzelnen Seins ist uns eine mit unserm

Blute besiegelte Wahrheit."[525] Der Begriff Wahrheit bedeutet in diesem Kontext sowohl Wirklichkeit als auch Ursprünglichkeit. Das ist eine völlig materialistische These.

2. Das anthropologische Prinzip

Der Terminus „Anthropologie" ist uns seit Kants letzter großer Arbeit, in der die philosophische Theorie des Menschen vom Standpunkt des Kritizismus dargelegt wird, geläufig. Das Interesse an anthropologischen Fragestellungen brachte Theoretiker oft in Opposition zu spekulativen Lehren, bot jedoch keine Garantie für eine wissenschaftliche Lösung des Problems, da sie idealistische Interpretationen nicht ausschloß. Bei Feuerbach ist das anders.
Seine Methode kennzeichnend, schrieb er: „Worin besteht denn meine ‚Methode'? Darin, alles Übernatürliche vermittelst des Menschen auf die Natur und alles Übermenschliche vermittelst der Natur auf den Menschen zu reduzieren, aber stets nur auf Grund anschaulicher, historischer, empirischer Tatsachen und Exempel."[526]
Anhänger einer solchen monistischen materialistischen Methode war auch N. G. Tschernyschewski. Er erklärte das anthropologische Prinzip in der Philosophie folgendermaßen: „Dieses Prinzip besteht darin, daß man den Menschen als *ein* Wesen betrachten muß, das nur *eine* Natur hat, daß man das menschliche Leben nicht in verschiedene Hälften zerschneidet, die verschiedenen Naturen angehören; daß man jede Seite der Tätigkeit des Menschen als Tätigkeit entweder seines gesamten Organismus von Kopf bis Fuß einschließlich betrachtet, oder, wenn es sich um eine spezielle Funktion irgendeines besonderen Organs im menschlichen Organismus handelt, dieses Organ in seinem natürlichen Zusammenhang mit dem Gesamtorganismus untersucht."[527]
Es geht hier um die Frage, ob Feuerbach und Tschernyschewski konsequente philosophische Materialisten sind. W. I. Lenin bemerkt hierzu: „Eben deshalb ist Feuerbachs und Tschernyschewskis Terminus ‚anthropologisches Prinzip' in der Philosophie *eng*. Sowohl das anthropologische Prinzip als auch der Naturalismus sind nur ungenaue,

schwache Umschreibungen des *Materialismus*."[528] Worin kommt die Enge und Schwäche der philosophischen Auffassung Feuerbachs zum Ausdruck? Um auf diese Frage eine Antwort geben zu können, müssen wir uns dem Hauptwerk Feuerbachs, dem „Wesen des Christentums" (1841), zuwenden.

Das Buch wird durch eine wichtige Problemstellung eingeleitet: Was ist das Wesen des Menschen, was macht die eigentliche Menschheit im Menschen aus? Die Antwort Feuerbachs lautet: die Vernunft, der Wille und das Herz. „Vernunft, Liebe, Willenskraft sind *Vollkommenheiten*. Wollen, Lieben, Denken sind die *höchsten Kräfte*, sind das *absolute Wesen* des Menschen qua talis (als solchen), als Menschen, und der *Grund* seines Daseins. Der Mensch ist, um zu denken, um zu lieben, um zu wollen. Was aber der Endzweck, ist auch der wahre Grund und Ursprung eines Wesens. Aber was ist der Zweck der Vernunft? Die Vernunft. Der Liebe? Die Liebe. Des Willens? Die Willensfreiheit. Wir denken, um zu denken, lieben, um zu lieben, wollen, um zu wollen, d. h. frei zu sein. *Wahres* Wesen ist denkendes, liebendes, wollendes Wesen. Wahr, vollkommen, göttlich ist nur, was *um seiner selbst willen* ist."[529]

In der Folge mußte sich Feuerbach gegen den Vorwurf des Egoismus verwahren. Sein Egoismus, führte er aus, habe nichts mit dem Egoismus des Philisters und Bürgers zu tun. „Ich verstehe unter Egoismus das seiner Natur und folglich ... seiner Vernunft gemäße Sich-selbst-Geltendmachen, Sich-selbst-Behaupten des Menschen gegenüber allen unnatürlichen und unmenschlichen Forderungen, die die theologische Heuchelei, die religiöse und spekulative Phantastik, die politische Brutalität und Despotie an den Menschen stellen."[530]

Und dennoch, wie man auch den Egoismus verstehen mag, als Prinzip ist er zu eng. Die Liebe ist nichts Egoistisches, sie ist die Überwindung von Egoismus. Schelling hatte von der Überwindung des göttlichen Egoismus gesprochen. Feuerbach war sich der Schwäche seiner Position bewußt. Im „Wesen des Christentums" widerlegte er sich selbst: „Der Egoismus ist wesentlich *monotheistisch*, denn er hat nur Eines, nur sich zum Zweck. Der Egoismus sammelt, konzentriert den Menschen auf sich; er gibt ihm ein konsisten-

tes Lebensprinzip; aber er macht ihn theoretisch borniert, weil gleichgültig gegen alles, was nicht unmittelbar auf das Wohl des Selbst sich bezieht."[531]
Dank Feuerbach kam der Materialismus als gesundes, lebensfähiges, wenn auch vorerst ungebildetes und inkonsequentes Kind zur Welt. Dem Kind stand es noch bevor, sich die Weisheit seiner Ahnen anzueignen. Noch scheute Feuerbach sich, dem Kind den ihm zustehenden Namen zu geben. Der Begriff „Materialismus" erschreckte ihn. „Wahrheit ist weder der Materialismus noch der Idealismus, weder die Physiologie noch die Psychologie; Wahrheit ist nur die *Anthropologie*, ... denn nur dieser Standpunkt gibt mir *Totalität* und *Individualität*."[532] Über sich schrieb Feuerbach: „F. ist weder Idealist noch Materialist. Dem F. sind Gott, Geist, Seele, Ich bloße Abstraktionen, aber genausogut sind ihm der Leib, die Materie, der Körper bloße Abstraktionen. Wahrheit, Wesen, Wirklichkeit ist ihm nur die Sinnlichkeit."[533] Das Wesen des Menschen, sagt Feuerbach, ist der Mensch selbst, das konkrete Individuum. Kant, Fichte und Hegel hatten die Frage nach dem gesellschaftlichen Wesen des Menschen gestellt. Feuerbach sagt von sich: „Da F. nur in die Gemeinschaft das Wesen des Menschen versetzt", ist er „Gemeinmensch, *Kommunist*."[534] Weiter geht er nicht. Das, was er das Wesen nennt, ist in Wirklichkeit die Erscheinung. Man möchte meinen, Feuerbach habe Hegel vergessen. Marx hatte allen Grund, in den „Thesen über Feuerbach" festzustellen: „Aber das menschliche Wesen ist kein dem einzelnen Individuum innewohnendes Abstraktum. In seiner Wirklichkeit ist es das ensemble der gesellschaftlichen Verhältnisse."[535] Der Marxismus berücksichtigt dabei, daß alle Wirklichkeit nicht auf das Wesen reduzierbar ist; sobald die Rede auf den Menschen kommt, ist manchmal die Erscheinung in allem ihrem individuellen geistigen Reichtum wichtiger als das Wesen. Doch jede Individualität ist durch die Gesellschaft hervorgebracht.
In den drei Grundprinzipien des Menschen (Vernunft, Wille und Herz), die Feuerbach begründet, sind problemlos die von Kant so bezeichneten drei Vermögen des menschlichen Gemüts, die Gegenstand der drei Kritiken waren, zu erkennen. Kant hatte eine fundierte Analyse dieser Vermögen und ihrer Wechselwirkung vorgenommen. Und Feuer-

bach? Bei ihm gibt es eine Aufzählung von Fakten und den Aufruf, vom konkreten Individuum auszugehen – weiter nichts. „Feuerbach ist glänzend, aber nicht tief"[536], bemerkte Lenin. Das trifft auch auf Feuerbachs Verständnis der Dialektik zu. Als Hegel-Schüler konnte er freilich nicht auf den Stand der mechanistischen Metaphysik des 18. Jahrhunderts zurückgehen. Er erkannte die Entwicklung der Welt und ihren organischen Aufbau an, die Welt – das ist Leben, sagt Feuerbach. Feuerbach bedient sich auch des Terminus „Dialektik". Er versteht hierunter aber den Dialog, die Kunst der Gesprächsführung. „Die *unmittelbare Einheit entgegengesetzter* Bestimmungen ist nur in der *Abstraktion möglich* und *gültig*. In der *Wirklichkeit* sind die *Gegensätze* stets nur durch einen terminus medius verbunden. Dieser terminus medius ist der *Gegenstand*, das *Subjekt* der Gegensätze. ... Betrachte ich z. B. das Sein nur in abstracto, abstrahiere ich von aller Bestimmtheit, die ist, so habe ich natürlich Sein gleich Nichts. Der Unterschied, die Grenze zwischen Sein und Nichts ist ja allein die Bestimmtheit. Wenn ich *das, was ist,* weglasse, was ist noch dieses bloße ‚ist'? Aber was von *diesem* Gegensatz und seiner Identität, gilt auch von der Identität der übrigen Gegensätze in der spekulativen Philosophie. ... So ist es wenigstens im lebendigen Wesen. So nur kommt hier z. B. im Menschen der Widerspruch zum Vorschein, daß jetzt diese Bestimmung – diese Empfindung, dieser Vorsatz –, jetzt eine andere, eine geradezu entgegengesetzte Bestimmung mich erfüllt und beherrscht. Nur da, wo eine Vorstellung die andere, eine Empfindung die andere verdrängt, wo es zu keiner Entscheidung, keiner bleibenden Bestimmtheit kommt, die Seele sich in einem fortwährenden Wechsel entgegengesetzter Zustände befindet, nur da befindet sie sich in der Höllenpein des Widerspruchs."[537] Ein produktiver Widerspruch existiert für Feuerbach nicht.

Und dennoch besteht kein Grund, Feuerbach aus der Geschichte der Dialektik auszuklammern. Er bereitete den Boden für die materialistische Dialektik. Dieses Verdienst hält der junge Marx in den „Ökonomisch-philosophischen Manuskripten" fest: „Feuerbach [hat] die alte Dialektik und Philosophie dem Keim nach umgeworfen ... *Feuerbach* ist der einzige, der ein ernsthaftes, ein *kritisches* Verhältnis zur

Hegelschen Dialektik hat und wahrhafte Entdeckungen auf diesem Gebiet gemacht hat, überhaupt der wahre Überwinder der alten Philosophie ist."[538] Feuerbach entdeckte und begründete die Unhaltbarkeit des idealistischen Fundaments der Dialektik, laut Feuerbach konnte sich die Dialektik nur auf materialistischer Grundlage entwickeln. Die von Feuerbach selbst auf diesem Gebiet vorgenommenen Erkundungen blieben erfolglos.
Es gelang ihm nicht, die Dialektik als Ausdruck der materiellen praktischen Tätigkeit des Menschen zu erfassen. Marx schrieb, auf diesen Umstand hinweisend: „Er betrachtet daher im ‚Wesen des Christentums' nur das theoretische Verhalten als das echt menschliche, während die Praxis nur in ihrer schmutzig jüdischen Erscheinungsform gefaßt und fixiert wird."[539]
Feuerbach lehnt ein utilitaristisches, egoistisches Herangehen an die Natur ab. Und das versteht er unter praktischem Verhältnis zur Natur. Die Theorie allerdings interpretiert er im weitesten Sinne, so bezieht er zum Beispiel den ästhetischen Genuß mit ein. Ein Egoist leidet, wenn er seine Bedürfnisse und Wünsche nicht unmittelbar befriedigen kann; um sich von diesem Leiden zu befreien, bildet er für sich ein höheres Wesen, das Dinge vermittels eines Gebotes hervorbringen kann. Die Natur wird in diesem Fall zum Produkt eines diktatorischen Wortes, eines Zauberspruches. Das praktische Verhältnis ist durch Egoismus entehrt.
Was der zerstörerische Egoismus abtötet, erweckt die mit Liebe erfüllte Theorie wieder zum Leben. Die Lehre der heidnischen Philosophen von der Ewigkeit der Welt und der Materie hat einen tiefen Sinn; die Natur ist für sie eine wirkliche Natur, ein Objekt der Begeisterung und der Forschung. Das Studium der Natur ist Dienst an der Natur. Feuerbach fordert das eine wie das andere; doch über den Appell geht er nicht hinaus. Feuerbach hat keine Philosophie der Natur erarbeitet.
Sein Praxisbegriff ist erstaunlich eng gefaßt. Kant und Fichte hatten das moralische Verhalten in die Praxis einbezogen, Feuerbach interpretiert die Praxis als gegenständliche, materielle Tätigkeit, schränkt ihren Geltungsbereich aber weitgehend auf Konsum ein.

Daher ist auch sein Atheismus eng und begrenzt. Feuerbach führt die religiöse Welt auf ihre irdische Grundlage, das Wesen der Religion auf das des Menschen zurück. Er geht dabei umsichtiger und feinfühliger als die französischen Materialisten des 18. Jahrhunderts zu Werke. Die Religion ist für Feuerbach keine hinterlistige Lüge, sondern eine notwendige und wichtige Form der Geistigkeit des Menschen. „Das Abhängigkeitsgefühl ist der Grund der Religion."[540] Zuerst betrifft das die Abhängigkeit von der Natur, dann die Abhängigkeit der Menschen voneinander. Äußerlich erinnert diese Bestimmung an die Schleiermachersche (über die sich Hegel mokiert hatte). Der Unterschied liegt in der Interpretation. Feuerbach interpretiert sie materialistisch: Die Religion wird durch das Gefühl der Abhängigkeit von der Natur hervorgebracht, erst dann bildet sich die Abhängigkeit der Menschen voneinander heraus. Die Atheisten, sagt Feuerbach, bestimmten die Angst als die Grundlage der Religion. Das ist eine unvollständige und unzureichende Bestimmung. Wenn die Gefahr vorüber ist, verwandelt sich die Angst in Freude darüber, daß nichts geschehen ist, in Dankbarkeit gegenüber der höheren Macht, die die Gefahr abgewendet hat. Der religiöse Glaube bringt das Gefühl der Ehrfurcht, das heißt Angst und Liebe, zugleich hervor. Daher ist das Abhängigkeitsgefühl die einzig wahre Erklärung der Religion.
Der Glaube an Gott ist mit der Naturwissenschaft unvereinbar. „Glaube ich einen Gott, eine ‚freie Ursache', so muß ich auch glauben, daß der Wille Gottes allein die Notwendigkeit der Natur ist, daß das Wasser nicht durch seine Natur, sondern durch den Willen des Gottes naß macht, daß es daher jeden Augenblick, so Gott will, brennen, die Natur des Feuers annehmen kann. Ich glaube an Gott, heißt: ich glaube, daß keine Natur, keine Notwendigkeit ist. Entweder lasse man den Gottesgedanken fahren, oder man lasse die Physik, die Astronomie, die Physiologie fahren!"[541]
Die Natur, das ist nicht Gott; in der Natur herrscht die Notwendigkeit. Feuerbach lehnt Gott ab, er ist Atheist, aber er ist nicht antireligiös. „Er will die Religion keineswegs abschaffen, er will sie vollenden."[542] Er ist mit den zeitgenössischen Formen der Religion nicht einverstanden, vor allem das Christentum lehnt Feuerbach ab. Ein wesentlicher Ge-

genstand des Christentums ist der Glaube an Wunder. „Aber was ist das Wunder? *Ein realisierter supranaturalistischer Wunsch* – sonst nichts. ... Das Wunder speist Hungrige, heilt von der Natur Blinde, Taube, Lahme, errettet aus Lebensgefahren, belebt selbst Tote auf die Bitten ihrer Verwandten. Es befriedigt also menschliche Wünsche – Wünsche, die aber zugleich, zwar nicht immer *an sich selbst*, wie der Wunsch, den Toten zu beleben, doch *insofern*, als sie die Wundermacht, wunderbare Hülfe ansprechen, *transzendente, supranaturalistische Wünsche* sind."[543]

Feuerbach weist auf die psychologischen Wurzeln des Glaubens an Gott hin; die Religion verspricht die Erfüllung der Wünsche. Der Gläubige fürchtet den Tod und ersehnt die Unsterblichkeit. Die christlichen Dogmen berücksichtigen auch diese Seite der Psychologie des Menschen. „Die Auferstehung Christi ist daher der *realisierte Wunsch* des Menschen nach *unmittelbarer Gewißheit* von seiner *persönlichen Fortdauer* nach dem Tode – die persönliche Unsterblichkeit als eine sinnliche, unbezweifelbare Tatsache. ... Je mehr sich der Mensch der Natur entfremdet, je subjektiver, d. i. über- oder widernatürlicher, seine Anschauung wird, desto größere Scheu bekommt er vor der Natur oder wenigstens vor gewissen natürlichen Dingen und Prozessen, die seiner Phantasie mißfallen, ihn widerlich affizieren. Der freie, objektive Mensch findet allerdings auch Ekelhaftes und Widerliches in der Natur, aber er begreift es als eine natürliche, unvermeidliche Folge und überwindet in dieser Einsicht seine Gefühle als nur subjektive, unwahre Gefühle. Der subjektive, nur im Gemüte und in der Phantasie lebende Mensch dagegen fixiert, beanstandet diese Dinge mit einem ganz besonderen Widerwillen. ... So gefällt ihm wohl die reine, unbefleckte Jungfrau; aber wohlgefällt ihm auch die Mutter, jedoch nur die Mutter, die keine Beschwerden leidet, die Mutter, die schon das Kindlein auf den Armen trägt. ... Die Grunddogmen des Christentums sind realisierte Herzenswünsche – das Wesen des Christentums ist das Wesen des Gemüts. Es ist gemütlicher, zu leiden als zu handeln, gemütlicher, durch einen anderen erlöst und befreit zu werden, als sich selbst zu befreien, gemütlicher, von einer Person als von der Kraft der Selbsttätigkeit sein Heil abhängig zu machen, gemütlicher, statt des Objekts des Strebens ein Objekt der Liebe zu setzen."[544]

Aus diesem Grunde macht der Polytheismus der monotheistischen Religion Platz. Das Christentum unterscheidet sich vom Heidentum durch die Einführung und Setzung der Subjektivität. Der Gott des Christentums ist die gottgewordene Persönlichkeit – frei von all den Schranken und moralischen Übeln, die dem Menschen anhängen. Im Streit zwischen Kant und Hegel um die Gottesbeweise ergreift Feuerbach Partei für Kant: aus dem Begriff allein kann das Sein nicht abgeleitet werden.

Doch Kant hatte, Feuerbach zufolge, nicht recht, weil er überhaupt die Frage nach dem Dasein Gottes als logisches Problem formuliert hat. Das wirkliche, empirische Sein geben uns nur die Sinne. Folglich muß auch das Dasein Gottes auf der Ebene der Sinnlichkeit widerlegt werden, indem man das sinnliche Vermögen des Menschen aufzeigt, das eine Vorstellung von einem höheren Wesen hervorbringen kann. „Die Einbildungskraft ist überhaupt der wahre Ort einer abwesenden, den *Sinnen nicht gegenwärtigen*, aber gleichwohl dem *Wesen nach sinnlichen* Existenz."[545] Die Religion verdoppelt die Welt des Menschen. „Wie die Theologie den Menschen *entzweit* und *entäußert*, um dann das entäußerte Wesen wieder mit ihm zu identifizieren, so *vervielfältigt* und *zersplittert* Hegel das *einfache, mit sich identische Wesen* der Natur und des Menschen."[546]

Im religiösen Glauben objektiviert, vergegenständlicht der Mensch die eigene Unvollkommenheit, verlegt die ungelösten diesseitigen Probleme in den Himmel. Die praktische Schlußfolgerung aus dieser Beobachtung, daß die Religion nur im Ergebnis der Erkenntnis der Widersprüche sowie der Umgestaltung der Welt beseitigt werden kann, zieht Feuerbach nicht. Marx wies auf diesen Sachverhalt in den „Thesen über Feuerbach" hin: „Feuerbach geht von dem Faktum der religiösen Selbstentfremdung, der Verdopplung der Welt in eine religiöse und eine weltliche aus. Seine Arbeit besteht darin, die religiöse Welt in ihre weltliche Grundlage aufzulösen. Aber daß die weltliche Grundlage sich von sich selbst abhebt und sich ein selbständiges Reich in den Wolken fixiert, ist nur aus der Selbstzerrissenheit und Sichselbstwidersprechen dieser weltlichen Grundlage

zu erklären. Diese selbst muß also in sich selbst sowohl in ihrem Widerspruch verstanden als praktisch revolutioniert werden. Also nachdem z. B. die irdische Familie als das Geheimnis der heiligen Familie entdeckt ist, muß nun erstere selbst theoretisch und praktisch vernichtet werden."[547]
Feuerbach übernahm die historische Sicht auf die Religion von Kant, Schelling und Hegel. Doch während seine Vorgänger im Christentum die höchste Form der Religion erblickt hatten (für Kant war es die Verkörperung der Moral, für Schelling die göttliche Offenbarung, für Hegel die Manifestation der Vernunft), so sah Feuerbach darin auch eine historisch vergängliche Form. Die Schwäche des Christentums besteht nach Feuerbach darin, daß der echte Gott des Menschen – der Mensch – durch einen ausgedachten, wenn auch dem Menschen nachgebildeten, Gott ersetzt wurde. Das Prinzip der Liebe ist ungenügend verwirklicht, es herrscht der Glaube. „Der Glaube *partikularisiert* und *borniert* den Menschen; er nimmt ihm die *Freiheit* und *Fähigkeit*, das *andre*, das von ihm *Unterschiedne* nach Gebühren zu schätzen. Der Glaube ist *in sich selbst befangen*. ... Der Glaube gibt dem Menschen ein *besonderes Ehr- und Selbstgefühl*. ... Die Gläubigen sind Aristokraten, die Ungläubigen Plebejer. Gott ist *dieser personifizierte Unterschied und Vorzug* des Gläubigen vor dem Ungläubigen. ... Wie der Diener in der Würde seines Herrn sich selbst fühlt, ja sich mehr zu sein dünkt als ein freier, selbständiger Mann von niedrigerem Stande als sein Herr, so auch der Gläubige. Er spricht sich alle Verdienste ab, um bloß seinem Herrn die Ehre des Verdienstes zu lassen, aber nur, weil dieses Verdienst ihm selbst zugute kommt, weil er in der *Ehre* des Herrn sein *eignes Ehrgefühl* befriedigt."[548]
„Der Glaube ist also *wesentlich parteiisch*"[549], das heißt leidenschaftlich. Der Glaube kennt nur Freunde oder Feinde, er ist intolerant: entweder für mich oder gegen mich, wer Gott und den Glauben nicht anerkennt, hat kein Recht auf Existenz. Glauben geht unweigerlich in Haß über, alle Schrecken der Geschichte der christlichen Religion gehen auf den Glauben zurück. „*Der Glaube ist das Gegenteil der Liebe.* Die Liebe erkennt auch in der Sünde noch die Tugend, im Irrtum die Wahrheit."[550]
Dabei abstrahiert Feuerbach von der bereits durch Kant ge-

troffenen Feststellung, daß es einen Glauben höherer Ordnung gebe, den Glauben an die Moralität. Feuerbach polemisiert gegen die christliche Formel, Gott sei die Liebe. Feuerbach tritt für eine Religion ohne Gott ein, für eine Religion der Liebe. „Gott ist die Liebe. Dieser Satz ist der höchste des Christentums. Aber der *Widerspruch des Glaubens* und der *Liebe* ist schon in diesem Satze enthalten. Die Liebe ist nur ein Prädikat, Gott das Subjekt. Was ist aber dieses Subjekt *im Unterschiede* von der Liebe? Und ich muß doch *notwendig* so fragen, so unterscheiden. Die Notwendigkeit der Unterscheidung wäre nur aufgehoben, wenn es umgekehrt hieße: *Die Liebe ist Gott, die Liebe das absolute Wesen.* So bekäme die Liebe die Stellung der Substanz. In dem Satze: ‚Gott ist die Liebe' ist das Subjekt das *Dunkel*, hinter welches der Glaube sich versteckt, das Prädikat das *Licht*, das erst das an sich dunkle Subjekt erhellt. *Im Prädikat betätige ich die Liebe, im Subjekt den Glauben.* Die Liebe füllt nicht allein meinen Geist aus: Ich lasse einen *Platz für meine Lieblosigkeit* offen. ... Notwendig mußte sich dieser *theoretische Widerspruch* auch *praktisch* betätigen. Notwendig, denn die Liebe ist im Christentum *befleckt* durch den Glauben, sie ist nicht frei, nicht wahrhaft erfaßt. Eine Liebe, die durch den *Glauben beschränkt*, ist eine *unwahre Liebe*. ... Die Liebe soll eine *unmittelbare* Liebe sein, ja, sie ist nur, als *unmittelbare*, Liebe."[551]

Die Ablösung eines religiösen Glaubens durch einen anderen ist die Grundtendenz der Gesellschaftsgeschichte. Vor allem hier widerspiegelt sich sehr deutlich die Enge des anthropologischen Prinzips, der diesem eigene Idealismus. Feuerbach vergöttlicht einfache Moralgesetze – das Verhältnis des Kindes zu den Eltern, des Mannes zur Frau, von Bruder zu Bruder, von Freund zu Freund, von Mensch zu Mensch. In allem sieht er religiöse Verhältnisse. An erster Stelle steht die Geschlechterliebe. „In der Tat ist auch die Frauenliebe die Basis der allgemeinen Liebe. Wer das Weib nicht liebt, liebt den Menschen nicht."[552]

Feuerbachs Ethik ist eudämonistisch. Jedes Individuum hat ein Recht auf Glück und strebt danach, es zu erlangen. Sogar eine zur Glücksvorstellung in stärkstem Widerspruch stehende Handlung wie der Selbstmord läßt sich damit erklären, daß der Mensch den Tod wählt, „weil er das Ende seines Uebels und Unglücks ist"[553]. Allgemeingültige Schablonen des Glücks gibt es nicht. „Wie das Land, das Volk, der Mensch, so seine Glückseligkeit. Was Du, Europäer! bist, bin nicht ich Asiate, namentlich ich Inder – und Inder ist ja der ursprüngliche Buddhist –, und was folglich Deine Glückseligkeit, ist nicht die meinige, was Dich entsetzt, entzückt mich, was für Dich eine Medusa, ist für mich eine Madonna."[554]

Feuerbach ist sich darüber im klaren, daß nur der „gesellschaftliche Mensch" ein Mensch genannt werden kann. „In der That ist *Moral eines für sich allein gedachten Individuums eine leere Fiction.* Wo ausser dem Ich kein Du, kein anderer Mensch ist, ist auch von Moral keine Rede, nur der gesellschaftliche Mensch ist Mensch."[555] Wie sind individuelle Wünsche mit allgemeingültigen Imperativen in Übereinstimmung zu bringen? Auf diese Frage, die sich der Leser bei der Lektüre seiner Schriften stellt, gibt Feuerbach keine Antwort. Die mit „Zur Ethik: der Eudämonismus" (1867–1869) überschriebene Arbeit endet mit einem Hinweis auf ein „negatives Verhaltensprinzip": „Meine moralische Forderung an die Menschen beschränkt sich einzig darauf, dass sie *nichts Böses thun.*"[556]

Die weltliche, humanistische Intention Feuerbachs ist bedenkenswert, so wenn er die Liebe als konstruktives, den Haß als destruktives Prinzip der menschlichen Beziehungen begründet. Der Haß ist eine Waffe, die Liebe ist schöpferisch. Doch unter Bedingungen einer in feindliche Klassen gespaltenen Gesellschaft kommt „die Liebe, die alles einen soll, zu Tag in Kriegen, Streitigkeiten, Prozessen, häuslichem Krakeel, Ehescheidung und möglichster Ausbeutung der einen durch die andern"[557]. Unter Bedingungen der antagonistischen Gesellschaft kann die Liebe zu einer persönlichen Verhaltensnorm werden, nicht aber zu einer Medizin gegen soziale Mißstände.

Feuerbach hat keine Gesellschaftstheorie ausgearbeitet. Hegel, der Idealist, kam in die Nähe materialistischer Positionen, als er den Menschen als Ergebnis seiner eigenen Arbeit darstellte und hiervon ausgehend die Abfolge der Gesellschaftsformen untersuchte. Feuerbach, der Materialist, sah im Menschen lediglich ein Kind der Natur und gelangte letztlich zu einem idealistischen Schluß: Angelpunkt der Gesellschaftsentwicklung ist der Wechsel der Religionen. Hierin kommt am deutlichsten die Enge des von ihm begründeten anthropologischen Prinzips zum Ausdruck: „Soweit Feuerbach Materialist ist, kommt die Geschichte bei ihm nicht vor, und soweit er die Geschichte in Betracht zieht, ist er kein Materialist. Bei ihm fallen Materialismus und Geschichte ganz auseinander, was sich übrigens schon aus dem Gesagten erklärt."[558]

Feuerbach hat keine systematisch ausgearbeitete Ästhetik hinterlassen, obwohl er dieser Disziplin große Bedeutung beimaß. Die Ästhetik war für Feuerbach die ursprüngliche Philosophie: „So denkt der Mensch, wo er sich ästhetisch oder theoretisch – denn die theoretische Anschauung ist ursprünglich die ästhetische, die Ästhetik die prima philosophia (Erste Philosophie) – zur Welt verhält ..."[559] Äußerungen zu diesem Thema sind über das gesamte Werk Feuerbachs verstreut. „Der Mensch *unterscheidet* sich keineswegs *nur durch* das *Denken* von dem Tiere. Sein ganzes *Wesen* ist vielmehr *sein Unterschied vom Tiere*. Allerdings ist der, welcher *nicht* denkt, *kein* Mensch, aber nicht, weil das Denken die Ursache, sondern nur, weil es eine *notwendige Folge* und *Eigenschaft* des menschlichen Wesens ist. ... Der Mensch hat nicht den Geruchssinn eines Jagdhundes, eines Raben; aber nur, weil sein Geruchssinn ein alle Arten von Gerüchen umfassender, darum freier, gegen besondere Gerüche indifferenter Sinn ist. Wo sich aber ein Sinn erhebt über die Schranke der Partikularität und seine Gebundenheit an das Bedürfnis, da erhebt er sich zu *selbständiger*, zu *theoretischer* Bedeutung und Würde: *universeller* Sinn ist *Verstand, universelle* Sinnlichkeit *Geistigkeit*."[560] Die Kunst bedarf der universellen, entwickelten Sinnlichkeit. Eine weitere Besonderheit der Kunst besteht darin, daß sie im Unterschied zur Religion ihre Schöpfungen nicht für Wirklichkeit ausgibt. Die Kunst ist die Sphäre des Scheins.

Von Feuerbach ging eine starke Wirkung auf die russischen revolutionären Demokraten aus. Doch auch im eigenen Land hinterließ er eine deutliche Spur. Der Literaturhistoriker Hermann Hettner veröffentlichte 1844 einen Aufsatz unter dem Titel „Zur Beurteilung Ludwig Feuerbachs", in dem er schrieb: „Die Einsicht in diesen inneren Widerspruch der bisherigen sogenannten spekulativen Philosophie und die Auflösung desselben in die große, epochemachende Tat Ludwig Feuerbachs. Er hat damit die einzig mögliche wissenschaftliche Kritik des Hegelschen Systems eröffnet und hat bereits angefangen, die Grundzüge seiner wesentlich neuen, von aller bisherigen prinzipiell verschiedenen Philosophie darzustellen."[561]

Zu den Anhängern Feuerbachs gehörte auch der Schriftsteller Gottfried Keller. Georg Lukács schrieb in diesem Zusammenhang: „Kellers historische Position als Schriftsteller ist in mancher Hinsicht mit der Stellung seines Lehrers Ludwig Feuerbach in der Geschichte der klassischen deutschen Philosophie verwandt."[562]

Auch Richard Wagner, der nicht nur Komponist, sondern auch Kunsttheoretiker war, bekannte sich öffentlich zu Feuerbach. Seine Abhandlung „Das Kunstwerk der Zukunft" leitete Wagner mit folgender Widmung ein: „Niemand als Ihnen, verehrter Herr, kann ich diese Arbeit zueignen, denn mit ihr habe ich Ihr Eigentum Ihnen wieder zurückgegeben."[563]

Feuerbach gehört zu den Theoretikern, die, ohne ein entwickeltes System ihrer Auffassungen hinterlassen zu haben, der weiteren Entwicklung des theoretischen Denkens einen fruchtbaren Impuls gaben. Dafür schätzen und ehren wir ihn, ungeachtet der Schwächen und Mängel seiner philosophischen Konzeption. „Der Hauptmangel alles bisherigen Materialismus (den Feuerbachschen mit eingerechnet) ist, daß der Gegenstand, die Wirklichkeit, Sinnlichkeit nur unter der Form des *Objekts oder der Anschauung* gefaßt wird; nicht aber als *sinnlich menschliche Tätigkeit, Praxis*; nicht subjektiv. Daher die *tätige* Seite abstrakt im Gegensatz zu dem Materialismus von dem Idealismus – der natürlich die wirkliche, sinnliche Tätigkeit als solche nicht kennt – entwickelt."[564]

Feuerbachs Verdienst ist die Kritik der illusorischen Bewußtseinsformen, die Bestätigung des realen Menschen als konkrete Individualität. Doch es handelte sich um eine Problemstellung, die mit dem Verlust einer Reihe von dialektischen Auffassungen erkauft wurde, die seine Vorgänger entwickelt hatten. Um das Problem des Menschen als der Keimzelle des gesellschaftlichen Organismus zu lösen, galt es, eine neue, auf die revolutionäre Praxis ausgerichtete

Philosophie zu schaffen. 1841, im Erscheinungsjahr des „Wesens des Christentums", wurde in Jena eine Doktordissertation mit dem Titel „Differenz der demokritischen und epikureischen Naturphilosophie" eingereicht. Ihr Verfasser war Karl Marx.

Drei Jahre darauf erschienen in Paris die „Deutsch-Französischen Jahrbücher". Sie enthalten Marx' Aufsatz „Zur Kritik der Hegelschen Rechtsphilosophie". Für Deutschland, stellt der Autor fest, ist die Kritik der Religion im wesentlichen beendigt.[565] „Die Kritik des Himmels verwandelt sich damit in die Kritik der Erde, die *Kritik der Religion* in die *Kritik des Rechts*, die *Kritik der Theologie* in die *Kritik der Politik*."[566]

Marx rief zur politischen Revolution auf und verwies auf jene materielle Kraft, die in der Lage war, die Revolution zu verwirklichen: das Proletariat. Der weitere Verlauf der Geschichte zeigte, daß die Bourgeoisie im Zuge ihrer Evolution zu einer reaktionären Klasse auf die fortschrittlichen theoretischen Errungenschaften verzichtete. Die Arbeiterbewegung, ausgerüstet mit der wissenschaftlichen Weltanschauung, trat als gesetzmäßiger und rechtmäßiger Erbe der klassischen deutschen Philosophie auf den Plan.

Die Kennzeichnung der deutschen Philosophie vom Ende des 18. bis Anfang des 19. Jahrhunderts als „klassische" stammt von Friedrich Engels. Bei Kuno Fischer, Wilhelm Windelband und anderen berühmten Philosophiehistorikern ist bei der Behandlung von Kant, Fichte, Schelling und Hegel kein Wort darüber zu finden, daß es sich um Klassiker handle. Und auch heute zieht man es im Westen vor, diesen Terminus zu vermeiden. „Versuche, den Begriff des Klassischen aus der Ästhetik auf die Geschichte der Philosophie und Nationalökonomie zu übertragen, haben lediglich im Bereich des Marxismus Anklang gefunden"[567], – heißt es im „Historischen Wörterbuch der Philosophie".

Warum wird die von uns untersuchte deutsche Philosophie klassische deutsche Philosophie genannt? Was gab sie prinzipiell Neues, Unvergängliches, das zur theoretischen Quelle des Marxismus wurde? Zur Beantwortung dieser Frage sehen wir von einzelnen Theoretikern ab und betrachten das Resultat insgesamt, summarisch.

1. Die wichtigste philosophische Errungenschaft der Epoche ist ein System der Dialektik. Wenn auch auf idealistischer Grundlage erarbeitet, eröffneten sich dadurch dem theoretischen Denken der Menschheit neue Horizonte. Natürlich gab es schon vorher dialektische Ideen; daß die Welt ein sich entwickelndes Ganzes ist und man sie nur erkennen kann, wenn man die Identität der Gegensätze anerkennt, wußten schon Denker der Antike. Neu war die Idee der dialektischen Logik, der Aufbau eines Systems wechselseitig sich bedingender Kategorien. Damit war auch erstmalig die spezifische Wissenschaftssprache der Philosophie gefunden. Die Philosophie operiert mit relativ weiten Begriffen, die weniger Details der Wirklichkeit, sondern eher ihre Entstehung, Übergänge und Wechselwirkung widerspiegeln. Derartige Begriffe sind fließend, gehen ineinander über. Bestimmen lassen sie sich nur durch ihren Platz im System.

2. Radikal neu gefaßt wurde das Verhältnis von Subjekt und Objekt. Allen vorangegangenen Lehren (materialistischen wie auch idealistischen) war ein Mangel gemeinsam: sie faßten den Erkenntnisprozeß als passive Reproduktion von außen kommender Ideen oder Sinneseindrücke. Die deutsche Klassik artikulierte erstmalig die Aktivität des Bewußtseins, das Eindringen des Subjekts in das Objekt, betonte ihre ständige Wechselwirkung. Das Wissen ist Resultat der synthetischen Tätigkeit des Subjekts.

3. Im Ergebnis dessen wurde die Sphäre des Bewußtseins ausgedehnt. Im weitesten Sinne aufgefaßt, ist auch das Unbewußte darin enthalten, die unkontrollierbaren Prozesse. Systematik des Gedankens schließt Spontaneität nicht aus, im Gegenteil, es sind zwei wechselwirkende Gegensätze eines einheitlichen Prozesses. Die bewußtlose Arbeit des Gedankens hat am einheitlichen Akt des schöpferischen Prozesses teil, der produktiven Einbildungskraft kommt in diesem Prozeß die entscheidende Rolle zu. Es existiert auch das kollektive Unbewußte, das der Menge – das mythologische Denken, das eine notwendige Stufe in der Entwicklung des gesellschaftlichen Bewußtseins ist, dieses Denken lebt in der Religion und in der Kunst weiter fort.

4. Im 18. Jahrhundert bildete sich eine „neue Wissenschaft" heraus. So nannte Vico das Gebiet der sozialen Erkenntnis.

Voltaire bediente sich des Terminus „Philosophie der Geschichte". Die klassische deutsche Philosophie begründete die Idee der gesellschaftlichen Gesetzmäßigkeiten, wies auf die Ökonomie als die Sphäre, in der sie am deutlichsten zutage tritt, hin. Schöpfertum, Arbeit, Arbeitsmittel wurden zu einem Gegenstand philosophischer Betrachtung. Es wurde der Versuch unternommen, in der Geschichte der Menschheit gesetzmäßige Etappen einer fortschrittlichen Entwicklung nachzuweisen. Der Fortschritt führt mit Notwendigkeit zur Verwirklichung eines jahrhundertealten Traums der Menschheit, der Einsetzung einer allgemeinen Rechtsordnung.

5. Eine weitere „neue Wissenschaft", die in Deutschland ihre systematische Ausarbeitung erfuhr, war die Ästhetik. Die bis in die Antike zurückreichenden Vorläufer dieser Disziplin blieben bruchstückhaft, erfaßten nicht den dialektischen Charakter der Schönheit als besonderer Art der Wechselwirkung zwischen Mensch und Natur. Das Ästhetische trat nun als Verbindungsglied zwischen Theorie und Praxis hervor, zwischen Wissenschaft und Moralität. Erstmalig wurde die Kunst in ihrer historischen Entwicklung betrachtet und die zwei wechselseitig bedingten Formen der künstlerischen Verallgemeinerung analysiert.

6. Auch im Hinblick auf die Ethik wurden neue Erkenntnisse formuliert. So wurde die Idee der absoluten Pflicht begründet, die die sittliche Handlung stimuliert, es wird der Begriff des Ideals eingeführt.

7. Auf neue Weise stellt sich das Problem des Menschen. „Was ist der Mensch?" – so hatte Kant die wichtigste philosophische Frage formuliert. Auf diese Frage können die Einzelwissenschaften keine hinreichende Antwort geben.

> „Dein widrig Wesen bitter, scharf,
> was weiß es, was der Mensch bedarf!"[568]

Diesen Vorwurf Fausts an Mephistopheles scheint die Philosophie gegenüber der Wissenschaft zu erheben, einer Wissenschaft, die, gemessen an ihren Möglichkeiten, in blinder Untätigkeit verharrt. Nur das philosophische Wissen insgesamt kann diese Frage, die die deutsche Klassik von Kant bis Feuerbach beschäftigte, beantworten.

Entgegen Hegels Überzeugung vertreten sowjetische Marxisten heute die These, Philosophie sei keine Wissenschaft. Worin besteht der Unterschied? Der Autor sieht einen Unterschied darin, daß Philosophie in mehr oder weniger geschlossener Form dargelegt werden kann, während der Fortschritt der Wissenschaft unendlich ist. Diese Behauptung mag Widerspruch hervorrufen. Und schon völlig problematisch mag die vom Autor vertretene These erscheinen, daß die Philosophie heute schon ihre Vollendung und Vollkommenheit erreicht habe. Es ist kein Zufall, daß sich unsere Zeit nicht durch herausragende philosophische Werke auszeichnet. Die Zeit der großen Systeme und bedeutenden Namen liegt hinter uns. Heute kann die Philosophie nur als Geschichte der Philosophie existieren. Heute besteht die Aufgabe darin, das Erbe zu erschließen, es zusammenzufügen, die tauben Triebe zu entfernen, es zu würdigen, alles Lebensfähige und Fruchtbare zu verstehen und es dem lesenden und denkenden Publikum zugänglich zu machen. Der klassischen deutschen Philosophie kommt in dieser bevorstehenden Synthese eine Schlüsselstellung zu.

Anmerkungen

Das vorliegende Buch wurde eigens für die Herausgabe im Reclam-Verlag Leipzig geschrieben, mit Zustimmung des Reclam-Verlages Leipzig jedoch zuerst 1986 im Verlag „Mysl'" veröffentlicht. Auf Wunsch des Moskauer Verlages wurden vom Verfasser im Text eine Reihe Änderungen vorgenommen, die in der deutschsprachigen Ausgabe nicht berücksichtigt zu werden brauchten.

1 A. Gulyga, G. W. F. Hegel. Leipzig ^{1}1974 und ^{2}1980. Immanuel Kant. Moskau ^{1}1978 und ^{2}1982 (russ.), deutsch: Frankfurt am Main 1981^1, 1983^2, 1985^3.
2 Marx/Engels, Werke (künftig: MEW), Bd. 20, Berlin 1962, S. 53 (F. Engels, Anti-Dühring).
3 MEW, Bd. 2, Berlin 1972, S. 556f. (F. Engels, Deutsche Zustände).
4 I. Kant, Gedanken von der wahren Schätzung der lebendigen Kräfte (1746). In: I. Kant. Frühschriften, Bd. 2, Berlin 1961, S. 364.
5 I. Kant, Untersuchung der Frage, ob die Erde in ihrer Umdrehung um die Achse, wodurch sie die Abwechslung des Tages und der Nacht hervorbringt, einige Veränderung seit den ersten Zeiten ihres Ursprungs erlitten habe (1754). In: Frühschriften, Bd. 1, S. 6.
6 I. Kant, Allgemeine Naturgeschichte des Himmels oder Versuch von der Verfassung und dem mechanischen Ursprunge des ganzen Weltgebäudes nach Newtonschen Grundsätzen abgehandelt (1755). In: Frühschriften, Bd. 1, S. 46.
7 Ebenda, S. 49.
8 Ebenda, S. 148.
9 I. Kant, Über die Vereinigung von Metaphysik und Geometrie in ihrer Anwendung auf die Naturphilosophie. In: Frühschriften, Bd. 2, S. 457.
10 Ebenda.
11 MEW, Bd. 2, S. 134 (K. Marx/F. Engels, Die heilige Familie).
12 I. Kant, Die falsche Spitzfindigkeit der vier syllogistischen Figuren (1762). In: Kants gesammelte Schriften. Hrsg. von der Preußischen Akademie der Wissenschaften, Berlin 1900ff. (künftig: AA), Bd. XX, S. 44. Vgl. auch Frühschriften, Bd. 2, S. 5–22.
13 I. Kant, AA, Bd. XX, S. 38ff.
14 I. Kant, Reflexionen zur Anthropologie. Reflexion 903. In: AA, Bd. XV.1, S. 395.

15 I. Kant, Bemerkungen zu den Beobachtungen über das Gefühl des Schönen und Erhabenen. In: AA, Bd. XX, S. 45.
16 I. Kant, Träume eines Geistersehers, erläutert durch Träume der Metaphysik. In: Von den Träumen der Vernunft. Kleine Schriften zur Kunst, Philosophie, Geschichte und Politik. Hrsg. von Steffen und Birgit Dietzsch, Leipzig 1981, S. 156.
17 Ebenda, S. 181.
18 MEW, Bd. 20, S. 319 (F. Engels, Dialektik der Natur).
19 Černyševskij N. G. Polnoe sobranie sočinenij, t. IV Stat'i i recenzii 1856/57. N. G. Černyševskij, Lessing, seine Zeit, sein Leben und Wirken. In: Sämtliche Werke, Moskva 1948, S. 194. Die Bedeutung der Philosophie Lessings, bemerkte Tschernyschewski weiter, bestehe nicht nur darin, daß sie einen Einfluß auf den Inhalt der folgenden philosophischen Systeme ausübte, sondern auch darin, daß sie den Geist des deutschen Volkes auf das Verständnis des philosophischen Denkens vorbereitete: „Bis zu dieser Zeit war die Philosophie Sache der Schulen, die die Gesellschaft mieden und fürchteten ... Anders nach zwanzig Jahren, als die Gesellschaft die Philosophie Fichtes und später Schellings angenommen hatte. Mit großer Sympathie begegnete die Gesellschaft den philosophischen Lehren. Sie verbreiteten sich schnell unter dem Publikum und gingen in seine Überzeugungen ein. Diese Wendung muß man vor allem der Wirksamkeit der Artikel zuschreiben, die von Lessing in den letzten Jahren seines Lebens verfaßt worden waren. Sie gewöhnten das deutsche Publikum an den Geist der philosophischen Forschung" (ebenda, S. 208).
20 G. E. Lessing, Fabeln, Leipzig 1980, S. 34.
21 G. E. Lessing, Briefe, die neueste Literatur betreffend, Leipzig 1987, S. 52.
22 G. E. Lessing, Pope, ein Metaphysiker! In: G. E. Lessing, Gesammelte Werke, Bd. 7, Berlin 1956, S. 234.
23 G. E. Lessing, Laokoon. In: Gesammelte Werke, Bd. 5, Berlin 1955, S. 28.
24 G. E. Lessing, Hamburgische Dramaturgie, Leipzig 1972, S. 29 (Ankündigung).
25 Ebenda, S. 37 (Zweites Stück, 5. Mai 1767).
26 Ebenda, S. 46 (Drittes Stück, 8. Mai 1767).
27 „Der Grund dieser Erscheinung ist darin zu suchen, daß die Erfahrung die Kenntniß des einzelnen ist, die Theorie die Kenntniß des allgemeinen, das praktische Handeln und Hervorbringung aber hat es immer mit dem einzelnen zu thun; z. B. der Arzt macht nicht einen Menschen als solchen gesund, außer implicite, sondern den Kallias oder Sokrates" (Die Metaphysik des Aristoteles. Übersetzt von Hermann Bender. Stutt-

gart 1870, S. 8/1. Buch, 1. Kapitel 981 a, 17–19). Auf diese Passage aus der „Metaphysik" die Auffassung, Aristoteles habe die Kunst als Übereinstimmung von Allgemeinem und Einzelnem definiert.
28 G. E. Lessing, Hamburgische Dramaturgie, S. 471 (Sechsundachtzigstes Stück, 26. Februar 1786).
29 Ebenda, S. 505 f. (Fünfundneunzigstes Stück, 29. März 1768).
30 G. E. Lessing, Gesammelte Werke, Bd. 6, Berlin 1954, S. 482.
31 J. G. Hamann, Sokratische Denkwürdigkeiten. Aesthetica in nuce, Stuttgart 1968, S. 35.
32 Ebenda, S. 83.
33 Ebenda, S. 113.
34 Bereits im Artikel „Von den Lebensaltern einer Sprache" (1768) schrieb Herder: „daß die Völker eben durch die Sprache allmählich denken und durch das Denken allmählich sprechen gelernt haben" (J. G. Herder, Von den Lebensaltern einer Sprache. In: Zur Philosophie der Geschichte, Bd. 1, Berlin 1952, S. 160).
35 Faust. Eine Anthologie. Hrsg. und eingeleitet von Eike Middell. Bd. 1, Leipzig 1975, S. 289 (G. E. Lessing, Faustfragmente/Zeugnisse: Schreiben über Lessings verlorengegangenen Faust, vom Hauptmann von Blankenburg, 1784).
36 G. E. Lessing an Karl Lessing, 2. Februar 1774. In: Gesammelte Werke, Bd. 9, Berlin 1956, S. 597.
37 G. E. Lessing, Die Erziehung des Menschengeschlechts. In Gesammelte Werke, Bd. 8, Berlin 1956, S. 612.
38 F. H. Jacoby, Über die Lehre des Spinoza in Briefen. 2. Auflage, Breslau 1789, S. 22–24. Jacobi und Lessing trafen sich 1780 im Hause des Dichters Gleim in Halberstadt. 1980 fand im Gleimhaus eine wissenschaftliche Konferenz, die den „Pantheismusstreit" zum Thema hatte, statt. Die auf der Konferenz gehaltenen Beiträge sind in dem Sammelband „Lessing und Spinoza", Halle 1982, veröffentlicht.
39 M. Mendelssohn, An die Freunde Lessings, Berlin 1786, S. 3.
40 J. Chr. Edelmann, Moses mit aufgedecktem Angesichte, 1740, S. 7.
41 K. Spazier, Antiphädon, Berlin 1961, S. 142.
42 G. Chr. Lichtenberg, Aphorismen und Briefe, Berlin 1953, S. 270 f. (Brief an Johann Daniel Ramberg vom 3. Juli 1786).
43 Forster an Jacobi vom 16. Januar 1789. In: G. Forster, Sämtliche Schriften, Bd. VIII, Leipzig 1843, S. 46 f.
44 Ebenda, S. 29 (Brief an J. H. Jacoby vom 19. November 1788).

45 G. Steiner, Einführung in G. Forsters philosophische Schriften. In: G. Forster, Philosophische Schriften, Berlin 1958, S. XXXVII.
46 J. G. Herder, Vom Erkennen und Empfinden der menschlichen Seele. Bemerkungen und Träume. In: Werke in fünf Bänden, Weimar 1978, Bd. 3, S. 345.
47 Ebenda, S. 364.
48 Ebenda, S. 367.
49 J. G. Herder, Sämtliche Werke (Suphan) (künftig: SWS), Bd. 15, S. 282f. (Über Seelenwanderungen [1782]).
50 Ebenda, S. 286f.
51 J. G. Herder, SWS, Bd. 13, S. 48 (Ideen zur Philosophie der Geschichte der Menschheit). Auch in: Herder, Zur Philosophie der Geschichte, Bd. 2, S. 38.
52 J. G. Herder, SWS, Bd. 13, S. 23. Auch in: Zur Philosophie der Geschichte, Bd. 2, S. 17.
53 J. G. Herder, SWS, Bd. 13, S. 115. Zur Philosophie der Geschichte, Bd. 1, S. 88.
54 F. A. Hohenstein, Weimar und Goethe. Menschen und Schicksale. Bearbeitet von Wolfgang Vulpius, Rudolstadt 1958, S. 161. Es handelt sich um den Brief von Charlotte von Stein an Knebel vom 1. Mai 1784.
55 J. G. Herder, SWS, Bd. 13, S. 10.
56 Brief an Gottfried Körner vom 15. Mai 1788. In: Schillers Briefe, hrsg. von Fritz Jonas. Kritische Gesamtausgabe, Stuttgart, Leipzig, Berlin, Wien 1892ff., Bd. 2, S. 62.
57 J. G. Herder, SWS, Bd. 16, S. 547. (Gott. Fünftes Gespräch). Auch in: Werke in fünf Bänden, Bd. 5, S. 19.
58 Ebenda, S. 548, (Bd. 5, S. 20f.).
59 Ebenda, S. 447.
60 Ebenda, S. 451.
61 J. G. Herder, SWS, Bd. 14, S. 646f.
62 J. G. Herder, SWS, Bd. 13, S. 169.
63 Ebenda, S. 353.
64 J. Chr. Adelung, Versuch einer Geschichte der Cultur des menschlichen Geschlechts, Leipzig 1800, S. 4. „Dieser Versuch", schrieb G. Špet über Adelung, „ist der Versuch einer beschreibenden Historiographie, die von der Anerkennung eines einzigen bestimmenden Faktors, nämlich eines Faktors rein materieller Ordnung ausgeht" (vgl. Špet G. Istorija kak problema logiki [Die Geschichte als Problem der Logik], Moskva 1916, S. 346). Auf die materialistischen Tendenzen bei Adelung wies auch M. N. Pokrovskij hin (vgl. Istričeskaja nauka i bor'ba klassov [Die Geschichtswissenschaft und der Kampf der Klassen], Vyp. I., Moskva 1933, S. 47).

65 J. G. Herder, SWS, Bd. 14, S. 84.
66 Ebenda, S. 202.
67 J. G. Herder, SWS, Bd. 13, S. 159 und 320. In: Herder, Zur Philosophie der Geschichte, S. 125 und 193 („Sofern ist er also wirklich in und zu der Gesellschaft gebildet").
68 J. G. Herder, SWS, Bd. 13, S. 346 (auch: Herder, Zur Philosophie der Geschichte. Eine Auswahl in zwei Bänden, Bd. 2, S. 213).
69 I. Kant, AA, Bd. XV.1, S. 302 (Reflexionen zur Anthropologie. Reflexion 680).
70 I. Kant, AA, Bd. X, S. 124 (I. Kant an Markus Herz).
71 I. Kant, Kritik der reinen Vernunft (künftig: KrV), Ausg. B, S. 334 (Leipzig 1979, S. 368).
72 KrV B 85 (Leipzig 1979, S. 133).
73 KrV B 75 (Leipzig 1979, S. 126).
74 KrV B 80 (Leipzig 1979, S. 129).
75 KrV A 121 (Leipzig 1979, S. 208).
76 KrV A 125 (Leipzig 1979, S. 214).
77 I. Kant, Kritik der Urteilskraft (künftig KU), Leipzig 1968, S. 49.
78 KrV A 82 (Leipzig 1971, S. 151).
79 I. Kant, Prolegomena zu einer jeden künftigen Metaphysik, Leipzig 1979, S. 74 (§ 36).
80 KrV B 153 (Leipzig 1979, S. 205).
81 I. Kant, AA, Bd. XV.1, S. 65f. (Reflexionen zur Anthropologie. Reflexion 177).
82 KrV B 167 (Leipzig 1979, S. 227).
83 KrV A 145 (Leipzig 1979, S. 243).
84 KrV A 140 (Leipzig 1979, S. 239).
85 KrV B 159 (Leipzig 1979, S. 215).
86 KrV A 321f. (Leipzig 1979, S. 402f.).
87 KrV B 172 (Leipzig 1979, S. 234).
88 Prolegomena § 52 (Leipzig 1979, S. 95).
89 MEW, Bd. 20, Berlin 1962, S. 47 (F. Engels, Anti-Dühring).
90 Ebenda, S. 48.
91 KrV B 583 (Leipzig 1979, S. 621).
92 I. Kant an Christian Garve vom 21. September 1798. In: Kant, AA, Bd. XII, S. 254.
93 KrV B 664 (Leipzig 1979, S. 685).
94 In der „Kritik der reinen Vernunft" kritisierte Kant den Versuch, zur mittelbaren Erkenntnis Gottes vermittels eines logisch-widerspruchsfreien Beweises zu gelangen. Im Aufsatz „Was heißt: Sich im Denken orientieren?" (Kant, AA, Bd. VIII, S. 143) weist Kant die Behauptung zurück, auf intuitivem Wege sei die Existenz Gottes beweisbar. „Wenn auch bei al-

lem, wodurch er sich mir unmittelbar entdeckt, nichts angetroffen würde, was jenem Begriffe widerspräche", so kann doch „vom Dasein des höchsten Wesens ... also niemand durch irgend eine Anschauung *zuerst* überzeugt werden."
95 KrV B XXX (Leipzig 1979, S. 32).
96 Wozu brauchte Kant Wortspiele? Kant war ein Ironiker. In demselben Absatz heißt es, man müsse sich des unschätzbaren Vorteils bedienen, allen Einwürfen „auf sokratische Art, nämlich durch den klarsten Beweis der Unwissenheit der Gegner, auf alle künftige Zeit ein Ende zu machen" (B XXXI; Leipzig 1979, S. 33). „Sokratische Art" bedeutet den Gebrauch der Ironie. Interpretiert man Kants Satz nicht in seiner Vieldeutigkeit, so wird er falsch verstanden. Korff beruft sich auf den genannten Satz: „Ich mußte also das Wissen aufheben, um zum Glauben Platz zu bekommen", und interpretiert dann die Kantische Philosophie als „rationalistische(n) Rechtfertigung des Irrationalismus" (H. A. Korff, Geist der Goethezeit, Leipzig 1955, Bd. 2, S. 89). Aber schon Vorländer hat auf diesen „in der Tat vieldeutigen Satz" Kants verwiesen (K. Vorländer, Kants Leben, Hamburg 1974, S. 159).
97 KrV B 852 (Leipzig 1979, S. 834).
98 KrV B 857 (Leipzig 1979, S. 837).
99 KrV B 878 (Leipzig 1979, S. 855).
100 KrV B 878 (Leipzig 1979, S. 854).
101 Prolegomena § 52b (Leipzig 1979, S. 96).
102 I. Kant, AA, Bd. IV, S. 404, Grundlegung zur Metaphysik der Sitten. In: I. Kant, Kritik der praktischen Vernunft/Grundlegung zur Metaphysik der Sitten, Leipzig 1978, S. 216.
103 I. Kant, Kritik der praktischen Vernunft (künftig: KpV). In: AA, Bd. V, S. 30. Auch in: Kritik der praktischen Vernunft/ Grundlegung zur Metaphysik der Sitten, Leipzig 1978, S. 41.
104 I. Kant, AA, Bd. IV, S. 398. KpV/Grundlegung zur Metaphysik der Sitten, Leipzig 1978, S. 209.
105 Xenien von Schiller und Goethe. In: Schiller, Sämtliche Werke in zehn Bänden. Berliner Ausgabe, Bd. 1, Berlin und Weimar 1980, S. 341.
106 I. Kant, AA Bd. VI, S. 448.
107 I. Kant, KpV, in: AA, Bd. V, S. 86f., Leipzig 1978, S. 106.
108 I. Kant, KpV, AA, Bd. V, S. 132, Leipzig 1978, S. 157f.
109 I. Kant, Idee zu einer allgemeinen Geschichte in weltbürgerlicher Absicht. In: Von den Träumen der Vernunft, S. 213.
110 Ebenda, S. 219.
111 I. Kant, AA, Bd. XV.2, S. 885 (Reflexionen zur Anthropologie. Reflexion 1521).

112 I. Kant, Mutmaßlicher Anfang der Menschengeschichte. In: Von den Träumen der Vernunft, S. 279.
113 Ebenda, S. 280.
114 I. Kant, AA, Bd. XVI, S. 278 (Reflexion 2229).
115 P. Heintel wies zu Recht auf die Funktion der Ästhetik als Vermittlungsglied in der Kantischen Philosophie hin: „Sie (die Philosophie) muß die analytische Isolation der beiden Kritiken in jene ursprüngliche Synthesis zurücknehmen, die überall vorausgesetzt und unausdrücklich mitgedacht wird; diese ursprüngliche synthetische Einheit steht sowohl stellvertretend für die Totalität der Wirklichkeit als auch für die in sich zusammenhängende und vermittelnde Totalität des Systems. Am Ende des Systems müßte dann das erreicht sein, was nach Hegel Grundziel seiner Philosophie war: Philosophie bestimmt sich nicht mehr als mehr oder weniger willkürliche Theorie der Wirklichkeit, sondern als die begriffliche Bewegung der Wirklichkeit selbst. Die synthetische Totalität der Wirklichkeit ist zugleich die synthetische Totalität des philosophischen Systems" (P. Heintel, Die Bedeutung der Kritik der ästhetischen Urteilskraft für die transzendentale Systematik. Kantstudien. Ergänzungshefte, Nr. 99. Hrsg. von I. Heidemann, Bonn 1970).
116 Einen solchen Fehler begeht H. Althaus, wenn er schreibt, „Lust ist eine Qualität per se. Sich Lustgewinn verschaffen zu wollen ohne die Nebengedanken der jeweiligen gesellschaftlichen Moral, der aufs Praktische gerichteten Zwecke oder der Erhaltung der Art, bleibt immer der erste und ästhetisch entscheidende Akt. Das hat nach Kant noch einmal Schopenhauer in seiner ‚Welt als Wille und Vorstellung' so unvergeßlich ausgesprochen, daß es als ästhetische Grundmaxime nicht mehr hätte in Frage gestellt werden sollen. Dem Willen zur Erhaltung der Art geht die Lust voraus, und zwar eine Lust, die alle Einwände von vernünftig abwägender Seite gegenstandslos macht. Um die Erhaltung der Art zu sichern, müssen Lust und Lusterwartung die Vernunft übersteigen. Lust versteht sich dabei als das eine und einzigste Prinzip: es verlangt einfach Lust der Lust wegen und kann dabei Nebenerscheinungen abwerfen, die für gesellschaftliche Gruppen, Verbände, ja ganze Gattungen am Ende die Hauptsache sind" (H. Althaus, Ökonomie und Gesellschaft, Berlin 1971, S. 302).
117 I. Kant, AA, Bd. V, S. 306. Kritik der Urteilskraft (künftig KU), Leipzig 1968, S. 197 (§ 45).
118 I. Kant, AA, Bd. V, S. 362. KU, Leipzig 1968, S. 289 (§ 65).
119 I. Kant, AA, Bd. V, S. 181. KU, Leipzig 1968, S. 63 (§ 6).
120 I. Kant, AA, Bd. V, S. 217. KU, Leipzig 1968, S. 71 (§ 9).

121 I. Kant, AA, Bd. V, S. 352. KU, Leipzig 1968, S. 262 (§ 59).
122 I. Kant, AA, Bd. V, S. 82. KU, Leipzig 1968, S. 105 (§ 22).
123 I. Kant, AA, Bd. V, S. 320. KU, Leipzig 1968, S. 217 (§ 51).
124 I. Kant, AA, Bd. V, S. 245. KU, Leipzig 1968, S. 112 (§ 23).
125 I. Kant, AA, Bd. V, S. 261. KU, Leipzig 1968, S. 118 (§ 25).
126 I. Kant, AA, Bd. V, S. 251. KU, Leipzig 1968, S. 121 (§ 26).
127 I. Kant, AA, Bd. V, S. 272. KU, Leipzig 1968, S. 149f. (§ 29).
128 I. Kant, AA, Bd. V, S. 316f. KU, Leipzig 1968, S. 207f. (§ 49).
129 I. Kant, AA, Bd. V, S. 304. KU, Leipzig 1968, S. 193 (§ 43f.).
130 I. Kant, AA, Bd. V, S. 326. KU, Leipzig 1968, S. 226 (§ 53).
131 I. Kant, Briefwechsel, Hamburg 1972, S. 634.
132 I. Kant, AA, Bd. IX, S. 25 (Logik. Ein Handbuch zu Vorlesungen).
133 I. Kant, AA, Bd. XX, S. 45.
134 I. Kant, Die Religion innerhalb der Grenzen der bloßen Vernunft, Leipzig (o. J.), S. 32. Auch in: AA, Bd. VI, S. 33.
135 I. Kant, AA, Bd. VI, S. 96. Die Religion ..., Leipzig, S. 101f.
136 I. Kant, AA, Bd. VI, S. 102. Die Religion ..., Leipzig, S. 103.
137 I. Kant, AA, Bd. VI, S. 128 (Anmerkung). Die Religion ..., Leipzig, S. 138 (Anmerkung).
138 I. Kant, AA, Bd. VI, S. 125. Die Religion ..., Leipzig, S. 134.
139 I. Kant, AA, Bd. VI, S. 170. Die Religion ..., Leipzig, S. 184.
140 I. Kant, AA, Bd. VIII, S. 338 (Das Ende aller Dinge. Auch in: Von den Träumen der Vernunft, S. 409).
141 I. Kant, AA, Bd. VI, S. 145. Die Religion ..., Leipzig, S. 163.
142 I. Kant, AA, Bd. VIII, S. 112 (Muthmaßlicher Anfang der Menschengeschichte). Auch in: Von den Träumen der Vernunft, S. 271f.
143 I. Kant, AA, Bd. XVI, S. 390 (Reflexionen zur Logik).
144 I. Kant, Der Streit der Fakultäten. Hrsg. von Steffen Dietzsch, Leipzig 1984, S. 8.
145 Ebenda, S. 12.
146 I. Kant, AA, Bd. VI, S. 277 (Die Metaphysik der Sitten).
147 Ebenda, S. 313.
148 Ebenda, S. 320/321f.
149 Ebenda, S. 322f.
150 I. Kant, AA, Bd. VII, S. 85. Der Streit der Fakultäten, Leipzig 1984, S. 84.
151 I. Kant, AA, Bd. VIII, S. 304 (Über den Gemeinspruch: Das mag in der Theorie richtig sein, taugt aber nicht für die Praxis). In: Von den Träumen der Vernunft, S. 380f.
152 I. Kant, AA, Bd. VI, S. 350 (Die Metaphysik der Sitten).
153 I. Kant, AA, Bd. VII, S. 130 (Anthropologie in pragmatischer Hinsicht, § 2).
154 Ebenda, S. 135 (§ 5).

155 Ebenda, S. 224 (§ 57).
156 Ebenda, S. 239 (§ 67).
157 Ebenda, S. 236f. (§§ 62/63).
158 F. H. Jacobi, David Hume über den Glauben oder Idealismus und Realismus, Breslau 1787, S. 222f.
159 W. I. Lenin, Werke, Bd. 14, Berlin 1962, S. 195 (Materialismus und Empiriokritizismus).
160 Kuno Fischer, Geschichte der neuern Philosophie. Dritter Band, Heidelberg 1920, S. 667f.
161 Franz Mehring, Johann Gottfried Herder. In: Die Neue Zeit, Dezember 1903 (Gesammelte Schriften, Bd. 10: Aufsätze zur deutschen Literatur von Klopstock bis Weerth, Berlin 1961, S. 37).
162 Kants Rezensionen zu J. G. Herders „Ideen zur Philosophie der Geschichte der Menschheit" sind in Kant, AA, Bd. VIII, S. 43–66, veröffentlicht. Kant, der die Arbeiten seines Schülers längst mit Unwillen verfolgte, schrieb Mitte der siebziger Jahre: „Herder verdirbt die Köpfe dadurch, daß er ihnen Muth macht, ohne Durchdenken der principien mit blos empirischer Vernunft allgemeine Urtheile zu fällen" (Kant, AA, Bd. XV, S. 399. Reflexion 912).
163 J. G. Herder, SWS, Bd. 21, S. 48 (Metakritik zur Kritik der reinen Vernunft).
164 Ebenda, S. 67.
165 Ebenda, S. 67.
166 Ebenda, S. 112.
167 J. G. Herder, SWS, Bd. 22, S. 81. Auch in: J. G. Herder, Kalligone. Hrsg. von H. Begenau, Weimar 1955, S. 52f.
168 MEW, Ergänzungsband, Teil 1, Berlin 1968, S. 517 (Ökonomisch-philosophische Manuskripte, 1844).
169 J. G. Herder, SWS, Bd. 22, S. 286. J. G. Herder, Kalligone. Hrsg. von H. Begenau, S. 243.
170 J. G. Herder, SWS, Bd. 22, S. 297. J. G. Herder, Kalligone, Weimar 1955, S. 254.
171 Herders Sämmtliche Werke, Bd. 17, S. 183. Herders Werke in fünf Bänden. Aufbau 1978, Bd. 5, S. 85. Briefe zur Beförderung der Humanität.
172 Friedrich Schiller, Versuch über den Zusammenhang der thierischen Natur des Menschen mit seiner geistigen. In: Schillers Werke (Nationalausgabe). Hrsg. von Wieht, Weimar 1962. Philosophische Schriften, 20. Bd., Teil 1, S. 40.
173 F. Schiller, Über die ästhetische Erziehung des Menschen in einer Reihe von Briefen. In: Schiller, Über Kunst und Wirklichkeit, Leipzig 1985, S. 233 (2. Brief).
174 Ebenda, S. 248 (6. Brief).

175 Ebenda, S. 279 (15. Brief).
176 Ebenda, S. 289 (21. Brief).
177 Ebenda, S. 303 f. (23. Brief).
178 Ebenda, S. 308 (24. Brief).
179 Ebenda, S. 296 (21. Brief).
180 G. W. F. Hegel, Ästhetik, Berlin 1984, Bd. 1, S. 69.
181 F. Schiller, Sämtliche Werke in vier Bänden (hrsg. von K. Goedecke), Stuttgart 1883, Bd. 4, S. 217 (Was heißt und zu welchem Ende studiert man Universalgeschichte?).
182 Ebenda, S. 227.
183 Ebenda, S. 226.
184 MEW, Bd. 33, Berlin 1984, S. 53 (F. Engels an K. Marx, 4. September 1870).
185 J. W. Goethe (Berliner Ausgabe), Berlin und Weimar 1965 ff., Bd. I, S. 232 (Epigramme Venedig 1790).
186 J. W. Goethe (Berliner Ausgabe), Bd. XV, S. 117.
187 Johann Peter Eckermann, Gespräche mit Goethe in den letzten Jahren seines Lebens, Berlin 1982, S. 472.
188 Georg Forster, Philosophische Schriften, Berlin 1958, S. 181 („Brüder! Ihr seid hier, um die Wahrheit zu suchen").
189 Das intellektuelle Deutschland verfolgt mit Aufmerksamkeit die Ereignisse in Mainz sowie die Aktivitäten Forsters. Schiller schrieb am 21. Dezember 1792 an Körner: „... Forsters Betragen wird gewiß von jedem gemißbilligt werden; und ich sehe voraus, daß er sich mit Schande und Reue aus dieser Sache ziehen wird" (zitiert nach: Die Französische Revolution im Spiegel der deutschen Literatur, Leipzig 1975, S. 258). Caroline Böhmer, die sich in dieser Zeit in Mainz aufhielt, schrieb in ihrem Brief vom 27. Oktober 1792 an Friedrich Ludwig Wilhelm Meyer: „Ich kann Ihnen Forsters Betragen nicht genug rühmen ..." (zitiert nach: Begegnung mit Caroline. Briefe von Caroline Schlegel-Schelling, Leipzig 1984, S. 152).
190 G. Forster, Werke in vier Bänden, Frankfurt am Main 1970. Bd. 4 (Briefe), S. 867 (Brief an Therese Forster, 2. Juni 1793).
191 G. Forster, Sämtliche Werke, Bd. IX, Briefwechsel. S. 55 f.
192 G. Forsters Werke in zwei Bänden, Berlin und Weimar 1983, S. 224, Bd. 1 (Parisische Umrisse).
193 Ebenda, S. 219.
194 Ebenda, S. 244 f.
195 Ebenda, S. 245.
196 Georg Forster, Sämtliche Werke, Leipzig 1843, Bd. IX, Briefwechsel, S. 55 f. Der Verfasser des Buches war Carl Wilhelm Fröhlich. Sein Buch „Über den Menschen und seine Verhältnisse" erschien anonym. Ein weiteres utopisches Werk aus

dieser Zeit ist F. H. Ziegenhagens „Lehre von den richtigen Verhältnissen zu den Schöpfungswerken".
197 Ludwig Schubart, Wekhrlin. In: Deutsche Monatsschrift. Hrsg. von G. N. Fischer, Berlin, Juni 1794, S. 154.
198 A. Radischtschew, Reise von Petersburg nach Moskau, Leipzig 1982, S. 155.
199 Andreas Georg Friedrich Rebmann, Hans-kiek-in-die-Welts Reisen in alle vier Weltteile und den Mond, Hamburg 1795, S. 149 f.
200 [Karl von Knoblauch,] Anti-Hyperphysik zur Erbauung der Vernünftigen (1789), in: „Bibliothek der Deutschen Aufklärer des achtzehnten Jahrhunderts". Hrsg. von Martin von Geismar (Edgar Bauer), Leipzig 1846, Heft V, S. 257.
201 Unter dem Titel „Spinoza II. oder Subiroth Sopim. Rom, bei der Witwe Bona Spes 5770" war (im Jahre 1787) in Deutschland eine Übersetzung des atheistischen Buches „L-Esprit de Mr. Benoit de Spinoza" veröffentlicht worden, das erstmalig 1719 in französischer Sprache in Holland erschienen war.
202 [Karl von Knoblauch,] Die Nachtwachen des Einsiedlers zu Athos, 1790, S. 48.
203 Ebenda, S. 39 f.
204 Mauvillons Briefwechsel, 1801, S. 219.
205 K. Knoblauch, Politisch-philosophische Gespräche, Berlin 1790, S. 50.
206 J. G. Fichte, Erste Einleitung in die Wissenschaftslehre. In: Philosophisches Erbe, Bd. 1. Hrsg. von R. O. Gropp, Berlin 1962, S. 75.
207 J. G. Fichte, Über die Bestimmung des Gelehrten/Über das Wesen des Gelehrten, Leipzig o. J., S. 51.
208 Kuno Fischer, Fichtes Leben, Werk und Lehre. Geschichte der neuern Philosophie, Bd. 6, Heidelberg 1900, S. 233.
209 J. G. Fichte an Johanna Rahn vom 5. September 1790. In: Briefe, Leipzig 1986, S. 44.
210 J. G. Fichte, Versuch einer Kritik aller Offenbarung. Medicus-Ausgabe, Bd. 1, S. 24.
211 J. G. Fichte, Beitrag zur Berichtigung der Urteile des Publikums über die Französische Revolution. In: J. G. Fichte, Schriften zur Französischen Revolution, Leipzig 1988, S. 39.
212 Ebenda, S. 44.
213 Ebenda, S. 39.
214 Ebenda, S. 87.
215 Ebenda, S. 98.
216 Ebenda, S. 101.
217 J. G. Fichte an Friedrich Schelling vom 20. September 1799. In: Briefe, Leipzig 1986, S. 259.

218 J. G. Fichte an (Jens Immanuel Baggesen?) (Entwurf) April 1795? In: Briefe, Leipzig 1986, S. 144.
219 J. G. Fichte, Grundlage der gesamten Wissenschaftslehre. 1. Teil, § 1, 6 c. In: Philosophisches Erbe, Bd. 1, S. 61.
220 J. G. Fichte, Vorrede zur Wissenschaftslehre. Medicus-Ausgabe, Bd. 1, S. 281.
221 J. G. Fichte, Zweite Einleitung in die Wissenschaftslehre. Medicus-Ausgabe, Bd. 3, S. 50.
222 J. G. Fichte, Grundlage der gesamten Wissenschaftslehre. Medicus-Ausgabe, Bd. 1, S. 370.
223 Ebenda, S. 298. Auch: J. G. Fichte, Ausgewählte Texte, Philosophisches Erbe, Bd. 1, Berlin 1962, S. 64.
224 J. G. Fichte, Grundlage der gesamten Wissenschaftslehre. Medicus-Ausgabe, Bd. 1, S. 309.
225 Ebenda, S. 323 f.
226 Ebenda, S. 330 f.
227 Ebenda, S. 331 f.
228 Ebenda, S. 337.
229 Ebenda, S. 340.
230 Ebenda, S. 408.
231 Ebenda, S. 410.
232 Ebenda, S. 411 f.
233 Ebenda, S. 415.
234 J. G. Fichte, Grundriß des Eigentümlichen der Wissenschaftslehre, Leipzig o. J., S. 15.
235 Ebenda, S. 86.
236 Ebenda, S. 87.
237 J. G. Fichte, Grundlage der gesamten Wissenschaftslehre. Medicus-Ausgabe, Bd. 1, S. 426.
238 Ebenda, S. 435.
239 I. Kant, AA, Bd. XII, S. 397.
240 J. G. Fichte, Erste Einleitung in die Wissenschaftslehre. Medicus-Ausgabe, Bd. 3, S. 11.
241 I. Kant an M. Herz vom 21. Februar 1772.
242 J. G. Fichte, Zweite Einleitung in die Wissenschaftslehre. Medicus-Ausgabe, Bd. 3, S. 47.
243 J. G. Fichte, Briefe, Leipzig 1986, S. 97.
244 J. G. Fichte, Zweite Einleitung in die Wissenschaftslehre. Medicus-Ausgabe, Bd. 3, S. 83.
245 J. G. Fichte, Grundlage der gesamten Wissenschaftslehre. Medicus-Ausgabe, Bd. 1, S. 477 f.
246 J. G. Fichte, Die Bestimmung des Menschen. Über die Würde des Menschen, Leipzig 1976, S. 151.
247 Ebenda, S. 152.
248 MEW, Bd. 2, Berlin 1985, S. 147 (Die Heilige Familie).

249 J. G. Fichte, Über die Bestimmung des Gelehrten, Leipzig o. J., S. 10.
250 Ebenda, S. 24.
251 Ebenda, S. 38.
252 J. G. Fichte, Grundlage des Naturrechts. Medicus-Ausgabe, Bd. 2, S. 43.
253 J. G. Fichte, Das System der Sittenlehre. Medicus-Ausgabe, Bd. 2, S. 650. Heinrich Steffens berichtet über ein Gespräch mit dem Philosophen über das Verbot, die Unwahrheit zu sagen: „Als ich hörte, wie er den Satz: man dürfe unter keiner Bedingung eine Unwahrheit sagen, behauptete, wagte ich es, ihm folgendes Verhältnis entgegenzustellen: Eine Wöchnerin ist gefährlich krank, das Kind, sterbend, liegt in einer anderen Stube, die Ärzte haben entschieden erklärt, daß jede Erschütterung ihr das Leben kosten wird. Das Kind stirbt – ich sitze am Krankenlager meiner Frau, sie fragt nach dem Befinden des eben gestorbenen Kindes: die Wahrheit würde sie töten; soll ich sie sagen?" – „Sie soll", antwortete Fichte, „mit ihrer Frage abgewiesen werden." – „Das heißt", erwiderte ich, „auf das bestimmteste sagen: ihr Kind sei tot. Ich würde lügen ... und ich nenne ganz entschieden diese Lüge eine Wahrheit, meine Wahrheit." – „Deine Wahrheit?" rief Fichte entrüstet. „Eine solche, die dem einzelnen Menschen gehört, gibt es gar nicht; sie hat über dich, du nicht über sie zu gebieten. Stirbt die Frau an der Wahrheit, so soll sie sterben" (Heinrich Steffens, Was ich erlebte. Hrsg. von Willi August Koch, Leipzig 1938, S. 107 f.).
254 J. G. Fichte, Briefe (An Friedrich Heinrich Jacobi, 30. August 1795), Leipzig 1986, S. 184.
255 J. G. Fichte, Grundlage des Naturrechts. Medicus-Ausgabe, Bd. 2, S. 64.
256 Ebenda, S. 43 f.
257 Ebenda, S. 94.
258 Ebenda, S. 167.
259 Ebenda, S. 212.
260 J. G. Fichte, Der geschlossene Handelsstaat. In: Ruf zur Tat, Berlin 1956, S. 209. Auch: Der geschlossene Handelsstaat, Hamburg 1979, S. 22.
261 J. G. Fichte. Der geschlossene Handelsstaat. Medicus-Ausgabe, Bd. 3, S. 472.
262 MEW, Bd. 4, S. 485 f. (Das Kommunistische Manifest).
263 J. G. Fichte, Der geschlossene Handelsstaat. Medicus-Ausgabe, Bd. 3, S. 512.
264 J. G. Fichte, Die Grundlage des Naturrechts. Medicus-Ausgabe, Bd. 2, S. 299.

265 Ebenda, S. 306.
266 Ebenda, S. 310f.
267 Vgl. dazu: Appellation an das Publikum ... Dokumente zum Atheismusstreit um Fichte, Forberg, Niethammer, Jena 1798/99. Hrsg. von Werner Röhr, Leipzig 1987, S. 21.
268 Schreiben eines Vaters an seinen studierenden Sohn über den Fichtischen und Forbergischen Atheismus. Ebenda, S. 42–63.
269 Ebenda, S. 84–126 und 182–240.
270 Alexander I. Herzen, Briefe über das Studium der Natur, Leipzig (1962), S. 40.
271 W. Victor, Dasein und Wirken. Goethe 1809, Weimar 1955, S. 164.
272 J. P. Eckermann, Gespräche mit Goethe in den letzten Jahren seines Lebens, Berlin und Weimar 1982, S. 215.
273 J. W. Goethe, Über Kants Philosophie. Berliner Ausgabe, Bd. 17. Kunsttheoretische Schriften und Übersetzungen, S. 504.
274 Vgl. z. B. W. Girnus, Goethes Weltbild. In: Wozu Literatur? Leipzig 1976, S. 72. Kant spricht nicht von „Phantasie", sondern von „produktiver Einbildungskraft".
275 J. W. v. Goethe, Einwirkung der neuern Philosophie. Naturwissenschaftliche Schriften 1, Hamburger Ausgabe, Bd. 13, S. 27f. Auch: Goethes Werke in zwölf Bänden, Weimar 1966, S. 31.
276 J. W. Goethe, Kampagne in Frankreich. Werke in zwölf Bänden, Bd. 10, S. 501.
277 J. W. Goethe, Die Natur. Hamburger Ausgabe, Bd. 13, S. 45. Auch: Goethes Werke in zwölf Bänden, Bd. 12, S. 7.
278 J. W. v. Goethe, Erläuterungen zu dem aphoristischen Aufsatz „Die Natur". Goethe an Kanzler Müller. In: Werke in zwölf Bänden, Bd. 12, S. 10. „Polarität" und „Steigerung" sind Kategorien der Schellingschen Naturphilosophie. Es wäre falsch, zu behaupten, Goethe habe die Anschauungen seines jüngeren Freundes einfach übernommen. Es ist durchaus denkbar, daß Schelling während seiner Gespräche mit dem Dichter und Naturwissenschaftler Goethe seine Begriffe erläuterte. Später trennten sich ihre Wege. Der Pantheismus Schellings nahm idealistische Züge an. Goethe blieb ein zur materialistischen Auslegung der Welt neigender Naturalist. Daher halte ich H. Hamms Schlußfolgerung, Goethes Denkstil könne als objektiv-idealistischer bezeichnet werden, für falsch (vgl. H. Hamm, Der Theoretiker Goethe, Berlin 1975, S. 166).
279 J. W. Goethe, Der Sammler und die Seinigen. In: Werke in zwölf Bänden, Bd. 11, S. 170.

280 Ebenda, S. 153 f.
281 Ebenda, S. 155 f.
282 J. W. Goethe, Maximen und Reflexionen. In: Werke in zwölf Bänden, Bd. 7, S. 468.
283 Ebenda, S. 518.
284 Der Briefwechsel zwischen Schiller und Goethe. In drei Bänden. Erster Band. 1794–1797, Leipzig 1955, S. 378 f. (Goethe an Schiller vom 16. August 1797).
285 Ebenda, S. 399 (Schiller an Goethe vom 7. September 1797).
286 J. W. Goethe, Werke in zwölf Bänden, Bd. 12, S. 265 (Einwirkung der neuern Philosophie).
287 J. W. Goethe, Erfahrung und Wissenschaft. In: Werke in zwölf Bänden, Bd. 12, S. 26 f.
288 Ebenda. Den Terminus „Urphänomen" gebraucht Goethe nicht eindeutig. Meist handelt es sich – wie in diesem Fall – um den Archetypus, um die Primärstruktur. Seltener verwendet Goethe diesen Terminus zur Kennzeichnung der einheitlichen Erscheinung selbst (z. B. der Magnet als Urphänomen).
289 J. W. Goethe, Werke in zwölf Bänden, Bd. 12, S. 285 f. (Entwurf einer vergleichenden Anatomie).
290 J. W. Goethe, Werke in zwölf Bänden, Bd. 12, S. 266 (Anschauende Urteilskraft).
291 J. W. Goethe, Werke (Hamburger Ausgabe), München 1975, Bd. 13, S. 26 (Einwirkung der neueren Philosophie).
292 F. Schiller, Über naive und sentimentalische Dichtung. In: Schiller, Über Kunst und Wirklichkeit. Schriften und Briefe zur Ästhetik, Leipzig 1975, S. 456.
293 Ebenda, S. 457.
294 Ebenda, S. 462.
295 J. W. Goethe, Werke in zwölf Bänden, Bd. 11, S. 48 (Einfache Nachahmung der Natur, Manier, Stil).
296 J. W. Goethe, Einwirkung der neuern Philosophie. In: Werke in zwölf Bänden, Bd. 12, S. 33. Im Aufsatz „Shakespeare und kein Ende" (1813) zählte Goethe Shakespeare „nicht zu den Dichtern der neuern Welt, welche man die romantischen genannt hat, sondern vielmehr zu jenen der naiven Gattung, da sein Werk eigentlich auf der Gegenwart ruht" (Werke in zwölf Bänden, Bd. 11, S. 352).
297 J. G. Fichte, Gesamtausgabe, Reihe I, Bd. 6, S. 359. Von den Pflichten des Gelehrten, Jenaer Vorlesungen 1794/95. Berlin 1972, S. 170 f. (Über Geist und Buchstab in der Philosophie in einer Reihe von Briefen. Dritter Brief).
298 W. v. Humboldt, Ideen zu einem Versuch, die Grenzen der Wirksamkeit des Staats zu bestimmen. In: W. v. Humboldt, Individuum und Staatsgewalt, Leipzig 1985, S. 65.

299 Ebenda, Leipzig 1985, S. 66. „Ungeachtet dieser meiner Anhänglichkeit an die Französische Revolution kann ich es dennoch Forster nicht verzeihen, daß er in dem jetzigen Zeitpunkt auf einmal ganz öffentlich zur französischen Partie übergegangen ist und Dienste genommen hat" (ebenda, S. 32; W. v. Humboldt an Schiller vom 7. Dezember 1792).
300 W. v. Humboldt, Ideen zu einem Versuch ..., Leipzig 1985, S. 80 f., 90 f.
301 W. v. Humboldt, Über den Geschlechtsunterschied und dessen Einfluß auf die organische Natur. In: Werke in fünf Bänden, Bd. 1, Berlin 1960, S. 271.
302 Rudolf Haym, Wilhelm von Humboldt. Lebensbild und Charakteristik, Berlin 1856, S. 110 f.
303 W. v. Humboldt, Werke in fünf Bänden, Bd. 2, S. 140 (Über Goethes Hermann und Dorothea).
304 Ebenda, S. 143.
305 Ebenda, S. 179 f.
306 Der Briefwechsel zwischen Friedrich Schiller und Wilhelm von Humboldt, Bd. 1, Berlin 1962, S. 267.
307 W. v. Humboldt, Werke in fünf Bänden, Bd. 2, S. 156.
308 A. v. Humboldt, Gespräche, Berlin 1959, S. 18 (Tagebuch, Paris, 7. Juni 1798).
309 A. v. Humboldt, Aphorismen aus der chemischen Physiologie der Pflanzen, Leipzig 1794, S. 12.
310 A. v. Humboldt, Die Lebenskraft oder der Rhodische Genius. Eine Erzählung. In: Die Horen. Eine Monatsschrift. Hrsg. von Friedrich Schiller, Jg. 1795, Bd. 1 und 2 (Nachdruck: Berlin 1959, S. 578–584).
311 A. v. Humboldt, Versuche über die gereizte Muskel- und Nervenfaser, nebst Vermuthungen über den chemischen Prozeß des Lebens in der Thier- und Pflanzenwelt, Bd. II, Posen und Berlin 1797, S. 433.
312 Ebenda, S. 434.
313 F. Schlegel, Werke in zwei Bänden, Bd. 1, Kritische Fragmente (Fragment Nr. 108), S. 181. „Der gestiefelte Kater" ist ein Beispiel dafür, was Brecht als nichtaristotelisches Theater bezeichnet hat. Bei Novalis deutet sich die Brechtsche Konzeption der „Verfremdung" („Entfremdung") an, wenn er schreibt: „... Die Kunst, auf eine angenehme Art zu befremden, einen Gegenstand fremd zu machen und doch anziehend, das ist die romantische Poetik" (Novalis, Dichtungen und Prosa, Leipzig 1975, S. 635 (Aus den Fragmenten und Studien, Nr. 668).
314 Novalis, Dichtung und Prosa, Leipzig 1975, S. 394 (Blüthenstaub, Fragment 55).

315 W. H. Wackenroder, Herzensergießungen eines kunstliebenden Klosterbruders, Leipzig 1981, S. 40f.
316 Ebenda, S. 39.
317 Ebenda, S. 41. „Ein Regiment Soldaten en parade ist nach der Denkart mancher Philosophen ein System" (Athenaeum. Auswahl, Leipzig 1984, S. 65).
318 Novalis, Dichtungen und Prosa, Leipzig 1975, S. 252 (Die Lehrlinge zu Sais).
319 F. Schlegel, Lucinde. F. Schleiermacher, Vertraute Briefe über Schlegels „Lucinde", Leipzig 1970, S. 221.
320 F. Schleiermacher, Über die Religion. In: Theologische Schriften, Berlin 1983, S. 78.
321 Ebenda, S. 93.
322 Johann Wilhelm Ritter, Die Physik als Kunst. In: Ritter, Fragmente aus dem Nachlaß eines jungen Physikers, Leipzig und Weimar 1984, S. 295 und 317.
323 Briefe von und an Hegel, Bd. 1, 1785–1812, Berlin 1970, S. 22 (Schelling an Hegel vom 4. Februar 1795).
324 F. W. J. Schelling, Sämtliche Werke (künftig: SW). Erste Abt., Bd. 1, 1772–1797, Stuttgart 1856, S. 409 (Abhandlungen zur Erläuterung des Idealismus der Wissenschaftslehre. Geschrieben in den Jahren 1796 und 1797. Zweiter Abdruck).
325 F. W. J. Schelling, Frühschriften. Eine Auswahl in zwei Bänden, Bd. 1, Berlin 1971, S. 389.
326 Ebenda, S. 349.
327 F. W. J. Schelling, SW I.2, 1797–1798, Stuttgart 1857, S. 383 (Über die erste Kraft der Natur).
328 Ebenda, S. 390.
329 Ebenda, S. 529 (Über den Ursprung des allgemeinen Organismus).
330 S. W. J. Schelling, SW I.3, 1799–1800, S. 268 (Erster Entwurf eines Systems der Naturphilosophie. Für Vorlesungen [1799]).
331 Ebenda, S. 195.
332 Ebenda, S. 273 (Einleitung zu dem Entwurf eines Systems der Naturphilosophie. Oder über den Begriff der speculativen Physik und die innere Organisation eines Systems dieser Wissenschaft [1799]).
333 Ebenda, S. 322.
334 MEW, Bd. 27, Berlin 1963, S. 420f. (Marx an L. Feuerbach vom 3. Oktober 1843).
335 Schellingiana rariotra. Torino 1977, S. 86–98. Epikurisch Glaubensbekenntniss Heinz Widerporstens.
336 Vgl. Novalis, Dichtungen und Prosa, Leipzig 1975, S. 441–463.

337 F. W. J. Schelling, System des transzendentalen Idealismus, Leipzig 1979, S. 12.
338 Ebenda, S. 71.
339 Ebenda, S. 62.
340 Ebenda, S. 249.
341 Ebenda, S. 251.
342 Ebenda, S. 253.
343 Ebenda, S. 274.
344 Ebenda, S. 273.
345 Fichte, Briefe, S. 259 (Fichte an Schelling vom 12. September 1799).
346 Ebenda, S. 312 (Fichte an Schelling vom 15. November 1800).
347 F. W. J. Schelling, SW, Bd. IV, S. 109 (Darlegung meines Systems der Philosophie [Mai 1801]).
348 Ebenda, S. 114.
349 Ebenda, S. 135.
350 F. W. J. Schelling, SW, Bd. VII, S. 184 (Weitere Darstellung meines Systems der Philosophie). Im 1804 vorgetragenen Vorlesungszyklus formulierte Schelling seine Ausgangsposition wie folgt: „Alles ist Eins, oder das All ist schlechthin Eines" (Bd. VI, S. 175).
351 F. W. J. Schelling, SW, Bd. VII, S. 411 (Weitere Darstellung meines Systems der Philosophie).
352 F. W. J. Schelling, SW, Bd. V, S. 241 (Vorlesungen über die Methode des akademischen Studiums).
353 Ich hasse die Menge der Ungebildeten und meide sie.
354 F. W. J. Schelling, SW, Bd. V, S. 310 (Vorlesungen über die Methode des akademischen Studiums).
355 Novalis, Dichtungen und Prosa, Leipzig 1975, S. 546 (Anekdote Nr. 280).
356 F. W. J. Schelling, Philosophie der Kunst. Aus dem handschriftlichen Nachlaß. In: Schelling, Frühschriften, Bd. 2, S. 867.
357 Ebenda, S. 866.
358 Ebenda, S. 876.
359 Ebenda, S. 900.
360 Ebenda, S. 965.
361 Ebenda, S. 967.
362 F. W. J. Schelling, SW, Bd. VI, S. 571 (System der gesamten Philosophie und der Naturphilosophie insbesondere [1804]).
363 F. W. J. Schelling, Frühschriften, Bd. 2, S. 1237 (Philosophie der Kunst. Aus dem handschriftlichen Nachlaß).
364 Ebenda, S. 1095.
365 Ebenda, S. 1177. Schelling schreibt: „Der Roman des Cervan-

tes ruht also auf einem sehr unvollkommenen, ja vernichteten Helden, der aber zugleich so edler Natur ist, und so oft als der eine Punkt nicht berührt wird, so viel überlegenen Verstand zeigt, daß ihn keine Schmach, die ihm widerführt, eigentlich herabwürdigt" (ebenda, S. 1181).
366 F. W. J. Schelling, SW, Bd. VI, S. 408.
367 F. W. J. Schelling, Stuttgarter Privatvorlesungen, Torino 1973, S. 106.
368 Ebenda, S. 220.
369 Ebenda, S. 119 f.
370 Ebenda, S. 130.
371 Ebenda, S. 155.
372 J. G. Fichte, Briefe, S. 322 (An Schelling vom 31. Mai bis 7. August 1801).
373 Fichte–Schelling-Briefwechsel, S. 139 (Schelling an Fichte vom 3. Oktober 1801).
374 J. G. Fichte, Briefe, S. 337 (An Schelling vom 15. Januar 1802).
375 J. G. Fichte, Darstellung der Wissenschaftslehre. Aus den Jahren 1801/02, Hamburg 1977, S. 19.
376 J. G. Fichte, Die Wissenschaftslehre. Zweiter Vortrag im Jahre 1804, Hamburg 1975, S. 10. Reinhard Lauth beurteilt die Wissenschaftslehre von 1804 als eine Vollendung der Fichteschen Philosophie. Sie sei „noch nicht widerlegt worden" (R. Lauth, Hegel vor der Wissenschaftslehre, Stuttgart 1987, S. 7).
377 J. G. Fichte, Die Anweisung zum seligen Leben, Hamburg 1970, S. 54.
378 Ebenda, S. 3.
379 J. G. Fichte, Über die Bestimmung des Gelehrten, Leipzig o. J., S. 83.
380 J. G. Fichte, Grundzüge des gegenwärtigen Zeitalters, Berlin 1924, S. 170–173.
381 Ebenda, S. 182 f.
382 Ebenda, S. 173 f.
383 Ebenda, S. 32 f.
384 J. G. Fichte, Anweisung zum seligen Leben, a. a. O., S. 93.
385 Ebenda, S. 83.
386 Ebenda, S. 84.
387 Ebenda, S. 110.
388 Ebenda, S. 130.
389 J. G. Fichte, Reden an die deutsche Nation, Berlin 1908, S. 102.
390 Ebenda, S. 461.
391 Ebenda, S. 240 f.

392 J. G. Fichte, Der Patriotismus und sein Gegenteil. In: Ausgewählte Texte. Philosophisches Erbe, Bd. 1, Berlin 1962, S. 127.
393 J. G. Fichte, Rechtslehre, Hamburg 1980, S. 57.
394 J. G. Fichte, Sämtliche Werke, Bd. IX, S. 138 (Über das Verhältnis der Logik zur Philosophie).
395 Ebenda, S. 150.
396 Ebenda, S. 225.
397 Hegels Theologische Jugendschriften. Hrsg. von H. Nohl, Tübingen 1907, S. 233.
398 G. Lukács, Der junge Hegel, Berlin 1954, S. 38.
399 Ebenda, S. 131.
400 W. Dilthey, Die Jugendgeschichte Hegels. Gesammelte Schriften, Leipzig 1921, S. 31.
401 G. W. F. Hegel, Das Leben Jesu. In: Hegels Theologische Jugendschriften, a. a. O., S. 75.
402 Ebenda, S. 112.
403 Dokumente zu Hegels Entwicklung. Hrsg. von Johannes Hoffmeister, Hamburg 1936, S. 220 (Ältestes Systemprogramm des deutschen Idealismus [1796]).
404 G. W. F. Hegel, Werke in zwanzig Bänden, Bd. 1, Frühschriften, Frankfurt am Main 1971, S. 299 (Der Geist des Christentums).
405 Ebenda, S. 324 f.
406 Ebenda, S. 327.
407 Ebenda, S. 394.
408 Ebenda, S. 405 f.
409 Ebenda, S. 413.
410 Dokumente zu Hegels Entwicklung, a. a. O., S. 268 f.
411 G. W. F. Hegels Werke in zwanzig Bänden, Bd. 1, S. 422 (Systemfragment [1800]).
412 G. W. F. Hegel, Das System der Sittlichkeit. In: Jenaer Schriften, Berlin 1972, S. 444.
413 Ebenda, S. 459.
414 Ebenda, S. 482.
415 In der Hegel-Werkausgabe, hrsg. im Auftrag der Deutschen Forschungsgemeinschaft, Hamburg, Meiner 1968 ff., umfassen die Jenaer Systementwürfe die Bände 5–8.
416 MEW, Ergänzungsband 1, Berlin 1981, S. 571 (Ökonomisch-philosophische Manuskripte [1844]).
417 G. W. F. Hegel, Phänomenologie des Geistes (Glockner), Bd. 2, S. 30 f.
418 Ebenda, S. 160 f. Gadamer schrieb in diesem Zusammenhang: „Hegel ist ein Schwabe, und Schockieren ist seine Leidenschaft, wie die aller Schwaben" (Gadamer, Hegel-Studien, Beiheft 3, Bonn 1966).

419 MEW, Ergänzungsband L, S. 574 (Ökonomisch-philosophische Manuskripte [1844]).
420 G. W. F. Hegel, Phänomenologie des Geistes (Glockner), Bd. 2, S. 155.
421 G. W. F. Hegel, System der Philosophie (Glockner), Bd. 10, S. 288, § 435.
422 MEW, Ergänzungsband 1, S. 574 (Ökonomisch-philosophische Manuskripte).
423 G. W. F. Hegel, Sämtliche Werke. Hrsg. von Georg Lasson. Bd. XX. Jenenser Realphilosophie II. Hrsg. von J. Hoffmeister, Leipzig 1931, S. 232.
424 G. W. F. Hegel, Phänomenologie des Geistes (Glockner), Bd. 2, S. 19.
425 Ebenda, S. 160.
426 Ebenda, S. 289.
427 Ebenda, S. 237f.
428 Dokumente zu Hegels Entwicklung, S. 370.
429 G. W. F. Hegel, Phänomenologie des Geistes (Glockner), Bd. 2, S. 454.
430 Briefe von und an Hegel, Bd. 1, S. 138 (Hegel an Zellmann vom 23. Januar 1807).
431 G. W. F. Hegel, Selbstanzeige der Phänomenologie. In: Hegel, Gesammelte Werke. Hrsg. von der Rheinisch-westfälischen Akademie der Wissenschaften, Bd. 9, Hamburg 1980, S. 446f.
432 G. W. F. Hegel, Enzyklopädie der philosophischen Wissenschaften im Grundrisse. Neu hrsg. von Friedhelm Nicolin und Otto Pöggeler, Berlin 1966, S. 102 (§ 79).
433 Ebenda, S. 102.
434 Ebenda.
435 Ebenda, S. 103.
436 Ebenda.
437 G. W. F. Hegel, Phänomenologie des Geistes (Glockner), Bd. 2, S. 47.
438 G. W. F. Hegel, Wissenschaft der Logik (Glockner), Bd. 4, S. 53.
439 K. Marx, Grundrisse, Berlin 1974, S. 28.
440 In früheren Arbeiten war der Verfasser anderer Meinung; vgl. A. Gulyga, Hegel, Leipzig 1980, S. 116.
441 W. I. Lenin, Werke, Bd. 38, Philosophische Hefte, Berlin 1981, S. 170 (Konspekt zur „Wissenschaft der Logik").
442 G. W. F. Hegel, Wissenschaft der Logik (Glockner), Bd. 4, S. 461.
443 Ebenda, S. 547.
444 G. W. F. Hegel, Werke in zwanzig Bänden, Band 8. Enzyklopädie der philosophischen Wissenschaften I., S. 266.

445 W. I. Lenin, Werke, Bd. 38, Bd. 136f. (Konspekt zur „Wissenschaft der Logik").
446 Briefe von und an Hegel, Bd. 1, S. 338 (Hegel an Niethammer vom 3. November 1810).
447 W. I. Lenin, Werke, Bd. 38, S. 141f. (Konspekt zur „Wissenschaft der Logik").
448 G. W. F. Hegel, Werke in zwanzig Bänden, Band 8. Enzyklopädie der philosophischen Wissenschaften I., Theorie Werkausgabe, Frankfurt am Main 1970, S. 302.
449 G. W. F. Hegel, Wissenschaft der Logik (Glockner), Bd. 5, S. 3.
450 W. I. Lenin, Werke, Bd. 38, Philosophische Hefte, S. 166. Es heißt dort: „These parts of the Work should be called: a best means for gettin a headache!" (Diese Teile des Werkes müßten überschrieben sein: das beste Mittel, um Kopfschmerzen zu bekommen!) Bei Bertolt Brecht, dem Hegelverehrer, gibt es auch eine überraschende Charakteristik der „Wissenschaft der Logik": „Es ist eines der größten humoristischen Werke der Weltliteratur. Es behandelt die Lebensweise der Begriffe, dieser schlüpfrigen, unstabilen, verantwortungslosen Existenzen; wie sie einander beschimpfen und mit den Messern bekämpfen und sich dann zusammen zum Abendessen setzen, als sei nichts gewesen. Sie treten sozusagen paarweise auf, jeder ist mit seinem Gegensatz verheiratet, und ihre Geschäfte erledigen sie als Paare, d. h., sie unterschreiben Kontrakte als Paar, führen Prozesse als Paar, veranstalten Überfälle und Einbrüche als Paar, schreiben Bücher und machen eidliche Aussagen als Paar, und zwar als völlig unter sich zerstrittenes, in jeder Sache uneiniges Paar! Was die Ordnung behauptet hat, bestreitet sofort, in einem Atemzug, die Unordnung, ihre unzertrennliche Partnerin. Sie können weder ohne einander leben noch miteinander ... Den Witz einer Sache hat er die Dialektik genannt. Wie alle großen Humoristen hat er alles mit todernstem Gesicht vorgebracht" (B. Brecht, Flüchtlingsgespräche, Leipzig 1973, S. 87).
451 G. W. F. Hegel, System der Philosophie. Enzyklopädie der philosophischen Wissenschaften im Grundrisse. § 19 (Glockner), Bd. 8, S. 67f.
452 Ebenda, S. 68.
453 W. I. Lenin, Werke, Bd. 38, S. 204 (Konspekt zur „Wissenschaft der Logik").
454 Ebenda, S. 226.
455 G. W. F. Hegel, Gesammelte Werke, Bd. 11, Hamburg 1978, S. 214. Diese Ausgabe enthält den Text der ersten Auflage der „Wissenschaft der Logik" (1812). In der zweiten Auflage

(1832) formulierte Hegel seinen Gedanken nicht mehr so eindeutig und ergänzte: Die Wissenschaft ist noch weit davon entfernt, dies zu erreichen (ebenda, Bd. 21, Hamburg 1985, S. 362).

456 G. W. F. Hegel, Enzyklopädie (Nicolin/Pöggeler), S. 286 f. (§ 341).
457 MEW, Bd. 20, Berlin 1982, S. 12 (Vorwort zur Auflage des Anti-Dühring von 1885).
458 G. W. F. Hegel, Enzyklopädie (Nicolin/Pöggeler), S. 329 (§ 403). Glaubte Hegel an die Unsterblichkeit der Seele? Direkte Äußerungen zu dieser Frage liegen nicht vor. Auf die Frage seiner Ehefrau, wie es um die Unsterblichkeit der Seele bestellt sei, gab der Philosoph keine Antwort – ohne ein Wort zu verlieren, habe er mit dem Finger auf die Bibel gedeutet (vgl. hierzu Hegel in Berichten seiner Zeitgenossen, Berlin 1971, S. 445).
459 G. W. F. Hegel, Grundlinien der Philosophie des Rechts. Nach der Ausgabe von E. Gans hrsg. von H. Klenner, Berlin 1981, S. 154.
460 Ebenda, S. 189.
461 Ebenda, S. 234.
462 Ebenda, S. 284.
463 MEW, Bd. 1, Berlin 1983, S. 331 (K. Marx, Kritik des Hegelschen Staatsrechts).
464 G. W. F. Hegel, Grundlinien der Philosophie des Rechts, S. 25.
465 G. W. F. Hegel, Enzyklopädie (Nicolin/Pöggeler), S. 38 (§ 6).
466 MEW, Bd. 21, Berlin 1984, S. 266 f. (F. Engels, Ludwig Feuerbach und der Ausgang der klassischen deutschen Philosophie).
467 G. W. F. Hegel, Vorlesungen über Naturrecht und Staatswissenschaft, Heidelberg 1817/18. Hamburg 1983, S. 192. In der von Dieter Henrich herausgegebenen Nachschrift der Vorlesung von 1819/20 lautet der Hegelsche Aphorismus ebenfalls anders als im Text der „Grundlinien der Philosophie des Rechts": „Was vernünftig ist, das ist wirklich, und was wirklich ist, das ist vernünftig" (Hegel, Philosophie des Rechts. Die Vorlesung von 1819/20. Frankfurt [Main] 1983, S. 51). In diesem wie dem anderen Vorlesungszyklus äußert sich Hegel durchaus radikal, wenn er vom „demokratischen Prinzip", vom „Zwangsrecht" spricht. Damit meint er das Recht der Mittellosen auf Aufstand. All das wurde aus dem endgültigen Text der „Grundlinien der Philosophie des Rechts" gestrichen. An einigen Stellen finden wir eine direkte Apologie der reaktionären preußischen Monarchie. Die Ursachen, die Hegel veranlaßten,

die Korrekturen einzubringen, sind zweifacher Natur. Erstens: die Verschärfung der Zensurbestimmungen sowie die Repressivmaßnahmen der Polizei, die sich bis in die unmittelbare Umgebung des Philosophen erstreckten. Zweitens: die „Rechtsschwenkung" des Philosophen selbst. Hegel entfernte sich immer mehr von den Freiheitsidealen der Jugend, die durch die Französische Revolution geweckt worden waren. Die Französische Revolution vergaß der Philosoph nie. An jedem 14. Juli gedachte er des Sturms auf die Bastille. In diesem Zusammenhang ist es angebracht, einen anderen Aphorismus aus den „Grundlinien" zu kommentieren. „Die Eule der Minerva beginnt erst mit der einbrechenden Dämmerung ihren Flug." Mit der Philosophie kann man nicht verjüngen, sondern nur erkennen. Hegels Schüler Michelet ergänzte die Worte seines Lehrers wie folgt: „Die Philosophie ist aber auch der Hahnenschlag eines neu anbrechenden Morgens, der eine verjüngte Gestalt der Welt verkündet." Hegel beanstandete, wie Michelet zu berichten weiß, diese Stelle nicht. (Hegel in Berichten seiner Zeitgenossen, Berlin 1971, S. 331.)

468 G. W. F. Hegel, Vorlesungen über die Geschichte der Philosophie, Bd. 1, Leipzig 1981, S. 128.
469 G. W. F. Hegel, System der Philosophie (Glockner), Bd. 8, S. 420 (§ 209). F. Engels beruft sich, wenn er von der „Ironie der Geschichte" spricht, auf Hegel (z. B. Bd. 36, S. 307 und 384 in den Briefen an V. I. Sassulitsch vom 23. April 1885 bzw. N. F. Danielson vom 13. November 1885). In den von Hegel selbst herausgegebenen Werken kommt ein solcher Begriff, soweit mir bekannt ist, nicht vor. Es ist möglich, daß Hegel ihn in einer seiner Vorlesungen verwendete, deren Mitschriften damals sehr verbreitet waren. Die „List der Vernunft" kommt der romantischen Interpretation sowohl von Ironie als auch von Geschichte sehr nahe. Dieser Begriff trifft das, was Engels meint.
470 G. W. F. Hegel, Vorlesungen über die Philosophie der Weltgeschichte, 1. Band. Hrsg. von I. Hoffmeister, Berlin 1970, S. 85.
471 MEW, Bd. 21, S. 269 (Ludwig Feuerbach und der Ausgang der klassischen deutschen Philosophie).
472 MEW, Bd. 19, S. 112 (K. Marx, Brief an die Redaktion der „Otetschestwennyje Sapiski").
473 H. Kimmerle, Hegels „Wissenschaft der Logik" als Grundlegung seines Systems der Philosophie. Über das Verhältnis von Logik und Realphilosophie, Hamburg 1981, S. 54. Vgl. auch V. Hösle, Hegels System, Bd. 1 und 2, Hamburg 1987.
474 G. W. F. Hegel, Ästhetik, Berlin 1984, Bd. 1, S. 13.
475 Ebenda, S. 41.

476 Ebenda, S. 297.
477 Ebenda, Bd. 2, S. 335.
478 G. W. F. Hegel, Vorlesungen über die Philosophie der Religion (Glockner), Bd. 15, S. 37.
479 Ebenda, S. 232.
480 Ebenda, S. 257.
481 G. W. F. Hegel, Vorlesungen über die Philosophie der Religion (Glockner), Bd. 16, S. 191.
482 Ebenda, S. 450.
483 MEW, Bd. 38, S. 204 (F. Engels an Conrad Schmidt vom 1. November 1891).
484 W. I. Lenin, Werke, Bd. 38, S. 235 (Konspekt zu Hegels „Vorlesungen über die Geschichte der Philosophie").
485 G. W. F. Hegel, Vorlesungen über die Geschichte der Philosophie, Bd. 1, Leipzig 1971, S. 417.
486 Ebenda, S. 424.
487 Ebenda, S. 581.
488 W. I. Lenin, Werke, Bd. 38, S. 268f. (Konspekt zu Hegels „Vorlesungen über die Geschichte der Philosophie").
489 Ebenda, S. 274.
490 G. W. F. Hegel, Vorlesungen über die Geschichte der Philosophie, Bd. 1, Leipzig 1971, S. 620f.
491 G. W. F. Hegel, Berliner Schriften. Hrsg. von Johannes Hoffmeister, Hamburg: Meiner 1956, S. 589.
492 F. v. Schlegel, Die drei ersten Vorlesungen über die Philosophie des Lebens, Leipzig o. J., S. 8.
493 Briefe von und an Hegel, Bd. 3, Berlin 1970, S. 406 (W. v. Humboldt an Fr. v. Gentz, 1. III. 1828).
494 J. P. Eckermann, Gespräche mit Goethe ..., S. 576f.
495 F. W. J. Schelling, Die Weltalter. Fragmente, München 1966, S. 7.
496 Ebenda, S. 32.
497 F. W. J. Schelling, Zur Geschichte der neuern Philosophie, Leipzig 1968, S. 161.
498 Ebenda, S. 174.
499 Zitiert nach: S. Dietzsch, Schelling, Leipzig 1978, S. 94. W. Förster schreibt, daß die Rehabilitierung der Sinnlichkeit durch Ludwig Feuerbach, sein Übergang zur materialistischen Interpretation der Natur im wesentlichen durch Schellings Naturphilosophie vorbereitet wurde. (Vgl. hierzu W. Förster, „Schelling als Theoretiker der Dialektik der Natur". In: Natur und geschichtlicher Prozeß: Studien zur Naturphilosophie F. W. J. Schellings. Hrsg. und eingeleitet von Hans Jörg Sandkühler. – Frankfurt am Main 1984, S. 190.) Der Sammelband vereinigt Arbeiten von Autoren aus der BRD, Westberlin, der

DDR und der ČSFR, die sich mit ihren Studien das Ziel stellen, „Schelling aus materialistischer philosophie- und wissenschaftsgeschichtlicher Perspektive" zu untersuchen (a. a. O., S. 9).
500 F. W. J. Schelling, Grundlegung der positiven Philosophie, Torino 1973, S. 82.
501 MEW, Ergänzungsband Teil 2, S. 218 (F. Engels, Schelling und die Offenbarung). Es ist von Bedeutung, daß Engels, der zu dieser Zeit noch Hegelianer war, auf die Möglichkeit hinwies, das Alterswerk von Schelling materialistisch zu interpretieren. Über Schellings Kategorie des „Seins" schrieb Engels: „Das unvordenkliche Sein ... ist nichts als eine kahle Abstraktion von der Materie, die gerade von allem Persönlichen, Selbstbewußten am weitesten entfernt ist. ... Diese Unvordenklichkeit kann nur zum Materialismus und höchstens zum Pantheismus führen, aber nie zum Monotheismus" (ebenda, S. 202).
502 Ebenda, S. 221.
503 MEW, Bd. 21, Berlin 1984, S. 272 (F. Engels, Ludwig Feuerbach und der Ausgang der klassischen deutschen Philosophie).
504 H. Heine, Zur Geschichte der Religion und Philosophie in Deutschland, Leipzig 1970, S. 98.
505 L. Feuerbach, Gesammelte Werke, Bd. 11, S. 115 und 117. Kleinere Schriften IV: (Über den Spiritualismus).
506 Karl Ludwig von Knebel, Blicke auf unser Dasein (1818). In: K. L. v. Knebels' literarischer Nachlaß und Briefwechsel. Hrsg. von K. A. Varnhagen von Ense und Th. Mundt, Bd. III, Leipzig 1836, S. 410.
507 Paul Reimann, Hauptströmungen der deutschen Literatur 1750–1848. Beiträge zu ihrer Geschichte und Kritik, Berlin 1963, S. 182. Ausführlicher über Knebel sowie andere Vorläufer Feuerbachs siehe: A. W. Gulyga, Der deutsche Materialismus am Ausgang des 18. Jahrhunderts, Berlin 1966, S. 288.
508 Zitiert nach: Karl Grün, Ludwig Feuerbachs philosophische Charakterentwicklung, Bd. 1, Heidelberg, Leipzig 1874, S. 387.
509 Feuerbach an Hegel vom 22. November 1828. In: Briefe von und an Hegel, Bd. 3, S. 246.
510 L. Feuerbach, Fragmente zur Charakteristik meines philosophischen curriculum vitae. In: L. Feuerbach, Philosophische Kritiken und Grundsätze, Leipzig 1969, S. 296.
511 Ebenda, S. 296.
512 L. Feuerbach, Gesammelte Werke, Bd. 1, S. 338 (Gedanken über Tod und Unsterblichkeit).

513 L. Feuerbach, Satyrisch theologische Distichen. In: Feuerbach, Gesammelte Werke, Bd. 1, S. 463.
514 L. Feuerbach, Gesammelte Werke, Bd. 9, S. 6. An Karl Riedel. Zur Berichtigung seiner Skizze. In: L. Feuerbach, Philosophische Kritiken und Grundsätze, Leipzig 1969, S. 12.
515 L. Feuerbach, Geschichte der neuern Philosophie von Bacon bis Spinoza, Leipzig 1976, S. 174.
516 L. Feuerbach, Der Schriftsteller und der Mensch. Eine Reihe humoristisch-philosophischer Aphorismen (1834). In: Gesammelte Werke, Bd. 1, S. 557.
517 Ebenda, S. 625.
518 L. Feuerbach, Gesammelte Werke, Bd. 9, S. 10 (An Karl Riedel. Zur Berichtigung seiner Skizze).
519 L. Feuerbach, Gesammelte Werke, Bd. 8, S. 159 („Kritik des Idealismus" von F. Dorguth).
520 Zamecanija i pometki V. I. Lenina na knigach. In: Voprosy filosofii, 1966, Nr. 4.
521 L. Feuerbach, Zur Kritik der Hegelschen Philosophie. In: Philosophische Kritiken und Grundsätze, S. 24.
522 Ebenda, S. 56.
523 Ebenda, S. 42, Anmerkung.
524 Ludwig Feuerbach an Karl Marx in Kreuznach; Bruckberg 1843, Oktober 25. In: W. Schuffenhauer, Feuerbach und der junge Marx, Berlin 1972, S. 198.
525 L. Feuerbach, Zur Kritik der Hegelschen Philosophie, a. a. O., S. 52.
526 L. Feuerbach, Fragmente zur Charakteristik meines philosophischen curriculum vitae. In: Philosophische Kritiken und Grundsätze, S. 322.
527 N. G. Tschernyschewski, Das anthropologische Prinzip, Berlin 1956, S. 129.
528 W. I. Lenin, Werke, Bd. 38, S. 61 (Konspekt zu Feuerbachs „Vorlesungen über das Wesen der Religion").
529 L. Feuerbach, Das Wesen des Christentums. In: Gesammelte Werke, Bd. 5, S. 31.
530 L. Feuerbach, Vorlesungen über das Wesen der Religion. In: Gesammelte Werke, Bd. 6, S. 60f.
531 L. Feuerbach, Das Wesen des Christentums, a. a. O., S. 210.
532 L. Feuerbach, Wider den Dualismus von Leib und Seele, Fleisch und Geist. In: Gesammelte Werke, Bd. 10, S. 135.
533 L. Feuerbach, Über das „Wesen des Christentums" in Beziehung auf Stirners „Der Einzige und sein Eigentum". In: Philosophische Kritiken und Grundsätze, S. 289f.
534 Ebenda, S. 290.
535 MEW, Bd. 3, S. 6 (K. Marx, Thesen über Feuerbach).

536 W. I. Lenin, Werke, Bd. 38, Konspekt zu Feuerbachs „Vorlesungen über das Wesen der Religion", S. 45.
537 L. Feuerbach, Grundsätze der Philosophie der Zukunft. In: Philosophische Kritiken und Grundsätze, S. 261f.
538 MEW, Ergänzungsband 1, S. 569 (K. Marx, Ökonomisch-philosophische Manuskripte).
539 MEW, Bd. 3, S. 5 (Thesen über Feuerbach). Eine tiefgehende Interpretation der Praxis bei Feuerbach sieht U. Reitemeyer, Philosophie der Leiblichkeit, Frankfurt am Main 1988.
540 L. Feuerbach, Vorlesungen über das Wesen der Religion. In: Gesammelte Werke, Bd. 6, S. 32.
541 Ebenda, S. 249.
542 MEW, Bd. 21, S. 283 (F. Engels Ludwig Feuerbach und der Ausgang der klassischen deutschen Philosophie).
543 L. Feuerbach, Das Wesen des Christentums, a. a. O., S. 232.
544 Ebenda, S. 242f. und 247.
545 Ebenda, S. 344f.
546 L. Feuerbach, Vorläufige Thesen zur Reformation der Philosophie. In: Philosophische Kritiken und Grundsätze, S. 172.
547 MEW, Bd. 3, S. 6 (K. Marx, Thesen über Feuerbach).
548 L. Feuerbach, Das Wesen des Christentums, a. a. O., S. 413f.
549 Ebenda, S. 422.
550 Ebenda, S. 425.
551 Ebenda, S. 435f. und 441.
552 Ebenda, S. 154.
553 L. Feuerbachs Sämtliche Werke. Neu hrsg. von Wilhelm Bolin und Friedrich Jodl. Zehnter Band. Schriften zur Ethik und nachgelassene Aphorismen, Stuttgart 1911, „Zur Ethik: der Eudämonismus", S. 235.
554 Ebenda, S. 243.
555 Ebenda, S. 243.
556 Ebenda, S. 293.
557 MEW, Bd. 21, S. 289 (F. Engels, Ludwig Feuerbach und der Ausgang der klassischen deutschen Philosophie).
558 MEW, Bd. 3, S. 45 (Deutsche Ideologie).
559 L. Feuerbach, Das Wesen des Christentums, a. a. O., S. 206.
560 L. Feuerbach, Grundsätze der Philosophie der Zukunft. In: Philosophische Kritiken und Grundsätze, S. 268.
561 H. Hettner, Zur Beurteilung Ludwig Feuerbachs. In: Schriften zur Literatur, Berlin 1959, S. 5.
562 Georg Lukács, Gottfried Keller. In: Deutsche Realisten des 19. Jahrhunderts, Berlin 1953, S. 164.
563 Richard Wagners Gesammelte Schriften und Briefe. Hrsg. von Julius Kapp. Zehnter Band, Leipzig, S. 47.
564 MEW, Bd. 3, S. 5 (K. Marx, Thesen zu Feuerbach).

565 MEW, Bd. 1, S. 378 (K. Marx, Zur Kritik der Hegelschen Rechtsphilosophie. Einleitung).
566 Ebenda, S. 379.
567 Historisches Wörterbuch der Philosophie. Hrsg. von Joachim Ritter, Basel/Stuttgart 1976, Bd. 4, S. 855.
568 J. W. v. Goethe, Faust II. In: Berliner Ausgabe, Bd. 8, S. 483.

Quellennachweis

Die Übersetzung stützt sich auf folgende bereits deutsch vorliegende Ausgaben:

Arseni Gulyga, Georg Wilhelm Friedrich Hegel. Deutsch von Waldemar Seidel
© Reclam-Verlag Leipzig ¹1974, ²1980

Arseni Gulyga, Johann Gottfried Herder. Eine Einführung in seine Philosophie. Deutsch von Günter Arnold
© Reclam-Verlag Leipzig 1978

Arsenij Gulyga, Immanuel Kant. Deutsch von Sigrun Bielfeldt
© Insel Verlag Frankfurt a. M. 1981

Die Originalrechte werden vertreten durch die Allunionsagentur WAAP, Moskau

Namensregister

Das Register bezieht sich auf den Text, nicht auf die Anmerkungen

Addison, Joseph (1672–1719): 14
Adelung, Johann Christoph (1732–1804): 56
Alembert, Jean Baptiste le Rond d' (1717–1783): 10, 13
Alexander von Mazedonien (356–323 v. u. Z.): 352
Anatole France, siehe France
Ariost, Lodovico (1474–1533): 205
Aristophanes (um 445 bis um 386 v. u. Z.): 250
Aristoteles (384–322 v. u. Z.): 35 ff., 68, 324, 352, 371

Bauer, Bruno (1809–1882): 366
Baumgarten, Alexander Gottlieb (1714–1762): 39
Beloselski-Belozerski, Alexander Michailowitsch (1752–1805): 115
Beneke, Friedrich Eduard (1798–1854): 354
Berkeley, George (1685–1753): 67, 172
Bodmer, Johann Jakob (1698–1783): 29
Böhme, Jakob (1575–1624): 30, 229, 251, 371
Böhmer, Caroline, siehe Schelling, Caroline
Bonaparte, siehe Napoleon
Breitinger, Johann Jakob (1701–1776): 29
Bruno, Giordano (1548–1600): 239
Bürger, Gottfried August (1747–1794): 41

Calderon de la Barca, Pedro (1600–1681): 247
Cartesius, siehe Descartes
Corday d'Armont, Marie Anne Charlotte (1768–1793): 154
Corneille, Pierre (1606–1684): 29, 30, 36
Corregio, eigtl. Allegro, Antonio (um 1494 bis 1534): 247
Coulomb, Charles Augustin de (1736–1806): 219
Cromwell, Oliver (1599–1658): 148

Dante Alighieri (1265–1321): 244
Descartes, René (1596–1650): 10, 11, 13, 54, 71, 74, 254, 371
Diderot, Denis (1713–1784): 36, 295
Dilthey, Wilhelm (1833–1911): 277

Edelmann, Johann Christian (1698–1767): 47
Eckermann, Johann Peter (1792–1854): 150, 190, 357
Engels, Friedrich (1820–1895): 7, 8, 28, 79, 149, 175, 184, 316, 322, 325, 348, 364 ff.
Epicharmos (um 550 bis um 460 v. u. Z.): 208
Epikur (342/41–270/71 v. u. Z.): 13

Faust, Johannes (um 1480 bis um 1540): 41
Feuerbach, Johann Paul Anselm (1775–1833): 158
Feuerbach, Ludwig (1804–1872): 5, 223, 341, 357, 361f., 364–386
Fichte, Johann Gottlieb (1762–1814): 5, 137, 158–188, 189, 197, 200f., 203, 211ff., 215, 217f., 221, 227, 232–238, 245, 254f., 259–274, 283, 285, 299, 302, 320, 352, 376, 378
Fischer, Kuno (1824–1907): 138
Forberg, Friedrich Karl (1773–1848): 187
Forster, Georg (1754–1794): 6, 49f., 54, 150–154, 155, 202, 368
Fourier, François Marie Charles (1772–1837): 184
France, Anatole, eigtl. Anatole François Thibault (1844 bis 1924): 300
Friedrich II., König von Preußen (1712–1786): 7, 12, 32, 127
Friedrich Wilhelm I., König von Preußen (1688–1740): 7
Friedrich Wilhelm II., König von Preußen (1744–1797): 126
Friedrich Wilhelm III., König von Preußen (1770–1840): 325
Fries, Jakob Friedrich (1773–1843): 354

Galilei, Galileo (1564–1642): 13
Galvani, Luigi (1737–1798): 219
Gans, Eduard (1798–1839): 365
Gibbon, Edward (1737–1794): 241
Goethe, Johann Wolfgang von (1749–1832): 6, 40–43, 45, 53, 103, 150, 189–198, 204, 206, 213f., 225f., 239, 245, 247, 256, 270, 295, 356f., 368, 371
Goeze, Johann Melchior (1717–1786): 44
Göschel, Karl Friedrich (1784–1862): 365
Gottsched, Johann Christoph (1700–1766): 29f.
Gregor I. (um 540 bis 604): 148

Haller, Albrecht von (1708–1777): 14, 50
Hamann, Johann Georg (1730–1788): 38–41
Haym, Rudolf (1821–1901): 204, 238
Hegel, Georg Wilhelm Friedrich (1770–1831): 5, 45, 64, 77f., 84, 95, 97, 105, 146, 166, 168, 200, 228, 232, 242f., 247, 253, 270, 274 bis 362, 364–366, 368, 370–373, 376, 382, 384
Heine, Heinrich (1797–1856): 367
Heraklit von Ephesos (um 540 bis 480 v. u. Z.): 306, 349, 351
Herder, Johann Gottfried (1744–1803): 6, 28, 39ff., 45, 49–59, 94f., 104f., 137–143, 148, 189, 200, 216, 265, 278, 285, 335, 368f.
Herschel, Friedrich Wilhelm (1738–1822): 219
Herz, Markus (1747–1803): 61, 173
Herzen, Alexander Iwanowitsch (1812–1870): 189
Hettner, Hermann (1821–1882): 385
Hinrichs, Hermann Friedrich Wilhelm (1794–1861): 365

Hobbes, Thomas (1588–1679): 119, 371
Hölderlin, Johann Christoph Friedrich (1770–1843): 275
Homer (vermutl. 8. Jh. v. u. Z.): 115, 205
Horaz (65–8 v. u. Z.): 239
Hotho, Heinrich Gustav (1802–1873): 365
Huber, Ludwig Ferdinand (1764–1804): 152
Humboldt, Alexander von (1769–1859): 6, 201, 207–210, 221, 328, 355, 357, 368
Humboldt, Wilhelm von (1767–1835): 6, 200 ff., 204 f., 355 ff.
Hume, David (1711–1776): 22, 119
Hutcheson, Francis (1694–1746): 21

Iselin, Isaak (1728–1782): 56

Jakobi, Friedrich Heinrich (1743–1819): 41, 45 f., 48 f., 136, 180, 189, 343, 352
Jesus Christus (um 4 bis 30 oder 33): 161, 277–280, 312, 365
Johannes (Apostel): 267, 364

Kallimachos (um 400 v. u. Z.): 248
Kant, Immanuel (1724–1804): 5, 7 f., 10–26, 28, 34, 38 ff., 45, 52, 54, 60–148, 159 f., 162 ff., 166–173, 178 ff., 185, 189, 192, 197, 202, 204, 209, 211, 216, 218–222, 227–230, 233 f., 238, 252, 254 f., 258, 266, 269, 273 f., 278, 280, 285, 299, 316, 340, 342–345, 349, 352, 363, 368, 374, 376, 378, 381 f.
Keller, Gottfried (1819–1890): 386
Kimmerle, Heinz (geb. 1930): 327
Klinger, Friedrich Maximilian (1752–1831): 41
Knebel, Karl Ludwig von (1744–1834): 368
Knoblauch, Karl von (1756–1794): 155–158
Kopernikus, Nikolaus (1473–1543): 69, 71

Lambert, Johann Heinrich (1728–1777): 13
La Mettrie, Julien Offray de (1709–1751): 367
Laplace, Pierre Simon (1749–1827): 13
Lavater, Johann Kaspar (1741–1801): 41
Lavoisier, Antoine Laurent (1743–1794): 219
Leibniz, Gottfried Wilhelm (1646–1716): 10 f., 17 f., 39, 54, 71, 254 f., 266, 371
Lenin, Wladimir Iljitsch (1870–1924): 137, 303, 307, 311, 348, 351, 372, 374, 377
Lenz, Jakob Michael Reinhold (1751–1792): 41
Lessing, Gotthold Ephraim (1729–1781): 6 ff., 28–38, 40, 42–47, 56, 105, 120, 142, 198, 245, 335, 368
Lichtenberg, Georg Christoph (1742–1799): 48 f.

Linné, Carl von (1707–1778): 73
Locke, John (1632–1704): 66
Lukács, Georg (1885–1971): 276f., 386
Luther, Martin (1483–1546): 161, 252, 367
Luther, Paul (1533–1592): 367
Lux, Adam (1765–1793): 154

Machiavelli, Niccolò (1469–1527): 241
Maimon, Salomon (1754–1800): 137, 172
Marat, Jean-Paul (1744–1793): 154
Marheineke, Philipp Konrad (1780–1846): 365
Marx, Karl (1818–1883): 70, 141, 149, 175, 184, 223, 284, 288f., 301ff., 321, 325, 332, 376ff., 381, 386
Mehring, Franz (1846–1919): 32, 138
Mendelssohn, Moses (1729–1786): 19, 31, 45–48, 76
Michelangelo, eigtl. Michelagniolo Buonarroti (1475–1564): 247
Michelet, Karl Ludwig (1801–1893): 365
Milton, John (1608–1674): 29
Molière, eigtl. Poquelin, Jean Baptiste (1622–1673): 29
Montgolfier, Jacques Etienne (1745–1799): 219
Montgolfier, Joseph Michel (1740–1810): 219
Moses: 280
Müller, Johannes von (1752–1809): 241

Napoleon I., eigtl. Napoleon Bonaparte (1769–1821): 270, 297, 325
Neuber, Friederike Caroline, genannt die Neuberin (1697 bis 1760): 29
Newton, Isaac (1642–1727): 10, 13, 17f., 21f., 38, 52, 115, 134, 315
Novalis, eigtl. Friedrich Leopold Freiherr von Hardenberg (1772–1801): 210, 213, 216, 217, 225f., 241

Owen, Robert (1771–1858): 184

Palm, Johann Philipp (1766–1806): 270
Paulus (Apostel): 267, 346, 364
Perrault, Charles (1628–1703): 210
Petrus (Apostel): 364
Platon (428–384 v. u. Z.): 51, 238, 324, 351f., 371
Pilatus, Pontius (um 30): 312
Pope, Alexander (1688–1744): 14
Priestley, Joseph (1733–1804): 219

Radistschew, Alexander Nikolajewitsch (1749–1802): 155
Raffael, eigtl. Santi, Raffaello (1483–1520): 247
Ramberg, Johann Daniel: 48

Rebmann, Andreas Georg Friedrich (1768–1824): 155
Reimann, Paul (geb. 1902): 368
Reimarus, Hermann Samuel (1694–1768): 43
Reinhard, Franz Volkmar (1753–1812): 173
Reinhold, Karl Leonhard (1758–1823): 99, 136f., 162, 170, 172
Ritter, Johann Wilhelm (1776–1810): 216f.
Robespierre, Maximilian de (1758–1794): 155
Robinet, Jean Baptiste (1735–1820): 102f.
Rousseau, Jean Jacques (1712–1778): 22, 24, 117, 176, 178, 181, 211, 275
Russel, Bertrand (1872–1970): 65

Saint-Simon, Claude Henri Comte de (1760–1825): 184
Savary: 111
Schelling, Caroline (1763–1809): 253
Schelling, Friedrich Wilhelm Joseph von (1775–1854): 5, 175, 189f., 200, 210, 214, 217–265, 268f., 272, 274f., 283ff., 299, 352, 354, 358–365, 368f., 371–373, 375, 382
Schiller, Friedrich von (1759–1805): 6, 54, 92, 95, 136, 143–148, 194–201, 204ff., 208, 245f.
Schlegel, August Wilhelm von (1767–1845): 210, 351
Schlegel, Friedrich von (1772–1829): 210, 212, 214ff., 350
Schleiermacher, Friedrich Ernst Daniel (1768–1834): 210, 215f., 339, 354
Schopenhauer, Arthur (1788–1860): 190, 354
Schubart, Christian Friedrich Daniel (1739–1791): 155
Schultz, Johann (1739–1805): 136
Schulz, Johann Heinrich (1739–1823): 47
Schweitzer, Albert (1875–1965): 120
Shaftesbury, Anthony Ashley (1671–1713): 21
Shakespeare, William (1564–1616): 30, 246, 250
Smith, Adam (1723–1790): 288
Sokrates (469–399 v. u. Z.): 39, 87, 350ff.
Sophokles (um 496 bis 406 v. u. Z.): 30, 32, 294
Spazier, Karl (1761–1805): 47f.
Spinoza, Baruch (1632–1677): 45ff., 53f., 71, 74, 138, 192, 218, 236, 238, 254f., 257, 261, 371
Steiner, Gerhard: 50
Steuart, James Denham (1712–1780): 282
Strauß, David Friedrich (1808–1874): 365
Swedenborg, Emanuel (1688–1772): 26

Tewsadse, Guram: 187
Tieck, Johann Ludwig (1773–1853): 210ff.
Tizian, eigtl. Vecelli[o] Tiziano (1476/77 oder 1487–1576): 247

Tschernyschewski, Nikolai Gawrilowitsch (1828–1889): 28, 328, 374
Turgot, Anne Robert Jacques (1727–1781): 56

Vico, Giovanni Battista (1668–1744): 95
Volta, Alessandro (1745–1827): 219
Voltaire, eigtl. François-Marie Arouet (1696–1778): 56f., 244

Wackenroder, Wilhelm Heinrich (1773–1798): 210, 212f.
Wagner, Richard (1813–1883): 386
Watt, James (1736–1819): 219
Weber, Max (1864–1920): 198
Wekhrlin, Wilhelm Ludwig (1739–1792): 54, 155
Winckelmann, Johann Joachim (1717–1768): 28, 32f.
Windelband, Wilhelm (1848–1915): 184, 367
Wolff, Christian F. (1679–1754): 9, 18, 39, 46
Wolff, Caspar Friedrich (1734–1794): 28

Zenon (490–430 v. u. Z.): 348f.

Inhalt

Vorwort 5

Kapitel 1: Am Vorabend
  1. Die erste Bresche 7
  2. Lessing und die literarische Revolution 28
  3. Der „Pantheismusstreit". Herder 45

Kapitel 2: Die kopernikanische Wende des Immanuel Kant
  1. Die Aktivität der Erkenntnis 60
  2. Das Primat der praktischen Vernunft 85
  3. Das System der Kantischen Philosophie. Der Platz der Ästhetik 99
  4. „Was ist der Mensch?" 116

Kapitel 3: Die Philosophie der Tätigkeit
  1. Die Polemik um Kant. Schiller 136
  2. Die deutschen Jakobiner 149
  3. Fichte. Die Jenenser Periode 158

Kapitel 4: Die Rückkehr zur Natur
  1. Goethe. Der Streit über die künstlerische Methode ... 189
  2. Die Brüder Humboldt 201
  3. Die Geburt der Romantik 210
  4. Der junge Schelling 217

Kapitel 5: Die Idee der „Alleinheit"
  1. Schelling. Die Philosophie der Identität 233
  2. Fichte. Die Berliner Periode 260

Kapitel 6: Die List der Vernunft (Hegel)
  1. Am Ursprung der Lehre 275
  2. System und Methode 297
  3. Formen des absoluten Geistes 326

Kapitel 7: Im Namen des Menschen (Feuerbach)
  1. Die Kritik des Idealismus 354
  2. Das anthropologische Prinzip 374

Anmerkungen 391
Quellennachweis 420
Namensregister 421

PHILOSOPHIE / GESCHICHTE / KULTURGESCHICHTE

Einundzwanzig Bogen aus der Schweiz

Herausgegeben von Georg Herwegh

Herausgegeben und mit einer Einleitung von I. Pepperle.
Band 1282 (Sonderreihe). Broschur 3,50

„Einundzwanzig Bogen aus der Schweiz" (1843) nannte Georg Herwegh seine Sammlung, um in den Ländern des Deutschen Bundes einer Vorzensur zu entgehen. Dieser Torso einer Zeitschrift enthält z. T. konträre Beiträge der Junghegelianer und Vormärzliteraten (F. Hecker, B. Bauer, M. Heß, F. Engels, J. Jacoby, L. und A. Seeger, R. Jachmann, K. Nauwerck, Ch. Nees von Esenbeck u. a.), mit schonungslosen Polemiken und ironischen Attacken besonders gegen preußische Zustände. Die Themen betreffen Recht, Religion, Geschichte, Philosophie, Politik, Literatur – die sensibelsten Bereiche der ideologischen Auseinandersetzung. Die Dokumentation bezeugt einen wichtigen Abschnitt der Ideologiegeschichte des deutschen Vormärz.

PHILOSOPHIE · GESCHICHTE
KULTURGESCHICHTE

FRIEDRICH WILHELM JOSEPH SCHELLING
Bruno oder Über das göttliche und natürliche Prinzip der Dinge

Ein Gespräch, 1802

Herausgegeben und mit einem Nachwort „Schellings kurzer Sommer der Identität" von St. Dietzsch.
Band 1315 · Broschur 1,50

F. W. J. Schelling (1775–1854) knüpft hier gedanklich und formal an Platon und Bruno an. Die Personen, die sich unterhalten, entschlüsselte die Schelling-Forschung: Anselm vertritt die Leibnizsche Philosophie, Lucian die Fichtes, Alexander einen Materialismus/Pantheismus Brunoscher Prägung und Bruno, der die neue Identitätsphilosophie vorstellt, ist der Meister selbst. Debattiert werden: das Verhältnis von Wahrheit und Schönheit, von Philosophie und Poesie, von Endlichem und Unendlichem, von Identität und Differenzierung. Schelling bewertete diese Schrift als dasjenige von seinen bisherigen Texten „was am meisten geeignet ist, im Kurzen einen deutlichen und bestimmten Begriff meiner Philosophie zu geben ..."

Reclam Bibliothek

PHILOSOPHIE · GESCHICHTE
KULTURGESCHICHTE

JOHN MILTON
Zur Verteidigung der Freiheit

Sozialphilosophische Traktate

Herausgegeben von H. Klenner. Aus dem Englischen von
K. U. Szudra. Mit 4 Abbildungen
Band 1212 · Broschur 2,50

In dem Dichter John Milton (1608–1674) hatte die englische Revolution, besonders Cromwell, einen wortgewaltigen Propagandisten, der in poetischen, oft biblischen Bildern und mit faszinierender Überzeugungskraft die Monarchie, die Zensur, die Papstkirche attackierte, der für die Hinrichtung des Königs, für Zensurfreiheit und für die konsequente Trennung von Kirche und Staat eintrat. Unsere Ausgabe stellt Revolutionspamphlete Miltons vor, in einer neuen deutschen Übersetzung – der ersten dieses Jahrhunderts – die die Wirkung des Originals zu vermitteln vermag.